本书撰稿者（以文章出现先后为序）：

康保成	周　星	周　超	王晓葵
吕珍珍	许庚寅	倪彩霞	王霄冰
赤松纪彦	车文明	松尾恒一	李光爀
逵　志保	加治宏基	李莉薇	白松强
金起闾			

资料整理：陈燕芳

- 教育部人文社会科学重点研究基地
  中山大学中国非物质文化遗产研究中心成果
- 中山大学985工程三期资助

中国非物质文化遗产研究丛书
康保成◎主编

中日韩非物质文化遗产的比较与研究

康保成 等◎著

中山大学出版社
SUN YAT-SEN UNIVERSITY PRESS
·广州·

图书在版编目（CIP）数据

中日韩非物质文化遗产的比较与研究/康保成等著．—广州：中山大学出版社，2013.12
（中国非物质文化遗产研究丛书）
ISBN 978-7-306-04756-4

Ⅰ．①中…　Ⅱ．①康…　Ⅲ．①文化遗产—保护—对比研究—中国、日本、韩国　Ⅳ．①K203 ②K313.03 ③K312.603

中国版本图书馆 CIP 数据核字（2013）第 297056 号

出 版 人：徐　劲
责任编辑：裴大泉　刘丽丽
封面设计：曾　斌
责任校对：赵　婷
责任技编：何雅涛
出版发行：中山大学出版社
电　　话：编辑部 020-84111996，84113349，84111997，84110779
　　　　　发行部 020-84111998，84111981，84111160
地　　址：广州市新港西路 135 号
邮　　编：510275　　　　传　真：020-84036565
网　　址：http://www.zsup.com.cn　　E-mail:zdcbs@mail.sysu.edu.cn
印 刷 者：广州中大印刷有限公司
规　　格：787mm×960mm　1/16　19.5 印张　388 千字
版次印次：2013 年 12 月第 1 版　2013 年 12 月第 1 次印刷
定　　价：62.00 元

关于“非遗”[*]的改革、创新及其他（代序）

康保成

一

前不久，来自世界51个国家和地区的300多位文化部长和专家学者相聚中国成都市，隆重庆祝联合国教科文组织通过《保护非物质文化遗产公约》十周年，回顾《公约》的诞生过程，细数《公约》的巨大贡献，研讨《公约》存在的问题和应对的挑战。令人深受鼓舞的是，截至大会召开之际，《公约》缔约国已经有153个。这说明，《公约》触及到了人类生存与发展中共同面临的严重问题——非物质文化遗产的凋零乃至消失。

在《公约》的推动下，中国的“非遗”保护经历了最初的起步阶段、中间的“申遗热”和近三年以来逐步迈入的规范化保护阶段。然而，以上三个阶段的划分只是相对而言的，实现规范化、科学化、常态化的保护绝非一朝一夕所能做到。有人对我国“非遗”保护的特点做了如下归纳：起步晚、速度快、成效大、问题多。这个特点与我国经济建设的状况十分相似：速度快难免问题多。而实现规范化、科学化、常态化的保护需要研究问题、解决问题，没有科学的研究就没有科学的保护。

在近几年的研究中，我们越来越深刻地体会到，“非遗”保护中的根本问题仍然是：我们为什么要保护非物质文化遗产？

8年前，笔者在辽宁农村调查皮影戏时，一位老艺人毫不隐晦地说：“我演皮影戏实在不得已，因为除此之外别无挣钱的门路。但决不许我的后代学这玩意儿，我要让他们上大学，然后做城里人，住楼房、开汽车。”一席话道出了“非遗”保护的困境：多数人并不理解社会物质生产与文化发展的不平衡定律。

---

* “非遗”为“非物质文化遗产”的缩略语。以下如无特别注明，“非物质文化遗产”均用简称“非遗”，或不赘加引号。

人类的幼年时代物质条件极其艰苦，却创造了光辉灿烂的文化艺术。例如古希腊文明就曾被恩格斯称作是“一种标准和不可企及的典范”。社会物质生产与文化发展的不平衡决定了经济全球化背景下文化有可能呈现多样性。联合国教科文组织多年来致力于保护与维持文化的多样性，无论是《保护非物质文化遗产公约》，还是1989年的《保护民间创作建议书》、2001年的《世界文化多样性宣言》、2002年第三次文化部长圆桌会议通过的《伊斯坦布尔宣言》以及2005年通过的《保护和促进文化表现形式多样性公约》，都体现了这一精神。文化的多样性，主要指的是文化表现形式的多样性。某些经济上后进的国家、民族或社区，其文化表现形式有可能异常精彩。换言之，第一流的文化表现形式有可能产生在弱势文化和边缘文化群体中。因而，当这类文化表现形式面临濒危乃至消亡的危险时，实施拯救和保护措施的必要性和急迫性也就凸显出来。

“非遗”本是生活的一部分，而不是古人刻意制造出来的艺术品。即使如戏剧、音乐、舞蹈等表演类的“非遗”项目，最早的时候很可能主要用于先民们的祭祀活动。发展到戏剧的黄金时期，粤剧之于广府人，豫剧之于河南人，秦腔之于陕西人，川剧之于四川、重庆人，都是生活中须臾不可离开的东西。在音乐类项目中，西北的花儿和南方的山歌、民歌，往往是表达爱情、寻觅心上人的独特方式。舞蹈，则是对人们生活、生产动作的模拟，也是一种情感宣泄方式。这时候的艺术，绝不仅仅是一门独立于观众之外仅供欣赏的纯艺术；这时的观众，同时也是参与者、传承人。到了当代，东北俗语仍有“宁舍一顿饭不舍二人转”之说，这与上古孔子闻韶乐“三月不知肉味”遥相呼应，形象地说明了非物质文化遗产与人们日常生活血肉相连的密切关系。至于表演类之外的“非遗”项目，诸如各类手工技艺、体育竞技、中医药、民俗、书法、历法等等，原本都是实用性很强的生活或生产方式，它们在相对封闭的环境中自然地生存着，一代又一代地传承着。

然而，城镇化、现代化、全球化的大潮使许多产生于农耕时代的“非遗”项目都已经失去了它们赖以生存的土壤，不可能完整地再现其所谓“原生态”。众所周知，现在几乎已经没有人在长江、黄河中拉纤，川江号子、黄河号子已不可能“原汁原味”地吼唱。正是“皮之不存，毛将焉附”？在这种情况下，究竟应当如何保护非物质文化遗产呢？

二

不少人力主要“原汁原味”地保护“非遗”的“原生态”和“本真性”。这种主张或许是善意的，却难以做到。因为，所谓“原生态”只是相对而言的，刻意追求绝对的“原生态”只会徒劳无功。刘晓春教授把“原生态”说成是“学者、媒体、政府以及商界共同制造”的“一个非物质文化遗产的‘原生态’神话”。他主张：“由于非物质文化的口传心授特点，更兼文化变迁的影响，所以很难把某个特定时空中的表演形态、口传形态、工艺品的形制、制作工艺等作为真实的版本或者本真的样貌。与其以停滞的观点来确定非物质文化的木真性，还不如以发展变迁的视野考察非物质文化的本真性。”① 这一主张与我国“非遗”的历史与现状十分吻合。昆曲的“原生态”最早只能追溯到“传字辈”，现在已经没有人会演魏良辅时代的昆曲，甚至不知道那个时期的昆曲究竟是什么样子。再追溯下去，魏良辅原来也是“改革派”，是他把“原生态”的昆山腔改成了细腻优雅的水磨调。那么我们是否要还原、保护元末顾坚等人始创的昆山腔呢？恐怕未必。在“非遗”的某些领域，寻找“原生态”的结果往往意外地发现没有“原生态”。例如粤剧，100年前唱的是“戏棚官话”而不是粤语。可见，最早的不见得是最好的，更不见得是我们要保护的对象。所以，一方面，利用录音、录像、数字化等手段，把目前活态的“非遗”技艺记录下来、保存下去；另一方面，要容许甚至鼓励某些“非遗”项目进行革新和发展。

“抢救和保护”不难理解，然而，“非遗”可以“创新和发展”吗？答案应当是肯定的。“非遗”的活态性，决定了它的表现形式、传承方式都必然是活态的、多途径的。

时代在变化，人们的生活也随之变化。在绝大多数的城市客厅，沙发已经取代了靠背椅，其根本的原因就在于沙发坐起来比椅子舒适。然而咖啡却没有取代茶水，因为茶比咖啡更适合中国人的口味。如此而已，岂有他哉！随着生活方式的发展、变化，包括“非遗”在内的各种文化表现形式也一定会与时俱进。用一句以往常说的话：这是不以人们的主观意志为转移的客观规律。

以往过春节，贴春联、放鞭炮、守岁、拜年、吃饺子等一系列民俗，现在没有必要亦步亦趋地照搬，尤其是不应该在高楼林立的城市燃放鞭炮。1991年，地处改革开放前沿的广州在全国率先禁放烟花爆竹。之后，其他一些城市也相继发布“禁炮令”。数年之后，不少城市实施开禁或部分开禁，致使每年都有因燃放烟花爆竹而造成建筑物起火、市民死伤的悲剧。至于因放炮引起的噪音、污染，更使本来就难以治理的PM 2.5（细颗粒物）问题雪上加霜，直接危害大气环境质量和人体健康。看来，人们的健康生存问题“倒逼”春节习俗的改革已是迫在眉睫。

以往演影戏用油灯，现在用电灯，有何不可？以往客家山歌的舞台在山区，现在搬到城市的公园，唱歌的主要目的从找对象变成自娱自乐，有何不可？以往写毛笔字

① 刘晓春：《谁的原生态？为何本真性——非物质文化遗产语境下的原生态现象分析》，《学术研究》2008年第2期，第155页。

用墨锭在砚台中研墨，现在直接用调制好的墨汁，有何不可？至于各类手工技艺，也在发展变化。正如高小康教授所说："手工艺在发展中并不是一成不变地完全采用徒手和手工工具进行制作的，从最简单的人力机械到电动机械和仿形、复制技术，现代科技一点点地渗入工艺品制作技艺中。"①

那么，"非遗"是不是可以无限度地改革、变化呢？也不是。过度强调"原汁原味"做不到，而无限度地发展、变化，则有可能使"非遗"消失，更不可取。我国古代有"过犹不及"的成语，是说事情做得过头，就跟做得不够一样，都是不合适的。这里的关键是对"度"的准确掌握。美学家李泽厚把"度"开掘发展成一个哲学范畴，他认为世间做任何事物都有一个"度"的把握问题。"非遗"的传承与保护也如此。

三

如何精准地掌握"非遗"传承与保护方面的"度"的问题，其实也就是如何正确掌握继承与创新的关系问题。这是个老生常谈的话题，却又是个很难一概而论的问题，而只能是具体项目具体分析。例如书法艺术，就只有一个书写者艺术造诣的高下和个人风格的差异问题，基本上不存在"过"和"不及"的问题。

汉字书法，现在一般指的是用毛笔书写的艺术，然而甲骨文是用刀把汉字刻在龟甲兽骨上，金文是把汉字铸刻在青铜器上。随着毛笔成为常用的书写工具，用毛笔写字几乎成为文化人记事、抒情和交流情感的唯一途径，毛笔书法艺术就在这样被广泛实用的背景下逐渐成熟起来。近代以来西方的书写工具传入中国，用硬笔书写比毛笔书写更方便，从而使毛笔书法逐渐淡出实用而走向艺术化。然而，今日的毛笔书法，除在用途方面发生了改变之外，其书写方式——由书写人操笔、运笔走字——书法艺术的核心，仍被大体完整地延续下来。而砚台（例如端砚、歙砚等）以及笔、墨、纸的制作方法都成了另外的"非遗"项目，砚台本身也被艺术化，成为工艺品、收藏品。在书法艺术中，书写方式没有变，但书写者个人的艺术造诣与艺术风格，仍大有创新的空间。汉字书法昭示了一条"非遗"从实用到艺术化的途径，这是一条自然形成的传承途径，特别值得回味与借鉴。可以判断，随着键盘打字的普及，硬笔书法也将从实用逐步走向艺术化。

上文已述，人为介入"非遗"的改革也是必要和必须的，因为"非遗"从来都是活态传承。今天的京剧艺术，就是经过程长庚、谭鑫培、梅兰芳三代艺术家前赴后继不断改革的产物。更要强调的是，保护"非遗"的目的不是为了发思古之幽情，

① 高小康：《"红线"："非遗"保护观念的确定性》，《文化遗产》2013年第3期，第6页。

而是为了今天和未来。保护文化表现形式的多样性，是为了使今天的生活多姿多彩，也是为了创造明天的新文化。所以京剧改革可以不必担忧京剧姓不姓“京”，反正我们已经有了音配像，有了数字化，可以永久保存当代京剧艺术的音像资料。也不要担心艺术家对蒙古族的呼麦、侗族大歌、昆曲、川江号子进行的包装和润色会不会伤筋动骨，因为只有这样才能使“非遗”从偏僻的乡村进入大都市的红氍毹。说不定，这些“非遗”项目一旦受到年轻人的欢迎，一流的作品就此诞生了，青春版《牡丹亭》就是一个成功的例子。

至于作家艺术家受“非遗”的启发或从某些“非遗”项目中汲取营养和艺术元素，创作出新的艺术品种和艺术作品，就更是值得赞许的艺术创新工作。杨丽萍从傣族孔雀舞中汲取营养创作出超凡脱俗极具魅力的新孔雀舞，郭颂等人创作的《乌苏里船歌》汲取了赫哲族古老民歌《想情郎》、《狩猎的哥哥回来了》的元素，雷振邦改编的《花儿为什么这样红》则汲取了塔吉克族民歌《古丽碧塔》的元素。令不少人感到意外的是，当记者问塔吉克族男高音歌唱家阿洪尼克，你更喜欢的是“原生态”的《古丽碧塔》还是雷振邦改编的汉语歌曲《花儿为什么这样红》时，阿洪尼克毫不迟疑地回答：是后者。如今，在新疆塔吉克族，会唱《古丽碧塔》的民间歌手已经很难寻觅，但《花儿为什么这样红》则到处传唱。对于这类文化的“转基因工程”或者艺术的“嫁接”、“移植”工程，应采取宽容、包容乃至鼓励、赞许的态度，只要作者表明了所借鉴的艺术元素的来源，便不应追究其知识产权问题。

但我们反对为了发展旅游、发展经济或者其他功利目的而挖掘、制造出来的伪民俗、伪“非遗”。何谓“伪民俗”、“伪非遗”？简言之，就是把已经消失多年的，与人们的生活已经格格不入或完全脱节的旧习俗包装之后再堂而皇之地以“民俗”、“非遗”的名目出现，例如把鞭土牛习俗赶上北京的大街就十分不妥。此外，某些地方把消失多年的祭孔、祭祀黄帝、炎帝、伏羲仪式重新恢复起来，是否必要以及效果如何都值得讨论。还有，某些地方把完全机械化或基本机械化了的项目当做“手工技艺”申报，成功进入“非遗”名录。这不是“非遗”的发展和创新，而是作伪。

四

最后谈谈如何解决文化的“优胜劣汰”规律与“非遗”保护中的“濒危优先”原则的矛盾。

尽管达尔文所发现的生物进化规律即优胜劣汰、适者生存规律是否可以运用到人类社会至今还是一个颇有争议的话题，但人们不难发现，保存至今的非物质文化遗产，几乎全部是曾经或仍在受到某时某地某一社区人们认同、推崇的优秀文化。换言之，在长期的生活生产实践中，优秀的文化得以保留、发扬，而劣质的文化则逐渐遭到淘汰。而所谓“优”与“劣”的鉴别，除了以是否符合人们的生存和生活需要为基本的判定标准之外，主要指的是精致与粗劣这一层含义。在千百年来的生存竞争中，精致的文化品种容易脱颖而出，得到较多的呵护，生命力相对旺盛；而粗劣的品种则处于弱势地位，容易被边缘化。这一情况不仅贯穿在整个文化发展的历史长河中，也反映在我国现存的“非遗”项目的生存与保护状况中。

《中国非物质文化遗产保护发展报告（2012）》指出，在传统戏剧、传统舞蹈、传统美术等领域，“荣益荣、损益损”的现象十分突出，而且有愈演愈烈之势。传统戏剧中京剧的生存状况最好。其专业院团几乎覆盖到全国各省市区，有强大的票友队伍，并有专门的高校（中国戏曲学院）培养人才，有国家领导人的喜爱和支持，全国政协有“京昆室”，京剧演员中全国政协委员、人大代表人数之多令人咋舌，加之国家财政的支持，无疑对京剧的保护、振兴极为有利。京剧受到如此礼遇很大程度上是名至实归，是优胜劣汰规律的体现。但所谓“天下第一团”的情景就惨不忍睹了。这些剧种虽说也是“国家级”“非遗”，但往往只剩下一两个剧团在演戏，团长评一个中级职称都要“走后门”，更不用说一般演员。也就是说，在“非遗”内部，各品种、各项目之间的生存状况本来就有很大差异，实施“非遗”保护以来，这种情况并没有得到有效的遏制与扭转。各类“非遗”项目生存状况的差异，是我国现阶段城乡差异的一个表现：“乡一级的文化传承保护中许多问题不能得到落实，而村一级几乎无能力开展任何活动。政府有关扶持文化的资金投入在不断加大，但都不能落实到基层的农村。”①

有关方面显然早就注意到这种情况。联合国教科文组织《保护非物质文化遗产公约》第13条规定：“鼓励开展有效保护非物质文化遗产，特别是濒危非物质文化遗产的科学、技术和艺术研究以及方法研究。”《公约》在设立“人类非物质文化遗产代表作名录”之外，专门设立“急需保护的非物质文化遗产名录”。《中华人民共和国非物质文化遗产法》第六条规定：“国家扶持民族地区、边远地区、贫困地区的非物质文化遗产保护、保存工作。”第二十五条规定：“制定非物质文化遗产代表性项目保护规划，应当对濒临消失的非物质文化遗产代表性项目予以重点保护。”这些条文规定都很到位，问题只在于落实。

不过，文化的“优胜劣汰”规律与“非遗”保护的“濒危优先”原则明显存在矛盾。因为，“濒危”的、容易消失的往往是相对粗糙的东西。从这个角度看，“非遗”保护也不能停留在“原汁原味”止步不前，而要在去粗取精、提高优化方面多

① 康保成：《中国非物质文化遗产保护发展报告（2012）》，北京：社会科学文献出版社2012年，第51页。

下功夫。对于濒危项目，政府的财政投入固然十分必要，但提高项目自身的造血功能更不能忽视。而这是一项需要政府、专家、传承人共同努力、长期坚持才能生效的艰苦的文化创新工程。

同一种有价值的“非遗”项目，可能同时有许多保有人，但各人的技艺参差不齐。俗话说“三百六十行，行行出状元”。同样都是影戏操纵者，能玩到齐永衡那样令人叹为观止的地步的实在是凤毛麟角。各类表演艺术、手工技艺，都或多或少拥有一些出类拔萃的传承人，这就是日本所说的“人间国宝”，是最值得珍惜、值得重视的。在竞争激烈的现代社会，传统技艺如果没有吸引人眼球的“绝活”，是难以生存下去的。优胜劣汰，大致如此。所以，“濒危优先”绝不止是简单的财政投入。政府、专家和传承人共同努力，抢救和保护每一位“人间国宝”，抢救和保护每一项“绝活”，并且创造出新的“人间国宝”和“绝活”，这才是“非遗”保护的根本任务。

就如同地层累积一样，文化也在不断地积淀，许多“非遗”项目都刻有不同时代文化的印记。没有不消亡的文化，但优秀的文化纵使消亡之后也能对后世文化产生积极的影响。古希腊文明已经消亡，但它的文化基因还在，它在哲学、科技、数学、医学、文学、戏剧、雕塑、绘画、建筑等方面至今还在影响着我们。今天保护“非遗”，不奢望它们永不消失，而是相对延长它们存世的时间，最大限度地提取它们优秀的文化基因，发挥它们的正能量，让它们在文化积淀中刻下更深的印记，放射出更耀眼的光辉，并且为当今和未来的文化创新架桥铺路。联合国教科文组织发起的保护非物质文化遗产活动，其积极意义也就在此吧？

以研究“非遗”保护中的问题为己任的中山大学中国非物质文化遗产研究中心，克服了人员编制不足等不利因素，不断取得新的成果，在海内外的影响也越来越大。前几年，我们曾经委托中山大学出版社出版了一套《岭南濒危剧种研究丛书》。最近，我们又将陆续出版《中国非物质文化遗产研究丛书》。这套丛书包括钱永平的《UNESCO〈保护非物质文化遗产公约〉述论》、宋俊华等的《非物质文化遗产保护研究》、欧阳光主编并参与写作的《中国非物质文化遗产法制建设研究》和我主编并参与写作的《中日韩非物质文化遗产的比较与研究》等四部论著。这套丛书，一定程度上代表了我们对“非遗”保护中相关问题的认识水平。在这套丛书即将出版的时候，简单谈谈我个人对“非遗”的改革、创新及其他问题的看法，以作本套丛书的代序。

康保成

草于中山大学中国非物质文化遗产研究中心

2013年7月30日

目　　录

上编：日、韩两国的“非遗”保护及其对我国的启示

下编：中日韩“非遗”比较研究

附录：日、韩两国相关法规译介

上编：日、韩两国的“非遗”保护及其对我国的启示

日本的文化遗产保护体制、保护意识及文化遗产学学科化问题

日本是世界上最早提出非物质文化遗产（无形文化财）保护的国家，有许多成功的经验可资借鉴。[①] 本文主要围绕《文化财保护法》的出台及完善过程，透视日本的遗产保护体制和国民的遗产保护意识，并进而考察学者对遗产保护的介入和文化遗产学的学科化问题。

需要说明，“文化财”与“文化遗产”这两个概念在日语中可以并用，可以置换。一般来说，在1992年日本加入《世界遗产公约》之前，基本上使用前者，1992年以后，使用后者的也不少见，特别是在正式场合。本文引用日语原文时不加改动，在其他场合则一般使用“文化遗产”或“文物”。

一

日本在昭和二十五年（1950）五月三十日，公布了第214号法律《文化财保护法》。《保护法》分7章130条共约3万余字，第一章“总则”，第二章“文化财保护委员会”，第三章“有形文化财”，第四章“无形文化财”，第五章“史迹名胜天然纪念物”，第六章“补则”，第七章“罚则”，另有“附则”。《保护法》对“无形文化财”的定义是：“演剧、音乐、工艺技术和其它无形的、具有历史价值和艺术价值的财产。”同年9月出版的《文化财保护法详说》提出：舞蹈（例如雅乐、能乐）、讲唱艺术（例如落语、讲谈）、鉴定技术（例如刀剑鉴定）、民俗行事（例如祭礼），

① 关于这一问题，已有不少论著进行过研究，其中周星等所撰《日本文化遗产的分类体系及其保护制度》、《日本文化遗产保护的举国体制》二文尤详，分别刊《文化遗产》创刊号（2007年11月）、《文化遗产》2008年第1期。

也都符合无形文化财的概念。① 本书的作者竹内敏夫和岸田实分别担任参议院文部专门员和参议院法制局第二部部长，两人都直接参与了《保护法》的起草工作，其解释具有权威性。可见，“无形文化财”与中国所说的“非物质文化遗产”，在内涵上基本相当。《保护法》后经多次修改，加进了民俗文化财、埋藏文化财两类，民俗文化财中又分无形和有形两部分，从而形成了较为完备的文化遗产保护体系，详后文。

从1949年8月15日昭和天皇宣布无条件投降到《文化财保护法》正式颁布，不到五年时间。还远远没有从战争创伤中恢复过来的日本，为什么会在这么短的时间内，出台这样一部具有超前意识的文化遗产保护法？

据说，1949年法隆寺金堂的火灾是直接的契机。②

日本奈良法隆寺建于7世纪末到8世纪，是存留至今的世界上最早的木质结构建筑之一，总面积18万平方米。金堂是法隆寺的主殿，位于全寺中央，是日本的“国宝”；金堂四壁的12幅壁画，有《四方四佛净土图》、《菩萨图》、《山中罗汉图》、《飞天图》等，其精美程度堪与敦煌壁画媲美，也是政府认定的“国宝”。

1949年1月26日上午7时，工作人员在对殿堂进行检修时，荧光灯烤着了佛堂内的可燃物，引发了一场火灾，金堂及金堂四壁的12幅壁画大部被烧毁。

这一事件立即在日本全国引起“晴天霹雳”般的震动，各家报纸纷纷发表评论、社论和各类文章，督促政府重视文物保护。参议院文部委员会立即着手立法的准备工作。首先是多次召开座谈会，听取学者、文化财持有者和有关部门的意见，接着派人到各地了解文物保护现状。3月4日，政府召开关于国宝保护的内阁会议；4月6日，以原文部大臣高桥为首的98位知名人士提请政府，为保护“民间的历史”，设立“国立史料馆”；同日，日本民俗学会成立。5月，国会第五次会议审议参议院文部委员会提出的《文化财保护法案》，未获通过。8月，众议院文部委员会做成《重要文化财保护法案》。第二年4月，在两个法案的基础上，协调补充，形成新的《文化财保护法案》，5月30日获得通过。③ 也就是说，从法隆寺金堂的火灾，到《文化财保护法》获得通过，仅仅用了一年零四个月。

可见，这种亡羊补牢式的措施得以迅速实施，从根本上说是日本朝野上下的遗产保护意识所起的作用。其中，媒体、知识界、政府起的作用最大。

从法律基础看，早在明治四年（1871），日本政府就制定了《古器旧物保存法》；到明治三十年（1897）又颁布了《古社寺保存法》；大正八年（1919）颁布《史迹

① 参见竹内敏夫、岸田实《文化财保护法详说》，东京，刀江书院，昭和二十五年（1950年）第70页。
② 参周星等《日本文化遗产的分类体系及保护制度》，《文化遗产》创刊号，2007年11月。
③ 有关史实参见日本《朝日新闻》1949年3月5日至1950年5月的报道。

名胜天然纪念物保存法》；昭和四年（1929）制定《国宝保存法》；昭和八年（1933）颁布《重要美术品保存相关法律》，等等。这一系列的法律法规，为后来的《文化财保护法》奠定了扎实的基础。

有学者认为，日本的文化遗产保护制度，明显受到欧洲现代意识的影响。但目前对这一问题的研究尚存争议。例如有学者认为英国1882年有关古纪念物保存的法律对日本有影响①，但这一法律实际上晚于日本的《古器旧物保存法》。详细情况如何，有待进一步研究。

值得提出的是，日本战前的文化遗产保护，基本指的是有形文化遗产即文物的保护。明治十五年（1882），政府还推行过剧场取缔规则及剧本检查制度；大正十四年制定《治安维持法》，强化剧本检查和禁止演剧措施。② 所以，把无形文化遗产列入保护范围，是《文化财保护法》区别于日本以前有关法规的一个重要特点，在观念上是一个巨大的进步。

二

曾任日本参议院文部委员会委员长的田中耕太郎氏在《文化财保护法详说序》中说："但凡国家提出保护本民族的优秀的文化遗产，决不能说是基于狭隘的民族主义，而应当说是对后代、对全人类担负一种崇高的义务。""由于败战，我们决心选择追求民主的和平主义理想。陀思妥耶夫斯基说'美可以拯救世界'，这恰当地表现出艺术所承担的伟大的政治任务。""艺术必然是民族的"，"民族文化的振兴，可以为全人类的交响乐团提供一个乐手，为全世界美丽的庭院奉献一株花木"。田中氏的这个序言，揭示出文化与民主、艺术与政治、民族与世界的关系，堪称国际主义视野之中的民族主义文化宣言。更现实的问题还在于，对于当时的日本国民来说，如何从军国主义的道路上改弦易辙，如何使千疮百孔的国家得到"拯救"，如何在普遍灰心失望的氛围中增加民族自信，答案是：有文化在，民族就不会灭绝。这其实就是一种"文化立国"方针。日本的《文化财保护法》能够在战后的一片废墟中出台，"文化立国"普遍受到认同应当是一个重要原因。

以《保护法》的生效为标志，日本政府对文化遗产保护提出了一系列措施，并迅速得到落实。例如：

（1）成立国家文化遗产保护委员会。委员会设在文部省，由文部大臣统辖，但

① 参閱野克氏在"文化财保护会议"上的发言，兒玉幸多、仲野浩编《文化财保護の實務》，东京，柏书房1979年，第25页。

② 参根木昭《日本の文化政策》，东京，劲草书房2005年，第11页。

有独立行使法律所赋予的任务的职权和财权。委员会由5个委员组成，从委员中选举产生委员长。每个委员都必须是文化遗产方面的专家、学者，经两院同意后由文部大臣任命，任期三年。委员会下设事务局，负责处理具体事务。

（2）成立委员会直属的国立文化遗产研究所，负责有形和无形文化遗产的调查研究、资料搜集等。

（3）成立委员会直属的国家博物馆，总馆设在东京，分馆设在奈良。

（4）分别对有形文化遗产、无形文化遗产作了定义，规定了有形文化遗产中国宝、重要文化遗产的认定、审议、管理、保护（补助、损害赔偿、修复、现状变更）办法、展览利用、发掘、调查、转让程序等。

经过多次修改完善，从《文化财保护法》中可见日本的文化遗产保护已经体系化，这体现在保护对象和保护体制两方面。下页图为文化遗产保护对象体系（图1）。

从文化行政机构看，1966年，政府在文部省下增设文化局，负责文化遗产保护以外的文化工作。1968年将文化财保护委员会和文化局合并为文化厅，在文化厅下同时设立文化财保护部和文化财保护审议会，前者是行政机构，而后者是由专家组成的调查、审议组织。根据2001年新颁布的《文化审议会令》，审议会委员不超过30人，全部由文部科学大臣直接任命，成员均为学者，任期一年，可以连任，均为兼职。文化审议会下设文化政策部会和四个分科会：①国语；②著作权；③文化财；④文化奖评奖委员会。其中文化财分科会下设五个专门调查会、一个企画调查会和世界文化遗产特别委员会。根据需要，每个分科会都可以设临时委员和专门委员，均由文部科学大臣任命。其组织机构见下页图（图2）。

另外，根据《保护法》，文化厅长官将一部分权限委任给都、道、府、县教育委员会，例如重要文化财现状的变更、取消及停止的命令，重要文化财的展示、取消及停止的命令，都可以由县教委作出。每个都道府县，都在教委下设立文化课和文化财审议会，负责当地文化遗产保护的具体工作。1954年，宫城县出台第一个县级（相当于中国的省）《文化财保护条例》。1975年，文化厅颁布《都道府县文化财保护条例参考案》。同年12月，宫城县据以修改，颁布了新的《保护条例》。接着，所有的都道府县和部分市区町，都颁布了自己的《文化财保护条例》。日本文化遗产保护的基本体制为：中央政府直接领导、资助与地方文化自治相结合。

此外，日本政府还规定，从1955年起，每年的1月26日为文物防火节。直到现在，每到这一天，法隆寺和全日本的文物所在地，都要举行消防训练。

现在，在日本列岛，国立私立、大大小小、各级各类的剧场、博物馆、美术馆、资料馆星罗棋布，最有特色的是乡土资料馆和民俗博物馆。而位于大阪市的国立民族博物馆和位于千叶县佐仓的国立历史民俗博物馆不仅规模大，藏品多，而且设立了大

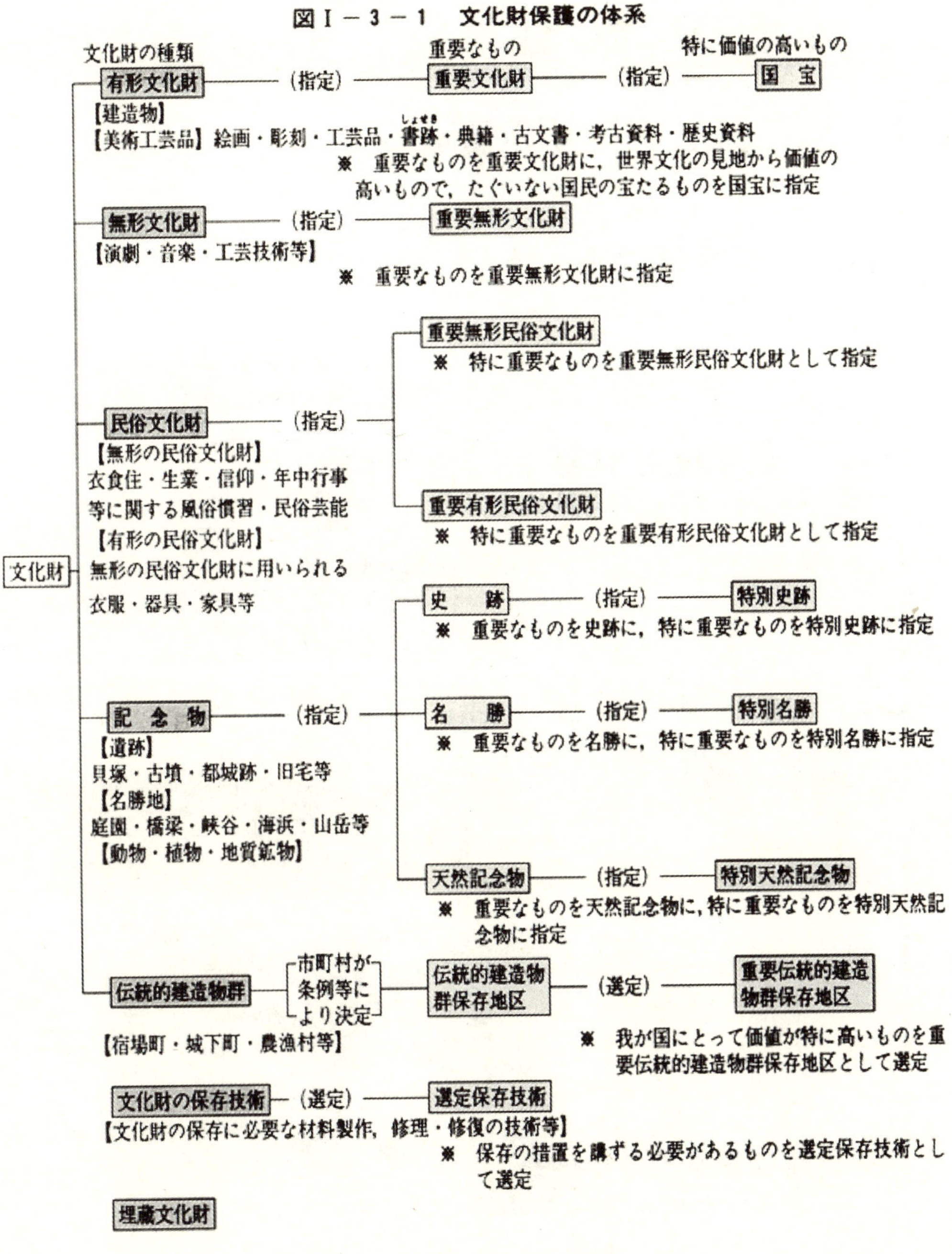

图1　（引自日本文化厅官网）

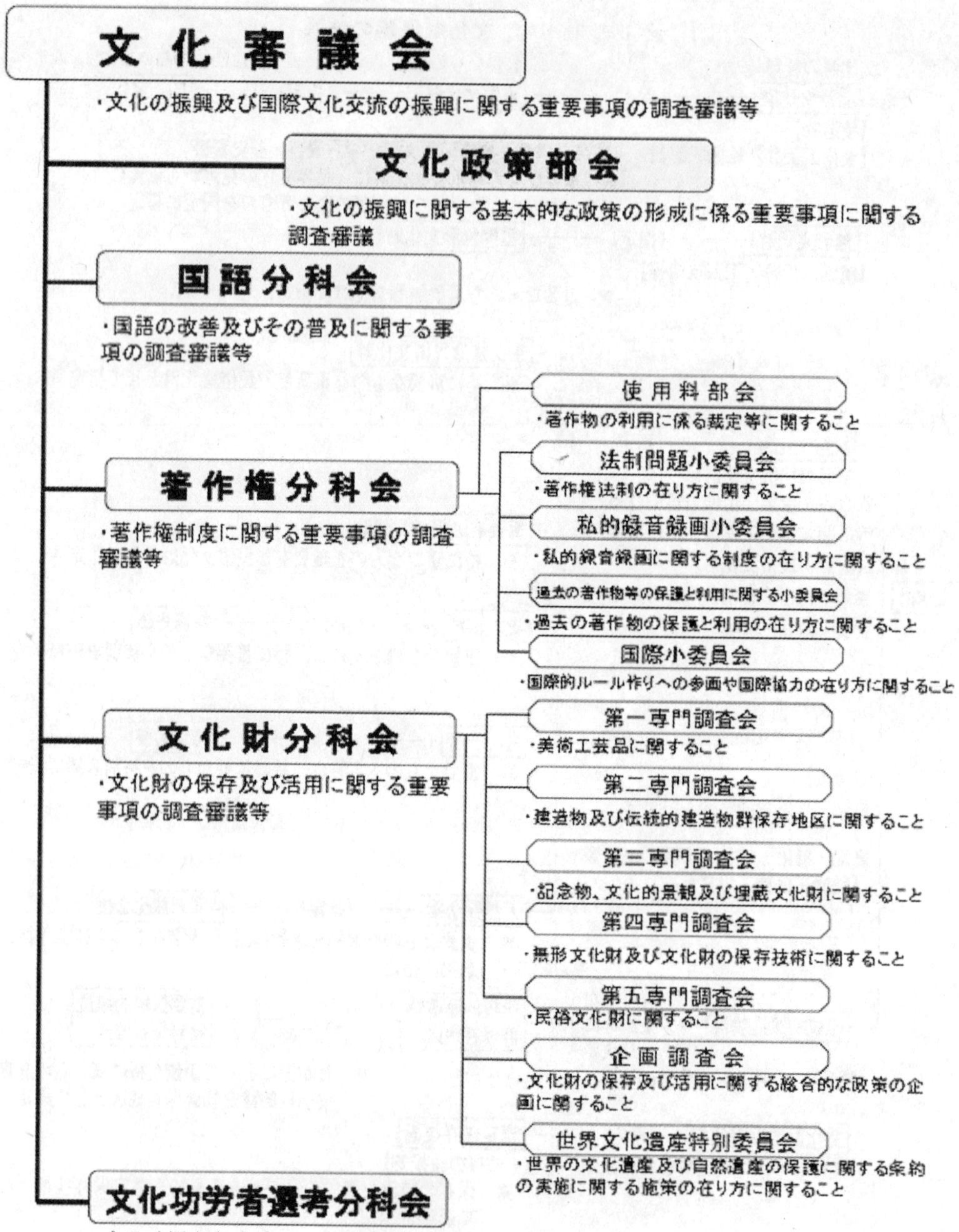

图2　（引自日本文化厅网站）

学院（相当于中国大学中的研究生院），有几十位专任教授、副教授从事研究和培养博士研究生的工作。博物馆的展示内容，多以研究者的成果为基础。

日本有很多民间协会组织，为本行业的保护和振兴做了很多具体工作。以非物质文化遗产而言，就有文乐协会、能乐协会、传统歌舞伎保存会等。这些协会接受政府和企业的资助，在全国成立分会、发展会员，并开展演出、宣传、授徒等活动。有意思的是，这几个协会也被指定为国家的重要无形文化财保存机构而受到保护。

还有一个相关团体需要介绍，这就是日本官方的艺术文化振兴会。这是一个独立的行政法人单位，通过艺术文化振兴基金资助传统艺术。但此基金主要来源于政府，故其与文化厅是一种一而二、二而一、若即若离的关系，性质类似于文部科学省的另一独立行政法人机构学术振兴会。其资金来源和主要任务可参下图（图3）：

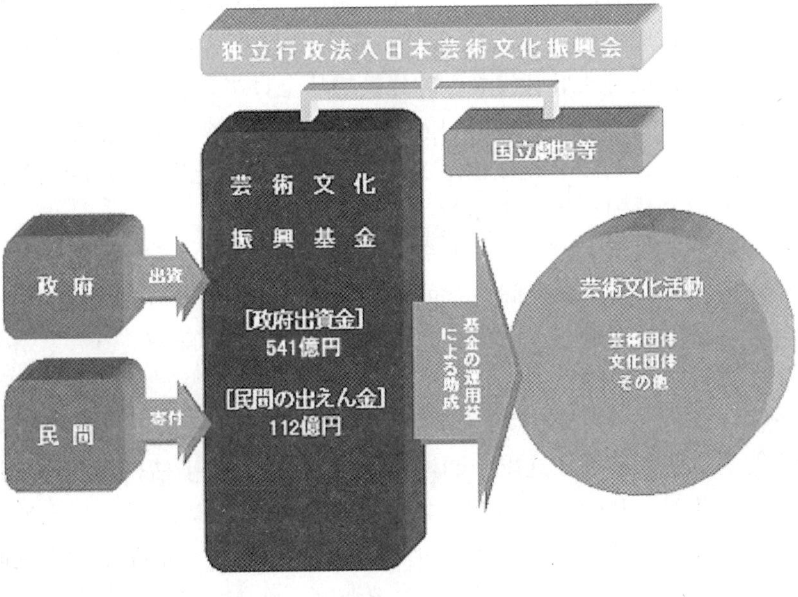

图3 （引自日本文化厅网站）

需要指出，艺术文化振兴会不仅资助传统艺术的剧场演出活动，而且也资助无形文化遗产传承人的培养。据介绍，1970 年该项目初启动时，只限于培养歌舞伎演员，后逐渐扩大到能乐和文乐。1970 年受培养的 94 位歌舞伎演员中有 64 人结业后从事舞台演出，占歌舞伎演员总数（254 人）的 25.2%。1983 年受培养的 48 位文乐艺员中有35人结业后从事本专业工作，占演员总数的39.6%。[①]

总之，可以大体上这样概括：对文化遗产的保护已经成为日本一项行之有效的国策，其各项具体工作都已经纳入了制度化、体系化、正常化的轨道，取得了显著效果，值得中国学习的地方很多。其中尤其值得重视的，就是遗产保护意识已经深入人心。[②] 笔者所亲眼目睹的两个例子很能说明问题。

一个是明治村，全称是“博物馆明治村”，位于距离名古屋市数十公里的三重县津市荣町，面积达100万平方米。明治村始建于1962年，开馆于1965年3月18日。明治时代是日本对外开放门户、吸收西洋文化与技术的时代。在建筑方面，当时不但继承了江户时代（1615—1868）以来优秀的木造建筑传统，而且大量吸收了西洋风格的建筑样式，使用砖瓦、混凝土、玻璃、金属等建筑材料。然而由于地震和战争等原因，这些旧建筑纷纷坍塌乃至消失。于是，由谷口吉郎（博物馆明治村首任馆长）和土川元夫（元名古屋铁道株式会社会长）两人发起并创立明治村，用迁建和复原的方式，将明治、大正时期最有代表性的建筑物从全日本移筑到这里，堪称保存和陈列明治（1868—1912）、大正（1919—1926）建筑的室外博物馆。至今这里的建筑物已经有60多座（项），其中9座被指定为国家的“重要文化财”，一座为县级（相当于中国的省）有形文化财，还有3项为“铁道纪念物”。

明治村的保护实践至少说明了以下三点：第一，在日本，保护文化遗产在很多情况下并非政府行为，而是出自民间自觉的保护意识。第二，日本人心目中的“遗产”是兼容并蓄的，无论外来的与本国固有的，都在保护之列。第三，迁建、移筑，是现代化进程中一种行之有效的保护方式。

再举一例。在名古屋市东山大道旁竖立着一块牌子，旁边种有四棵松树（见图4）。牌子上写道：明治初种在这里的四棵“致歉之松”，由于枯朽和交通事故等原因于平成十五年（2003）死掉，当地的人们为保存往日的风景，记住乡土的历史，于平成十六年种上了第二代“致歉之松”。原来，明治初，这一带在举行祭礼时要向社寺奉献带有装饰的马。一天，由于看马人玩忽职守，作为当地标志的装饰在马身上的鹰翅膀被盗。当地的人深以此事为耻，在辞退此人的同时，种上四棵松树，表示致歉。四棵松树象征着周围的四个村落。

这样做的结果，在保存旧日风景的同时，实质上保存了非物质的民间口头传说，强调了日本人一贯尊崇的对工作认真负责的精神。

---

① 见日本总务厅行政监察局编《文化行政の現狀と課題——21世纪にむけた芸術文化の振興と文化財の保護》，大藏省印刷局发行，平成八年，第93页。

② 可参沈坚《日本人的文物意识》，《西北民族研究》2004年第4期。

图4　（摄于名古屋市东山大道旁　康保成摄影）

可以说，日本民间对有形、无形文化遗产的珍惜和自觉保护，成为该国在现代化过程中依然能够保持民族文化传统的一个主要力量。

三

那么，日本学者是如何介入文化遗产保护的呢？

形式之一：作为各级文化审议会的专门委员或文化财保护指导委员，参加文化财的调查、审议，为各级政府和文化遗产持有者提供咨询和技术指导。根据《文化审议会令》（平成十二年6月7日政令第281号）规定，国家的文化审议会委员从有学识经验者中任命，临时委员从具有某一特别事项的专业知识者中任命，专门委员从具有某项专门学识经验者中任命。审议会就文化财保护、利用的有关重要事项直接向文部大臣和文化厅长官提供咨询，提出建议。有时候，审议会和文化财部合署开会，讨论表决与文化遗产保护相关的重要事项。

此外，每个都道府县都有文化审议会和文化财保护指导委员。其中的成员多由当地的大学教授担任。

形式之二：在大学的文化遗产专业任教，从事文化遗产领域的研究，培养相关领域的人才。根据目前掌握的资料，日本有文化遗产专业的大学有如下11所（表一）：

表一　日本有文化遗产专业的大学

学校名称	性质	学部名称	专业名称	研究方向	备注
东京学艺大学	国立	教育学部	文化财学科	文化遗产教育	可招硕士生
京都桔大学	私立	文学部	文化财学科	文化财学、文化政策学	可招博士生
吉备国际大学	私立	文化财学部	文化财保存修复		可招硕士生
东北艺术工科大学	私立	艺术学部	文化财保存修复学		可招博士生
			历史遗产学	历史遗产专业 东北文化专业	
大阪大谷大学	私立	文学部	文化财学科		可招博士生
德岛文理大学	私立	文学部	文化财学科	地域文化方向	可招博士生
奈良大学	私立	文学部	文化财学科	考古学、美术史、文化财保存科学、史料学、博物馆学、世界遗产学	可招博士生；日本的文化财科学会设在该校
别府大学	私立	文学部	文化财学科		可招博士生
鹤见大学	私立	文学部	文化财学科		可招博士生
奈良教育大学	国立	教育学部	古文化财科学	文化财造型	
金泽学院大学	私立	美术文化学部	文化财学科		

上述11所大学中，只有吉备国际大学有独立的文化财学部，其余均为设在某一学部下的一个学科，其中设在文学部下的有6所，在教育学部下的2所，在美术文化学部下的1所，在艺术学部下的1所。其中，奈良大学文学部的文化财学科于1979年4月创办，是日本大学中最早的文化遗产学学科。该学科由考古学、美术史、文化财保存科学、史料学、博物馆学、世界遗产学六个专业组成。所开设的课程主要有，必修：文化财学研究法（一年级）、考古学讲读、美术史讲读、文化财保存科学讲读、史料学讲读、博物馆学讲读、世界遗产学演习及各专业的实习（二、三年级），四年级继续分专业实习并撰写毕业论文。选修：除了各专业的概论和特殊讲义之外，还有文化财情报学、文化财分析学、文化财环境学、文化财修复学、世界考古学、佛教考古学、东洋美术史、日本美术史、建筑史、文献史料学等。公共课有：数理世界、统计学入门、生命科学、法学概论、政治学概论、经济学概论、社会学概论、民

俗学、日本史、外国史等等（图5）。

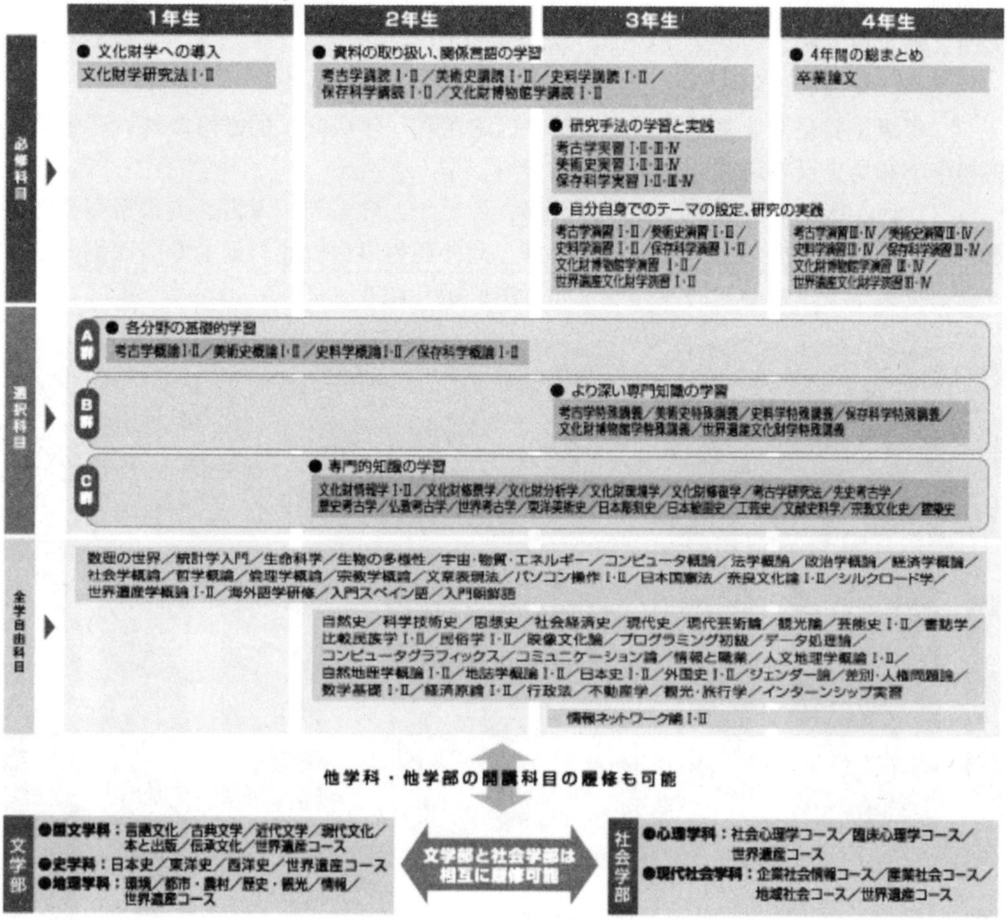

图5 （引自奈良大学网站）

相比之下，鹤见大学文化财专业建立较晚，也不严格分专业，只在选课时有侧重。

鹤见大学是一所佛教大学，位于横滨市鹤见曹洞宗的大本山总持寺旁，创立于1953年，当时是女子短期大学，只有国文学科（即日本文学）一个专业。1963年升格为大学，现在其本科有齿学部和文学部两个学部，有大学院，都可以招收博士生，另有一所短期大学。

文化财专业设在文学部。一年级主要学习公共课和基础课。公共课包括：宗教学、日本语、外国语、日本史、世界史、社会学、经济学、哲学、语言学、心理学、法学等课程；基础课有文化财研究法，由八位教授分别讲授什么是文化财、文化财行政的现实、文献史学入门（上古、中世、近世）、考古资料学习方法、分析保存科学入门、美术史基础、工艺史基础等。

此外一年级和二年级必修的基础课有：地理学、文化人类学、考古学。

二年级主要是专业基础课和毕业论文，除了和一年级交叉的必修课外，还要学习博物馆学和历史资料讲读。

三、四年级的课程分为三个系列，即：历史、地理系列，考古、美术系列和文化财系列。学生可根据自己的喜好进行选择。此外还为以后就业开设了专门课程。

鹤见大学文化财专业的课程设置如下图所示（图6）：

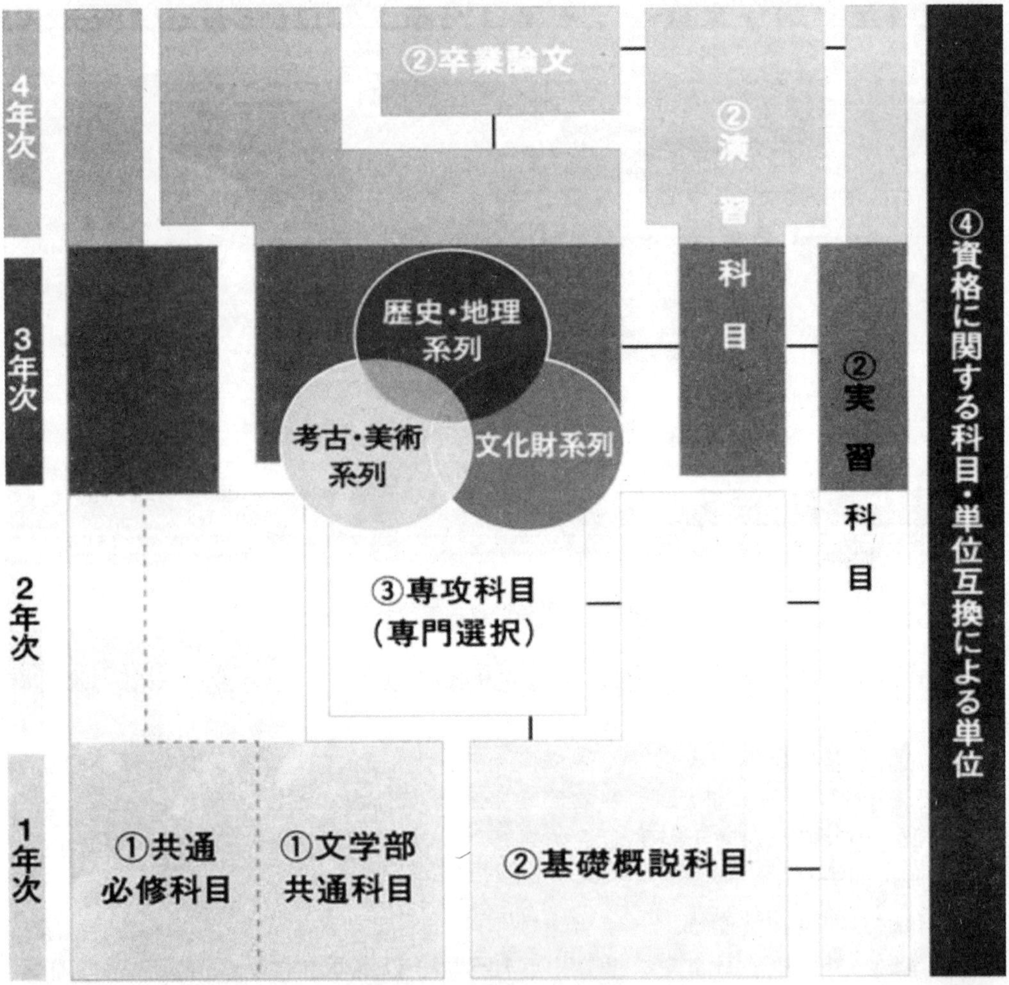

图6　（引自鹤见大学网站）

文化财学科设立于1998年。据该学科负责人河野真知郎教授介绍，设立这一学科的初衷，就是要有意区别于传统的文学部，以吸引生源和解决就业问题。该学科现在每年招收本科生60名，在校研究生为16名。

以上两所大学的文化遗产学科，基本上指的是有形文化遗产，代表了日本大学中文化遗产专业的总趋势。相比之下，东北艺术工科大学艺术学部的历史遗产学科，对非物质文化遗产比较重视。下图（图7）即反映出他们对两个专业（历史遗产专业和东北文化专业）及物质、非物质文化遗产相互关系的认识：

图7　（引自东北艺术工大网站）

东北艺术工大位于日本东北地区的山形县山形市，其历史遗产学科建立的时间不长，规模也不大，但办学理念很先进。他们在网站中宣称，21世纪是谋求“环境、技术和人”实现良好关系的时代，是多样文化共存、排除单一价值观的时代，因此不同地域文化之间的互相尊重、互相理解、相互交流不可缺少。解读祖先留下来的遗产，从中寻找解决现代社会诸问题的线索，对于学习身边的历史文化，从而走向广阔的世界，非常重要。

在这一理念的指导下，东北艺术工大历史遗产专业的课程设置，不仅包括了民俗信仰、民俗艺能、传统技术、祭礼、民间故事（民话）、饮食文化等多种非物质文化遗产的内容，而且反映出他们对文化遗产体系化、学科化的追求。

大学之外，大大小小的文化遗产研究机构遍布日本各地，其中 2 所为国立研究所，级别很高，直接隶属于文化厅。一所设在东京，一所设在奈良，为日本的文化遗产研究重镇。东京的研究所设有无形遗产研究室。

总的来看，目前，在日本各大学，非物质文化遗产学还没有单独成为一门学科。从东北艺术工大历史遗产学专业及东京文化遗产研究所的课程设置和研究方向看，非物质文化遗产学可能成为文化遗产学的一个重要分支。

当然，对文化遗产所属各个品种的研究，绝不限于上述 11 所大学和 2 所研究所。就有形遗产说，在不少大学，都有学者和相关专业、学科从事考古学、博物馆学、古建筑学等学科的研究，并且普遍比文化财专业传统深厚，成果显著。就无形遗产而言，从事神话学、口传文学、歌舞伎、能乐、文乐等方面的研究的学者也不少。我们所熟悉的早稻田大学的戏剧研究（演剧博物馆）、神奈川大学的民俗学研究（常民文化研究所）都很有名。还有不少日本学者对中国民俗、传统艺术等有很深入的研究，这里就不多说了。

目前，我国的文化遗产学还没有真正建立起来。究竟需不需要建立这样一门学科？个别大学中新设立的文化遗产学专业应当怎样设置课程？它与传统的考古学、博物馆学有什么区别？非物质文化遗产学有没有发展成一门学科的可能？它与民俗学、民间艺术学、戏剧戏曲学等学科之间究竟应该是一种什么关系？日本大学及研究机构为我们提供了一定借鉴。

（康保成）

日本文化遗产的分类体系及其保护制度

文化遗产及其保护，是近些年来国内学术界的热门话题。中国在改革开放的大背景下经济持续高速发展，人民生活正逐步实现温饱和迈向小康，与此同时，全球化的浪潮也扑面而来，凡此种种均不同程度地导致了中国的传统生活方式日渐式微。如何在全球化的发展趋势中保持中华民族的主体性？为什么在现代化进程中我们需要重新自觉到传统文化遗产的价值？对于文化遗产问题的高度关注，可以说是中国社会对当代文化及国民生活方式急剧变迁的一种颇为自然的反应。

本文拟集中介绍日本在实现国家现代化的同时，是如何努力地保护其民族文化遗产的。在较为全面地概述日本文化遗产的分类体系，解说日本文化遗产保护制度的主要内容和特点，并举例说明日本社会在文化遗产保护和利用方面的种种具体方法和措施的基础上，作者由衷地希望有关文化遗产保护和利用的日本经验，能够多少对中国当前的文化遗产工作和相关的学术研究有一定的启示和借鉴。①

① 有关日本文化遗产的法律保护和利用，汉语文献中已有不少介绍。如王军《日本的文化财保护》（文物出版社 1997 年）；陶雪迎《日本文化遗产的保护措施及现状》（陶立璠主编《亚细亚民俗研究》第 2 辑，民族出版社 1999 年）；苑利《日本文化遗产保护运动的历史和今天》（《西北民族研究》2004 年第 2 期）；于小川《从法令规制的角度看日本文化遗产的保护及利用——二战前日本文化财保护制度的成立》[《北京理工大学学报（社会科学版）》第 7 卷第 3 期，2005 年 6 月]；顾军、苑利《文化遗产报告》（社会科学文献出版社 2005 年）；林和生《日本对非物质文化遗产保护的启示》（陶立璠主编《非物质文化遗产学论集》，学苑出版社 2006 年）；色音《日本文化遗产保护制度与文化政策》（陶立璠主编《非物质文化遗产学论集》，学苑出版社 2006 年）；刘京宰《非物质文化遗产与文化产业——以日本濑户地区的陶瓷文化为例》（陶立璠主编《非物质文化遗产学论集》，学苑出版社 2006 年）；廖明君、周星《非物质文化遗产保护的日本经验》（《民族艺术》2007 年第 3 期）；色音、杨素娟《日本文化遗产保护的实践与经验》（方李莉主编《从遗产到资源——西部人文资源研究报告》，西北人文资源环境基础数据库课题组，西部人文资源的保护、开发和利用课题组，2006 年 4 月）等。

一、关于文化遗产的定义

"文化遗产"在日语中被称为"文化财"，寓含把文化视为"财富"的意思。有的学者把"文化财"和"文化遗产"视为两个不同的概念[①]；有的学者把"文化财"直接引入汉语使用，或将它译为"文化财产"，或将其译为"文物"。的确，在日语文献中，"文化财"更多地属于一个在日本国内适用的本土法律术语，"文化遗产"则是因为加入了"世界文化和自然遗产保护国际公约"而较近普及开来的新词。这两个概念之间的意义、内涵基本上相通，但也有一些微妙的差异，如把它们都理解为特定的法律用语，那就需要分别依据《文化财保护法》和《世界文化和自然遗产保护国际公约》里面的定义。不过，考虑到日本国内也有两者混用的情形，同时也考虑到汉语的习惯以及在国际场合下的用例，本文倾向于将日语的"文化财"翻译为汉语的"文化遗产"。就日本《文化财保护法》所界定和规范的内容来看，其"文化财"一词的内涵颇为丰富，实不应简单地将其对译成汉语的"文物"。

根据日本学术界和有关法律对于"文化财"的定义，它主要是指在日本国家漫长的历史上产生和孕育，并被传承守护至今的全体国民珍贵的文化财产。它对于理解日本的历史和文化不可或缺，同时还被认为是日本面向未来的文化建设之基础。这个定义的内涵颇多，它至少包含三层基本的意思，一是说文化遗产乃是历史性的，它基本上是指传统文化而言。像漫画、动画电影、卡拉OK、时装、方便面等现代的日本文化，通常则不被看作文化遗产。二是指在那些得以传承下来的文化中被认为具有珍贵价值的部分才是文化遗产[②]，并不是所有过去的全都是文化遗产。换言之，文化遗产（文化财）的概念中其实已经包含着一些价值的判断。三是说文化遗产乃全体国民的文化财富，它已经不属于某些个人、团体或地方[③]，而是现代日本国民文化的基础或重要的组成部分。尤其是上述第三点，可以说是日本有关文化遗产的理论与实践的一个基本原理。换言之，国家就是要通过文化遗产行政把文化遗产界说成为日本的"国民文化"，而其整个文化遗产行政也正是在"国民国家"的意识形态指导之下展开的。

日本早期对文化遗产（文化财）的理解，曾较为偏重其物质或作为"文物"的

① 参见方李莉主编《从遗产到资源——西部人文资源研究报告》第457～458页，西北人文资源环境基础数据库课题组，西部人文资源的保护、开发和利用课题组，2006年4月。（**编按，此书已于2010年由学苑出版社出版。**）

② 关于文化遗产的"传承性"，可参考周星《从"传承"的角度理解文化遗产》，《中国非物质文化遗产》第九辑，中山大学出版社，2005年12月。

③ 至于物权法意义上的所有权或财产关系，则另当别论。

意义，例如，《广词源》就曾把文化遗产定义为是随着文化活动而产生的、进而依照《文化财保护法》而属于被保护范围之内的“物品”。因此，过去人们提到文化遗产，通常更多的是会联想到古老的神社、寺庙、传统建筑、佛像、书画、壁画等“有形”的文化形态；但是，在历经不断的发展和扩充之后，现在日本的文化遗产（文化财）概念的内涵得到了极大的丰富，除了物质或文物的意义，它还涵盖着艺能、工艺技术等“技能”（绝活）、传统的节庆祭典等“无形”的文化形态以及经过悠久的历史而存留至今的人文景观、民俗和生活文化等很多文化因素或形态在内。

二、日本文化遗产的分类

关于文化遗产的分类，各国的情形不尽相同。例如，中国的“文物”概念以及以此为基础发展出来的“出土文物”、“地下文物”、“历史文物”、“传世文物”、“民族文物”、“革命文物”、“民俗文物”等一组概念，就是根据中国的国情而在不断发展的文物工作中逐渐形成的。日本对其文化遗产的分类，主要是根据其《文化财保护法》的界定和规范，它实际上也是经历了一个逐渐完善的过程才形成体系的。日本的文化遗产主要包括以下几个大的类别：

1. 有形文化遗产

有形文化遗产，主要是指那些在日本的历史上具有较高的艺术和历史价值的建筑物、绘画、雕刻、工艺制品、书迹、典籍、古文书等“有形”的文化。其中“建筑物”之外的有形文化遗产，又被总称为“美术工艺品”。至于建筑物和美术工艺品的区分标准，前者是固定的、不可移动的，而后者则是能够随意搬动的。此外，在有形文化遗产这个概念中，还包括考古资料和其他一些具有较高学术价值的历史资料。有形文化遗产中那些被认为重要的，可以经由国家指定为“重要文化遗产”；而在“重要文化遗产”中，那些从世界文化的高度来看也具有特别高价值的，会被进一步地指定为“国宝”。

日本对于其有形文化遗产（尤其是建筑物）的保护，大约始于明治时代的《古社寺保存法》对于重要社寺建筑的指定。据不完全统计，后来被指定为“国宝”或“重要文化遗产”的美术工艺品，也大约有60%之多是为全国各地的重要社寺所拥有或保存的。后来，国家对有形文化遗产的保护范围逐渐地进一步扩大到城郭、书院、旧宅、民居、洋式建筑以及所谓“近代化遗产”的指定等。截至2007年5月1日，已有213件（组）建筑物被指定为日本的“国宝”，有2306件（组）建筑物被国家指定为“重要文化遗产”。根据日本政府文化厅提供的资料，在被指定为“国宝”或“重要文化遗产”的建筑物中，属于近代之前的种类，主要有神社、寺院、城郭、宅第和民居等；而属于近代以来的种类，则主要有宗教、住居、学校、文化设施、官公厅舍、商业·业务、产业·交通、土木等。

和上述重要文化遗产及国宝的指定形成互补关系的，是在有形文化遗产中还有一些被认为需要特别予以保存和活用的，则可以通过文化遗产的登录（注册）制度而成为“登录有形文化遗产”。大体而言，日本的“有形文化遗产”相当于汉语的“文物”，而其国家指定的“重要文化遗产”和“国宝”，则相当于中国的“国家重点文物保护单位”和“国家一级文物”。

2. 无形文化遗产

无形文化遗产，大体上相当于中国国内近些年常说的“非物质文化遗产”，它主要是指那些在历史和艺术上均有较高价值的传统戏剧（演剧）、音乐、艺能、乐舞、工艺技术等“无形”的文化。这里所谓的“无形”，主要是说其较为缺乏物质形态，或其文化的意义不能完全体现或主要不体现在物化的载体上，换言之，“无形”文化遗产并非完全没有物质的依托。

无形文化遗产这一概念的要点，在于重视人们的“技能”（绝活）本身，由于“技能”具有“无形”的特点而较为难以把握，因此，那些能够具体地“体得”（通过身体记忆）、体现、承载或传承着无形文化遗产的表演者和工艺美术及技术的传统技能持有者，亦即所谓的“保持者”或“传承人”，也就很自然地被包括在无形文化遗产的范畴之内。无形文化遗产的保持者或传承人，既有可能是个人，也有可能是集团或者团体。无形文化遗产中那些特别重要的，可以被国家“指定”为“重要无形文化遗产”，而重要无形文化遗产的传承人则可以被国家“认定”为“保持者”和“保持团体”。其中，重要无形文化遗产保持者（个人）又被日本的大众媒体和一般国民称之为“人间国宝”（或可翻译为“活国宝”）。“人间国宝”并不是一个学术性的概念，它是相对于从重要有形文化遗产中进一步指定出来的“国宝”而言的，前者是“物”，后者是“人”。“人间国宝”的称谓，非常形象地反映了日本社会对其重要无形文化遗产持有者或传承人的尊敬和喜爱。重要无形文化遗产的保持者亦即日语所谓的“人间国宝”，可以对译为中国的“工艺美术大师”或“非物质文化遗产传承人”。

此外，还有一些无形文化遗产虽然未能被指定为“重要”，但它对于了解日本的艺能和工艺技术及其变迁具有一定的重要性，因而被认为也有必要予以记录和公开的，可以由国家选择作为“应该采取记录等措施的无形文化遗产”，进而再由国家或地方公共团体予以必要的调查、记录和公开。

3. 民俗文化遗产

民俗文化遗产，包括有形民俗文化遗产和无形民俗文化遗产两大类。所谓无形民俗文化遗产，主要是指有关衣食住、生计职业、信仰、年节岁时等方面的风俗习惯、各种传统的民俗艺能（例如，民众在各种年节庆典或祭祀时举行的表演与民俗活动）、民俗技术等。所谓有形民俗文化遗产，则主要是指用于上述无形民俗文化遗产所规范的各种场景的衣物、器皿、民间生活的各种用具、物件和家屋等设施。有形民俗文化遗产，大体上相当于中国的“民俗文物”概念。民俗文化遗产被认为体现了日本国民的“生活样式”，它们在理解国民生活方式的变迁方面被认为是不可或缺的。

民俗文化遗产中特别重要的，可以由国家分别“指定”为重要无形民俗文化遗产和重要有形民俗文化遗产。其中“重要有形民俗文化遗产”，可以对译为中国的“民俗文物”或“民俗用品”。除了上述的重要有形民俗文化遗产、重要无形民俗文化遗产之外，民俗文化遗产中那些被认为需要特别予以保存和活用的，也可以通过日本的文化遗产“登录制度”而成为“登录有形民俗文化遗产”。此外，在无形民俗文化遗产中除那些被指定为“重要”的部分之外，还可以由文化厅长官选择一些被认为“需要采取记录等措施”的部分。

4. 纪念物

纪念物主要包括遗迹（如贝冢、古墓、都城旧址、城堡、宫殿、旧宅等）、名胜地（如人文的庭园、桥梁等和自然的溪谷、海滨、山岳等）与天然纪念物（如日本特有的动物、植物、地质性矿物等）。纪念物中被认为重要的，可以通过国家的“指定”而成为史迹、名胜和天然纪念物；而它们中间特别重要的，还可以通过进一步的“指定”而分别成为特别史迹、特别名胜和特别天然纪念物。除上述可以“指定”的部分之外，纪念物中那些被认为需要特别予以保存和活用的，还可以通过文化遗产的“登录制度”成为“登录纪念物”。

纪念物一般也都是在历史和学术方面具有较高的认识价值（如遗迹），在艺术及观赏方面具有较高的美学价值（如名胜地），或是在学术研究方面具有较高科学价值（如动物、植物和矿物）。

5. 文化景观

文化景观主要是指在不同的地区，由于人们的生活或生计职业以及根植于该地区的风土而形成的人文景观，例如，梯田（水田）、里山①、水渠（灌溉系统）等，其在理解日本国民的生活或生计产业等方面被认为具有不可或缺的重要性。《文化财保护法》把此种文化景观也界定为文化遗产，并要求对其加以保存与活用。文化景观是人类在与自然的调和共生之中孕育产生的，它是各地居民在其日常生活和具体的生产经营当中，利用当地独特的气候和风土环境条件而创造出来的景观地。文化景观中

① 里山，主要指环绕村落周围，与人们生活密切相关的山地和森林。

特别重要的，可以被选定为重要文化景观。

6. 传统建筑物群

传统建筑物群主要是指和周围的环境融为一体，并形成历史性风貌的传统建筑物的集合，它被认为具有较高的历史、学术和文化价值。例如，宿场町①、城下町、农村、渔村等。在传统建筑物群中那些特别重要的，通常是由市、町、村等各级地方自治体（地方政府）按照有关条例划定出传统建筑物群保存地区。其中具有很高的历史或环境、景观方面价值的，则进一步由国家选定为重要传统建筑物群保存地区。

像南方岛屿上被防风林和石墙环绕着的开放性民居、日本海沿岸和东北“豪雪地带”能够承重和便于养蚕的具有巨大的三角形屋顶构造的“合掌造”农家、商业小镇那些美丽的格子窗店铺，还有乡间以茅草苫顶的家屋（如“曲屋”）等等，在不同地域的环境与人文风土中孕育出来的生活文化，包括其富于个性的村落和街区，也被认为是应该传递给后代的日本文化。其中每一栋传统的建筑物都有自己的个性，而它们作为一个集合体往往也能够彼此调和，构成日本文化的“原风景”。但现代化的街区开发迅猛发展，结果导致那些可以满足日本人乡愁和怀旧情绪的传统村落及街区迅速消失。针对此种状况，从1960年代后期起，日本全国各地均出现了由当地居民参与的、市民团体发动的保护运动，接着，一些地方公共团体也开始采取保护措施并取得了很大的成果。1975年的《文化财保护法》新设了“传统建筑物群保存地区”制度，在努力保护传统的村落和街区景观的同时，还试图使其适应现代社会，使其继续成为人们生活的舞台并能够传承给后代子孙。

7. 文化遗产的保存技术

文化遗产的保存技术，主要是指保护和维修文化遗产所必需的传统技术和技能。其中被认为有必要采取措施予以保存的，则由国家选定而成为选定保存技术。选定保存技术的制度始于1975年对《文化财保护法》的修订。选定保存技术的保持者（例如，选定保存技术“畳制作”保持者中村勇三②、选定保存技术“金唐纸制作”保持者上田尚）、保持团体一经选定，国家为了保护其技术，则要进行有关的记录和培养传承者的工作。

8. 埋藏文化遗产

埋藏文化遗产主要是指埋藏在地下的文化遗产。埋藏文化遗产的概念，大体上相当于中国的“文物”或“地下文物”。通过考古发掘而出土的“出土品”，则相当于中国的“出土文物”。埋藏文化遗产是先民们经营其生活和生产所遗留下来的见证，

① 宿场町，主要指以旅馆驿站为中心而发展起来的街区。

② 日本文化厅《我が国の文化行政 平成17年度》，2005年6月，第56页。

它不需要经过筛选或指定，即是全体国民的文化遗产。经过大量科学的发掘和研究，埋藏文化遗产可以揭示出各个地域的许多不见于文字记录的历史，因此，它被认为具有不可替代的重要的历史和学术价值。日本全国已知约有44万处遗址，由于其具有不可再生性，故全部为埋藏文化遗产，不存在选择、选定或指定的问题。

关于埋藏文化遗产的出土品，首先必须向当地的警察署长报告，当其可能被判定为文化遗产时，则由警察署长向地方公共团体发出照会，进行鉴别。当判定其为文化遗产但无法判定其所有者时，原则上它应该归属于都、道、府、县。目前，日本全国各地都在致力于公开其发掘调查的成果；文化厅也从1995年起，每年都举办主题为“被发掘的日本列岛”、旨在公开各项重大发掘成果的巡回展览。

三、日本文化遗产分类体系的特点与问题

由上述对文化遗产的分类来看，可知日本对于文化遗产的认识和保护范围是颇为全面与系统的。[①] 日本的《文化财保护法》把所有的文化遗产类型均包含在内，予以统一分类和规范，此种全面性或系统性确实堪称它的一个主要的特点。中国目前对文化遗产的分类，基本上是分别由不同的部门对应的。例如，物质文化遗产（文物和考古）由国家文物局来对应，非物质文化遗产则由文化部来对应。换言之，它们尚不属于一个统一、完整的分类体系。这方面，或许值得借鉴一点日本式分类的经验。

然而，日本文化遗产的此种分类，仍只是一种“工作分类”，亦即其文化遗产行政所依据的分类，主要是为了其在管理和指导文化遗产保护与应用工作的具体操作层面上使用时方便。显然，它只是一种相对的分类。若是从学术研究的角度看待其分类，可以指出的问题主要有两点：一是把文化区分为有形和无形、物质与非物质，并不符合文化作为一个整体的特性；这样的分类并不意味着无形的文化遗产比有形的更重要，也不能据此说文化就可以截然地分为无形的部分和有形的部分。二是在这个分类体系内部，其分类基准的逻辑关系也存在一些欠缺和混乱。例如，在有形和无形文化遗产之外设定了民俗文化遗产，但民俗文化遗产内部又有有形和无形的区分等。显然，日本文化遗产的上述分类体系虽然颇为完整，却并不是一次性事先设计好的，而是在其文化遗产行政的实践与发展过程当中顺应社会变迁而逐渐地积累起来的，因此，它具有叠加或层积性的特点。

① 参见廖明君、周星《非物质文化遗产保护的日本经验》，《民族艺术》2007年第3期。

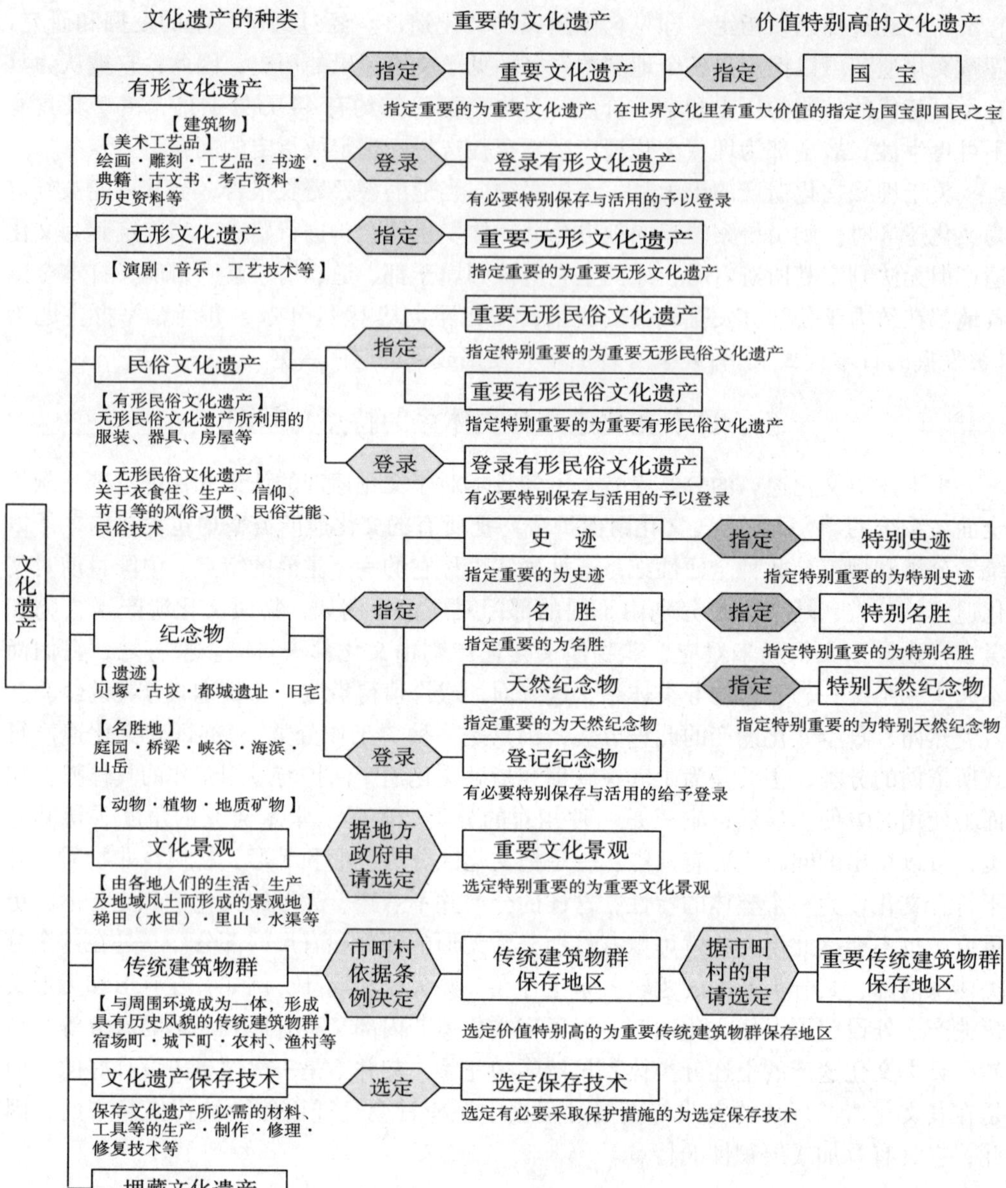

图1 日本文化遗产的分类与保护体系①

---

① 本表系根据日本政府文化厅官方网站提供的资料整理而成。本文所有图表的资料或数据，均来自日本政府文化厅所公布的官方文件或出版物。

针对上述问题，如何才能超越文化遗产的现行分类框架，将其作为彼此具有一定关联性的集合体亦即一个整体来理解，这就需要进一步地研究和探讨能够综合性地把握文化遗产的新方法。相比之下，中国国内目前大力宣传的“口头和非物质文化遗产”，大约只相当于日本文化遗产体系中的无形文化遗产和民俗文化遗产中无形民俗文化遗产的那部分而已。显然，过于强调某些文化遗产的“口头和非物质”属性，或把文化的那些“无形”的属性看得比其他属性更加重要可能会有失偏颇，并不利于全面理解文化遗产及其价值，自然也不利于对文化遗产进行全面性的保护和利用。比如，对于有形民俗文化遗产（农具、民俗用品、民俗文物和民间手工技艺等），目前尚未能引起中国学术界和文化遗产行政的重视，就是这方面的一个较为典型的例子，其原因正是因为我们对于文化遗产的分类有一些缺失，进而说明我们对文化遗产的总体认识还不是很全面。

四、文化遗产保护法制的变迁

日本涉及文化遗产的法律，最主要的有1950年颁布、历经多次修订的《文化财保护法》，该法可以说是日本有关文化遗产保护和利用的“基本法”，研究日本的文化遗产分类体系和保护制度，通常都必须以该法为基本依据。《文化财保护法》的立法目的，主要是通过规范涉及文化遗产的保护、利用和管理等事宜，通过明确文化遗产各相关法律主体（例如，政府、地方公共团体、文化遗产的所有者、管理者、保持者以及一般国民等）的各项权利和义务，进而切实地保护好文化遗产，促进文化遗产的利用，提高日本国民的文化素质，丰富国民的文化生活，同时也对国际文化交流和世界文化进步作出贡献。

日本对于文化遗产的此种认知，确实是经历过一个很长的摸索和逐步扩展的过程。以1949年法隆寺金堂发生的火灾为契机，1950年制定的《文化财保护法》，将此前的《古社寺保存法》、《国宝保护法》、《关于保存重要美术品的法律》、《史迹名胜天然纪念物保存法》等予以综合，并进一步扩充了相关的保护制度。1897年公布实施的《古社寺保存法》，开创了对“特别建造物及国宝”的认定制度，但1950年的《文化财保护法》则对此前的国家指定制度进行了重大的修订，为了突出保护的重点，特在有形文化遗产中区分出国宝和重要文化遗产两个级别；同时，还对史迹、名胜和天然纪念物等也通过指定进行两级分类。此后，顺应时代的潮流和社会的变迁，《文化财保护法》曾历经多次修订，事实上可以说是形成了一个立法的传统，最终才成功建构了一个颇为全面和系统的文化遗产保护体系①（参考图1）。

① 日本文化庁《我が国の文化行政 平成18年度》，2006年11月，第33页。

日本在第二次世界大战之前的有关法律，主要是关注社寺建筑、古器物、美术品等，而1950年的《文化财保护法》则把无形文化遗产和埋藏文化遗产也追加为保护的对象。在某种意义上，1950年的《文化财保护法》还可以说是战后日本国家重建与民族文化复兴的重要步骤。它以法律形式确立了无形文化遗产的重要地位，这一点对其他国家和地区，甚至对联合国教科文组织均产生了颇为深远的影响。此外，该法把国家、社寺、地方自治体和个人拥有的文化遗产均列入保护范围；确立了文化遗产向国民公开的义务，并对设置文化财保护委员会等事进行了规范。

1954年对《文化财保护法》的修订，一是充实了有关无形文化遗产的制度，例如，创设了重要无形文化遗产指定制度和选择无形文化遗产记录制度；二是充实了有关埋藏文化遗产的制度，使埋藏文化遗产从有形文化遗产的分类中独立出来，实施发掘调查的事前申请备案制度；三是充实了关于民俗资料的有关制度，例如，从有形文化遗产的分类中，将民俗资料独立了出来，确立了重要民俗资料指定制度，并创设了选择无形民俗资料记录制度。把重要民俗资料也视为文化遗产的一种，说明日本很重视普通国民的生活方式及其价值。这其实就是此后的重要民俗文化遗产保护制度的前身。1954年修法的特点还在于保护更加积极主动了，以前主要是针对濒危的文化遗产，但修法之后则主要强调文化遗产本身的价值，这就使很多工艺、技能与民俗活动，都可以成为被保护的对象。

1968年，日本政府主管文化遗产的政府机构文化厅开始运作，同时设置了文化遗产保护审议会。在20世纪六七十年代的经济高速增长期，日本社会与文化均出现了非常剧烈的变迁，从而对文化遗产的保护工作也提出了新的更高的要求，于是，1975年对《文化财保护法》又进行了一次较大幅度的修订，其主要内容大体上有以下四个方面：一是进一步加强了有关埋藏文化遗产的制度建设，例如，创设了由国家有关研究或保护机构发现遗址、遗迹的特例制度，强化了因工程建设而发现遗址、遗迹时的保护制度等；二是充实了有关民俗文化遗产的制度，例如，将民俗资料改称为民俗文化遗产，进而创设了重要有形民俗文化遗产（例如，各种习俗的物质形态，像服饰、器皿、家具、家屋、各种设施等）和重要无形民俗文化遗产（例如，涉及衣食住、生产、信仰和年节庆典等的风俗习惯）的指定制度；三是为了保护那些反映和铭刻着各个地方的历史与文化的村落和街区，创设了传统建筑物群保存地区制度；四是为了更好地落实对文化遗产的保护和传承，进一步提高文化遗产保护的技术水平（日本的文化遗产保护科技现已领先世界），特别创设了对于文化遗产的保存技术的选定及保护制度。其中对于传统建筑物群设定保护地区予以保护的做法，或多或少是受到了欧洲国家对其所谓“历史街区”的整体风貌或有关景观进行完整性保护等理念的一些影响。此外，1975年的修法还强调了地方自治体的保护责任及其在文化遗产行政运作中所应发挥的作用（如在各地方自治体也设立文化遗产专门委员会和文化遗产保护审议会）。

1996年对《文化财保护法》的改订，则进一步创设了文化遗产登录制度。所谓登录制度，就是在众多有可能成为候补的建筑物中，对于那些未能获得国家或地方公共团体（地方政府）指定的文化遗产，则采取一种登录的方式予以保护。很显然，此种文化遗产的登录制度，极大地拓宽了文化遗产的保护范围。紧接着到1999年，通过对《文化财保护法》的又一次修订，日本政府将其有关文化遗产的行政权限部分地移交给都、道、府、县或指定都市，从而极大地调动了地方政府保护各自辖区内文化遗产的积极性和责任感；与此同时，通过修法还对文化审议会进行了一些重大改革。

最近一次是2004年第159届国会对《文化财保护法》所做的改订，并于2005年4月1日起实施。此次修订根据2002年12月阁僚会议决定的关于文化艺术振兴的基本方针和文化审议会答申书的意见，为应对新的社会变迁而致力于建构新的文化遗产保护制度。其补充的主要内容有三个方面：一是创设了文化景观保护制度，具体地说，就是启动了重要文化景观的选定制度；二是将民俗技术也列为保护对象，也就是在民俗文化遗产的定义或概念中，追加了民俗技术的内容；三是进一步扩充了文化遗产登录制度，具体地，就是对建筑物之外的那些未能获得国家或地方公共团体（地方政府）指定的有形文化遗产、有形民俗文化遗产以及纪念物等，也实行登录方式予以保护。

换言之，2004年对《文化财保护法》的修订，首先是实现了保护对象的扩大化，例如，像梯田（水田）那样的文化景观，还有铁匠与"和船木匠"① 等有关生产、生活的用具和用品之类的制作技术等，举凡在地域社会里传承的民俗技术都成了新的保护对象；其次是进一步推进了保护手法的多样化，这主要是指以近代文化遗产的保存、活用为中心，极大地扩充了登录制度②，从而使普通国民的生活和文化遗产保护制度之间的关系更加密切了。

从上述《文化财保护法》几经变迁的基本脉络来看，大体上有五条主线：

第一，是从有形文化遗产（物质文化）逐渐扩充到无形文化遗产。有形文化遗产和无形文化遗产的并重，对"非物质"形态的文化遗产也给予高度重视，这可以说是日本文化遗产保护工作最为突出的特征。

第二，是从器物、艺术及审美的文化逐渐扩充到民俗或一般的生活文化，对于民

---

① 和船木匠，主要是指日本各地多种多样的用于渔捞的传统木造和船的制作和修理技术。

② 日本文化庁《我が国の文化行政 平成17年度》，2005年6月，第58页。

俗资料、民俗文化遗产和民俗技术的相继设定或补充，就非常突出地反映了这一点。

第三，是对文化遗产的理解，有一个从物到人，进而再扩大到环境的深化过程或发展趋向。例如，对于重要无形文化遗产保持者（人间国宝）或保持团体的认定，对于选定保存技术保持者或保持团体的认定，以及对于重要文化景观和重要传统建筑物群保护地区的选定等，都很明显地体现出了这一倾向。

第四，是对文化遗产的分类日益细密化，与此相应，日本对文化遗产的保护范围也日趋扩大。特别值得指出的是，近些年来，日本国内又提出所谓近代化遗产的保护问题。伴随着日本社会对其近代化进程中产生的一些文化遗产的日益重视，日本政府遂在全国范围内进行了旨在了解和确认所谓近代化遗产（近代建筑物）的属性、存量、分布与特征的调查摸底工作。所谓近代化遗产，主要是指日本自明治维新以来，在实现其现代化过程中所创造的一些尚且存在、同时也具有重要的历史和文化价值的遗址和遗存，比如说，某邮电局、银行或纺织厂的旧址，某段铁道或某学校的遗迹等。近几年，基于有关的调查成果而被指定为重要文化遗产的近代建筑物正逐渐增加①，例如，著名的名古屋市东山植物园温室前馆、丰稔池堰堤等，就是颇具代表性的已经被指定为重要文化遗产的近代化遗产。

第五，文化遗产行政由国家主导逐渐地发展成为国家、地方公共团体和文化遗产的所有者、占有者或管理团体、各种社区组织，还有非政府组织等互相协作与配合的局面，甚至很多普通的日本国民也都积极地参与进来。换言之，日本文化遗产行政的发展也出现了一个民主化的过程。

五、有关文化遗产保护和利用的基本制度

在上述各种类型的文化遗产中，通过指定、选定、登录等多种方式和一套严谨、公开的基本程序（图2），国家可以分别确立其中更为重要和更加具有保护价值的重要文化遗产、国宝、登录有形文化遗产、重要无形文化遗产、重要无形民俗文化遗产、重要有形民俗文化遗产、登录有形民俗文化遗产、史迹和特别史迹、名胜以及特别名胜、天然纪念物和特别天然纪念物、登录纪念物等。此外，还有重要文化景观、重要传统建筑物群保存地区以及所谓的选定保存技术。

对于经过上述法定程序而最终得以确定的各种不同类型的重要或特别的文化遗产，国家将依法予以重点的保护和扶持。根据《文化财保护法》，对上述不同类型的文化遗产，必须分别采取不同但又适应它们各自具体情形的方法，予以严格的保护和积极的利用。

---

① 日本文化庁《我が国の文化行政 平成18年度》，2006年11月，第35页。

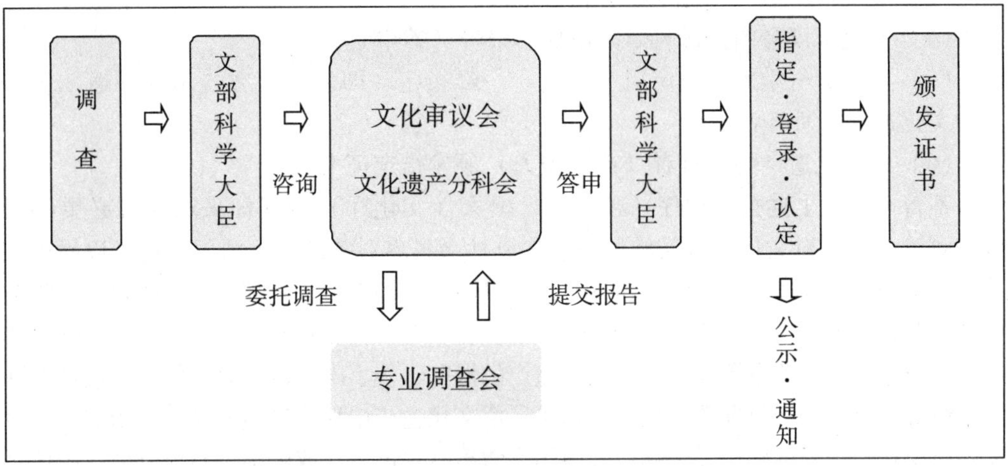

图 2　文化遗产的指定、登录与选定程序

不过，在进入图 2 所示的程序之前，通常要求调查研究先行，只有通过调查研究才能确定候补的指定对象。日本在文化遗产保护方面的成就与其调查先行和全面、扎实的学术研究积累密不可分。日本全国范围的文化遗产调查所产生的大量成果，为对文化遗产的认定、登录、选定、保护及灵活利用创造了颇为坚实的基础。应该说，对文化遗产进行系统和大面积的调查、研究及其相关成果的积累，这正是中国文化遗产行政目前较为薄弱的方面，因而也是极为紧迫的课题。

（一）文化遗产的指定制度

重要文化遗产、国宝、重要无形文化遗产、重要无形民俗文化遗产、重要有形民俗文化遗产以及史迹、名胜和天然纪念物的指定，原则上均必须经过下面一系列的基本程序：

（1）文部科学大臣向文化审议会·文化遗产分科会提出咨询（咨问）。

（2）由文化审议会·文化遗产分科会向有关的专业调查会提出调查委托。专业调查会组织专家、学者对候补的指定对象进行翔实、严谨的调查与研究，完成书面的调查报告。调查所获得的资料将成为指定的科学依据。专业调查会要按时向文化审议会·文化遗产分科会提交报告。以重要无形文化遗产的认定为例，每年都要举行一次由数十位专家和有识之士组成的文化审议会（文化遗产分科会）的专业调查会，就重要无形文化遗产（人间国宝）因死亡等原因而解除认定的情形、艺能和工艺技术领域的发展状态等进行专业性的调查与研讨，其结论将最终成为文部科学大臣认定人间国宝或重要无形文化遗产保持团体的基本依据。

（3）文化审议会·文化遗产分科会审议。

（4）文化审议会向文部科学大臣提出报告（答申）。

（5）由文部科学大臣决定指定与否。一经指定，即发表官方告示，并通知被指定的文化遗产的所有者。

（6）向文化遗产的所有者（或申报人）颁发指定证书。

不言而喻，上述指定程序一经完成，国家（文化厅）会随即采取各种必要的措施和政策，以便对文化遗产实施保护和促进社会各界对它的积极活用。这里以民俗文化遗产为例，国家对于业经指定的重要有形民俗文化遗产，应该就其收藏设施和防灾设备、其修理和维护等项目予以国库助成；与此同时，国家还应该对由地方公共团体所举办或进行的有关重要无形民俗文化遗产的保存、传承事业以及对民俗文化遗产的活用事业等予以必要的补助等。此外，对于民俗文化遗产中那些虽然未能获得指定，但又需要给予特殊记录的则予以选择，并由国家做出有关记录，或由国家对地方公共团体进行的调查事业或记录事业予以必要的补助等。截至 2006 年 3 月，大约有 560 件应该采取措施予以记录的无形民俗文化遗产被选择出来，并进行了详细和专业性的记录。

表一至表四是截至 2007 年 3 月 1 日，经上述程序被指定的国宝、重要文化遗产、重要有形民俗文化遗产、重要无形民俗文化遗产以及特别史迹、特别名胜和特别天然纪念物的数据。

表一　国宝、重要文化遗产的指定件数

种类、区分		国宝	重要文化遗产
美术工艺品	绘画	157 件	1952 件
	雕刻	126 件	2615 件
	工艺品	252 件	2405 件
	书迹、典籍	223 件	1857 件
	古文书	59 件	717 件
	考古资料	41 件	559 件
	历史资料	2 件	150 件
计		860 件	10255 件
建筑物		257 栋 213 件	4147 栋 2306 件
合计		1073 件	12561 件①

① 重要文化遗产的件数包括国宝在内。

表二　重要有形民俗文化遗产指定件数

种　　类	件　数
用于衣食住的	28
用于生产、生业的	84
用于交通、运输、通信的	18
用于交易的	1
用于社会生活的	1
用于信仰的	36
关于民俗知识的	7
用于民俗艺能、娱乐、游戏的	23
关于人的一生的	3
用于年中行事的	2
合计	203

表三　重要无形民俗文化遗产指定件数

区分	件数
风俗习惯	97
民俗艺能	146
民俗技术	3
合计	246

表四　史迹、名胜、天然纪念物的指定件数

特别史迹	60 件	史迹	1571 件
特别名胜	29 件	名胜	308 件
特别天然纪念物	72 件	天然纪念物	934 件
计	161 件	计	2813 件①

①　史迹、名胜、天然纪念物的件数中，包括特别史迹、特别名胜和特别天然纪念物。

（二）重要无形文化遗产保持者和保持团体的认定制度

这里需要指出的是，在指定重要无形文化遗产的同时，还必须认定能够高度体现或体得无形文化遗产之技能的保持者或保持团体。根据《文化财保护法》，重要无形文化遗产的保持者和保持团体的认定，需要由文部科学大臣站在全国的立场来进行，此种认定并不实行申请制或推荐制。保持者或保持团体的认定，大体上有三种方式（图3）：

个别认定：高度体现或体得重要无形文化遗产（艺能及工艺技术）之技能的个人，可被认定为重要无形文化遗产保持者，亦即一般人所谓的人间国宝。在艺能领域，像歌舞伎、能乐、文乐等，有很多被指定为重要无形文化遗产，同时也都分别进行了保持者的个别认定。例如，琉球古典音乐被指定为重要无形文化遗产，琉球古典音乐的演奏家岛袋正雄作为琉球古典音乐卓越的体现者，被认定为琉球古典音乐的保持者，亦即人间国宝。在工艺技术领域，像陶艺、染织、漆艺等，也有很多被指定为重要无形文化遗产，与此同时，也同样分别进行了保持者的个别认定。例如，芭蕉布（染织）被指定为重要无形文化遗产，而高度体现其制作技法的平良敏子则被认定为芭蕉布的保持者，亦即人间国宝。类似的还有重要无形文化遗产红型的保持者玉那霸有公、重要无形文化遗产白磁的保持者井上万二、重要无形文化遗产铸金的保持者大泽幸胜（雅号大泽光民）、重要无形文化遗产雕金的保持者中川卫、重要无形文化遗产献上博多织的保持者小川规三郎等，属于工艺技术领域的人间国宝，而重要无形文化遗产组踊音乐歌三线的保持者城间德太郎、重要无形文化遗产歌舞伎舞踊的保持者花柳寿南海、重要无形文化遗产歌舞伎立役的保持者尾上菊五郎等，则是艺能领域的人间国宝。截至目前，被认定为人间国宝的人数总计为309位（实际人数为306位），现在列入国家预算领取特别助成金的，则为100多人。

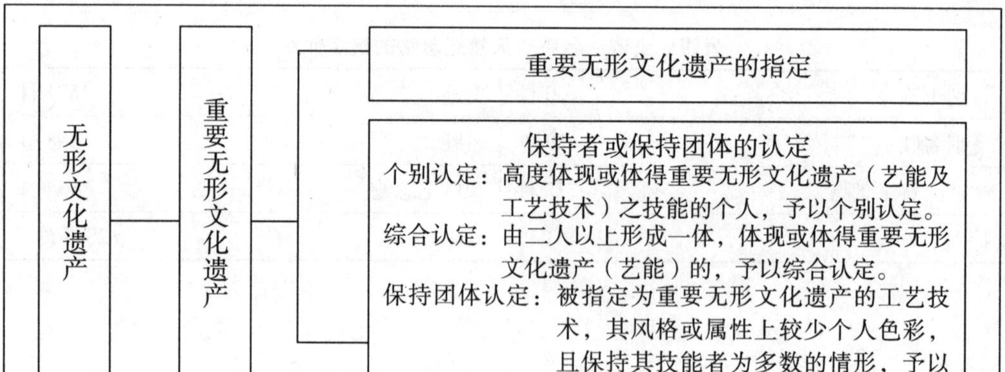

图3　重要无形文化遗产的指定·认定制

综合认定：被指定为重要无形文化遗产的艺能，由二人或二人以上形成一体而体现或体得的情形，则可综合认定其作为保持者的资格。像雅乐、能乐、歌舞伎、义太夫节的演技者、歌手或乐器演奏者等，往往是由二人以上才能合作构成舞台演出。例如，组踊被指定为重要无形文化遗产，而传统组踊保存会会员则被综合认定为重要无形文化遗产组踊的保持者。

保持团体认定：被指定为重要无形文化遗产的工艺技术，其个人色彩或风格较为淡薄，且保持其技能的人数较多时，可对以他们为主构成的团体予以保持团体认定。例如，久留米絣（染织）被指定为重要无形文化遗产，而久留米絣技术保持者会则被认定为重要无形文化遗产久留米絣的保持团体。

截至2006年7月1日，重要无形文化遗产的指定、认定件数如表五。

表五　重要无形文化遗产的指定、认定件数

区分	保持者				保持团体认定	
	个别认定		综合认定			
	指定件数	保持者数	指定件数	保持者的团体数	指定件数	团体数
艺能	38件	53人	11件	11团体		
工艺技术	44件	57人（56）①			14件	14团体
计	82件	110人（109）	11件	11团体	14件	14团体

（三）文化遗产的登录（注册）制度

登录（注册）制度，主要是就尚未或未能被国家和地方政府列入文化遗产的指定名录，但又具有一定的保存或活用价值的文化遗产而言的。日本的文化遗产登录制度是在1996年对《文化财保护法》予以修订时引入的。登录制度在刚开始时，只局限于有形文化遗产（建筑物），2004年的又一次修法则把建筑物以外的有形文化遗产，诸如美术工艺品、有形民俗文化遗产、纪念物等，也纳入登录制度之中，从而极大地拓宽了该制度的适用范围。② 截至2007年3月1日，日本共计有登录有形文化遗产（建筑物）5913件，登录有形文化遗产（美术工艺品）4件，登录有形民俗文化遗产3件，登录纪念物14件。显而易见，日本的文化遗产登录制度主要是针对建筑物、纪念物和建筑物之外的有形文化遗产和有形民俗文化遗产等实施的，它基本上并不涉及无形的文化遗产。

① 工艺技术部分有重复认定的情形，括弧（ ）内为实际人数。

② 日本文化庁《我が国の文化行政 平成18年度》，2006年11月，第42页。

引进登录制度，其实是受到了西欧各国类似制度的影响。日本的文化遗产行政当局认为，通过登录制度可以极大地提高全体国民对于文化遗产的关心，可以更大面积和最大限度地保护更多的、尤其是那些在普通国民的身边众多寻常可见但又已经难以再建或重现的建筑物、风景和文化遗产。由当地居民或所有者自主性地对文化遗产进行保存与活用，将其登录在国家的文化遗产名录上，亦即由所有者向国家备案注册的制度，乃是一种较为和缓的文化遗产保护方式。西欧各国很早就采取了此种登录制度，并由此保护了很多传统的街区，并形成了很多富于个性、跨越世代和令人心旷神怡的都市景观或小镇景区，居民们因此而为自己街区的传统感到自豪，同时也吸引了无数的游客。

新的文化遗产登录制度并不是对以前的文化遗产指定制度的取代，而是对它的不足之处进行的重要补充。以前的指定制度主要是从国家的立场出发而对文化遗产中那些特别重要、突出和具有特殊价值的予以严格的筛选和指定，进而对其所有者也做出一些必要的限制，多少具有一些强制性。与国宝、重要文化遗产等经过国家严格筛选后指定的、历史较为古老的少数物件相比较，登录文化遗产更多地是以近代以来的历史文化遗产为主，其中包括与普通国民的日常生活非常密切的很多项目。根据有形文化遗产登录基准，凡建成之后经过 50 年以上的建筑或土木构造物，若符合以下几个条件的，即可登录为文化遗产。

（1）有可能成为具有国土历史意义的景观，特别是以某种爱称而广为人知的、对于了解当地的历史或文化有价值的、经常在绘画等艺术作品中出现的。

（2）具有规范性的造型，例如，设计优秀的古典式的银行；有大量作品问世的著名设计师或建筑师参与的或其早期的作品，反映了时代或建筑物种类之特征的。

（3）不易再现或重建的，包括采用了某些优秀技术或技能的，采用了现在已不常用而变得珍稀的技术或技能的，具有珍贵的形式或设计而较为罕见者等。

文化遗产登录制度是一种制度创新，较多的具有弹性和变通性，其特点是在把文化遗产作为资源继续予以积极活用的同时，也予以必要的保护。其理念的新意之一在于登录的文化遗产仍可以继续使用和自由地活用。例如，某座有一定历史的建筑物已经登录，仍可以利用它作为事业资产或观光资源。若外观没有很大的改变，其内部装修作为宾馆、餐厅、资料馆等均无妨碍。显然，此种登录制度既有利于地方发展的活力，也能够和缓地保护文化遗产。在登录文化遗产所能获得的若干优惠措施中，能够多方面地支持将其作为资产予以继续活用乃是登录制度的一大特点。其次，登录制度设定的范围非常广泛，可以登录为有形文化遗产的建筑物，其对象包括住宅、事务所、社寺、工厂、公共建筑等，还包括桥梁、隧道、水门、堤防、水库等，甚至烟囱、墙壁等，都可能成为登录文化遗产。基本上建成在半个世纪以上，为当地广大民众所喜爱，并且只见于当地的建筑物类型等，均可被看作文化遗产。按照上述标准，自然也就能包括很多所谓的近代化遗产在内。文化遗产保护对象的此种扩大趋势，究其原因，除了时代变迁、学术性调查研究的进展等之外，普通国民的观念和意识的变化也是非常重要的。

与较为严格细密的指定制度相比，登录制度的原理和限制均较为和缓，它既不通过“许可制”予以强行的限制，也没有特别优厚的资助性保护。它其实是在多少有点僵硬的指定制度已不能很好地适应更大面积、更多品类的文化遗产保护的需求的情形下应运而生的。随着全社会富裕程度的提升、生活方式和价值观念的多样化，以及日本全体国民对于文化遗产之重要性认识的不断深化，于是，就产生了可以覆盖更大面积、同时也更为简易灵活的文化遗产保护制度。

登录制度其实也就是一种申报备案制。所有者或拥有者若希望登录时，可以通过地方公共团体提出申请；地方公共团体也可以向国家推荐登录。登录制度的基本程序其实和指定制度颇为相似，也都需要经过专家学者的调查、文部科学大臣的咨问、文化审议会·文化遗产分科会的答申，由文部科学大臣将申请的文化遗产（建筑物或其他有形文化遗产）登录于文化遗产登录原簿上，再由国家（文化厅）颁发有关证书并予以公示等。

登录有形文化遗产的登录程序完成之后，所有者或管理者就应该接受政府文化遗产行政部门的指导、建议或劝告等，对其登录文化遗产进行较为缓和与宽泛性的保护。但此种保护受到的限制并不多，只是在外观有很大变更时才需要向文化厅提出申请。在通常的情况下，所有者可以根据其各不相同的目的，灵活地利用登录文化遗产甚至有所改变，其在修缮和管理等方面可以获得文化厅的技术性建议。登录文化遗产的改建，如超过四分之一，才需申请备案，四分之一以下则不需要。不过，改装或改建，应该尽量保持原先的印象与风格。登录文化遗产通常并不包括后来的改建或扩建部分，其被认为有价值的主要是早先或当时的建筑形态，故对其应予以维持。由于屋顶和墙面等往往构成了建筑物的基本风格和印象，因此，当建筑物屋顶的形状或轮廓曲线发生大规模改变时，就需要向有关机关提出申请或备案了。

（四）重要文化景观和重要传统建筑物群保存地区的选定制度

在日本的文化遗产保护体系中，重要文化景观和重要传统建筑物群保存地区的确定，主要采用的是所谓选定制度而非指定制度。其中的区别主要在于地方政府的责任、权利和义务。选定制度的基本程序，多少也和上述认定、登录制度有类似之处，同样也包括调查、咨问、答申、公示等环节。

1. 重要文化景观的选定

基于都、道、府、县或市、町、村的申请，可以由国家从中选定出所谓的重要文化景观。日本的文化景观保护制度以根植于地域生活和生产的景观为对象，正面评价其文化价值，并促使其在当地得到保护，旨在尽可能地将其传递给后世。通过对文化景观的保护，可以促进一般国民对于文化景观的理解，也有助于地域社会的振兴和发展，并增强地方社区的活力。文化景观之所以在日本引起重视，是因为现代化都市的急剧发展已使传统的文化景观日益支离破碎和伤痕累累，如何在都市开发中尽量兼顾传统的文化景观不受或少受破坏，已成为其文化遗产保护工作中的当务之急。但由于重要文化景观的选定制度刚刚实施不久，截至目前已经完成选定程序而得以明确的重要文化景观仅有4件。

日本的重要文化景观保护制度（图4），其具体内容大体上如下：

（1）由都、道、府、县及市、町、村根据《景观法》，决定其景观计划区域、景观地区、准景观地区，其中包括全部或一部分文化景观，进而制订景观计划或与景观地区有关的都市规划等；都、道、府、县及市、町、村进行的关于文化景观保护的调查作业等，均可获得文化厅的经费补助。

（2）都、道、府、县及市、町、村基于《景观法》和其他有关法律，制定保护文化景观所必需的条例；进而制订文化景观的保护计划（内容主要包括文化景观的位置及范围、保护文化景观的基本方针、保护文化景观所应兼顾的土地利用原则、文化景观的整修和整理、文化景观的保护体制等），文化厅对于以上努力予以必要的经费补助。

（3）都、道、府、县及市、町、村就重要文化景观的选定向国家提出申请时，需要征得有关所有权人的同意。

（4）都、道、府、县及市、町、村根据《文化财保护法》，向国家提出重要文化景观的选定申请，经文部科学大臣和文化审议会之间的咨问、答申等法定程序，最终可以获得国家的选定。

（5）一经选定为重要文化景观，则由文化厅发布官方告示予以公示，同时，还要向所有权人、占有者、都、道、府、县及市、町、村发出通知。

（6）对于都、道、府、县及市、町、村所进行的有关重要文化景观的维护、修景、复旧、防灾等事业，文化厅需依法予以经费补助。与此同时，在地方税的税制方面也有一些优惠措施。

（7）根据《景观法》和《文化财保护法》，重要文化景观的所有者在涉及建筑物的改建或新建、土地用途的变更等情形时，需要向都、道、府、县及市、町、村提出备案或认定申请；都、道、府、县及市、町、村则对其进行劝告、命令或认定。

（8）重要文化景观的所有者等，在有关的重要文化景观出现消失、破损或需要变更现状时，需要向文化厅长官提出报告或备案；文化厅长官则依法对其进行必要的

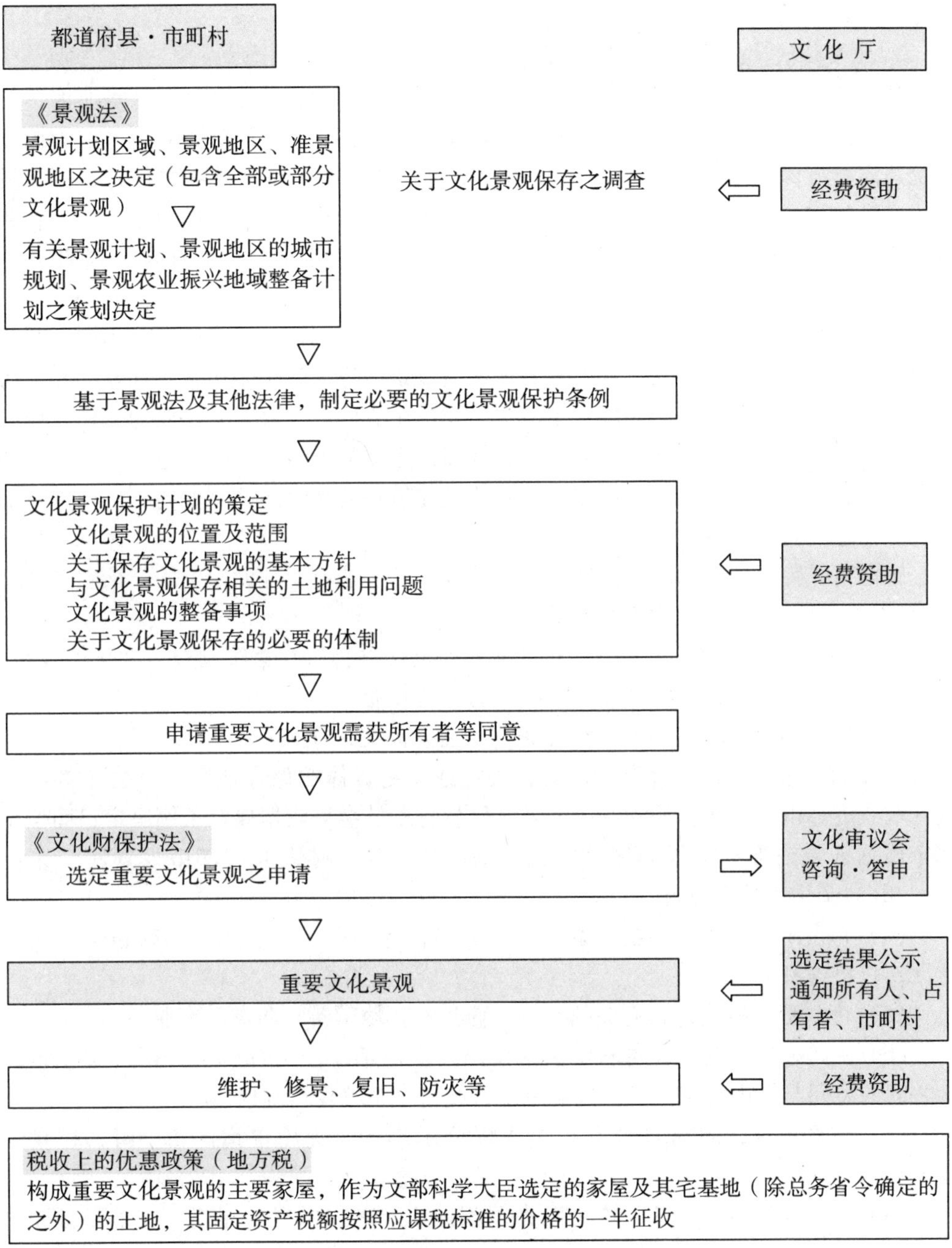

图 4　重要文化景观保护制度

指导、建议或劝告。

2. 重要传统建筑物群保存地区的选定

截至2007年1月，反映日本各地区的历史与文化的传统村落及街区等所谓传统建筑物群保存地区，经各市、町、村决定的有80多处以上，其中被国家选定为重要传统建筑物群保存地区的有79处。目前已被选定的重要传统建筑物群保存地区，具有代表性的如丸龟市盐饱本岛町笠岛的港口小镇、八女市八女福岛的商家小镇、若狭町熊川宿的旅馆街、高梁市吹屋的产业小镇、京都市嵯峨鸟居本的门前町、东祖谷的山村等。

上述那些以传统建筑物为中心的保存地区，其整体的历史环境或景观因此得到了有效的保护，其中有不少通过环境整备或所谓修景，还成为富于历史个性魅力和生命活力的新社区。显然，这个制度并不是要阻止进步或停滞发展，而是要为居住在传统建筑或街区内人们的生活注入新的活力，提高其生活的质量。此外，把地域性的传统和文化作为其村镇建设的共享资源，重要传统建筑物群保存地区制度还可以促进该地区居民彼此间的认同感。

所谓重要传统建筑物群保存地区，主要也是经过选定制度而产生的。该制度的具体内容，大体上如下图（图5）所示：

（1）由市、町、村或市、町、村的教育委员会进行保存对策调查，文化厅或都、道、府、县的教育委员会应对其予以必要的经费补助。

（2）市、町、村制定及修订保存条例，需要向文化厅长官报告。

（3）市、町、村设置保存审议会，决定或变更具体的保存地区（其位于都市规划区域或准都市规划区域外的，市、町、村教育委员会可依据保存条例决定；而位于都市规划区域或准都市规划区域内的，则由市、町、村依据《都市规划法》来决定），并向文化厅长官报告。

（4）市、町、村教育委员会策定或变更保存计划并予以公示，同时也需要向文化厅长官报告。

（5）市、町、村应进行有关的维修、修景、环境整备、防灾等事业。

（6）由市、町、村向文部科学大臣提出选定申请，经文部科学大臣和文化审议会之间的咨问与答申程序，可以选定重要传统建筑物群保存地区。

（7）一经选定，即通过官方公报予以公示，并向提出申请的市、町、村发出通知。

（8）在上述所有的环节，均可以由国家向市、町、村提出建议，并予以必要的指导。

（9）对于选定的重要传统建筑物群保存地区，由国家向市、町、村进行的维护、

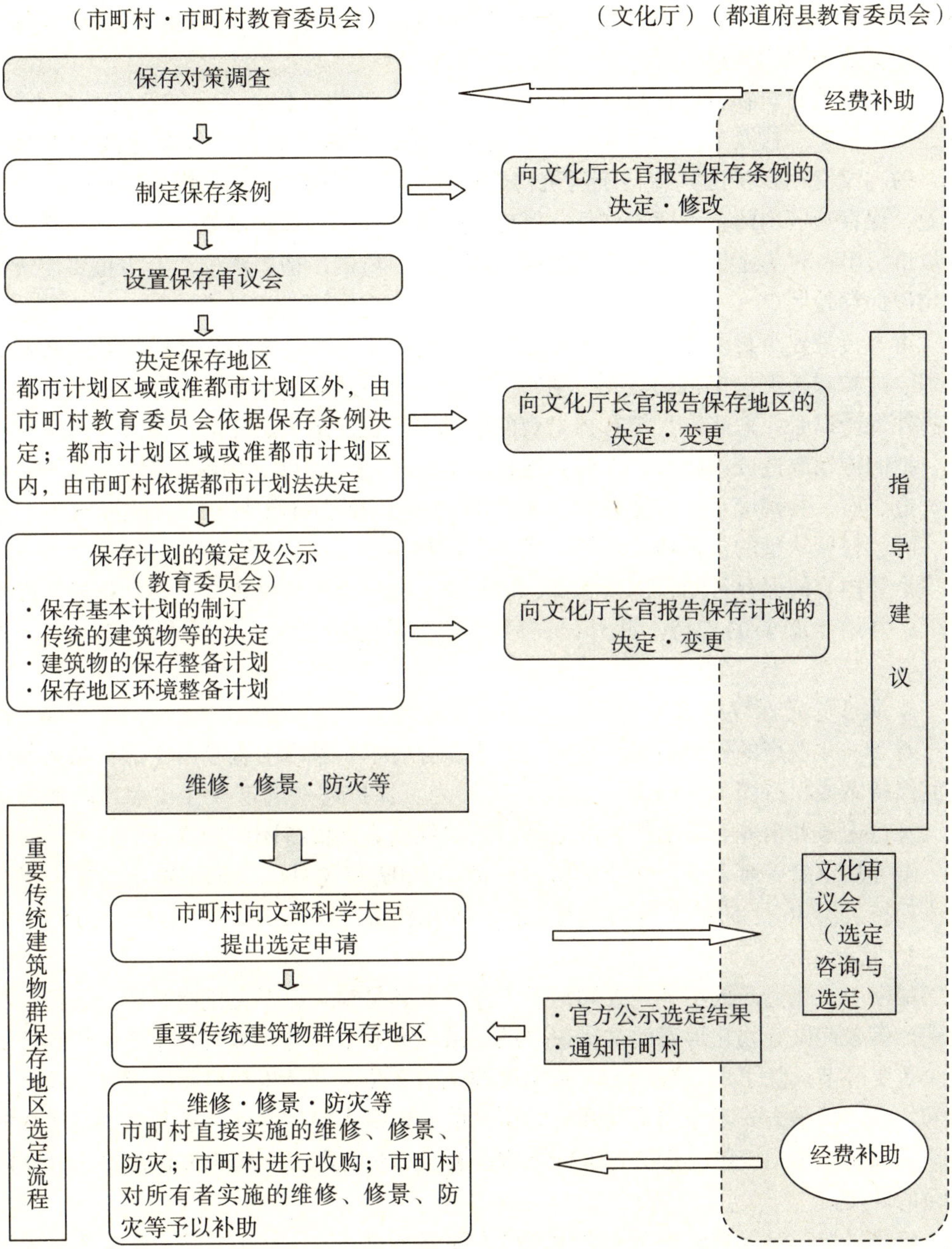

图5　传统建筑物群保存地区制度的结构

修景及防灾设施配套等事业，予以必要的经费补助。与此同时，国税和地方税也都会有一些必要的税制优惠措施。

重要传统建筑物群保存地区的选定制度，与其他的文化遗产保护制度稍有不同，它是由市、町、村及当地居民来决定或指定当地的传统建筑物群保存地区。1975 年修订的《文化财保护法》将传统建筑物群保存地区的决定权交由市、町、村来负责，因此，保存地区内的现状变更许可、维修或改善其外观等保护事业，归根到底都主要是以市、町、村为主体进行的；国家接受市、町、村的申请，从中选定出重要传统建筑物群保存地区。

重要传统建筑物群保存地区一经选定，对于以市、町、村为主体所展开的必要的修理、维护和防灾设施的整备等工作（例如，加固或改建老朽化的传统建筑、对建筑物外观予以必要的修饰、把有损景观的电线等埋设入地下、复活已经淤积的水渠小溪、把旧旅馆改造成博物馆、在砖瓦结构的老房子内开设摩登的咖啡馆等），国家和都、道、府、县则应予以技术性指导和补助金等必要的财政支持。与此同时，对于市、町、村所从事的包括地域环境整备、复活传统产业（手工业等）、开发观光、确保安全等内容的保存计划，国家和都、道、府、县也都要始终予以关心和指导，提出建议，并给予必要的支持。此外，在固定资产等税制方面，也可采取必要的优惠措施。

3. 关于选定保存技术

对于文化遗产的保护所不可或缺的选定保存技术，基本上也是由文部科学大臣选定其保持者或保持团体，而国家（文化厅）为了保护这些选定保存技术，除致力于对其进行记录和培养有关的传承者之外，还对保持者或保持团体所进行的技术钻研活动、培养后继者等事业予以必要的援助。截至 2007 年 3 月，经国家选定的选定保存技术保持者有 46 件 50 人，保存团体 23 件 24 团体①。

4. 记录

加强对文化遗产的实地调查和记录工作，尤其是针对无形文化遗产和无形民俗文化遗产等较为缺乏物化形态的文化遗产的记录，事实上也是日本文化遗产保护制度的一个重要环节。除了那些被指定、选定或登录的文化遗产，均有对其历史与现状、价值和特点、传承方式等予以全面和科学记录的调查报告问世之外，还特别设定了选择应该采取记录等措施的无形文化遗产和有必要予以记录的无形民俗文化遗产，并实施记录的制度。

应该采取记录等措施的无形文化遗产，主要是指那些虽然未能被指定为重要无形

① 选定保存技术的保持团体有重复认定的情形，故实际的团体数为 22 个。

文化遗产，但又在了解日本的艺能或工艺技术的变迁方面具有重要价值，被认为有必要予以记录和公开的无形文化遗产。它们一经文化厅长官选择，就需要由国家组织力量进行调查记录，或由国家对地方公共团体所进行的记录和公开事业予以经费补助。

有必要予以记录的无形民俗文化遗产，主要是指从民俗文化遗产中选择出那些未被指定为重要无形民俗文化遗产，但又具有记录价值、有必要予以记录的项目。它也是由文化厅长官予以选定，进而再由国家进行记录或由国家对地方公共团体进行的有关调查和记录的事业予以一定的经费资助。

馀　论

中国在全力发展市场经济的同时，逐渐地把祖国的传统文化以及各少数民族珍贵的文化遗产和全国各个地方的民间民俗文化遗产等也视为重要的社会文化资源和文化多样性的重要标志，把文化遗产的保护和利用工作提升到国家的议事日程，这应该说是亡羊补牢，犹未晚矣。笔者认为，在文化遗产的保护和利用方面，中国可以借鉴的日本经验有很多，但其中最基本的有两点，一是坚持促进文化遗产保护的文化政策应该有连续性，文化遗产工作不能搞“运动”、唱高调、忽冷忽热，而应该持之以恒，细致入微地落实到实践上。二是要逐渐实现文化遗产保护的系统化。以立法为例，日本采取的是一部统合性的基本法，然后逐渐使之完善，很有系统性，而中国是在已有的《文物保护法》的基础上予以扩充和完善、增加非物质（无形）文化遗产和民俗文化遗产的各项内容呢，还是在《文物保护法》之外另行出台新的法律？如果另行出台新的法律，或许还需要一部类似于日本的《文化艺术振兴基本法》那样更加具有综合性的法律，以便明确国家的文化政策以及文化遗产在其中的地位和作用。

中国和日本的国情有很多方面不同，但都存在国家意识形态对其各自文化遗产行政的影响。如日本的“天皇制”使其对文化遗产的认定和选定，很多都涉及宗教尤其是传统的神道教；而在中国，因为官方坚持“无神论”意识形态，这就使得中国在认定那些涉及信仰、宗教或祭祀等方面的文化遗产时往往会有所犹豫。从目前中国政府已经公布的国家非物质文化遗产保护名录看，确实也是艺术类居多，而信仰祭祀类偏少。

此外，中国属于典型的多民族国家，这一点和日本有很大的不同。[①] 中国有为数众多的少数民族，他们各自都有非常重要和辉煌的文化遗产需要予以保护和利用。[②]

① 日本虽然也有阿伊努人、琉球人和在日居留的朝鲜族人和华人等，但其人数很少。日本的文化遗产行政也有多少涉及阿伊努文化的部分，但此不赘述。

② 参阅陈理主编《中国少数民族文化遗产集萃》，云南出版集团公司、云南教育出版社 2006 年。

特别值得指出的是，像藏族、蒙古族、维吾尔族等一些少数民族，其文化遗产的历史之悠久，种类之丰富，数量之巨大，体系之完整，都需要国家给予足够的重视。近些年以来，伴随着西藏社会和经济的迅猛发展以及青藏铁路的开通，西藏地区文化遗产的保护工作也显得越来越紧迫了。据报道，2006 年 8 月，国务院又将西藏自治区的 8 处重点文物列为国家重点文物保护单位①；2007 年 5 月，西藏自治区人民政府新批准了 64 处文物点为区级文物保护单位②；西藏自治区人民政府常务会议最近还核准了布达拉宫等西藏 32 处全国重点文物保护单位的保护范围和建设控制地带。根据自治区文物局的有关介绍，在过去 20 多年间，国家和自治区政府累计投资了 3 亿多元人民币，用于维修和开放 1400 多座寺庙、文物古迹和宗教活动场所，并使这些古建筑得到了有效的保护。2002 年 6 月，中央政府还曾投入 3.3 亿元人民币的专项资金，对西藏自治区的三大重点文物（布达拉宫、罗布林卡、萨迦寺）实施了保护和维修工程。眼下，自治区政府为及时应对因青藏铁路开通而促成的西藏旅游热潮，对世界文化遗产布达拉宫采取了每天限制游客 2300 人等保护性的措施。

如果说西藏自治区依据国家的民族政策、宗教政策和文物政策对藏族宗教文化遗产进行的全面保护，或许能够对化解内地文化遗产保护工作中面临宗教祭祀类文化遗产时的困扰有所启示，那么，眼下全国范围内对于口头和非物质文化遗产的关注，对于藏族文化遗产的全面性保护也未尝不是一个很大的启示。截至目前，对于藏族文化遗产的保护，主要还是集中在历史或宗教类建筑物等有形的物质文化遗产上面，在这个意义上，不久前，政府把藏族格萨尔史诗列为国家非物质文化遗产保护名录，确实是一个很大的进步，非常令人鼓舞和感到欣慰。眼下，我们尤其需要做的工作是，应该对藏族的文化遗产体系进行一番整体性的摸底调查和深入研究，藏族文化遗产究竟都有哪些种类？它们各自都有什么特点和价值？它们各自又分别处于什么样的状态？有哪些已经濒于危亡而亟须抢救性的保护？又有哪些尚且是藏族民众根深蒂固的生活方式的组成部分，只需充分予以尊重而不应过多地干扰？由于藏族曾经在历史上创造过辉煌的吐蕃文明体系，因此，其文化遗产的体系性就应该引起我们足够的重视。

今后，如何在以《民族区域自治法》为核心的中国民族法制体系对于少数民族文化予以种种保护并鼓励其发展的基础上，更好地运用《文物保护法》和国家有关非物质文化遗产保护的各种新的文化政策，将是做好藏族等少数民族文化遗产的全面性和多重性保护工作的关键所在。显然，在《民族区域自治法》、《文物保护法》和

① 参见德吉、拉巴次仁《西藏大批文化遗产被列入保护名单》，新华网，http://www.sina.com.cn，2007 年 6 月 12 日。

② 目前，西藏的全国重点文物保护单位有 35 处，自治区文物保护单位有 112 处。

新的涉及非物质文化遗产的立法实践之间，应该注意做好彼此的呼应、配合与关照。与此同时，我们还应该充分地认识到，藏族等少数民族的社会与文化在全球化进程日益渗透和国家加快实施“西部大开发”战略的大背景下，正在发生急剧的变迁[1]。笔者相信，藏族的各种文化遗产并不只是被抢救和被保护的对象，相反，它们毫无疑问地还是可以被合理利用的文化资源以及能够持续发展的文化领域。

（周星　周超）

① 参见刘志扬著《乡土西藏文化传统的选择与重构》，民族出版社 2006 年，第 311～320 页。

日本非物质文化遗产保护法规的演变及相关问题

日本是最早制定非物质文化遗产保护法规的国家之一。早在1950年，日本政府就在颁布的文化遗产保护法中，明确分列出“无形文化遗产”一项。在这之后，随着民俗学研究的进展以及文化行政部门政策的调整，法规也进行了多次修改。这些修改，有些仅仅是细节的调整，而有些则涉及重大的观念变化。本文拟对近半个世纪来日本非物质文化遗产相关法令的变迁作概括的介绍，并就几个要点进行分析。

一、日本文化遗产保护法的变迁

1950年5月30日，日本政府公布了文化遗产保护法（法律第214号）。这部法律把文化遗产分为三类：有形文化遗产、无形文化遗产、史迹名胜天然纪念物。其中无形文化遗产指：演剧、音乐、工艺技术以及其他在历史以及艺术上价值高的无形的文化事象。在有形文化遗产中，除了建筑物、绘画、雕刻、工艺品、书法遗迹、典籍、古文献以外，还有民俗资料一类。这里的民俗资料，大体指民间的生产、生活用具之类，也可以称之为“民具”。把这些“民具”列入保护之列，在一直把精美美术品和艺术品作为文化遗产的日本，具有划时代的意义。[①] 1951年5月10日，文化遗产保护委员会发布第2号告示，公布了《国宝及重要文化遗产指定标准》和《应采取助成措施的无形文化遗产的指定基准》。1952年3月，第一批应采取助成措施的无形文化遗产选定。1953年1月，日本文部省文化遗产专业审议会增设民俗资料专业委员会，柳田国男、折口信夫、涉泽敬三等著名民俗学家都被聘请为委员。对有关民俗资料条文的修订，在这个专业委员会的主导下开始进行。

1954年5月29日文部省公布了《文化遗产保护法部分修正案》（法律132号），

① 参见岩本通弥《民俗学と“民俗文化财”とのあいだ—文化遗产保護法における“民俗”をめぐる問題点—》，《国学院雑誌》第99卷第11号，1998年，第221页。

把文化遗产分成了有形文化遗产、无形文化遗产、民俗资料、纪念物四类。其中最大的变化就是把民俗资料从有形文化遗产中分出，列为独立的一类。其定义是“衣食住、生产、信仰、岁时节令等风俗习惯以及相应的服装、器具、住宅等对理解我国国民生活的变迁不可或缺的事象”。从这个定义来看，民俗资料包括了有形的和无形的两部分。其中对有形民俗资料中比较重要的部分，和有形文化遗产一样有指定保护措施。但是，对无形民俗资料并没有导入重点指定的制度。也就是说，对有形文化遗产和有形民俗资料中的重要部分，可以指定为重要文化遗产、国宝或者重要有形民俗资料；对无形文化遗产的重要部分可以指定为重要无形文化遗产；而民俗资料中的无形部分，仅仅有对其中的重要部分“应采取记录措施”的制度。

同年 12 月 25 日，文化遗产保护委员会公布第 58 号公示《重要民俗资料指定基准》和第 59 号公示《应采取记录措施的无形民俗资料指定基准》。在第 59 号公示中，对应采取记录措施的无形民俗资料的指定基准，作了如下规定。

1. 以下所列举的无形民俗资料中，其起源、内容等体现了我国民众基础生活的特色，具有典型意义的事象。

（1）衣食住方面。如服饰习俗、饮食习俗、居住习俗等。

（2）生产、生计方面。如农耕、渔猎、工作、纺织等相关习俗。

（3）交通、运输、通信方面。如旅游方面的习俗等。

（4）交易方面。如集市、行商、坐商、兑换、当铺等。

（5）社会生活方面。如社交礼仪、“青年组”、隐居、协同作业等习俗。

（6）口头传承方面。如传说、故事等。

（7）信仰方面。如祭祀、法会、祖先神灵信仰、田神信仰、巫术、附体邪魔等。

（8）民俗知识方面。如命数、禁忌、占卜、医疗、教育等。

（9）民俗艺能、娱乐、游戏、嗜好方面。如祭祀仪式、竞技、儿童游戏等。

（10）人生仪礼方面。如出生、育儿、新年祝福、婚姻、丧事、墓制等。

（11）年节礼仪方面。如正月、节令、节日、盂兰盆节等。

2. 无形民俗资料中没有包含在上述内容之中的，但对于理解重要民俗资料的性质极为必要的事象。

3. 涉及其他民族的、前两项所列举的无形民俗资料中，与我国国民生活文化关联性很大的事象。

1975 年 7 月 1 日，文部省公布法律第 49 号，再次对文化遗产保护法进行了修订，民俗资料中加入了“民俗艺能”，并改称为民俗文化遗产。这次修订最重要的是，将原来只对有形民俗文化遗产进行重点指定扩大到无形民俗文化遗产上。同年 11 月 20 日，日本文部省发布 156 号告示，对重要无形民俗文化遗产的指定基准分列如下。

1. 风俗习惯中符合下列各项之一的特别重要的事象。

（1）其由来、内容能体现我国国民基础文化生活特色的，带有典型性的。

（2）在年节礼仪、祭祀、法会等活动中能体现艺能基础的。

2. 民俗艺能中符合下列各项之一的特别重要的事象。

（1）体现艺能的产生及成立的。

（2）显示艺能变迁的过程的。

（3）显示地域特色的。

从上述法令的内容来看，无形民俗文化遗产主要包括两部分，一是风俗习惯，二是民俗艺能。

2004 年第 159 届国会对《文化遗产保护法》再一次作了修订，并于 2005 年 4 月 1 日起实施。此次修订除了创设文化景观保护制度，即重要文化景观的选定制度以外，还在民俗文化遗产的范畴中，增加了民俗技术的内容；还有一点是扩充了文化遗产登录制度，即对建筑物之外的那些未能获得国家或地方公共团体（地方政府）指定的有形文化遗产、有形民俗文化遗产以及纪念物等，也实行登录方式予以保护。

现行文化保护法中，日本的文化遗产分为下列 8 类：

（1）有形文化遗产。

（2）无形文化遗产。

（3）民俗文化遗产。

（4）纪念物。

（5）文化景观。

（6）传统建筑物群。

（7）文化遗产的保存技术。

（8）埋藏文化遗产。

其中无形文化遗产的定义是那些在历史和艺术上有较高价值的传统戏剧（演剧）、音乐、艺能、乐舞、工艺技术等“无形”的文化。对于无形文化遗产中重要的部分，有重要无形文化遗产的指定和重要无形文化遗产保持者的认定制度。重要无形文化遗产是“在历史上和艺术上具有较高价值的戏剧表演、音乐、工艺技术等无形的文化事象”。由于无形文化遗产具体体现在人的“技巧、技能”方面，是由掌握这些技巧、技能的个人或集体体现出来的。保护无形文化遗产具体要通过保护其技巧、技能的体现者来进行。因此，重要无形文化遗产的指定和其保持者的认定是表里合一的。其指定范围主要包括两类：①音乐、舞蹈、演剧等传统艺术；②陶艺、染织、漆艺和金属工艺等工艺技术。选择的标准主要有三个：①艺术上具有较高价值的；②在艺术史和工艺史上占有特别重要地位的；③兼有①、②两方面的特点，并具有地方色彩或不同流派风格的。目前的问题是上述领域以外的无形文化遗产是否列入范围；在指定以后，传承人的培养、技能的公开、技能的记录等措施；指定类别的平衡、濒临灭绝的领域要特别重点予以指定。

而民俗文化遗产中的无形民俗文化遗产，分为风俗习惯、民俗艺能、民俗技术三类。其中重要的由国家指定为重要无形民俗文化遗产。截至2008年3月止，有257件得到指定。其中风俗习惯100件、民俗艺能150件、民俗技术7件。而对没有列入重要无形民俗文化遗产名录而又有资料价值的则列入应采取记录措施的无形民俗文化遗产。截至2008年2月有567件被选出。

二、无形文化遗产与无形民俗文化遗产

从上面的介绍中，我们可以看到，日本的文化遗产保护法规有一个重要的特点，就是区别无形文化遗产和无形民俗文化遗产。无形文化遗产主要指演剧、音乐和工艺技术。而无形民俗文化遗产（无形民俗资料），主要指生活文化中的风俗习惯、民俗艺能和民俗技术。在早期文化行政和民俗学界看来，两者是有重大区别的。前者本身具有艺术上的或者历史的价值，有独立存在的意义，因而可以重点指定保护。后者自身不具有价值，而是对了解民众生活的演变具有资料意义，故早期称民俗资料。在1975年之前，无形文化遗产有重点指定制度，而无形民俗文化遗产则只有应采取记录保存措施的制度。这个措施的理念在1954年6月22日文委企第50号《有关文化遗产保护法部分修正的说明》有明确的表述：

（1）无形文化遗产如艺能、工艺技术等，是由特定的个人传承、表现特定的形态与技术、经过提纯洗练的技艺。而无形民俗资料是国民生活的形式与习惯本身，是由广大民众传承的。

（2）无形文化遗产中有很多需要指定为重要无形文化遗产保护其原貌。而无形民俗文化资料，如果按照其原貌加以保护的话，违背了自然发生、自然消亡的民俗资料的性质，是没有意义的。例如“正月节庆”这样的活动保存原样既不可能也无意义，只要采取记录保存的措施就足够了。

换言之，无形文化遗产如艺术、工艺技术等具有独立的艺术或历史价值，而无形民俗文化遗产的本质是一种植根于生活文化的传承，用重点指定的方法对无形民俗资料进行保护，既不必要，也违反了民俗的自然演变规律。因为作为生活文化的一部分，它有其自然的生命规律。行政人为的干预会破坏其自然的演变进程。况且，生活文化中的艺术、祭礼、年节仪礼等活动，都植根于历史形成的生产方式、生活方式、信仰体系。换言之，形式、做法的背后是有信仰、价值体系支撑的。没有了这个信仰价值体系的支撑，形式本身是没有生命力的。而1950年的法令正是在这个理念下，

没有对无形民俗文化遗产实行指定制度。因为特定时代的“形式”一旦被指定，就很难随着时代的价值变化而发生变化，这样，就变成了徒具外壳的、没有生命力的东西。

从学理上说，无形民俗文化遗产被理解为“不断变化的”、“自然发生、自然演变、自然消亡”的事象，因此，对其进行指定，必定导致以某个特定时代的“形式或形态”为规范标准。这样的行政介入会中断或干扰民俗文化的自然变化进程。这种理念，被认为受了柳田国男“民风因时而变”思想的影响。[①] 1950年代的法规，和这种理念有着逻辑上的一致性。

但是，1975年的制度修正，打破了这个理论和法令制度的一致性。在这次修订中，民俗资料被改称为民俗文化遗产，对无形民俗文化遗产也开始实施重点指定制度。这个变化所带来的结果是对无形民俗文化遗产的基本看法发生了变化。然而，对于这个重大改变，文部省并没有做出正式的说明。有学者批评说，1975年的修订，使原来的无形民俗文化遗产的“等价值”的理念，被“重点指定”这一行政措施转变为对民俗生活的事象进行高低贵贱的价值评判。而且，对固定形式、做法的指定，也使得民俗是“变化的”这一基本理念趋于尴尬境地。[②]

但是，也有的研究者认为，这次修正，并不意味着对民俗文化的根本理念发生了变化。[③] 也就是说，对无形民俗文化遗产的保护，最基本的还是采取记录保存的措施，而指定仅仅是一个辅助手段。常年从事文化遗产保护理论研究及实践的大岛晓雄解释道：过去民俗工作者力图对传承者的信仰、宗教意识等“心的传承”为对象进行保护，而无形民俗文化遗产的指定，则表明开始对表演形式、传袭成规等“形式的传承”也有了保护意识。而且，这些“形式”在传承过程中不可避免地会随着时代发生变化。对这些变化，考虑到民俗文化的本质，应在某些程度上予以容忍。修订后的无形民俗文化遗产的保护政策把祭礼、年节礼仪等广义的风俗习惯中，由地域共同体主导并传承的部分，也作为保护的对象。也就是说，无形民俗文化遗产的指定，是期待某些特定的传承集团永续保存的、有限的一部分民俗艺术和风俗习惯，并不是扩

① 参见岩本通弥《民俗學と“民俗文化財”とのあいだ—文化財保護法における“民俗”をめぐる問題点—》，《國學院雜誌》第99卷第11号，1998年，第222页。

② 参见岩本通弥《民俗學と“民俗文化財”とのあいだ—文化財保護法における“民俗”をめぐる問題点—》，《國學院雜誌》第99卷第11号，1998年，第223页。

③ 参见大岛晓雄《無形の民俗文化財の保護について—特に、昭和50年文化財保護法改正を巡って—》，《國學院雜誌》第107卷第3号，2006年，第47～48页。

展到所有的民俗文化事象。①

而同样长期参与文化遗产保护的实践工作的植木行宣则指出：无形的民俗原本是涵盖生活整体的文化，其基本价值在于资料的积累程度，而且是相对的。也就是说，甲和乙比或乙和丙比，在比较中看谁的资料价值更高。现行的制度是以指定保存为目的的。其结果是把民俗分成了三六九等，从高往低顺次指定、保护。但是，要使指定有效，必须对低等级的民俗事象进行把握。随着记录的充实，指定文化遗产这个点具有代表整个面的典型性。早期设置的必须采取记录措施的无形文化遗产的选择制度，就是基于这个民俗特征而制定的政策。民俗文化遗产的保护必须彻底贯彻这个政策方针。②

目前，日本文化行政部门对这个问题还没有一个明确的官方的解释，学界也还在争论中。但基本的态度是，1975 年的制度修正，并不意味着对无形民俗文化遗产的认识有了根本性转变，仅仅是对某些细节作了局部的调整。无形民俗文化遗产的保护可以说是以记录保存为基础，局部地推行重点指定政策。

三、日本的法令与联合国教科文组织的《保护非物质文化遗产公约》

日本法规中对无形文化遗产的“两分法”，在理论上具有合理性。但是，从世界范围来看，这种区分似乎并没有被广泛接受。2004 年 10 月，在日本奈良召开了“有形文化遗产与无形文化遗产保护——迈向综合保护的目标”国际会议。在会议后的报告中，日本代表之一的植木行宣指出：在大会上，日本的概念几乎没有得到理解和认同，非物质文化遗产始终被理解为前近代的文化遗产以及发展中国家的传统文化，或者说大多局限在相当于无形民俗文化遗产的范畴。因此，（日本的）无形文化遗产如传统艺能、工艺技术不被认为是非物质文化遗产。③

我们比照联合国教科文组织大会于 2003 年 10 月 17 日在巴黎通过的《保护非物质文化遗产公约》（以下简称《公约》）中对非物质文化遗产下的定义，可以大体了解日本法规与联合国《公约》的异同。

《公约》的条文如下：

（1）“非物质文化遗产”指“被各群体、团体、有时为个人视为其文化遗产的各

---

① 参见大岛晓雄《無形の民俗文化財の保護について—特に、昭和 50 年文化財保護法改正を巡って—》，《国学院雑誌》第 107 卷第 3 号，2006 年，第 50 页。

② 参见植木行宣《世界の無形文化財の保護制度のこれから》，《月刊文化財》497 号，2005 年，第 15 页。

③ 参见植木行宣《世界の無形文化財の保護制度のこれから》，《月刊文化財》497 号，2005 年，第 14 页。

种实践、表演、表现形式、知识和技能及其有关的工具、实物、工艺品和文化场所”。各个群体和团体随着其所处环境、与自然界的相互关系和历史条件的变化不断使这种代代相传的非物质文化遗产得到创新，同时使他们自己具有一种认同感和历史感，从而促进了文化多样性和人类的创造力。在本公约中，只考虑符合现有的国际人权文件，各群体、团体和个人之间相互尊重的需要和顺应可持续发展的非物质文化遗产。

（2）按上述第 1 段的定义，“非物质文化遗产”包括以下方面：①口头传说和表述，包括作为非物质文化遗产媒介的语言；②表演艺术；③社会风俗、礼仪、节庆；④有关自然界和宇宙的知识和实践；⑤传统的手工艺技能。

（3）“保护”指采取措施，确保非物质文化遗产的生命力，包括这种遗产各个方面的确认、立档、研究、保存、保护、宣传、弘扬、承传（主要通过正规和非正规教育）和振兴。

用上述定义来比照日本的无形文化遗产和无形民俗文化遗产的内涵，不难看出，它与日本的无形民俗文化遗产共性更多。因为教科文组织的定义中强调非物质文化遗产应是“被各群体、团体、有时为个人视为其文化遗产的各种实践、表演、表现形式、知识和技能及其有关的工具、实物、工艺品和文化场所”。这里的群体、团体、个人，更多是比民族国家单位更小的地域共同体，也可以理解为民俗文化的传承单位。他们传承的非物质文化不是歌舞伎、昆曲那样的已经很大程度上脱离了生活文化而成为一种精致艺术的事象，而更多的是植根于他们生活中的乡土艺术和技术。这些也是日本无形民俗文化遗产涵盖的内容。

但是，与此相矛盾的是，迄今为止日本申报并成功被列入人类口头及非物质遗产代表作的能乐、人形净琉璃文乐、歌舞伎却都是无形文化遗产，而不是无形民俗文化遗产。其理由大体有两个。一是无形民俗文化遗产大多带有强烈的地方性，不容易作为“国家的代表”推荐上去。二是重要无形民俗文化遗产，主要是一种生活中的集体传承，没有传承人和保持团体的指定制度。在推荐时缺乏相应的资料。

在理论上，非物质文化遗产和无形民俗文化遗产的概念更为接近，但在实践上，无形民俗文化遗产又被排除在申报之外。这种现象已经引起日本民俗学界的注意，已经有学者提出，对迄今为止的无形民俗文化遗产的固定观念，包括价值认识、判断标准、定义、遴选方式等，需要作重新的检讨。①

对于我们中国来说，没有在法令上明确区分非物质文化遗产和非物质民俗文化遗

① 参见才津祐美子《“民俗”の“文化遺産”化をめぐる理念と実践のゆくえ》，《日本民俗学》247 号，2006 年，第 139 页。

产，在已经公布的国家级非物质文化遗产名录中，民俗和其他门类并列，并没有在定义或政策上有所区别。但是，日本遇到的问题，我们并非完全不存在。比如作为精致文化代表的昆曲、古琴等与地域乡土传承文化的一部分如蒙古族婚礼、端午节赛龙舟等在性质上还是有很大区别，对它们的保护政策也需要有不同对待。毕竟，昆曲可以脱离现实生活，在纯艺术的领域进行传承和发展。而蒙古族婚礼这样的民俗文化遗产，如果随着蒙古族生活方式的变化，变得“不那么原汁原味”的时候，我们应该采取什么样的态度和对策呢？是承认其变化，接受新的形式，还是以保护的名义，尽可能延迟其变化的进程呢？这些问题都有待于我们进一步思考。

（王晓葵）

日本农村歌舞伎的传承现状与启示

第一节 日本农村歌舞伎概要

歌舞伎是日本最具代表性的古典艺能之一，也是近代以来观众最为广泛、最能体现日本民众艺术水准的庶民戏剧。歌舞伎不仅在城市演出，在农村也广泛存在。以歌舞伎而言，在都市剧场里由专业演员表演的歌舞伎叫做“大歌舞伎”，而在农村由村民自发组织演出的歌舞伎，则被称为“农村歌舞伎”、“地歌舞伎”、“地芝居”、“村芝居”等。

农村戏剧可以追溯到元禄时代。最早的记录是宝永三年（1706）在岐阜县上吕久津八幡宫祭礼上的演出。江户时代（1603—1867），虽然从原则上禁止农村演剧，但允许在祭祀上进行献神演艺或在盂兰盆会上演出。[①] 二战前，歌舞伎作为祈求无病息灾、五谷丰登的“奉纳”（向神灵的供奉）仪式，同时也是最重要的娱乐方式之一，在农村各地非常盛行。除了职业艺人巡回演出的商业性歌舞伎之外，以“青年团”[②] 中的年轻人为主演出的“素人”（指外行）歌舞伎也很普及。战争期间，很多年轻人被征入伍，不少歌舞伎小屋（剧场）被征用或遭到破坏，农村歌舞伎走向衰落。战后，随着日本经济的高速发展和电视、网络等媒体的普及，包括农村歌舞伎在内的各种传统艺术迅速减少，很多地方的歌舞伎演出一度中止。20 世纪 70 年代后期，为了挽救濒灭的传统艺术，各种各样的保存会纷纷成立，演出逐渐恢复。日本农村各地的歌舞伎保存会大多成立于这一时期。截至 2011 年 8 月，日本全国共有 180

---

① 参见安田文吉、安田德子《ひだ・みの地芝居の魅力》，岐阜，岐阜新闻社 2009 年，第 10 页。

② 从近代到昭和前期，全国多数村落里都有被称为“若者组”或“青年团”的组织，由 15 到 35 岁左右这一年龄阶段的人自发组成，在村落的自治中发挥重要作用。其任务主要是承担村里的警备、消防，以及台风、土崩等灾害的救援、修复、筑路等体力劳动。

多个农村歌舞伎保存会及保存团体。[①] 他们是传承农村歌舞伎的主要力量。

笔者2009年至2010年在日留学期间，在樱井龙彦教授的指导和赵彦民师兄的协助下，以岐阜县的中津川市、垂井町和长野县的大鹿村为调查地，对日本农村歌舞伎的组织方式、表演形式、传承现状及其与地域间的协作关系等问题进行了考察与分析。

图1　日本三大农村歌舞伎分布图[②]

中津川市和垂井町分别位于岐阜县东南部和西南部，同属古美浓国。美浓歌舞伎是日本三大农村歌舞伎之一。[③] 中津川市属东美浓地区，曾是尾张藩的领地。尾张对演艺活动比较宽容，所以农村歌舞伎在该地区广泛流传。现今，当地有加子母、常盘座、坂下、蛭川、东浓歌舞伎中津川、安岐等歌舞伎保存会和付知歌舞伎同好会等七

① http://www.asahi-net.or.jp/~tq7k-wtnb/kageyama1.htm，阅览时间：2011年12月1日。

② 引自小栗克介《美濃の地歌舞伎》，小栗克介编、近藤诚宏摄影《美濃の地歌舞伎》，岐阜新闻社1999年，第10页。

③ 日本三大农村歌舞伎是：以小田原为中心的相模地方的相模歌舞伎，中山道上的古美浓国（今岐阜县）的美浓歌舞伎，位于山阳道终点的古播磨国（今兵库县）的播州歌舞伎。

个保存团体。这些保存团体是以村、町为单位，由当地的歌舞伎爱好者组成的业余演出组织。除了安岐歌舞伎保存会和付知歌舞伎同好会尚未实现定期演出以外，其他5个团体每年在当地定期公演。各保存会作为东浓地区的歌舞伎保存会的成员，轮流参加每年12月第二个周日在东美浓交流中心举行的“东浓歌舞伎大会”公演。加子母歌舞伎、常盘座歌舞伎分别拥有建于明治时代的歌舞伎剧场明治座和常盘座。蛭川歌舞伎的剧场蛭子座始建于1901年，1949年移置现今地点重建，原剧场的部分建材被重新利用。这些传统的歌舞伎舞台，是当地农村歌舞伎传统深厚的重要标志。

垂井町属西美浓地区，町内分为东町、中町、西町三部分。当地于每年5月初举行曳山祭，届时东町、中町、西町各拉一辆山车在町中巡游，山车上表演儿童歌舞伎。这是一种依附于祭神的歌舞伎演出。

大鹿村位于长野县南部、南阿尔卑斯山麓，地处以丰富的传统民俗活动著称的“三远南信”[①] 地区。据在该村发现的古文书记载，该村的歌舞伎已有约300年的历史，长期以来以“奉纳歌舞伎”的形式在村中的神社盛演。1983年开始，每年春秋两季定期举行公演。《六千两后日之文章》中的“重忠馆”一场是该村歌舞伎独有的剧目，现今在都市歌舞伎及其他地区的农村歌舞伎中已无法看到。1977年，大鹿歌舞伎被指定为县无形民俗文化财。1996年被指定为国家无形民俗文化财，是首例当选为该类文化财的农村歌舞伎（次年，山形县酒田市的黑森歌舞伎当选。目前仅此两例）。目前，当地的中小学都开设了以大鹿歌舞伎为学习内容的课程。

中津川、垂井、大鹿三地农村歌舞伎的基本情况大致如下：

表一　中津川、垂井、大鹿三地农村歌舞伎的基本情况

	中津川市	垂井町	大鹿村
地域	东美浓（岐阜县）	西美浓（岐阜县）	南信州（长野县）
演出性质	娱乐	祭祀	娱乐
演员组成	成人、儿童	儿童	成人、中小学生

① 东三河、远州、南信州的合称，涵盖今爱知、静冈、长野等县的部分地域。

续上表

	中津川市	垂井町	大鹿村
传承组织	加子母歌舞伎保存会、付知歌舞伎同好会、常盘座歌舞伎保存会、坂下歌舞伎保存会、蛭川歌舞伎保存会、东浓歌舞伎中津川保存会、安岐歌舞伎保存会	垂井曳山祭祭典委员会（东町、中町、西町各一）	大鹿歌舞伎保存会、大鹿歌舞伎爱好会、大鹿中学歌舞伎班、大鹿小学
公演场所	东美浓交流中心、各地歌舞伎小屋	八重垣神社、垂井町内	神社、公民馆、中小学体育馆
公演时间	各地不一。不定期出席东浓歌舞伎大会	5月1日～3日	春季公演：5月3日 秋季公演：10月第三个星期日 中学公演：10月 小学公演：3月
文化财指定情况	常盘座被指定为县文化财，常盘座歌舞伎被指定为町无形文化财	曳山祭被指定为町无形文化财，中町山车“紫云阁”被指定为县文化财	大鹿歌舞伎被指定为国家无形民俗文化财

通过对以上三地多位农村歌舞伎传承人的访谈，以及对排练和演出过程的现场观察，结合相关文献资料，笔者对日本农村歌舞伎的生存和传承现状有了比较清晰的了解。从日本社会对保护传统文化艺术所做出的各种努力中，我们可以得到一些有益的启示和借鉴。

第二节　作为“奉纳”与“道乐”的农村歌舞伎

日本的农村歌舞伎，最初多于祭祀时上演，祈求祖先和神灵保佑五谷丰穰、无病息灾。因为是奉献给神灵的，故称“奉纳歌舞伎”。起初多是请城市里的职业艺人或者四处巡回的流浪艺人来演出，并付给报酬，称为“请芝居”或“买芝居”①。在此过程中，有些流浪艺人因为某些原因暂时滞留村中，将歌舞伎传授给了当地人，也有些当地人到城市里学习歌舞伎后又回到村里，带回了外面的歌舞伎。当村人渐渐地有

① 芝居，即戏、戏剧的意思。

能力自行组织演出后，这种“地芝居”就取代了原来的“买芝居”和“请芝居”。这些由当地人自己演出的歌舞伎，叫做“素人芝居”，即业余演出。

随着社会的发展，一些地方的奉纳歌舞伎娱神性质越来越淡薄，而娱人色彩则变得越来越浓厚。节日、祭祀时的奉纳演出逐渐地转变为在固定日期的公演，完成了从娱神至娱人的演变。不过，有些地方的歌舞伎依然保留着较强的娱神性质，作为祭祀的一环而留存。因此，目前的农村歌舞伎大致可以分为两种类型：娱神型歌舞伎与娱人型歌舞伎。

一、“奉纳”——娱神型歌舞伎

以娱神为主要目的的奉纳歌舞伎往往依附于某种民俗而存在，其演出资金、演员来源都与一般的歌舞伎大相径庭。譬如长野县大鹿村在七年一度的御柱祭时上演的歌舞伎，爱知县的长浜、岐阜县的斐济、垂井等地在曳山祭时上演的儿童歌舞伎。下文以垂井町的曳山歌舞伎①为个案，考察娱神型歌舞伎的传承状况。

（一）曳山祭的来历及概况

文和二年（1353），因南北争战，北朝后光严院帝落难至垂井顿宫时，当地人为了宽慰帝心，制作了三台花车，拉着到处巡游。这是曳山之始。安永（1772—1781）时期，舞台成为山车的一部分，并出现了在山车上表演儿童歌舞伎的仪式。曳山祭也成为祈求五谷丰登的丰年祭，并走向演剧化。现今，垂井町于每年5月初举行曳山祭，在山车上表演儿童歌舞伎也成为传统仪式的重要组成部分。

垂井町的东、中、西三町各有自己的山车：东町的称为“凤凰山”，中町的名为“紫云阁”，西町的称为“攀鳞阁”。山车是曳山祭中的重要神器，也是奉纳歌舞伎的舞台。三町的山车轮流作为“当番山”，由“当番山”所在的町主持和协调当年的祭祀和演出活动。

图2 垂井的山车歌舞伎（吕珍珍摄于岐阜县垂井町中町，2010.5.2）

平成二十二年度（2010）曳山祭的日程大致如下：

5月1日：各町的相关人员集会碰头；10点，

① 曳山，即山车，一种经过装饰的车，祭祀活动时拉出巡游。曳山歌舞伎，就是在山车上演出的歌舞伎。

在山车仓库前举行曳山清祓仪式。

5月2日："试乐"。上午11点开始，当地的男性青年用绳子拉着各自町里的山车，首先在各町的神社前表演歌舞伎，然后在町内沿着一定的路线巡回，途中在几个固定的地点演出歌舞伎。下午4点举行宵宫祭①，晚上7点10分献灯、演出奉纳歌舞伎。

5月3日："本乐"。上午9点举行例大祭②。11点45分所有参加人员列队到达神社前，12点5分开始，三町轮流在神社前演出歌舞伎，这叫做"神前奉艺"。每町的演出时间大约为45分钟。

5月4日："后宴"。上午11点开始在各自町内巡回演出歌舞伎。晚上，祭祀结束。

例大祭、曳山清祓式不拘晴雨如期举行，其他的如列队巡回、演出奉纳歌舞伎等，如遇雨天可改期举行。

（二）曳山歌舞伎的祭祀性质

从曳山祭安排中不难看出，虽然歌舞伎演出是整个祭祀活动中最引人注目的部分，但它始终只是其中的一个环节。而且，从时间安排上来看，在举行例大祭、曳山清祓式之后，才进行歌舞伎演出。前者必须如期举行，而后者可以更改日期。祭祀仪式的隆重程度和重要性显然超过了歌舞伎。它们最直接地体现了曳山祭的祭祀本质，是祭祀活动的主体部分，而歌舞伎只是祭祀中用来娱乐神灵的奉纳品，是祭祀活动的附属物。

曳山歌舞伎的组织，完全不同于一般的歌舞伎保存会。从演员的选择、三役③的邀请、排练的督促与服务，至最后的演出，都由各町的祭典委员会统一负责。祭典委员会又分若干小组，负责祭祀的各种事务。譬如2011年度垂井中町的祭典委员会，下设爱宕神前、三役、庶务、会计、服装假发、小道具、艺儿、曳山、照明/扩音器、物品采办、山车管理等十一个小组，共计53人。另有神事组的青年32人，他们主要负责拉山车、照顾演出歌舞伎的幼童。这些服务性工作虽然无一不与歌舞伎演出有关，但不仅限于此。他们的存在与参与，既是为了歌舞伎这一重头戏的顺利演出，更是为了整个曳山祭这一祭祀活动的隆重、圆满。

无论是负责组织、后勤工作的祭典委员会，还是直接参与到曳山祭中的神事组青

① 正式祭祀前夜举行的小型祭祀。

② 又叫"例祭"，每年或者隔年等定期举行的祭祀，是神社的大祭中最重要的祭礼。

③ 指歌舞伎演出的三个关键角色：教戏、指导排练的人——振付师、演唱净琉璃的人——太夫、弹奏三味线的人。

年，以及演出歌舞伎的幼童，都必须是町内的男性。甚至从外地邀请来的“三役”，也都是男性。女性不要说参加，就连曳山也碰不得。据垂井中町2010年度祭典名誉委员、前委员长松井隆先生介绍，东町曾经因请不到男性弹奏三味线而请了一位女性，结果祭典中出了事故，有人受了重伤。虽然事出偶然，但人们还是认为是犯了禁忌的缘故。自此以后，即使是祭典委员，如果有直系亲人在当年去世，举行了葬礼，则本人不能碰触山车。松井的父亲1997年去世，他当年就没有参加演出结束时的登山（“山”指山车）仪式。①

演出曳山歌舞伎的演员选择也有独特的标准：一是性别，必须是男孩，其原因如上文所述；二是年龄，须十岁左右，即三到五年级的小学生。女性不得参加，这是祭祀的惯例。年龄上的要求，则是因为山车空间狭窄，无法容纳年岁更大的孩子。在演出人数上，一般为五人左右，既能基本满足剧情的需要，又能适应山车上的狭小空间。除了演员之外，在山车舞台上出现的还有两名被称为“御幣持”和“榊持”的男孩，也由同龄的男孩子担任。他们被统称为“艺儿”。原则上，町内适龄的男童都有资格参加，当欲参加的人数超出实际需要时，最终以抽签来决定人选。当然，为了保证演出效果，五人中一般要选择两至三人是有过山车表演经验的，即往年参加过演出的。可见，在山车歌舞伎的演出中，观赏性、娱乐性虽然有所体现，但显然让位于神圣性，使这种演出更多地保留了“奉纳歌舞伎”的意味。近年，日本社会少子化、老龄化等问题的不断深化，直接影响了地域传统文化的继承，为曳山歌舞伎寻找适龄的男童变得越来越困难。祭典委员会不得不在每次祭祀结束以后，立即到当地小学去物色来年的“艺儿”。他们最担忧的就是少子化越来越严重，以致最终找不到合适的人选。但即使如此，他们也不愿改变现有的选择标准，比如允许女孩子参加。对这种原则的严格恪守，可视为对曳山祭祭祀性质的维护和对民俗信仰的坚持。

曳山祭的“奉纳”性质，还体现在祭祀活动经费的募捐上。在本地土生土长的人，都是当地神灵的“氏子”（同祀一个氏族神的人）。为了供奉、娱乐神灵，所有本地的住户必须交纳一定数量的金钱作为祭祀活动的经费，由祭典委员会事前到各家逐一收取。这与祭祀当天的现金、物品赞助不同，具有明显的义务性质。虽说数目随个人意愿而定，但也都有一个相对固定的数额，一般情况下是普通人家3000日元，商户5000日元。收取会费的祭典委员也常常委婉地要求捐款不低于往年的标准。因此，捐与不捐、捐赠多少并不是完全随意的。这对于当地的“氏子”来说，在一定程度上是必须履行的义务。与此相对，近十多年来，垂井地区还有100户左右从外地迁来的家族，生活在所谓“新兴住宅”（新建街区）里，他们对于曳山祭并不很热

① 松井隆访谈，2010年5月2日，垂井中町。

心。当祭奠委员会的人向他们征收钱款时，他们会以“什么祭祀？与我无关。我是基督教徒”等话来推托。组织者也没有办法。当地人对于传统乡土文化传承的执着，与对此漠不关心的外来人员之间的对照，更可以体现出曳山歌舞伎的祭祀性质。对当地人来说，因同祀一个神灵而产生的共同体意识、认同感和归属感，使他们愿意为这种祭神活动付出，并亲身参与其中。植根当地历史传统中、作为当地人的生活方式而存在的曳山祭，在迁入时间并不久远、生活于这种传统之外的外来者当中，却难以产生认同感、归属感，毋宁说更多的是冷漠。

与垂井的曳山歌舞伎非常相似的是长野县大鹿村苇原（地名）在御柱祭时演出的歌舞伎。大鹿村的大碛神社、市场神社、苇原神社和野野宫神社等四个神社是諏訪大社①的分社。当諏訪大社于虎年和猴年举行7年一度的御柱祭时，这四个神社也举行类似的仪式，作为祭祀的余兴，还要在大碛神社、市场神社和苇原神社演出歌舞伎。如今，只有苇原神社保留了这种演出。其演员为当地的氏子，虽然有大鹿歌舞伎爱好会的人前去协助，但参与者主要还是本地人。他们中的大部分是老人，有几位已经七八十岁了。其经费的来源也与垂井相同，由氏子以家庭为单位捐出一定数额的钱，来演出歌舞伎、狮子舞等。

以上曳山歌舞伎的种种特征，无不体现出它作为祭祀活动一环而存在的性质。它因祭祀而产生、存在、延续，并受到祭祀的种种制约。即使在少子化的现今，人们还是想方设法寻找符合条件的“艺儿”，以保证每年一度的歌舞伎演出，其最直接的原因在于它依附于曳山祭这种民俗活动以及相关的民间信仰。民俗的基本特征之一便是相对稳定性。即使社会环境已经改变，在以商业经营为主业的垂井町，农业社会中五谷丰登的祈愿已经远离当地人的现实生活，但人们还是遵从传统的惯习，自觉地参与这种活动。可以想象，只要曳山祭存在，作为其附属的歌舞伎表演便会一直存续下去。

垂井曳山歌舞伎是一个戏剧依附于民俗活动的典型个案。如果从戏剧的传承与保护这一角度来看的话，那么，要保护戏剧，首要的是保护其所依附的民俗与信仰。这是戏剧赖以生存的生态环境。中国的民间戏曲也是这样。在特定的日期、特定的祭祀仪式上演出的祭祀剧当然如此，即使那些祭祀色彩并不明显的戏剧，也往往与民众的精神信仰密不可分。傅谨先生通过对台州民间戏剧多年细致的考察，认为台州民间戏剧与当地民众的信仰之间存在某种同构关系，“台州戏剧的繁荣景象以及当地民众对戏剧的热爱，并不能仅仅从艺术的层面予以理解，它与普通民众精神信仰之间的关

① 位于长野县諏訪的神社，包括諏訪市中洲的上社本宫、茅野市宫川的上社前宫、諏訪郡下諏訪的下社春宫和下社秋宫。以七年一度的盛大御柱祭闻名。

系，一点也不比它与艺术之间的关系少。”他还认为，台州民间戏班的生存与发展的力量，“来自于草根阶层对‘自己的’精神生活和‘自己的’娱乐取向的追求与向往”。[1] 因此，保护民间戏剧，不能仅仅着眼于戏剧本身，必须顺应民众的精神需求，尊重与戏剧相依存的民间信仰，保护戏剧所依附的民俗活动。

二、“道乐”——娱人型歌舞伎

在中津川、大鹿的调查中，当地歌舞伎保存会的会员们都称自己演出歌舞伎是“道乐”。“道乐”一词在日语中的意思是“沉迷于本职以外的兴趣之中，乐此不疲”，也指“兴趣”。那些凭兴趣业余演出歌舞伎的人，就叫做“道乐者”。譬如中津川市常盘座歌舞伎保存会的林务做了如下解释：

> 加入保存会的人，是凭兴趣来的。说兴趣，是说他们（保存会的人）单纯为了自我满足而加入的。[2]

林氏是仅就当代的情况而言的。实际上，在中津川，人们演出歌舞伎历来都是一种“道乐”。就连一些到处巡回演出的艺人，看上去似乎是职业或半职业性质的，但实际上也是“道乐”。林说：

> 虽说是“旅回”[3]，但并不是那种专业演出的。受邀到别处演出，如此而已。挣钱不挣钱都说不定的，就是这样的人。因为喜欢，大家都不过是凭着兴趣来演的。[4]

从林氏的话语中可以看出，当地的歌舞伎流传至今，依靠的就是这些人的“道乐”精神。从演出目的上来说，这种歌舞伎不是为了娱神，而是为了娱人，首先是娱乐演出者自己。

（一）自筹资金，自我娱乐

在中津川，在农村歌舞伎这一语境中，“道乐”有其特定的含义。除了一般意义上的“业余兴趣”之外，往往意味着自己花钱来演出歌舞伎。这种传统在美浓地区早已有之。据称文化十年（1813）10月的祭礼上演了歌舞伎，当时费用负担的细目

① 傅谨：《感受草根阶层的精神脉动》，《博览群书》2001年第8期。
② 林务、青山芳昭访谈，2010年5月29日，岐阜中津川福冈町。
③ 巡回演出的艺人。
④ 林务、青山芳昭访谈，2010年5月29日，岐阜中津川福冈町。

及角色分配都有详细记录。根据记录，担任主要角色的人负担了相当多的资费。[①]

关于这一点，以歌舞伎振付师[②]的身份活跃于岐阜县的吉田茂美（第四代中村津多七）对笔者做了如下解释："要说职业演员和业余演员的区别，就在于是赚钱还是出钱。"[③]

针对这一问题，在采访常盘座歌舞伎保存会的林务和青山芳昭时，得到的是同样的回答：

> 樱井：刚才您说，演歌舞伎是那些爱好者们的娱乐，真的是爱好者们的娱乐吗？
>
> 林：是啊。
>
> 青山：他们是不挣钱来演的。
>
> 林：自己掏钱也要演。
>
> 青山：自己掏钱，所以才是爱好嘛。[④]

不同于由当地氏子捐赠经费的奉纳歌舞伎，娱人型的农村歌舞伎多靠演员自筹经费来维持演出所需。在岐阜，虽然有许多农村歌舞伎保存会，有些还有自己的歌舞伎剧场，但其成员都是当地的农民或市民，虽然演出经验有多少之分，表演技巧有高低之别，但并没有真正的教戏师傅，也没有弹奏三味线和歌唱净琉璃的太夫，这所谓的"三役"都必须从外面请。化妆师也是外请的。服装要从衣裳店里租借（与这种需求相适应，在美浓，活跃着一批包括教戏师傅、化妆师、服装师、下座、太夫以及经营歌舞伎服装店的人，他们分工合作，为各个保存会的歌舞伎演出提供包括教戏在内的各种服务。当然这些服务都是需要支付报酬的）。仅是这些费用，就已十分可观了。此外，还有场地费、制作修理道具、制作脚本（分发给每个演员）、海报和宣传页，购买演出当天的盒饭等各种费用。以中津川市为例，演出一场歌舞伎，大约要花费200万日元。这些花费中相当一部分是由参加演出的人支付的。最常见的是依据角色大小缴纳的演出费用，大角色钱多一些，小角色钱少一些。在常盘座歌舞伎保存会，要缴纳2万日元左右才能参演。对于那些临时参加演出且只演这一次的人，原则上不强制收钱。当然，也有人会给上5000日元左右，对保存会来说，这就是意外的收入

---

① 参见小栗幸江《美濃の歌舞伎の歴史と形態》，小栗克介编、近藤诚宏摄影《美濃の地歌舞伎》，岐阜新闻社1999年，第101页。

② 教习歌舞伎、舞蹈等的师傅，也称"师匠"。

③ 2010年3月29日，岐阜中津川茄子川吉田茂美家。

④ 林务、青山芳昭访谈，2010年5月29日，岐阜中津川福冈町。

了。在东浓歌舞伎中津川保存会，演员们还要每人自费购买二三十张门票，并付给化妆师、服装师小费。这样算下来，参加一次演出，一个演员大概要花掉5万日元。

自己筹资演出歌舞伎，虽然会给演员带来一些经济负担，但也有益处。依靠演员缴纳会费维持运营的北海道浜益村的“浜益小剧团”的代表佐佐木茂雄说：

> 在我们团，团员每年拿出两千日元的会费来维持剧团运营，没有接受过任何补助金。事务所的光热费以及化妆、服装等消耗品，全都靠这些会费。虽然穷了点，但谁也干涉不了，自由地进行演剧活动，这是我们剧团好的地方。①

演员们对这种“谁也干涉不了”、完全凭借自己兴趣演出的自由状态很满意。这也是“道乐”的一种体现。

大鹿村歌舞伎爱好会所演的虽然也是娱人型的歌舞伎，但是其情况比较特别。经过多年的积累，大鹿歌舞伎保存会已经培养出了自己的三役、化妆师、服装师等，并在行政支持下购置了演出服装、道具等，因此演出基本上能够自给自足，不需要演员额外出钱。但这种情况只是特例。

综上所述，娱人型的农村歌舞伎是以娱乐为目的、演员自筹资金的演出。他们既不同于以歌舞伎为业的职业演员，也不同于虽是业余演出，但以娱神为主要目的的奉纳歌舞伎的演出者——“氏子”。从动机来看，娱人型的歌舞伎既是为了娱乐观众，更是为了娱乐自我。

（二）娱人型歌舞伎的其他特征

除了演出目的有所不同外，娱人型歌舞伎在其他许多方面也不同于奉纳歌舞伎。

由于娱人型的歌舞伎缺乏祀神的神圣性，也就相应地突破了奉纳歌舞伎的种种禁忌。首先是女性的加入。笔者所调查的几个保存会，除了垂井以外，都有相当比例的女会员。其次，因为奉纳歌舞伎是演给本地的神灵看的，所以一般要求演出者必须是本地人，如前面所述的垂井曳山歌舞伎。而娱人型的歌舞伎则没有这方面的要求。尤其是在日本农村普遍面临少子化、老龄化、过疏化（某些地域人口过少）的当今，很多歌舞伎保存会都在为缺乏年轻演员而担忧，因此非常欢迎外来人的加入。如大鹿歌舞伎爱好会，35名演员中，有两名女会员出嫁到外地后仍然回到大鹿参加歌舞伎排练，还有一名外地的男会员，在附近的饭田市工作，也来参加歌舞伎的排练和演出。

在经济来源上，娱人型的农村歌舞伎除了演员自筹资金之外，还有另外一些特殊

① 小田礼子文、小林恵摄影：《北の村の元気な青年劇団 浜益小劇场》，Depola 2005年春夏号（第28期）。

收入：一是“花”。所谓“花”，类似“缠头”，是演出中观众掷给舞台上的演员的钱，多为硬币，用白纸包好。以大鹿村为例，每次公演，这项收入大约有10万日元。通过掷“花”来为喜爱的演员喝彩助威，是农村歌舞伎特有的习俗。二是门票。如在中津川东美浓交流中心举行的第十三次东浓歌舞伎大会（2009年），每人收取1000日元的门票。虽然数额无法与都市剧场的职业歌舞伎相比，但毕竟有了一点商业气息，不同于完全祀神的演出。

在演出活动上，娱人型歌舞伎与外界有着更多交流，其演出更加频繁一些。尤其是一些比较有名气的歌舞伎保存会，如大鹿歌舞伎，每年要演出五六次，除了春秋两季在本村的公演以外，还要到伊那市和长野县县民文化馆去演出，并参加三远南信地区的歌舞伎大会以及全国地芝居大会。2010年，他们还到意大利去进行了友好演出。在东浓，各地保存会除了举行定期公演以外，还参加每年12月第三个星期日在东美浓交流中心举行的东浓歌舞伎大会。保存会参加一些与行政相关的活动，为之宣传造势。2010年8月1日，为纪念中津川市合并5周年，以当地的五个歌舞伎保存会为主举办了歌舞伎专场演出。五个保存会各演出一个传统剧目之外，还共同演出了为纪念中津川合并5周年而创作的默剧《舞台写巴芝居绘》，时任中津川市长的大山耕二也粉墨登场。

与娱神型歌舞伎多在神社演出不同，娱人型歌舞伎的演出场所更加多样化。有些地方的歌舞伎至今依然在神社演出，如大鹿歌舞伎的春季公演在大碛神社，秋季在市场神社。这些神社里有歌舞伎舞台和供演员化妆、休息用的乐屋。在中津川，战前很多地方都有专门的歌舞伎剧场——小屋。这些歌舞伎小屋都建在神社前面。如常盘座歌舞伎的小屋常盘座建在常盘神社前，加子母的歌舞伎小屋明治座建在下乡神社前。如今，歌舞伎虽然已成为单纯的娱乐活动，但歌舞伎小屋在空间上依附于神社的关系依然没有改变。随着演出中祭祀意味的淡化和娱乐色彩的日渐浓厚，歌舞伎的演出场所也变得更加灵活。如大鹿的歌舞伎公演，如果遇到雨天，则改在当地的中学、小学以及地区公民馆举行。各保存会之间还举行定期或不定期的地区性联合演出，以同行间的切磋交流和展示实力为主，多在有正规歌舞伎舞台的地方公民馆、交流中心等地举行，进一步远离了娱神的古老主题。

第三节　农村歌舞伎的传承动力与传承方法

娱人歌舞伎与娱神歌舞伎虽有着种种形式上的差异，但因有着共同的渊源，又处于同样的社会背景当中，因此共通之处也非常多。单就演出目的而言，二者其实也是相通的：娱乐。无论是娱神型歌舞伎，还是娱人型歌舞伎，提供给演出者的首先是“快乐”。他们是在娱乐神灵、娱乐观众，但更是在娱乐自己。正是这种自我娱乐的需求使农村歌舞伎吸引了众多人的参与，使其生生不息，传承至今。自我娱乐，是人们乐此不疲地参加歌舞伎演出的深层原因，是农村歌舞伎传承至今的最重要的动力。

一、自我娱乐——农村歌舞伎传承的动力

演出歌舞伎，是参与者们的一种自我娱乐。他们从歌舞伎演出中获得的快乐是多方面、多层次的。

（一）自我存在的确认

歌舞伎满足了人们渴望受到关注的普遍心理。一位“道乐者”回忆自己初次演出的感受时说，虽然上舞台之前很怕羞，“可一旦上了舞台，站在花道上，灯光唰地照过来，被七百名观众一齐注视着，感觉好极了。简直要沉醉了”①。对于大多数普通人来说，在众人面前表演，受到大众的关注，自我存在的价值被强烈地感受到，这是很有诱惑力的。农村歌舞伎的魅力首先在于它为缺乏表演、展示机会的普通人提供了一个自我展现的空间。无论所演的角色是大还是小，演技高明还是拙劣，只要站在这个舞台上，就是对自我存在的宣示。同时，从剧场观众的存在和他们热切的目光中，他们又进一步反观到了自身存在的价值。演出之前，人们也许意识不到自己的这种心理需求，但一登上舞台，个人的存在感就在他人的关注中放大、被确认。这种经历或许会成为原本并不喜欢歌舞伎的人再次参加演出的诱因。

人们还将这种被关注的感觉从剧场、舞台延伸到社区的其他公共空间甚至私人空间中，从演出当时延伸到其后的日常生活中。这一点在垂井的曳山歌舞伎中体现得尤为突出。因演出并非每个人都有资格参加，被甄选出来的幼童自然很有自豪感。除了在山车上表演时享受万众瞩目以外，他们的照片、名字、出演的角色、在家中的排行乃至父亲的名字，都会显示在活动的宣传册中。祭祀期间，在大街上最显眼的地方，也张贴着内容相似的海报。当年出演的幼童及三役的名字、演出的照片，也都会在町里的交流中心长年悬挂。据说，这些幼童的家门口，也会挂上演出的照片。② 通过这种种宣传，演出歌舞伎的儿童及其家人在当地被家喻户晓，其荣誉感和自豪感不言而喻。因此，虽然演出十分辛苦，对课业也会多少有些影响，但家长们还是愿意让自己的孩子参与演出。

（二）自由创造的乐趣

农村歌舞伎重乐趣、轻艺术的审美追求使演员能够更加轻松地投入演出，也能更充分地享受表演过程中的乐趣。

---

① 日比野光敏：《ある熱い夏——相生座地歌舞伎公演の記録》，小栗克介编、近藤诚宏摄影：《美濃の地歌舞伎》，岐阜新闻社 1999 年，第 71 页。

② 松井隆访谈，2010 年 5 月 2 日，垂井中町。

妙趣横生，是农村歌舞伎的自觉追求：

地歌舞伎的服装脏、破、乱，司空见惯，因为没有钱。表演也一样。演技拙劣，表演的时机不对，台词错乱，掉扇子，都是正常现象。因为不是每天都能练习。但是，如果表演的不是地道的农村戏剧，那就不行。追求地道的农村戏剧的心愿，从前辈们一直传到今天。所以，虽然笨拙，但妙趣横生，观众也能理解，能够入戏。①

是不是“地道的农村戏剧”，标准就是是否有“趣”。“趣”是农村歌舞伎的审美追求。人们观看职业歌舞伎与观看农村歌舞伎，其评判标准与期望值是不一样的。对于前者，人们会更多地从艺术方面来评价演员表演技艺的高低；对于后者，人们更多的追求场面的热闹、气氛的热烈、演员的滑稽有趣等非艺术性因素：

本来，歌舞伎兴起于大众之中，是靠大众支撑、传承下来的娱乐活动，绝不是艺术。因此，看的人不高兴、没有趣味，当然是不行的。②

这种特殊的审美标准，使农村歌舞伎的演出更加自由，具有更广阔的发挥空间。甚至演出中的失误，都显得格外有趣：

正这么想着，舞台上出事了。戏就要结束的时候，突然，柴田咧着嘴，一时忘词了。然后，舞台边上一张面孔一闪而过。师傅就在舞台边上，暗地里帮助忘了台词的人，使其能够体面地演下去。但是，“啊，忘词了！”柴田却嘟囔出来……观众席上、舞台后台，一齐爆笑。不用演技，柴田也能使观众轰动。

就这样，第一幕结束了。大约一小时的公演告一段落。大幕拉上，演员们回到后台。开始准备下一场的布景。我走近一直在舞台边上观看的师匠身旁，询问他对于刚才柴田的事情的看法：“想必很生气吧？”他说：“不，这个很好啊。说错台词，起倒好儿，农村歌舞伎都会有的。有这样的演员很好，而且，有才好呢。这也有，那也有，不就是农村歌舞伎的魅力吗？”③

① 铃木修治：《聞書き 東濃の地歌舞伎》，週刊金曜日ルポルタージュ大賞 選外期待賞（第一回），1998年。

② 小栗克介：《美濃の地歌舞伎》，小栗克介编、近藤诚宏摄影：《美濃の地歌舞伎》，岐阜新闻社 1999年，第 18 页。

③ 日比野光敏：《ある熱い夏——相生座地歌舞伎公演の記録》，小栗克介编、近藤诚宏摄影：《美濃の地歌舞伎》，岐阜新闻社 1999 年，第 71 页。

错误不仅是允许的，在一定程度上甚至是被鼓励的，只要能够活跃场内气氛。因此，对于演员来说，相对于严格刻板的专业演出，农村歌舞伎更加轻松、有趣。美浓地区演唱净琉璃的太夫中岛功认为，业余戏剧和专业戏剧的区别在于：

> 那些人（按：指职业演员）是演给掏了钱的观众看的，不让人感觉“这就是最好的了”，人家不认。很严格的。要是像业余戏剧一样，“嗯，还好吧，这种戏嘛……”，就不行。这么说来，可能业余戏剧更轻松一些吧（笑）。①

中岛功的话多少带几分开玩笑的意思。当然表演上的严格与宽松，与观众是否付钱有很大关系，但更重要的是，观看职业演员所演的大歌舞伎和“素人”所演的农村歌舞伎，是两种截然不同的娱乐。前者是严肃的艺术鉴赏与情感陶冶，后者则是轻松的交流和情感的释放。这种观赏需求，降低了对表演者艺术技巧上的要求，使演员可以更加放松地投入演出，充分享受演出中的乐趣。

舞台上的演出是一种二度创作。在农村歌舞伎的演出中，演员二度创作的权力被发挥到了极致，在最大限度上摆脱了剧本以及其他规则的限制，成为一种随心所欲的自由创造。只要符合“趣”的原则，一切都是被允许的。演员的积极性和创造性得到发掘和彰显，这也是一种乐趣。

（三）观演互动的乐趣

与都市剧场中正襟危坐观看演出的情景不同，农村歌舞伎的演出至今仍然保留着“素人芝居”的原始形态。有人如此描述观看农村歌舞伎的场面：

> 农村戏剧是每年一度的节日活动。在村里祭祀等场合上演的农村戏剧，是闯荡都市以及不常相见的人们会面的场所。幕间的楼座上，人们一边推杯换盏，互相品尝各种美味，一边兴致勃勃地交谈，到处弥漫着欢乐的气氛。素不相识的人也成了朋友。这就是农村歌舞伎的乐趣所在吧。②

其实，歌舞伎演出时的欢乐气氛，不仅表现在观众之间的热烈交流上，也表现在观众和演员之间的频繁互动上。观演互动使农村歌舞伎具有不同于大歌舞伎演出的特殊乐趣。

“花”与喝彩是观众与演员互动的主要手段，也是激发演员成就感和热情的方

① 日比野光敏：《地歌舞伎を支える人々》，小栗克介编、近藤诚宏摄影：《美濃の地歌舞伎》，岐阜新闻社 1999 年版，第 83、84 页。

② 小栗幸江：《美濃の歌舞伎の歷史と形態》，小栗克介编、近藤诚宏摄影：《美濃の地歌舞伎》，岐阜新闻社 1999 年版，第 115 页。

法。“花”是农村歌舞伎的一大特色。无论在公民馆、体育馆等现代建筑，还是在神社、歌舞伎小屋这些传统的歌舞伎舞台，“花”已成为一种观剧礼仪。观众们事先把“花”准备好，当自己喜欢的演员出场时，或场上有精彩的表演时，就抓起一大把“花”投向舞台。“花”多的时候，空中就像雪片飞舞，而地上早成了白花花的一片。“花”的数额不拘，随个人心意而定。为确保投到台上，一般使用硬币，当然，纸币也很受欢迎（面额比硬币大）。“花”表明观众对演员的喜爱和对他的演技的褒扬。当一枚枚饱含着观众热情的“花”向演员飞来时，他一定会为自己的付出得到了肯定而激动，备受鼓舞。这种感觉，也是吸引人们参与歌舞伎演出的魅力之一。

图3　撒满“花”的歌舞伎舞台（樱井龙彦摄于大鹿村市场神社，2010. 10. 17）

除了抛掷“花”以外，观众可以随时大声叫好。因为演员都是本地人，当看到自己熟悉的人出来时，有人就会大声地叫演员的名字，这种呼叫会引起周围人的附和，于是剧场中就响起此起彼伏的呼叫声。可以说，观众对于表演者的兴趣超过了对歌舞伎本身的兴趣。这对演员当然也是一种极大的精神鼓励。2010 年 8 月 1 日中津川市合并五周年纪念演出时，最后一场默剧中，时任中津川市长的大山耕二一出场，剧场里就响起“耕二（koji）、耕二（koji）”的呼声，此起彼伏，持久不息。置身其中，作为来自不同文化背景中的外国人，笔者也深受感染。受到如此欢迎的演员大山耕二，内心的激动程度可想而知。

大鹿歌舞伎保存会的师匠北村尚幸认为，农村歌舞伎与普通歌舞伎，也就是专业歌舞伎稍有不同，“相较于对艺术的‘质’的追求，它更是农村人生活中的乐趣和心灵的归宿，演员和观众的交流非常密切。因为舞台和观众席很接近”①。吉田茂美曾经将祭祀、农村歌舞伎这一类活动的魅力归结为使人“热血沸腾”。他说，垂井的曳山祭时，因当地年轻人少，外出的年轻人就从东京、名古屋的公司、大学里，千里迢迢地回来参加祭祀。他们之所以会如此，就是祭祀活动使人们“热血沸腾”。他认为，中津川的歌舞伎也是这样，“热血沸腾”，这是乡土艺能够存留下来、不致灭绝的原因。此言不虚。而“热血沸腾”的条件，就是台上与台下、观众与演员热烈互动。这种热烈交流之中的激情释放，是农村歌舞伎能够传承下来的最大动力。

（四）成就感的体验

歌舞伎为演出者提供了自我实现的成就感。这里的成就感，不是指通过演出歌舞伎成为名演员，也不是借此获得丰厚收入，而是个人努力结果的呈现和阶段性目标的实现。

每年一度的公演及其他演出活动之前，演员们都要经过长时间的排练。以大鹿村的春、秋季公演为例，从最初讨论决定演出剧目到最终演出，一般要经过四五个月，包括演员个人熟悉台词、观看往年演出录像，及全体参加的整场排练。如果有新演员出演主要角色时，整场排练次数就要增加，开始时间也要提前。他们在繁忙的工作之外，还要挤出时间记台词、练习动作，以及共同排练，不可谓不辛苦。在排练场上睡着的不乏其人，直到正式演出也没记住台词、不得不靠他人提醒或将台词写在手上、道具上的也比比皆是。但历经了这种种辛劳之后，当歌舞伎最终顺利上演、受到观众热烈欢迎时，其成就感也是非常强烈的。练习过程本身也是一种挑战，当他们好不容易记住了一段台词，或者动作终于达到了师傅的要求，内心的欣慰和满足可想而知。

因此，当人们被问及加入歌舞伎保存会的原因时，东浓歌舞伎中津川保存会的会长市川尚树如是说：

> 因为有成就感，心情好啊。初次上舞台，很紧张的。大体上，嗯，演出这种事情，有了成就感，坚持下去的也就很多了。②

歌舞伎演出具有相当的难度，在挑战中体验成功的快感，印证个人努力的价值，的确是人们参与歌舞伎的动力之一。

（五）交流、协作的乐趣

有些人则将排练、出演歌舞伎视为一种人际交往的方式，如大鹿村歌舞伎爱好会的现任会长下泽敏。他说：

---

① 北村尚幸访谈，http://shumiyuyu.kaiteki-jinsei.jp/12/01.html，阅览时间：2010 年 7 月 10 日。

② 2009 年 12 月 13 日，东浓交流中心歌舞伎大厅。

> 演出歌舞伎并不是因为喜欢它。不过，虽然不是因为喜欢才演的，演过一次后，别人就会来找："演吧，演吧！"所以，没办法，"还是演吧"。我现在不也还在演吗？排练时不去不行吧？虽然心想："哎呀，这么冷，这么冷，还是电视好，看电视多好啊。"但要是不去的话，会给大家添麻烦，不管你演的是哪个角色。所以，还是去吧。去到那里，当然会和别人聊天，对吧？然后就会觉得"幸亏今天来了，太好了"。所以，一个契机，会给人生带来极大的益处。真的是这样。……为什么"好"呢，因为可以同别人接触。①

在下泽看来，演出歌舞伎的乐趣在于能够与人接触，扩大社交面，而这些对于人生是非常有益的。与人接触不仅带来了交流的愉悦，同时具有实用功能。按照下泽的说法，打过一次交道后，有什么事情再去找人办，就比较容易了。在这个意义上，参加歌舞伎演出是与人交换信息、沟通情感、确认自我存在的方式，也是扩大交往圈子、积极参与社会生活的一种方式。

歌舞伎是团体活动，需要多人的共同参与才能完成，其排练和演出活动也形成一个社交场所。在这个场所中，除了相互交流信息之外，人们参与同一剧目的排练，在同一舞台上演出，尽管各人所扮演的角色不同，却分享着共同的生活空间，为实现共同目标而努力着。人与人之间的关系由此拉近，乐趣也在这个过程产生。正如北海道浜益村的业余剧团"浜益小剧场"的宇野博德所说：

> 人们同处一个空间之中，看着戏，或哭，或笑……当然，我们这些团员们，在共同练习、相互接触之中，虽然也有艰苦的时候，但是也享受到了共同完成一件事情的成就感。这是与一个人玩游戏的乐趣所不同的满足感。虽说对于演戏本身也喜欢，但是大家为着同一个目标，在交流中实现目标的过程，才是快乐所在啊。②

人是群体的动物，交流是人生存的基本需要。歌舞伎不仅是一个相互交流的场所，更为人们提供了一个共同参与、协作完成同一目标的契机。在这个过程中，人们互相分享彼此的感受，个人与个人、个人与群体得到更紧密的融合。这种快乐在个人独立完成的活动中是难以体验到的。这是许多人长期持续参加歌舞伎的重要原因。如岐阜县的小学教师K君，在黑川任教时，参加了当地的歌舞伎演出。在排练与演出

---

① 下泽敏访谈，2010年9月24日，长野县大鹿村下泽家。

② 小田礼子文、小林恵摄影：《北の村の元気な青年劇団 浜益小劇场》，Depola 2005年春夏号（第28期）。

当中，他与地方上的人的交流深化了，也被指导者中村高女师匠的人格深深吸引。感动于歌舞伎的魅力和当地人传承艺术的热诚，他转到其他学校任职后，仍然每年参加歌舞伎演出，至今已经16年了。K君多年坚持出演的原因，就是在歌舞伎中，能够感受到同台演出、共同流汗的快乐，同当地人的交流也深入了。①

（六）开怀畅饮的乐趣

歌舞伎的乐趣，不仅存在于与歌舞伎直接相关的排练、演出当中，也存在于演出前后的一系列活动中。歌舞伎排练之后，尤其是公演结束后，一般会举行庆功会，参加演出的人喝酒取乐。这是许多人参加歌舞伎的原因所在：

> 市川尚树：又要自己掏腰包，又要辛苦流汗，还要被师傅训斥，即使这样人们还是来演，这就是农村歌舞伎。即使这样也要演。
>
> 男（姓名不详）：所以呀，乐的是今天晚上（公演结束后的当天晚上）。
>
> 樱井龙彦：有人给鼓掌。
>
> 市川尚树：所以，要是没有好酒喝、没有乐趣，人就不会来演了。②

吉田茂美也说：

> 年轻人为了演戏，工作也不干。现在排练只有十五天，过去大概要三个月。每天晚上集合。要说为什么？排练后喝喝小酒，因为这个乐子，大家都来集合排练。③

日本的许多祭祀活动，结束之后都要喝酒，作为祭祀活动一环的奉纳歌舞伎，酒自然是必不可少的。或许可以这么理解，祭祀、演出活动之后的纵情饮酒，是人们的一次狂欢，是对理性、礼仪等等日常生活要素的反动。它释放了日常工作、生活中累积的压抑情绪，是对人们心理状态的一种调节。农村歌舞伎公演时，常常会收到当地人捐赠的祝仪，其内容多为现金、酒和饮料等，其中酒占了相当大的比例。这些酒，应该多是被演员们消耗掉的吧。

作为教戏师傅的吉田茂美，对演出歌舞伎的乐趣体会最为深刻。他曾经成功地策动一些社长级的人物花钱演出歌舞伎。他说：

---

① 参见上野日出利《中浓、北浓的地歌舞伎》，见岐阜県の地芝居ガイドブック制作委员会编著《岐阜県の地芝居ガイドブック》，岐阜学会2009年，第108页。

② 2009年12月13日，东浓交流中心歌舞伎大厅。

③ 吉田茂美访谈，2010年3月29日，岐阜中津川茄子川吉田家。

那时经济形势好，那些人每月花上十万零花钱，去找漂亮的姑娘伺候着，在酒馆里不知道要花掉多少钱；去打高尔夫，不知道要花掉多少钱。“从中挤出两万元来，用在演戏上，行吗？不过，能体会到酒馆、高尔夫中没有的快感。”我这样劝说他们。他们就拿钱过来，出钱来玩。这里有高尔夫中没有的快乐，有去酒馆和唱卡拉 OK 不一样的快感。于是，他们站在舞台上，粉墨涂面，做着日常生活中没有的事情。“谁谁谁演戏呢”，其他人也都来看，客户也来看。……那些人肯来演戏，是因为出了钱啊。……说守护乡土艺能这种话，也太吹牛了吧。……守护乡土艺能，不是这码事。……人们想的是，不管怎样，花了五万元，怎么着也要把那五万元捞回来。所以就要享受其中的乐趣。……自己享受。在舞台上体验到了快感，好；酒馆里的姑娘来看戏，叽叽喳喳地议论，好；然后，演出结束去喝酒，味道不错，好。无论如何，拿着五万元来就行。让演戏成为他们的乐趣。就这样来劝他们来演。不这样的话，演不下去的。①

吉田谈到演歌舞伎的种种乐趣：改头换面，变成完全不同于日常生活中自我的另外一个人，做着与日常生活截然不同的事情，这是戏剧的角色扮演功能所带来的新奇、刺激感；观众尤其是相熟的人的鼓掌喝彩，给他们带来成就感和认同感；结束后的酣饮，既满足了口腹之欲，更满足了人们内心深处交流的渴望，也使日常生活中压抑的情绪得到释放。人们从演出歌舞伎中体验到的，是多种乐趣交织在一起的多层次的快感，惟其丰富，才愈显强烈。这是卡拉 OK、电视等其他娱乐形式所没有的魅力，它能够更大程度地满足人们的精神需要。

吉田认为，人们之所以要尽情体验演出歌舞伎的乐趣，是因为要使自己付出的金钱得到补偿。可说是“花钱买乐”。这种说法有点因果颠倒：实际上，人们正是为了体验这种快乐，才甘愿掏着腰包来忍受训练、演出的辛苦以及师傅的斥骂。但是，他明白地道出了歌舞伎在当地生存的重要动力——人们娱乐的需求。农村歌舞伎之所以能够延续至今，外在的因素当然很多，包括依附于民俗、作为祭祀的一环而存在，但从根本上来说，应该是它满足了人们追求娱乐的天性，释放了人们日常压抑的情绪，是庸常生活的必要调节。对娱乐的本能需求，超越了“守护乡土艺能”的理性认知，成为人们参与、传承歌舞伎的最重要的动因。

人们对歌舞伎本能的、群体性的娱乐需求形成了当地演出歌舞伎的传统。这种传统经过长期的历史沉淀，已经成为当地人的精神需要。据说在中津川，大正（1912—1926）时期，因为操纵人形会得疫病、对家庭不吉等流言，文乐被冷落，木

① 吉田茂美访谈，2010 年 3 月 29 日，中津川茄子川吉田茂美家。

偶被弃置。不久后，就有人在深夜听到木偶们足踏拍子舞蹈的声音，看到了他们舞蹈的影子。正是这有点玄乎的传言，促进了当地文乐的复活。[①] 木偶未必会在深夜自己跳舞，但人们对于自己浸淫其中多年的传统却是无法轻易割舍的。文乐的复活，与其说是因为相信了这种传言，不如说是人们感受到了自己内心深处对失落传统的呼唤。歌舞伎也是如此。它能够传承至今，也得益于这种植根于人们娱乐需求之中的歌舞伎传统。

二、让人尽快体验到快乐——口头传承方式的改进

在生活节奏加快、娱乐方式多元化的今天，歌舞伎的传承环境和人们的心态都在发生变化。过去，人们在农闲季节排练、演出歌舞伎，时间比较充足，练习起来也相对从容。而现在，务农的人减少，外出工作的人增加，大多数演员都有工作。要在工作之余挤出时间来集中排练，其情形自然与过去大不相同。香川县小豆町中山歌舞伎保存会的会长矢田砌如此描述这种差异：

> 过去是一天练三次，现在是三天练一次，大不一样。排练时间不过是以前的九分之一或十分之一。而且，人又疲倦，有些人虽然来排练，但是没轮到自己出场时，就在一边睡觉。不知道是不是晚上回家还喝了几杯。把他叫醒，告诉他该上场了，他才忽地一下站起来，“啊，是吗”，这就上场了。[②]

这种现象是很普遍的。据吉田茂美说，在中津川，过去的排练时间是3个月，现在连15天也达不到，而且，每天能不能练2个小时都是问题。

排练时间缩减的同时，人们的感受也在变化。矢田砌说：

> 这种事情，不扎扎实实地练习，歌舞伎的技艺是学不会的，体会到的只是艰苦。所以，这些年，初次出演歌舞伎的演员，技艺没有学会，会的只是在结束后的发言中说：“啊，苦啊。”只会叫苦。我觉得这就是现在的演员和过去演员的差别。[③]

所以，用过去的方法来传承艺术是不行的。必须在短暂的时间内让人们尽快体验到歌舞伎的快乐，既有要效率，又要有乐趣，这是最重要的。为了做到这一点，中津川的教戏师傅吉田茂美在歌舞伎的传承方法上花费了很多心思。

与中国戏曲一样，歌舞伎在长时间内也是通过师徒的口耳相传来传承的。在吉田

① 参见吉田茂美著《たあけとりわれて四十余年》，有限会社たけかわ企画2009年，第52页。

② 松尾恒一：《祭り表象》，见《日本の民俗9 祭りの快楽》，2009年，第216页。

③ 松尾恒一：《祭り表象》，见《日本の民俗9 祭りの快楽》，2009年，第217页。

茂美学戏的时候（大约五六十年前），台词还是口传的。一边听老师口授，一边把自己所演角色的台词记在笔记本上。同时记下的还有前面一个角色台词的最后一句，或者是太夫所唱净琉璃的最后一句，以便在恰当的时机接上去。如此而已。至于全本的内容、太夫的唱词、其他人的台词，要等到大家一起排练时才能知道。师傅知道全部台词，但不会轻易告诉人，以免秘密被泄，饭碗受到威胁。在这种情况下，演员即使稀里糊涂地记住了自己的台词，却仍然不明白剧情的全貌和台词的意义，出错当然是不可避免的。而过去的师傅只会骂一声“混账!”、“怎么搞的!”[①]，如此而已。这种口传方法一直传到现在。

由口传带来的问题：一是除了师傅掌握的少量脚本之外，很少有统一的、完整的脚本流传。二是听不懂的地方、念起来拗口的地方，全凭个人的猜测随意改动；字不会写的地方，想当然地用其他字代替。再加上多数师傅也不识字，全靠自己的记忆口传，传授中的混淆、讹误难以避免，久而久之，原貌到底如何已经不得而知。三是流传下来的脚本，大都字迹潦草，难以辨认。据吉田说，有些明治时候的剧本，到了昭和时代，就连教戏的老师傅也看不懂了。在生活节奏空前加快的今天，如果简单地将这样的脚本复印以后发给演员使用，大概没几个人肯花费功夫和心思来辨认这天书一般的台词了，上演的难度可想而知。剧本讹误，台词不通，也影响了人们学习歌舞伎的积极性。吉田茂美认为，人们不肯演歌舞伎，原因就在于“被师傅训斥，对所演的内容稀里糊涂”。因此，教戏师傅必须对过去的传承方法进行改造。

吉田的改造工作是从脚本的整理开始的：

> 这大概是明治时期的剧本。这个复印的本子。读不下来吧？到了昭和时期，教戏的师傅，比如这个人，中津川过去的师傅，也读不了。这样用墨写的，读不了啊。即使用铅字写，也看不懂。我看到了，看到过去听过的东西，就用铅笔写下来。现在是我用电脑打出来，（过去是）让信助打的。然后再这样改造下一本。就是这么做的。就是这样开始的。[②]

这样也还是不行。因为剧本中有很多汉字，演员不认识。怎么办呢？把汉字的读音全部用假名标注出来。单是这两项，已经花费了吉田很多功夫。但如果仅仅是这样，教起来还是很费事，演员们还要付出相当多的时间。下一步，是将所有角色在场上的所有动作都以文字形式附在脚本上。从这里出场，在这里要做些什么等等，一一说明。有了这样的脚本，演员就可以自己记诵台词了，对自己在场上的表演也有了初

① 吉田茂美访谈，2010 年 3 月 29 日，岐阜中津川茄子川吉田家。

② 吉田茂美访谈，2010 年 3 月 29 日，岐阜中津川茄子川吉田家。

步的印象。动作遗忘时，也可以据此回忆。

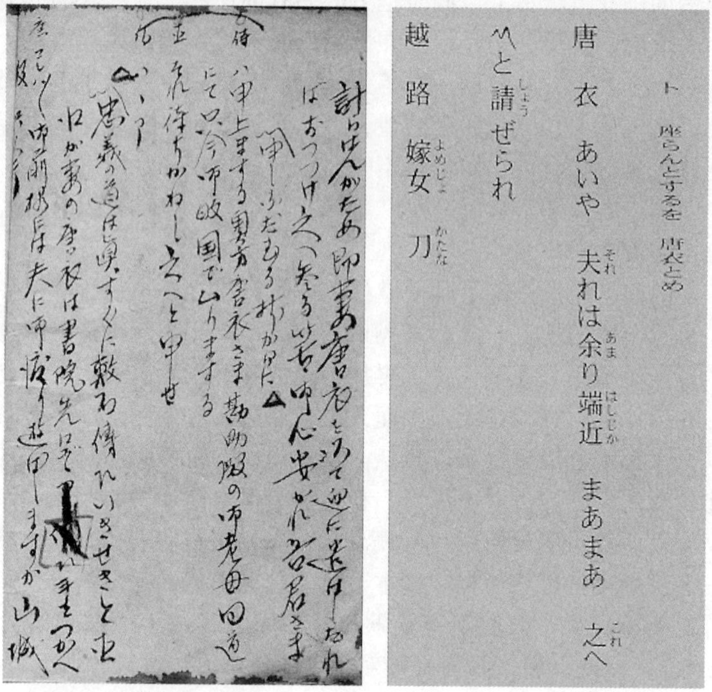

图4　左图：昭和五年（1930）手抄的歌舞伎脚本《信州川中岛合战》

右图：吉田茂美制作的歌舞伎脚本《信州川中岛合战》。“卜”下面的文字为动作说明，“M”符号下面是净琉璃唱词。“唐衣”、“越路”是剧中人名（吕珍珍摄于岐阜县中津川吉田茂美家，2010.3.29）

照理说，脚本做到这种程度，应该算是比较完善的了。但吉田并没有到此为止：

这回，把台词的念法全部录在磁带上。……然后，碰面的时候，把磁带交给演员们。这下好了，“现在还有十五天，下次排练前记住啊”，交给演员们。把磁带交给他们，大家可以边开车边听，就这么听着，练习着。即使不是每晚排练都能到，记住台词还是可以的。

这样，通过磁带（现在已换成了CD），吉田把付诸视觉的文字转化成了付诸听觉的声音，不仅使演员们可以最大限度地利用时间练习台词，而且将台词的高低抑扬以声音的形式直接表现出来，为演员提供了模仿的样板，可以说面向场上演出前进了一大步。

下一步，也是最具创造性的工作，是将动作图像化。动作图像化有两种方法，一是将剧中比较复杂的人物动作以分解图的形式画下来，附在脚本上，一起发给演员。二是制作录像：

> 要说另外一点，就是我做动作，用摄像机拍下来……在家里忘了的话，就看看录像。孩子们也是这样教的。

动作分解图和录像，为演员们的模仿学习提供了最直观的教材。

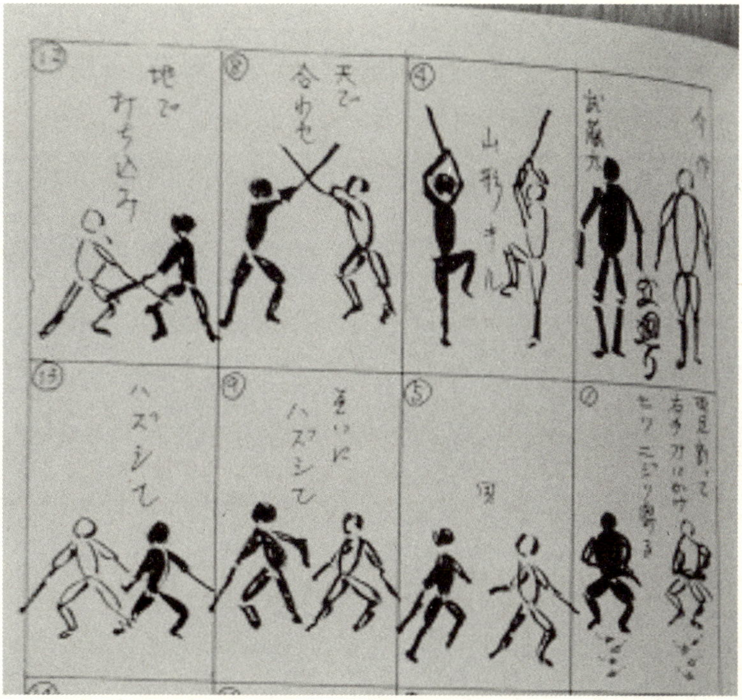

图5　吉田茂美为歌舞伎《弓张月》脚本所配的动作分解图（吕珍珍摄于岐阜县中津川吉田茂美家，2010. 3. 29）

至此，吉田完成了对旧有剧本的改造。他充分利用了现代科学技术，将现代化的记录手段如电脑录入、磁带CD、录像等，与传统的口传心授相结合，使之成为适应当代人生活和思维特点的新的传承方式。经过这样的改造，演员们可以自由地利用自己的闲暇时间练习歌舞伎，大大降低了对教戏师傅的依赖性，节约了集中排练的时间。根据东浓歌舞伎中津川保存会2010年度公演排练的日程表，本次公演共上演四个节目，其中《刚情山咲花》排练3次，《曾我五郎对面》6次，《太功记》4次，《由比之浜》10次，平均每个节目不到6次，每次2个小时。排练从2月1日开始，3月7日正式公演。经过如此短暂的排练即可上场，可见吉田的方法是行之有效的。

当然，再完美的技术利用也不能取代师傅的存在，在个人练习达到一定阶段之后，还必须经由师傅的指点才能上场演出。

这种改造也不是一劳永逸的。随着演出目的、演出场所、演员等的不同，每次演出，吉田都要对已经完成的脚本进行再改动。比如2010年吉田指导垂井町中町的曳山歌舞伎，上演的剧目是《镰仓三代记》，用的是中津川演出的脚本。这里的演出是在三张榻榻米大小的山车舞台上进行，原来至少演一个小时的剧目现在只能演45分钟，演员又是10岁左右的小学生，且数量限制在5人。因此，原剧本必须删减，动作也要修改。

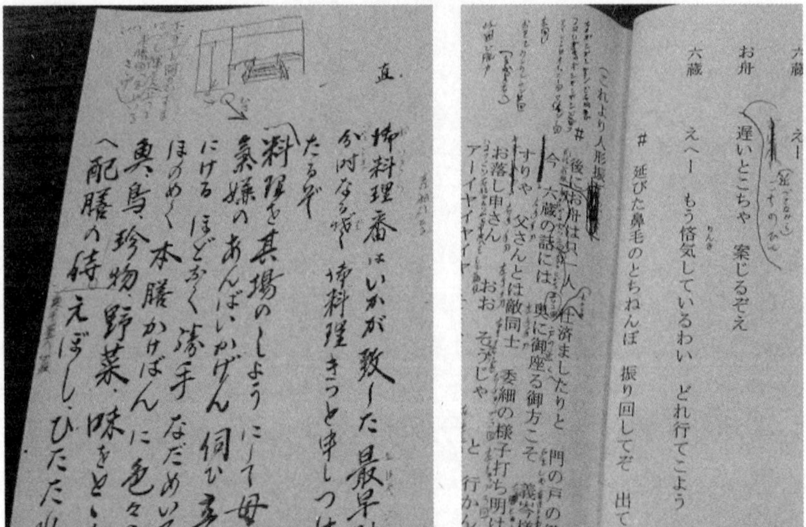

图6 上为爱知县的田峰歌舞伎（谷高座）所用的脚本。左图为《信州川中岛合战》，台词上方为演员所画的舞台示意图及动作说明。右图为《神灵矢口渡》，手写的部分为演员添加的动作说明、汉字读音及修改后的台词（吕珍珍摄于爱知县设乐町田峰小学，2012. 2. 11）

至今，即使在农村歌舞伎活跃的美浓地区，像吉田这样改造旧有剧本的人也是绝无仅有。其他的师傅最多不过是将老脚本的文字整理后输入电脑，打印出来。标注读音的都非常少。就连大鹿中学的学生们排练用的脚本也是根据从前手抄本复印的。据吉田说，他的做法很受演员们欢迎，也让其他的教戏师傅很羡慕，都希望得到他改造后的剧本。应该说，吉田对歌舞伎剧本的改造顺应了时代的变化，代表了传统戏剧传承方式变革的一个重要方向。从吉田改造歌舞伎剧本的行动中，我们也体会到，作为传统艺术的传承人，尤其是处于主导地位的传授者，必须自觉对旧有的传承方式进行反思，积极地对其不能适应时势之处进行变革，才能更充分地体现传统艺术的魅力，使人们体会到传承过程本身的快乐，从而吸引更多的人参与。

第四节　传承人的培养与传承环境的营造

日本农村歌舞伎目前最大的问题是缺乏传承人。由于少子化、老龄化、过疏化的影响，农村的总体人口不断减少，年轻人的比例不断下降。以大鹿村为例，这个总面积为248平方千米的山村，总人口从1960年的4694人，到1980的2322人，到1995年的1641人、2005年的1356人，再到国势调查时（2010年10月1日）的1160人，人口总量呈现锐减的趋势。与此同时，老龄化人口所占的比例逐年增加。以1999年为例，总人口为1484人，60岁以上的老人有786人，占全体人口的53%，而30岁以下的年轻人只有274人，占全体人口的18%。①

其他地方也大致如此。人口总量的锐减和年轻人比例的不断下降，对歌舞伎的传承形成了严峻的考验。各地的歌舞伎保存会，几乎无不面临会员老化、年轻演员不足的窘境。传承人的培养成了最令人头疼的问题。与此相比，钱的问题倒显得不那么棘手了。例如演出儿童歌舞伎的垂井曳山祭，每年要在三座山车的维护及歌舞伎演出上花费大量的钱，资金的筹措相当不易，但他们最担心的倒不是这个：

> 钱的问题总可以想法解决，（最困难的是）男孩子啊。少子化。现在没有男孩子啊。②

松井隆表示，这样下去，到实在找不来男孩子的时候，只能扩大范围，在垂井町全部七个部落中寻找了（垂井町目前拥有山车并且进行曳山祭的，只是其中的垂井

① 数据来自国势调查资料，见長野県下伊那郡大鹿村编《数字で見る大鹿村の姿》（1999年）及《大鹿广报》2011年第4期。

② 松井隆访谈，2010年5月2日，垂井中町。

地区)。在同是举行曳山祭的斐济，已经开始这么做了。①

同样的问题也出现在其他许多地方。翻开介绍岐阜县地方戏剧的《岐阜县地方戏剧指南》(《岐阜県の地芝居ガイドブック》)，类似的担忧和希冀比比皆是。如东白川歌舞伎保存会：

> 演员们次第走向高龄，培养后继者是当务之急。②

中津川上失作歌舞伎保存会：

> 现在的16名会员都陆续走向老龄化，期待着年轻人的入会。③

中津川加子母歌舞伎保存会：

> 虽然面临着演员老龄化、加入保存会的年轻人减少所带来的后继者不足、资金筹措困难等问题，但是每年的公演一直在进行。④

传承人不足，不仅是农村歌舞伎面临的问题，也是所有农村民俗艺能共同面临的尴尬境遇。为了解决这一问题，许多地方的歌舞伎保存会采取了联合学校教育保存传统艺术、在青少年中培养传承人的做法。在有些地方，这一做法已经取得显著成效。

一、学校教育与传承人培养

日本向来重视传统文化与学校教育的结合。在制定相关政策的基础上，政府推出了不少针对青少年的传统文化学习、继承的事业。比如，根据2007年2月政府制定的文化艺术振兴基本法的第二次基本方针，为了培育孩子们丰富的心灵与感受、创造性及交流能力，培养以日本人的自觉活跃于国际社会的人才和地域社会的文化继承者，将“充实孩子们的文化艺术活动”作为重点项目来倡导。⑤ 为保证这些项目的顺利进行，国家在财政上也给予支持。例如，在2002年文化厅财政预算中，“孩子们的

---

① 参见岐阜県の地芝居ガイドブック制作委员会编著《岐阜県の地芝居ガイドブック》，岐阜学会2009年，第81页。

② 岐阜県の地芝居ガイドブック制作委员会编著：《岐阜県の地芝居ガイドブック》，岐阜学会2009年，第49页。

③ 岐阜県の地芝居ガイドブック制作委员会编著：《岐阜県の地芝居ガイドブック》，岐阜学会2009年，第19页。

④ 岐阜県の地芝居ガイドブック制作委员会编著：《岐阜県の地芝居ガイドブック》，岐阜学会2009年，第31页。

⑤ 参见日本艺能实演家团体协议会《学校における鑑賞教室等に関する実態調査 調査報告書》“初めに”(2008年版)。

文化艺术体验活动的推进”一项，预算额为391400万日元，“传统文化、文化财的活用和下一代的继承”一项，预算额为3531100万日元。[①] 此外还有一些如“以传统文化激发地域活性化”、文化厅的“综合支援事业”、“民俗文化财传承·活用事业”等在实际操作中常与学校教育结合起来的项目，以及“艺术文化振兴资金”等专用资金。

对于上述事业在学校中的实施情况，政府和文化研究机构都进行了不少跟踪调查和讨论。文化厅曾分别于1998年、2002年、2007年，三次对全国中小学的文化艺术活动进行“关于学校鉴赏教室等的实态调查”，敦促学校建设文化艺术鉴赏教室，促进信息的公开和共享，发现并解决实施过程中的各种具体问题。调查还涉及与建设学校鉴赏教室密切相关的都道府县、市町村教育委员会的政策方针和支援状况，为国家政策立案提供参考。科研机构也很关注传统民俗文化在青少年中的传承情况。东京文化财研究所1999年召开的第二次民俗艺能研究协议会的议题为“学校教育与民俗艺能”，2009年度第四回无形民俗文化财研究协议会的议题为“无形民俗的传承与孩子们的关系”，并分别于会议次年发行了同题的会议报告书。前者以民俗艺能在学校中的传承状况为讨论对象，后者则将民俗艺能的范围扩大到“无形民俗”，且不再局限于“学校教育”，但就报告的五个事例来看，其参与主体都是当地中小学的学生。

可以说，在学校中进行传统文化教育，是整个日本社会的共识。在具体的实施层面，文部省推行“宽松式教育”的方针，自2002年起，中小学在普通的课程之外设有“综合学习时间”，并纳入整个课程体系当中。传统民俗文化学习大多在“综合学习时间”以及国语课上进行。[②]“综合学习”有专门的指导教师、专用的教材、具体的教学计划和相对固定的教学时间。依据《中学学习指导要领综合学习时间编》，“综合学习”的内容包括“国际理解、信息、环境、福利、健康等横向的、综合的课题”、“基于学生的兴趣、关注点的课题”、“关于地域、学校特色的课题”、“与职业、自己的将来相关的课题”等。其中“关于地域、学校特色的课题”是指与地域的传统、文化、例行活动、生活、习惯、经济、产业等相关的，各地域和学校固有的生活上的诸种课题。当地传统文化、民俗艺能的学习，是“综合学习”的一个重要内容。

政府在政策支持、财政支援、学校教育的配套、具体实施过程的指导等方面，为

① 数据来源于宫田繁幸《文化财としての民俗芸能》，http://www.tobunken.go.jp/~geino/pdf/kaki/27kaki1.pdf，阅览时间：2011年12月10日。

② 参见日本艺能实演家团体协议会《学校における鑑賞教室等に関する実態調査 調査報告書》“初めに”（2008年）。

民俗艺能的传承与中小学教育的结合提供了良好的环境。在中小学中进行当地乡土艺能的教育，是一种比较通行的做法。在这方面，大鹿歌舞伎可视为一个典型。在前面提到的“无形民俗的传承与孩子们的关系”协议会上，报告者之一即为大鹿村教育委员会的委员长北村尚幸，报告内容就是大鹿中学的歌舞伎活动。

（一）大鹿歌舞伎进入学校教育的历程

1975年，大鹿中学歌舞伎俱乐部成立，面向中学生教习歌舞伎，将其作为培养后继者的一个环节。练习从每年的4月份开始，10月份在学校祭上演出。这种做法一直持续至今。

事情一开始并不顺利。学校方面不配合。当时在爱好会担任三役的片桐登回忆说：

> 昭和五十年（引注：1975年），我曾经多次请求校长……他不肯答应……他说，这种事，让学生演什么歌舞伎，初中的义务教育中，要有这样的空闲，去搞学习应付高中入学考试也好。考不上的孩子怎么办？①

片桐当然承担不起这个责任，事情陷入僵局。就在他认为无望的时候，从长野调来一个教头，他认为学校教育不仅仅是学校的事情，要靠社会上的人们一起来做，让学生学歌舞伎是一件好事，同意了片桐的做法。大鹿中学的歌舞伎俱乐部由此发端。

2005年到2007年，大鹿村开设了歌舞伎教室。其对象是在校的小学生和在中学时期学过歌舞伎的已经毕业的年轻人。自1996年被选为国家无形民俗文化财以来，大鹿歌舞伎得到了各种补助，歌舞伎教室也是利用补助举办的。其做法是，由学校方面向村教育委员会提出意向，歌舞伎爱好会的人到学校去指导。最初的一届学生从小学三年级开始学习，一直学到毕业。之后，从2005年开始，将歌舞伎的传授对象固定为小学四年级的学生。大体上第二学期的后半期（大约为11、12月）开始练习，学年末（次年3月）举行发表会。

（二）实施方法

大鹿中学的歌舞伎俱乐部，如今叫做“歌舞伎俱乐部”。从成立到2009年，一直由片桐登指导，2009年起由其弟子北村尚幸指导。大鹿中学的在校学生（2010年为40人）全部参加，并按照任务分为三个组：黑衣、太夫、演员。黑衣，即黑子，是歌舞伎中进行幕后工作的人。黑衣组的学生负责推介稿、节目单和剧目简介等的制作以及与中川中学联络、交流②等工作。太夫是歌舞伎演出时唱净琉璃的人。因歌唱

① 片桐登访谈，2010年6月3日，长野县大鹿村片桐登家。

② 从2009年开始，与大鹿相邻的中川村的中学，每年组织全体学生到大鹿中学观看歌舞伎发表会。

难度比较大，为了消除学生的紧张情绪，公演时师匠北村与他们同台演唱，类似“合唱”。在2010年度的秋季演出中，加上北村，坛上共有四位太夫。演员亦全部由学生担任。

歌舞伎俱乐部的学习得到了学校的大力配合。大鹿中学的“综合学习”课被命名为“大鹿时间”，内容就是大鹿歌舞伎。“大鹿时间”的宗旨是：

> 接触故乡大鹿村的传统文化“歌舞伎”，通过自己带着任务体验、追求的活动，再认识故乡文化的价值。思考自己的生存方式与故乡大鹿，学到自我学习、判断的能力。①

为保证这一目标的实现，学校和保存会从教材、教学计划、教学过程监督、后勤服务等各方面进行了周密的安排。

（1）教材。为了配合歌舞伎的学习，大鹿村教育委员会编辑发行了彩印的乡土教材《大鹿歌舞伎》。学生人手一册。其内容由以下部分组成：“大鹿歌舞伎是什么”、“大鹿歌舞伎的历史”、“大鹿歌舞伎的剧目”、“大鹿歌舞伎的道具、舞台”和“大鹿歌舞伎现在的活动”。文字介绍外，还附有大鹿歌舞伎的服装、演出的剧照、排练场景等图片。

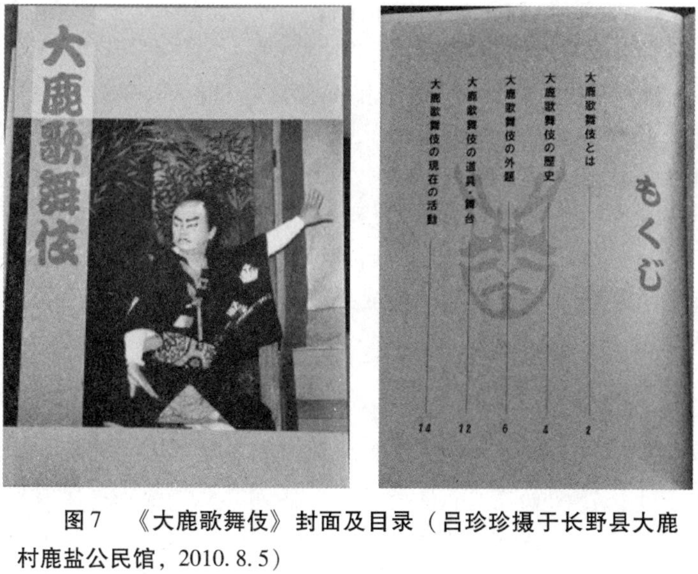

图7　《大鹿歌舞伎》封面及目录（吕珍珍摄于长野县大鹿村鹿盐公民馆，2010.8.5）

① 大鹿中学的综合学习“大鹿时间”讲义。

当年演出的剧本，也是人手一册。2010 年演出的剧目是《源平咲别躑躅》中的“扇屋”一场，剧本是经过复印的毛笔抄本，包括所有角色的台词以及净琉璃唱词。汉字，尤其是历史名词、剧中人名等都用平假名标注读音。太夫另有一张 CD，内容是本剧中的净琉璃歌唱。

（2）教学计划。以 2010 年度为例，年度教学时间大约为 45 小时。原则上从 4 月到 10 月，每周 2 小时（基本上为周一的第五、第六校时），面向歌舞伎公演会上的发表进行活动。全年教学安排大致如下：

4 月 19 日，在大鹿中学召开说明会，对“大鹿时间”这一课程进行说明，确认活动计划，并在学生中进行意向调查（即希望做黑衣、太夫和演员中的哪一种）。

4 月 26 日，确定分组，讨论各自的目标，决定每组的领导者。

5 月 10 日，授课人北村尚幸讲述歌舞伎的历史及其他。

5 月 17 日，观看去年公演的录像。

5 月 24 日起，读剧本，正式进入排练期。这项活动一直持续到 9 月 22 日。期间黑衣组制作节目单、推介稿。

9 月 25 日，在大鹿祭上宣传推介大鹿中学的歌舞伎公演。

9 月 26 日，歌舞伎公演。

10 月 4 日，给授课人北村氏写感谢信。

10 月 12 日，撰写总结稿，观看公演录像。

10 月 25 日，将总结稿装订成册，反省。

（3）过程监督。分组以后，学生们就将各自的目标写在纸上，贴在《大鹿歌舞伎》的封底上。担任演员的一年级学生入江茜的目标是“尽全力演好自己的角色”，唱太夫的一年级学生田岛宏美的目标是“不要害羞，大声地唱”。为了督促学生学习，给学生们发放了“大鹿时间歌舞伎班学习卡”，每次活动结束后，学生们就把当天所学的内容、自己的反省和感想、下回排练前要做的事情写在卡上，并请担任顾问的老师填写意见、签名。这也是活动的成果之一。我们从田岛宏美同学的排练感想中随机摘出几则来看一下吧：

> 我看了一下台词，大吃一惊。量很大，我想，“要是不努力的话……”。在家里也要练习，一点点把台词记住吧。我要努力。(2010 年 5 月 10 日)
>
> 配上三味线练习了一下。音高与三味线合不到一起，没能唱好。我想在家里听听 CD，把它唱好。(2010 年 6 月 15 日)
>
> 虽然声音比从前大一些了，但还是比 CD 差。希望我能更响亮地唱出来。正座（注：跪坐）也要努力。(2010 年 7 月 26 日)

这种形式可以促使学生不断对自己的学习过程进行反省，找出不足，思考解决的办法和下一步的努力目标。顾问老师只言片语的意见，虽然简短，却是对学生的肯定和鼓励。学习卡从过程上对歌舞伎学习进行监督，避免了形式化，是歌舞伎学习达到预期目标的必要措施。

（4）后勤服务。每个组都有担任顾问的老师，演员组三名，太夫和黑衣各两名，负责学生的组织、排练的监督等工作。假期中排练时，老师们三人一组，轮流到排练场地。因为假期要在公民馆排练，由校车接送学生。甚至排练时所用的茶水，也具体到日期和人，由学生负责。

图 8　大鹿中学歌舞伎排练场景。右为师匠北村尚幸（吕珍珍摄于长野县大鹿村鹿盐公民馆，2010.8.5）

（三）意义

在中小学进行歌舞伎教学，对于歌舞伎的传承具有非常重要的意义。它为孩子们提供了一个接触歌舞伎的契机。在调查中，我们发现，很多人虽然将歌舞伎当作“道乐”，凭兴趣来演出歌舞伎，但追根溯源，他们对歌舞伎的兴趣并不是天生就有的。大多数人参与歌舞伎的契机都非常偶然。大鹿歌舞伎保存会的现任会长下泽敏说自己年轻时，村里所有的青年人都被强制参加青年团，而参加青年团就意味着演出歌舞伎，他的歌舞伎生涯就是从此开始的。[①] 东浓歌舞伎中津川保存会的会长市川尚树

① 下泽敏访谈，2010 年 9 月 24 日，长野县大鹿村下泽家。

说，人们参加歌舞伎，大多是因为被“骗”，或者是熟人、朋友相邀，碍不过面子。[①] 参加中津川保存会2010年度歌舞伎公演的初二学生兼山晴旗，则是因为受了父亲2000日元的图书券的诱惑。[②] 可见，多数人参与歌舞伎，并不开始于爱好，而是接触歌舞伎、演出歌舞伎的实践让他们产生了兴趣，并一直持续下去。因此，对歌舞伎的传承而言，第一重要的不是喜欢，而是创造让人们接触它、参与它的契机。将歌舞伎纳入学校教育中，无疑最大限度地创造了这样一个契机。

有了这个契机，孩子们可以亲身体验歌舞伎演出中“变身”的新鲜、刺激感，被包围在掌声和喝彩中的美妙感受，这对他们来说无疑是很有吸引力的。他们调查歌舞伎历史、制作节目单，亲自参与歌舞伎排练、演出的各个环节，包括在后台观看化妆、穿服装、制作道具等，这些都会使他们更加深入地了解歌舞伎。在这个过程中，他们或许会对演出歌舞伎的乐趣有所体会，对这门艺术的精妙之处有所认识，并由此产生对歌舞伎的热爱之情。这种热爱之情，就是以后继续参与歌舞伎的源头。

大鹿村自从1975年开始在学校进行歌舞伎教学以来，有数百人接受过这种乡土文化的教育。如今，在大鹿歌舞伎爱好会35名会员当中，有7名是从中学时代起就学习歌舞伎的。由于他们具有较为丰富的演出经验，节约了排练时间，并使爱好会的演出始终处于较高的水准。更重要的是，他们的存在，使歌舞伎爱好会的总体年龄趋于年轻化，为大鹿歌舞伎提供了相对充足的潜在继承人，使这种具有悠久历史和鲜明地方特色的乡土文化得以代代相传。

大鹿中学的歌舞伎学习也对邻近地域产生了影响。从2009年开始，与大鹿相邻的中川村的中学，由校长带队，每年组织全体学生到大鹿中学观看他们的歌舞伎发表会。这种交流，对于演出者来说是一种鼓舞，也为观看者提供了接触歌舞伎的机会，有利于大鹿歌舞伎这一乡土艺术在更大范围内的传播。

在学生时代出演歌舞伎，对于个人的成长也具有重要意义。学生们从中领略到了戏剧的乐趣，也从中受到历史知识、思想道德、审美情感等多方面的教育，更增强了与故乡的感情联系。孩子们平日与地方上的大人一起活动的机会并不多，而歌舞伎的排练、演出，则提供了一个这样的机会。无论是从头到尾教授自己的师傅，还是演出当天为自己穿衣服的婆婆、化妆的伯伯、制作大道具的叔叔，以及前来观看的观众，通过歌舞伎，这些本来分散的人被联系在一起，与自己发生了关联，这使他们能够切身体会到自己是生活在这个群体中，生活在大鹿这片土地上的。这是乡土意识的朴素体现。

---

① 市川尚树访谈，2009年12月13日，中津川市东浓交流中心歌舞伎大厅。

② 中津川保存会歌舞伎排练参观，2010年2月4日，中津川狮子馆。

一个参加了学校歌舞伎社团的高中生的感受是：

> 首先，通过歌舞伎，我了解了自己周围的传统文化。第二，对于诸多人的照顾，我学会了怀揣一颗感激之心。现在，正是因为有了传承东谷农村歌舞伎的人们的照顾，我才能够参加各种各样的演出。
>
> 我觉得加入这样的社团，真是太好了。①

这种感受，在学生中是具有普遍性的。感恩之心的培养，对于正在成长中的孩子来说，无疑是十分重要的。而且，在接触、交流、合作的过程中，人们之间的空间距离和心理距离都被拉近，情感联系得到增强。这种投向诸多个体的感激、热爱、依恋等感情，正是乡土之情的具体体现。完全抽象的乡土之情是不存在的。它必须存在于对地方上人们的热爱之中。

北村尚幸与大鹿中学的孩子们讨论学习歌舞伎的意义时也说：

> 分享了不起的大鹿村传承数百年的无形的宝贵财产（按：指大鹿歌舞伎），不是一种馈赠吗？我不知道你们将来是否留在村里，但是，自己生长的村里有这样的东西，自己曾三年参与其间，希望你们能意识到这种经历的珍贵。②

无独有偶，1970年，香川县小豆岛町的儿童歌舞伎复活之际，中山歌舞伎保存会的会长矢田砌对孩子们也说了如下一番话：

> 现在练习歌舞伎、出演歌舞伎，对于大家长大以后，有着非常重要的意义。一是使你们在长大成人之后，始终不会忘记故乡。这是因为，在故乡，自己曾经当过演员，演出过歌舞伎，那时的情形会永远留在记忆中。也就是说，故乡永远都在你的心里。另外，当你们长大了，在同窗会等场合重逢时，曾经演出过歌舞伎会是一个大家津津乐道的话题。所以，这是一件好事。③

歌舞伎这样的民俗艺能，是地方上人们共同创造的、在共同的日常生活和人际关系中培养起来的。随着人们离开故乡进入都市读书、工作，各处一方，基于地缘的交流渐渐被空间阻隔。而民俗艺能，则是重新建立地缘交流的一个纽带，是人们共同的

---

① 香川県立香川中央高等学校土居正明：《郷土研究部で学んだこと》，引自三浦洋司《讃岐の地域特性を生かした音楽教育への提言 その2——中学生による農村歌舞伎の伝承》，见《香川大学教育实践研究》1996年第26号。

② 北村尚幸访谈，2010年7月18日，长野县大鹿村村役所。

③ 松尾恒一：《祭り表象》，见《日本の民俗9 祭りの快楽》，2009年，第218页。

情感记忆。从这种意义上说，它是培养乡土感情的一条重要途径。正如松尾恒一所说："'故乡'或许将是个体成长过程中、成人后的生存依据，如何将这种东西'内在化'，或许会为在快乐却空虚的都市化的现代社会中思考'生于斯'的意义和有用性提供一个方向吧。"① 所以，学习传统艺能，其意义不仅在于传统艺能本身的传承，也在于对乡土文化的认知和认同。

在日本各地，在中小学中实施农村歌舞伎等传统文化教育，已是一种比较通行的做法。除了像大鹿这样将歌舞伎作为一门课程来开设的做法之外，许多地方的歌舞伎保存会还开设了传承教室，培养三味线手、太夫等。或到学校招募小学生，与保存会的会员一起参加公演。

图9　参与中津川明智町歌舞伎保存会演出的小学生、高中生
（吕珍珍摄于东美浓交流中心，2009. 12. 13）

作为传统文化学习的重要阵地之一的"综合学习时间"，历来是毁誉参半。2011年，随着新的学习指导要领的实行，"宽松式教育"也走向了终点。传统科目授课时间重新增加，一些地方的"综合学习时间"可能会被取消。但是，若从大鹿村这一个案来看，它不失为传统民俗艺能与学校教育结合的成功尝试。在少子化、老龄化、过疏化日趋严重的时代背景中，对于面临着严重传承危机的民俗艺能而言，这种方法也不失为四面楚歌中的一条出路。当然，如何在学校教育中平衡民俗艺能与传统科目的关系，协调传承乡土艺能、培养乡土感情与掌握基础知识、面对升学考试之间的关系，仍然是一个需要各方继续探索的课题。

① 松尾恒一：《祭り表象》，见《日本の民俗 9 祭りの快楽》，2009 年，第 218 页。

二、文化认同与传承环境的营造

农村歌舞伎演出时，虽然多是免费入场观看，没有门票收入，但多有另外一种收入——祝仪。所谓祝仪，类似贺礼，是祭祀、演戏时人们自愿捐赠的金钱和物品。在祭祀和演剧的现场，一般都设有接待处，人们捐赠后，工作人员立即把捐赠者的姓名、数额写在纸上，张贴在显眼的地方。祝仪大约是奉纳歌舞伎时代的遗风。因奉纳歌舞伎是演给神灵看的，为歌舞伎捐钱，也就是对神灵的供奉，是虔诚之意的一种表达。很多祭祀中都有祝仪，其接受、张贴方法也与歌舞伎大致相同。二者的来源与本质应当是一致的。

图 10　左图：接受祝仪（吕珍珍摄于岐阜县垂井町中町，2010. 5. 2）
右图：粘贴在舞台旁边花道上的祝仪（吕珍珍摄于大鹿村大碛神社，2010. 5. 3）

农村歌舞伎演出中祝仪的意义，首先在于它直接成为演出收入的重要来源，这是缺乏补助金又没有门票等演出收入的农村歌舞伎生存的物质条件。比如大鹿，虽然现在经济不太景气，但每次公演也能收到大约四五十万元的祝仪。这个数额能使公演基本上维持收支平衡。祝仪更重要的意义在于，它表现出人们对于农村歌舞伎这一地方传统文化的认同和支持。这是植根于农村生活土壤中、具有鲜明地方性的农村歌舞伎存活所必需的环境条件。

由祝仪引发的问题是：在全球化浪潮席卷每一个角落、外来文化不断涌入的时代，当地人对自己乡土的文化的认同和支持是如何得到保持乃至加强的？或者说，这种有利于传承的环境是如何形成的？仍以大鹿歌舞伎为个案来考察。

（一）外界的关注与评价

大鹿歌舞伎有着悠久的历史，上个世纪初期即在小涩川一带享有盛名。二战期间及战后经济发展期一度衰落，但并未灭绝。1977 年，大鹿歌舞伎被指定为长野县无形民俗文化财，1984 年作为长野县首个文化使节团赴奥地利演出，履行国际亲善的重大使命。1992 年主办了全国第一次“地芝居峰会”，同年赴德国六个城市巡回公演，名扬海外。1996 年在农村戏剧中率先被指定为国家无形民俗文化财。2010 年又赴意大利演出。一个大山深处的小村庄的业余演出团体，能获得这样的荣耀，实在难得。

外界的关注与积极的评价，提升了大鹿人对于自己传统文化的自信，促使他们重新认识大鹿歌舞伎的价值。一个明显的事实是，大鹿歌舞伎所获得的荣誉，使其逐渐得到村里的理解和支持。据爱好会会长下泽敏介绍，当初，还没有被指定为国家无形文化财时，有人批评购置歌舞伎的服装、假发等使用了村里的税金。因此，爱好会每场演出，都要从收获的“花”中拿出一部分来上缴给保存会，也就是村里。一场 4 万元，两场 7 万元。演出当天，演员们的盒饭也要自己带。后来，当大鹿歌舞伎名气越来越大，外地的观众也来观看演出，促进了地域的活性化，逐渐得到了村里行政方面和村民们的理解，演员们的待遇也好了，村里从“花”中拿出一部分钱来举行慰劳会，为演员们购买盒饭等。春秋两季公演时，村里还安排人手，负责停车场的指挥管理、演出入场处的接待等工作。

1999 年，由摄影家池田精孝历经 10 年跟踪拍摄的影集《大鹿歌舞伎写真册》出版，收录了大鹿歌舞伎主要剧目的介绍、剧照，以及爱好会会员的照片、简介，图文并茂，面向社会公开发行，成为外界了解大鹿歌舞伎的一个重要媒介。近年来，大鹿歌舞伎还通过电影走进大众视野。2009 年，大鹿歌舞伎演出的场景出现于电影 Beauty 中；2011 年 6 月，随着以大鹿村为外景地、以大鹿歌舞伎为背景的电影《大鹿骚动记》的公演，到大鹿村观光的游客骤增，大鹿歌舞伎更是成为焦点，大鹿人也倍感自豪。外界的正面评价，直接促进了大鹿人对自己的传统文化的再认识。

（二）行政主导，全民参与

大鹿歌舞伎的特色之一是其独特的组织形式。它有大鹿歌舞伎保存会和大鹿歌舞伎爱好会两级组织。大鹿歌舞伎保存会是一个行政性质的组织，由村长担任会长，全体村民都是会员；大鹿歌舞伎爱好会隶属大鹿歌舞伎保存会，是实际演出的组织，相当于一般意义上的歌舞伎保存会。大鹿歌舞伎与其他地方歌舞伎的不同之处就在于这个行政性质的保存会。它的存在意义，首先是为歌舞伎提供行政和财力上的支持。除了由村长担任保存会会长这一惯例之外，村里的前任教育长是大鹿歌舞伎爱好会的师匠、太夫片桐登。现任教育长是片桐登的弟子、大鹿歌舞伎爱好会的现任师匠、太夫北村尚幸。行政职务与爱好会师匠身份的重合，可以使他们在进行行政决策时，更多的站在爱好会的立场上来考虑歌舞伎的发展问题。村长兼任保存会的会长，出席各种与歌舞伎相关的活动，其影响力也是不言而喻的。村民作为保存会的会员，这种身份也利于激发他们对歌舞伎的责任感。在财政上，昭和六十一年（1986），大鹿村里拿出2000万日元，又接受赞助1500万日元，由村财政管理，作为歌舞伎爱好会运营的基金，用于修理舞台、购置服装假发等事项。

（三）“歌舞伎之乡”的定位

大鹿歌舞伎已传承了近300年，并有自己特有的演出剧目。大鹿人将其视为村中的宝贵文化遗产，并将其同自然风光“南阿尔卑斯”一起，作为大鹿村的标志，号称“南阿尔卑斯与歌舞伎之乡”。作为大鹿村标志之一的歌舞伎，存在于大鹿村人生活的各个角落。大鹿村通过各种方法向村人宣传歌舞伎，增加外界对歌舞伎的了解，也强化本地人对于大鹿歌舞伎的认同。

图11　2010年第10期《大鹿广报》封面上的大鹿村标

图12　大鹿村秋叶古道上的路标。“市场神社”下木板上的小字为“大鹿歌舞伎（国家无形民俗文化财）的舞台在此”（吕珍珍摄于大鹿村秋叶古道，2010.5.2）

首先是一系列关于大鹿歌舞伎的书籍出版。大鹿歌舞伎保存会编写了全面介绍大鹿村歌舞伎的《信州歌舞伎》，由银河书房出版。该书的出版资金由村财政负担40%，其余60%为国家和县里的补助。该书出版后，向全村每户家庭免费发放一册。2010年，《大鹿歌舞伎之乡》发行，该书是《信州歌舞伎》的修订和完善，内容更加丰富，印刷也更精美。仍然是全村每户家庭一册。虽然未必所有村民都会认真阅读这些书籍，但至少在唤起人们对歌舞伎的关注、增加人们对歌舞伎的了解上，是有积极意义的。在村里的农家旅馆，也都摆放着这些书籍，向外地来的游客宣传大鹿歌舞伎。

其次是村中无所不在的关于大鹿歌舞伎的宣传。在村役所的大厅里，村里的博物馆“ろくべん館”（rokubenkan）、旅游服务处，都有关于大鹿歌舞伎的文字和图片介绍。在旅游服务处，还陈列着大鹿歌舞伎中的人物“大星由良之助”和“初菊”的塑像，供人们参观。面向全体村民发行的“村报”《大鹿广报》以及村里的官方网站，也经常报道有关歌舞伎的活动，介绍歌舞伎传承人的经历。甚至路标上也有对大鹿歌舞伎的介绍。可以说，一切能够展示、宣传歌舞伎的场所、场合，都被充分利用了。展示和宣传的对象不仅是外来者，也是本地村民。处于这样的环境中，人们会意识到歌舞伎是自己生活的一部分，并由此产生自豪感和责任感。

图13　大鹿村旅游服务处的歌舞伎人物像。左图为《绘本太功记》中的初菊，右图为《假名手本忠臣藏》中的大星由良之助（吕珍珍摄于大鹿村旅游服务处，2010.5.2）

总之，当代大鹿人对于歌舞伎的理解、认同与支持，是在外部的积极评价与内部的熏陶感染中形成的。在流行文化铺天盖地而来、乡土文化的认知和传承受到威胁的时代，如何让人们重新认识并自觉守护自己的传统，营造有利于传承的环境，需要采取多方面的措施。从大鹿的方法中，我们得到的启示是：一是走出去，通过外界的认可来影响身处其中的人们，唤醒他们对于传统文化的自信和保护的热情；二是使人们最大限度地直接参与传统文化的保护和传承，并在当地通过宣传、资料建设等方法，促进人们对自己传统的了解和认同，激发他们作为传统文化持有者的责任感和使命感。

三、传承中的其他问题及思考

其一，农村歌舞伎后继乏人，不仅表现为年轻演员数量的不足，也表现为支撑歌舞伎演出的幕后人员的严重缺乏。这些人包括：振付师（教戏师傅，也称师匠）、太夫和三味线手以及床山（保管、修理假发的人）、化妆师、服装师等。这些工作对技艺的要求很高，需要丰富的知识和长时间的经验积累。这些人员的缺乏，为农村歌舞伎的传承带来了不少困难。

以振付师为例。如今，岐阜虽然活跃着数位振付师，但并不充裕。以吉田茂美而言，他一年四季的大部分时间都在外教戏，日程排得满满的。而且，大多数师匠都已届高龄，吉田已经60岁，中津川地区比他年轻的师匠只有市川福升一人。一人担任三役的情况也不少见。比如垂井东町，由年近90的丰泽团力氏一人负责教戏、唱太夫和弹三味线。尚未听说哪个振付师有了继承者。

三役不同于一般演员，必须经过长期的歌舞伎演出实践方可造就。尤其是振付师，他是身兼多职的总负责人。太夫和三味线手要到公演前一天的排练时才到场，之前的排练中，他们的工作就由振付师来代替。从脚本制作、台下排练到台上的演出，从演员的表演到舞台的调度、道具的使用，乃至与太夫和三味线手关于脚本修改等的协商，都由振付师一手负责。因此，振付师必须腹笥宽博、精通场上演出，不是行家里手很难胜任这一角色。

在岐阜，各个歌舞伎保存会内部只有演员，没有三役，也没有下座（三味线以外的其他伴奏人员）、服装师，这些人都需要从外面邀请，服装也要租借。每个振付师的背后都有一个团体，包括太夫、三味线手、服装师以及衣裳店。化妆师多由振付师自己兼任。他们组成相对固定的合作关系，成为一个团队。一般而言，一旦决定邀请哪位教戏师傅，其他人员也就随之而定。各个振付师都有自己的“领地”，哪个师傅负责哪些保存会，都是相对固定的，相互之间保持着微妙的平衡。因此，振付师不仅是歌舞伎排练、演出的总指导者，也是其所在团队的领导者。除了精湛的业务能力之外，他还必须具有高度的组织能力和领导能力，能够娴熟地处理与歌舞伎相关的各个行业、各种人群之间的关系。

振付师是歌舞伎传承中至关重要的力量，培养的难度远远大于普通演员。而且，由于工作辛苦且收入并不算高，尚且比不上普通的工薪人员，因此并没有太大的吸引力。如果不是像吉田氏这样为歌舞伎痴迷到自称“荒唐”的人，恐怕难以继承这一工作。培养教戏师傅的传承人，比培养普通演员面临着更为严重的危机。三役的严重不足，已经影响到了一些保存会的正常运营。如中津川的安岐歌舞伎，包括经济在内的运营、上演全靠丰泽团力一人操持，显得力不从心。① 到2011年8月时，这个歌舞伎保存会依然未能实现定期公演。

在这方面，大鹿歌舞伎的做法或许可以提供一些启示。在大鹿，歌舞伎的三役由

① 参见岐阜県の地芝居ガイドブック制作委员会编著《岐阜県の地芝居ガイドブック》，岐阜学会2009年，第39页。

一人担任，这是整个大鹿歌舞伎爱好会的核心人物。前任的片桐登成功地培养了继任者北村尚幸，如今，年届50的北村尚幸也已经选择好了一位年轻的继承者池田洸一并着手培养。虽然由于集三役于一身，而且大鹿歌舞伎有着不同于外界的独特演出传统，一旦出现任何意外，大鹿歌舞伎就面临停演的危机，但这种未雨绸缪，主动物色、扶植后继者的做法却是值得效仿的。而且，大鹿歌舞伎也很注重对化妆师、服装师和床山等人员的培养，他们与东京的专业化妆人员联系，或派人去学习，或请人来村里培训，因此，各种人员一应俱全。

农村歌舞伎的三役，尤其是振付师所面临的后继乏人的窘境也提醒我们，戏剧是一种多人参与的、多个环节组成的复杂的团体艺术，任何一种人才、一个环节缺失，便会引起整个传承链的断裂。因此，必须全面培养各种演职人才，尤其是团体的核心人物的培养。要主动寻找，善于发现有资质的后继者，并为其提供合适的条件以助其成长。

其二，农村留不住年轻人，是农村歌舞伎后继乏人的根本原因所在。在将民俗艺术纳入学校教育体系的同时，还必须进行其他方面的工作。因为学生们一旦中学毕业，因读书或工作进入都市，离开传统艺术生长的土壤，其传承活动就会自然终止。因此，中小学的歌舞伎教育只是培养了潜在的传承者，要使其转化为实际的传承者，必须留住年轻人。

一些老龄化严重、传统民俗艺术难以为继的地方，采用了号召外出的年轻人回乡参加祭祀或表演的方法。如爱知县东北部新城市的黑泽，因全村只有七户人家，村落的传统艺能——黑泽田乐的表演难以为继，2010 年，小学时学过黑泽田乐、现在春日井市读大学的荻野裕太回到村里参加了 2 月 7 日的表演。这一做法似乎让人们看到了濒临灭绝的传统乡土艺能振兴的希望。日本中部地区的重要媒体《中日新闻》还特意报道了此事。[①] 但这种方法有其局限性，它只适用于稍加指点便可上场的祭祀或不需要多人配合的个人表演。而歌舞伎需要多人参与，更需要相互之间的配合，必须经过相当长时间的共同排练方可演出。这是短暂回乡的外出者所不能胜任的。因此，为了保证歌舞伎演出的正常进行，必须在本地的年轻人中发展后备力量。

要留住年轻人，或者吸引外出的年轻人回村居住，必须创造能够使他们定居的环境。首要的一点是为他们提供合适的工作岗位，在这种政策上给予优惠，使他们安居乐业，乃至生儿育女。因此，歌舞伎传承的问题，实际上就是村落建设的问题。其他民俗艺术也是如此。这才是解决传承人问题的最根本途径。否则，人们可能只能眼睁睁地看着农村歌舞伎自然消亡了。在大鹿村，实施了“年轻人定住对策补助金”和

① 参见小渋晴子《“黒沢田楽”に若い力》，《中日新闻》2010 年 2 月 9 日。

"村外通勤补助",为40岁以下的年轻人提供住宅用地购买、住宅建筑和修整的资金补助,以及到村外上班的交通费补助。其出发点虽然是为了尽量减缓老龄化,保持村子的活力,但也在客观上为歌舞伎传承提供了有利的条件。

附记:本文关于日本农村歌舞伎的调查,得益于樱井龙彦教授指导和提携、赵彦民博士和长各川公美女士的协助以及众多调查访谈对象的配合。谨致谢忱。

(吕珍珍)

韩国《文化财保护法》的架构探讨

一、为保护文化财而制定的法律

2008 年 2 月 10 日 20 点 48 分，坐落于首尔南大门路 4 街 29 号的韩国国宝一号崇礼门（俗称“南大门”）被人纵火。不出几小时，巍巍耸立的崇礼门的上半楼阁，通过现场直播，在全国国民忧心忡忡的守望中，全部烧毁塌陷。崇礼门的焚毁，虽然是一个重大的文物损失，却大大提高了韩国人民保护自家国宝的意识。人们在烧毁的残骸前伏地痛哭、张贴挽联，连日举行传统的祭奠仪式，表现出极大的悲痛与关切。崇礼门的丧钟敲响了对文物保护的警钟，韩国全国上上下下，要求政府采取更为严格的措施来保护文物。自 1962 年订立的《文化财保护法》也因之受到了前所未有的重视，得到进一步改善的历史性契机。

1962 年 1 月 10 日韩国政府发布的 961 号法令《文化财保护法》是以保护和发扬其本国有形文化（物质文化）和无形文化（非物质文化）为宗旨而设定的一部明文法。它的目的是为了使韩国传统文化的固有模式在产业经济快速发展的情况下得到适当的保护和发扬，其中特别鼓励对国家级的民俗活动和公演艺术进行实际的研究和保存。到 2001 年 11 月为止，被指定的重要无形文化财已达 108 种。

在亚洲，韩国并不是第一个制定这类法令的国家，日本才是最早制定《文化财保护法》的国家，早在 1950 年 5 月就制定了类似法令。韩国是在日本类似法律的基础上，制定了符合自己国情的《文化财保护法》。

韩国和日本是世界上仅有的把“人”定为“国宝”，并在国法的基础上积极实施保护制度的两个国家。按文化财保护法的定义，所谓无形文化财包含了演剧、音乐、舞蹈、工艺技术、游戏、仪式、武术以及饮食等形式，其目的在于通过对文化财的保护来传承民族文化，在发扬和活用的同时提升国民的文化素质，进而对全人类的文化发展有所贡献。

再好的法规，也必须经得起实践的检验。韩国文化财保护法实施之后，发现了许多事与愿违的疏漏，有待修正补充。暂以两个明显疏漏为例。

其一是执法的力度有限。

崇礼门的焚毁事件，明确暴露了在保护文化遗产的过程中，管理不善、执法不严的缺点。

韩国的《文化财保护法》（下称《保护法》）虽然明文规定在执行“保护”与“管理”的法定权力时，优先于其他法律条文，但问题在于只有针对那些经过政府鉴定后被指定为文化财的文物进行管理或保护时，这一法定条文才能生效。换句话说，那些已经出土但还没有经过鉴定的文物，就难以得到有效的保护了。例如，出土文物保护区域以外的一些私人土地的开发行为，就不受这一法律条文的制约。为了不妨害建筑工程的进展，常常发生开发商发现工地里有文物出土时，刻意视而不见，在当局发觉以前，伪装不知情，以挖土的名义连同文物一起挖走，巧妙地回避法律制裁的案例。

其二，对古代遗迹的范围设定存在着疏漏。

《保护法》中有关古建筑的条文是专以建筑物为中心而设定的，而疏忽了建筑物须与周边景观相协调的传统观念，结果招来了把价值不低于古建筑本身的周边景观破坏掉的恶果。同时，这一条文与韩国建筑类相关法规相矛盾的部分也待解决。

其实一般大众对《保护法》的曲解，或对古文物价值的不正确认识，才是最大的难题。虽然《保护法》第2条明文规定：“文化财是一种在历史、艺术、学术、景观方面由人为或自然形成、具有重大价值和意义的文物和遗迹”，但一般人还是停滞在单纯把文化财看成古董和艺术品的粗浅认识阶段。

二、文化财厅的角色

2008年2月19日，崇礼门被烧毁一星期后，韩国国会就通过了有关强化《保护法》权限的修订案。其中最令人瞩目的是在第44条有关征收“文化财观览费”条例中，增加了“观览费的征收与征收基准，事先要得到文化财厅长的认可”的新内容。这一内容，本来是针对那些属于佛教法人团体的佛教古刹的收费问题而设的。韩国最大佛教教团曹溪宗拥有全国80%以上的佛教名胜资产，而这些名胜又往往处于各个国立公园深处，与国家级的自然名胜景区层层重叠，构成门票收费上的重复与紊乱，有损公民的利益。韩国历代民选政府往往以便民政策为首要施政纲领。开放各大国立公园、降低或理清收费基准，成了落实纲领的第一步。将私人性质的、佛教法人的旅游资产收入置于政府的有效管辖之下，消除各种收费上的弊端成为文化财厅的首要任务。这一新设条文的实施，不但补遗了《保护法》的疏漏，也大大提高了文化财厅的施政权限。此外，文化财厅长还有权监督各道（省）、郡（县）级地方政府，对其辖区内的文化财所做一切保护、保存、管理工作。①

反观文化财厅的沿革，1962 年韩国在制定文化财保护法的同时也设立了文化财管理局，1990 年文化财管理局改制并升格为文化财厅，隶属于中央政府文化观光部。

文化财厅下设有企划调整局、文化财政策局、文化财保存局、文化财活用局等 4 个局。各局下又有 18 个分科，其中无形文化财科、有形文化财科、天然纪念物科、文化财管理科、宫陵文化财科、近代文化财科等为重点单位。另外还设立了国立文化财研究所等 6 个研究所针对各个大型露天有形文化财（像宫殿、楼阁、陵墓等）而设立的 20 多个管理所、韩国传统文化学校及韩国传统文化研修院等 2 所培训机构以及独立运营的中央故宫博物馆。

其中无形文化财科由于是一种“人间文化财”，涉及人员的管理，因此业务就比较繁杂，组织也比较严密，相对地也受到政府更大程度的重视。无形文化财科基本上分成公演艺术、工艺技术、振兴业务、改善业务 4 个部门，针对无形文化财的保有人、技艺传授过程、无形文化财的发扬与改善等工作进行有效监管。

对各种文化财的筛选工作则由文化财厅下的独立机关——文化财研究所来执行。对相关资料的纪录、出版、搜集等任务，都由文化财研究所委派相关领域的专业人士来进行。

三、文化财委员会的角色

2010 年 9 月 2 日，韩国各大媒体同时发布了一篇骇人听闻的消息，内容大致为：“2007 年，韩国第四代国玺的制作过程是一场骗局，制作手法是采用的现代工艺，而非之前宣称的‘祖传 600 年的传统工艺’。制造国玺的工匠闵弘圭涉嫌侵吞制造国玺的黄金等原料，并用黄金贿赂官员。”② 2007 年，当时任文化财厅厅长的柳弘俊（韩国明知大学美术史教授）事后被记者询及有关闵弘圭是否具有“人间文化财”身份时，柳证言闵弘圭确实申请过，但不具备条件，审批没有通过，而国玺制造全过程是由行政安全部（主管民政）主管的，文化财厅为文化观光部的下属机构，没有参与其事。③

这一诈骗案暴露了韩国在文化遗产的监管环节上存在巨大纰漏。让一个不具备“人间文化财”资格的工匠去担当制造国玺这一重大任务，这一事件在国会里就曾惹

① 摘自韩国“佛教焦点网”，bulgyofocus. net。

② 摘自韩国《中央日报》2010 年 9 月 2 日报道。

③ 摘自韩国《Shisa Journal》2010 年 10 月 3 日报道。

起轩然大波。

韩国政府对无形文化财（俗称“人间文化财”）的鉴定、选拔过程是由文化财厅主导的。而文化财厅再委托由民间专家组成的无形文化财分科委员会和学术界的文化财研究所共同审批选拔工作。这一严密的资格审查环节被遗漏，闵弘圭诈骗行径的得逞就不足为奇了。

相对于官方的具有行政权与管理权的文化财厅，依据《保护法》，韩国政府在1999年又设立了一个非官方的民间咨询团体文化财委员会。这一民间委员会也分成无形文化财分科、有形文化财分科、天然纪物分科、民俗资料分科等4个分科。

文化财委员会由24名文化财专门委员组成。其中无形文化财分科委员会就占了13名代表的名额，他们都是音乐、舞蹈、演剧、礼仪、祝祭、饮食、工艺技术等领域的代表人士。文化财委员会没有固定的聚会日期，在需要时可临时召开。所有委员的选定都须经文化财厅长的推荐、由文化观光部部长任命，各委员的任期为2年，期满可连任。

无形文化财分科委员会（民间）、无形文化财科（官方）以及文化财研究所（学术界）等3个部门在工作上形成了所谓的民、官、学三者的合作关系。委员会的所有聚会都在文化财厅中召开，文化财厅厅长对委员会的活动进行实际的监管。委员会担当了对无形文化财的鉴定、指定以及对保有人及其传承人的指定与废除工作。对被指定的文化财的管理与活用方面，向文化观光部部长提供相关的咨询。

韩国的无形文化财分科委员会具有对无形文化财及其保有人的指定与废除的权力，也具有对文化财公演认可与限制的审批权。一旦被指定为重要无形文化财的考察对象，无形文化财分科委员会即可按下列程序进行考核：

（1）文化财厅制定预算，命令包括专门委员在内的调查委员制定目标进行研究考察，事后向委员会提出报告。

（2）保有此一文化财的地方政府首长，可向政府申请保护措施。无形文化财委员会会根据第（1）条程序进行有关审批的咨询工作。

（3）在文化财厅监督下，所有委员的研究成果与考察过程及开销，都须向分科委员会提出报告。

（4）坚决相信自己是一个重要无形文化财的任何个人与团体，都可向文化观光部提出接受审查的申请。无形文化财分科委员会可按第（1）条规定，对其进行审查。

文化财厅厅长在选定审查对象后，在预算的裁定上须向无形文化财委员寻求咨询。研究预算裁定后该委员会即可召开会议，根据审查或研究报告对指定对象作出最终决定。

重要无形文化财的指定，须对其历史沿革、技术细节、公演等作出详细说明，提供有关情报、照片、录像、录音等实际记录材料或文化财厅认为需要而可靠的其他类型的参考资料。

文化财厅长参考文化财委员会所提供的材料后，对审批作出最终裁决。一种重要无形文化财一旦被指定，能公演这一文化财的人即被指定为这一文化财的公演人和“保护人”，亦即“保有人”，俗称为“人间文化财”。无形文化财与其保有人一向是同时被指定的，因为考虑到各种无形文化财的存在与否有赖于将它付诸实践和表演的人。需要一个以上的人员和团体来表演的文化财，其保有人可以被定为复数。

无形文化财分科委员会在指定一种文化财的调查研究过程中，首先要考虑的是这一文化财有没有实际操作和表演的人才。一种无形文化财，无论它多么有名，若没有可以将之实际操演的人，将不会被指定为文化财。

一个被指定为无形文化财的人，若身体或精神上有了疾病，或移民到外国，或因其他理由而无法执行此一文化财的表演与传承，无形文化财委员会则可以将其加以除名。

对无形文化财可执行培训、教授和表演的人有着较为严格而明确的称号。所谓的“保有者”是指保有一种无形文化财的技艺并能将之公演的人。所谓的“保有团体”是对一种需要众多公演者的无形文化财团体而言。

一个人一旦被政府指定为无形文化财的保有人，则其社会地位也会随着公演的经历和教授经历而提升，继而产生许多相应的利益，政府也会每月提供定额的津贴和免费的家庭医保，在遇到战争等纷争和灾难时，也会受到政府及时的有效保护。相对的，保有人在受到这种优惠而不履行相等的义务时，则会受到相应处罚。

保有人在享有这些优惠的同时，则需要尽到技艺的传授、向大众公开其技艺、参加所有政府主管的各类公开演出以及参加文化观光部所指定的一些任务等的义务。政府同时有权利对其所有的公演进行监督、研究、记录，必要时有权将其成果出版。

保有人设立门派招生授徒，门生人员数目不受限制，但被指定为“传承人”（公认训练生）的门生则有定额，并须向政府举荐登记备案，得到政府监督部门（文化财厅）的审核和批准。一旦保有人出缺，政府则会在许多登记在案的传承人中，再次甄选出新的保有人。

传承人中的地位较高的人被称为“履修人”，按文化财厅的要求，教师以传承人的名义登记以后，数年后必须向训练生传授其本身所持有的技艺。一位保有人可以拥有数名履修人。传承人成为履修人以后，保有人可以招收新的传授人。履修人虽然得不到政府财政上的支援，但可以抱着成为新的保有人的希望接受训练。履修人如果是役男（要服兵役的男子）的话，文化观光部可以向政府请愿免其兵役。这一优惠也成为最近年轻人积极学习传统公演艺术的一种诱因。

为了传承培训，保有人可以从履修人中选拔出几个“传承教育辅助者”（辅导教练）向政府举荐。举荐具体按履修人的成绩和集训期间的表现。得到文化财厅的批准后，辅助教练每月可以得到定额的津贴。辅助教练的具体任务就是在培训过程中辅助保有者的工作。

到1998年，学徒中仍旧有“候补保有者”或“候补人间文化财”的名称。候补是从履修人及传授培训候补者中挑选的。保有人若遇到健康状况恶化、年迈而不能继续履行培训任务时，无形文化财委员会与文化财厅共同另选继任候补。保有人身亡，则候补者自动递补空缺。

由于许多无形文化都含有浓厚的地方色彩，因此，从选拔训练生到保有人的全盘过程，都必须考虑到其地方性的特色、背景与特点。譬如说，“农乐”这一大众文化项目中就包含了五种地方特色，各类不同的地方农乐都可称之为农乐，却是按五种不同的项目被加以指定的。比如：“重要无形文化财第11号条例”中虽然包括了所有农乐，但“11—A”指的是晋州农乐，而“11—B”指的却是平泽农乐。另一个例子“板唱”（Pansoli）虽然有五个类型，却被指定为一种文化财，这五种板唱各自有其专家，各有其保有者。

同一无形文化财如果在不同区域内产生变异时，可以向政府另外申请鉴定和批准。以假面舞为例，“貌合神离”的假面舞总共有12种，都按它们所属的地区而另加认定。如江陵的“江陵假面舞”被指定为重要无形文化财第34号，而丰山的“丰山假面舞”则被指定为重要无形文化财第17号。

根据维基百科的网上资料显示，包括音乐、舞蹈、民俗游戏、仪典、工艺、武术、饮食等，被指定为国家重点无形文化财的项目已达117种。

（许庚寅）

韩国法圣浦端午祭申遗经验对中国的启示

端午节是中国的传统节日，又称为端阳节，其起源可以追溯到春秋战国时期。每年农历的五月初五，全国各地都以吃粽子、赛龙舟等活动庆祝这一节日。然而韩国端午祭的申遗以及申遗后的保护工作却走在了我们前面。受到中国端午节文化的影响，韩国也过端午节，以祭礼的方式迎接这一日子，所以在韩国称为“端午祭”。1967 年江陵端午祭成为国家级非物质文化遗产，2005 年又成功申报世界级名录。除此，还有庆山端午祭在 1971 年列入国家级非物质文化遗产，法圣浦端午祭又于 2007 年开始申报国家级名录。我国非物质文化遗产保护工作起步稍晚，端午节于 2006 年进入第一批国家级名录，2008 年成为国家法定节日并放假一天。2009 年，中国端午节列入世界人类非物质文化遗产代表作名录。从我国端午节申遗的过程来看，韩国江陵端午祭的申报在客观上对我们的申报和保护工作起了一定的促进作用。本文拟从韩国最近的法圣浦端午祭申遗一事解析韩国端午祭的地方民俗传统，探讨韩国非物质文化遗产申报和保护的工作经验，并从韩国非遗文化产业开发思考我国非物质文化遗产保护与开发工作中的一些做法，希望能为我们的非物质文化遗产保护与开发提供参考意见。

一、关于法圣浦端午祭的文化考察

法圣浦是韩国西南海岸一个美丽的渔港，盛产黄花鱼，属全罗南道灵光郡。据传说此地得名于百济时期。大约 348 年，印度一位高僧摩罗难陀尊者从中国出发，经海路到达韩国，在一条渔村上了岸。人们为了纪念佛教初来地，为渔村取名为法圣浦。后来渔村逐渐发展为乡镇，叫法圣镇。至今在港口可以看到临海的山顶上矗立着一尊高大的佛像。

法圣浦海产品丰富，尤以黄花鱼享誉全国，在朝鲜时期之前就是海产品集散地、西海岸交通中心，逐渐形成波市乱场、漕运乱场。在韩语里，乱场指民间自发形成的集会，人们在集会上进行祭祀、从事商品交易、玩各种各样的游戏。波市则指海产品的交易市场。韩国人很喜欢吃两种鱼，一种是价贵难得的黄鱼，一种是便宜普遍的明泰鱼，家族祭祀时一定要用黄鱼。法圣浦的乱场已经有三四百年的历史。

法圣浦的端午祭与江原道的江陵端午祭、庆尚北道的庆山端午祭相比，有不同的文化特色。江陵端午祭以官奴假面剧为特色，庆尚北道庆山端午祭以韩将军戏为特色，而法圣浦端午祭以堂山祭、水陆大斋、龙王祭为核心。2010 年 6 月 15 日至 17 日，笔者跟随汉阳大学东亚文化研究所考察队前往法圣浦，对这里的端午祭进行了为期三天的文化调研。

法圣浦端午祭活动从 15 日开始，附近村民和外地的游客陆续到来，渔村开始热闹起来。我们进入村口，只见横跨两边山腰的芙蓉桥高高竖起一根长竿，上面挂着两双草鞋和一顶草帽，告示着“乱场”已经开始。竹竿表示刮黄鱼，草鞋表示希望抓到大黄鱼，草帽表示包袱商人或役卒，传统上是由他们出钱祭祀的。从大概上午 9 点开始，乡民在山上的卧牛亭祭山神。晚上人们在镇上游莲灯。韩国的挂灯不在元宵节而是在四月初八佛诞日，法圣浦比较特别，是在端午前夜。

第二天是农历的五月初五，端午祭的正日。乡民在山上举行堂山祭——祭社神。上午 11 点，12 位主祭官和其他地方委员会成员和右道农乐队分两路出发，我们考察队也兵分两路开展调查。右道农乐队沿着渔港前的大路上山，一路表演。灵光市的右道农乐是市道级第 17 号非物质文化遗产。农乐最初源于集体农耕文化，往往与乡村的祭祀结合在一起。从首尔往南靠东边为左道，靠西边为右道。右道农乐主要是鼓乐，节奏比较快。农乐队首席乐手称为“上座”，敲手锣。乐器有手锣、钹、长鼓、圆鼓、小鼓。除了乐手还有“杂色”，戴假面扮演鬼神和人。杂色的表演意义有三：一是滑稽诙谐，二是带动观众与演员的交流，三是驱除恶鬼。农乐队一边行进一边奏乐表演，到了桥头或十字路口，他们会停下来，排成行列进退、交叉、转圈表演，演员在鼓乐伴奏下通过肩膀的前后摆动带动手和脚的动作，胳膊自然抬起张开，脚踩着鼓点进进退退，舞姿悠扬动人，很具有感染力。

正午 12 点，农乐队与主祭官在山上会合，山顶上的三棵神树已经用戒绳围了起来，前边有一小块平地作为祭坛。农乐队绕祭坛和神树一圈作娱神表演，最后在祭坛前停下来休息。祭官和地方委员会的人做祭祀准备，摆上供桌、香案、草席、跪垫。供品从里到外有七碗饭、七双筷子、七杯酒，三碟泡菜、一个猪头、一盘年糕、四盘荤菜、五盘鱼、三盘蔬菜、八样水果、一对大白烛。正午 12 点半祭祀开始。韩国的传统祭祀遵循儒家的礼仪，祭官们穿着传统的士大夫服，根据职事不同分献官、祝官、执事、祭员。祭祀的程序大致如下：

（1）献官以下诸执事及祭员按顺序列立；行奠香礼，盥手洗手；献官三上香；降神酒；参神；再拜。

（2）行初献礼：启饭盖插匙整箸，祝官读祝；献官府伏、兴、小退；退降、复位。

（3）行亚献礼：献官府伏、兴、小退；退降、复位。

（4）行终献礼：献官府伏、兴、小退；退降、复位。

（5）添酌；献官府伏、兴、小退；退降、复位。

（6）献酌；整箸、三抄饭、撤羹进茶；阖藨。

（7）献官以下诸执事及祭员按顺序列立；阖饭盖撤匙箸。

（8）行辞神礼，献官以下祭员再拜。

（9）焚祝；献官府伏、兴、小退；退降、复位；烧纸；再拜。

（10）行饮福拜，撤器具。

整个祭祀过程大约一个小时。下午2点，各种传统表演和游艺活动开始了。有人围坐在山坡的树荫底下看男党寺、盘索里表演；有人到太守井边用菖蒲水洗头、理发；有人在荡秋千；村里还举办摔跤比赛，冠军将得到一头小牛；还有村民在赌博。天黑以后，活动转移到渔港前边的广场，那里有流浪艺人的歌舞、说唱、滑稽表演。有人在玩孔明灯，更多的是钻到密密麻麻的帐篷里，品尝各种地方小吃。入夜后，广场上仍然熙熙攘攘，到处是流连忘返的游人。

第三天下午，乡民举行水陆大斋和龙王祭，妇女们则在水上举办“船游”。水陆大斋从中午就开始准备，下午1点半正式开始。水陆大斋本来是佛教的仪式，后来改由地方巫女主持仪式。首先“安堂”，巫女们在祭坛前唱歌、许愿，祈求平安、驱邪。然后“请神”，巫女通过讲唱故事请求众神降临。第三场“献灵”，敲开冥界的门，让亡灵出来。第四场“洗身、解煞”，为亡灵说法，祛除冤煞。第五场“解辜、修路”，超度亡灵，获得解脱的亡灵往生。一小时后水陆大斋结束，大家稍事休息，即赶往海边观看龙王祭。巫女和祭祀执事们也到那里集合。

龙王祭是法圣浦端午祭的高潮，乡民们早早就前来做准备。等我们赶到那里的时候，主祭方地方委员会和农乐队也陆续来到。除了主祭的船只，附近的渔船纷纷靠过来泊到了一起。主祭船只的船舷上插满了五彩缤纷的旗帜，上面写着“祝大渔”等祈求丰收的吉祥话。下午4点龙王祭正式开始，祭祀采取儒教仪式和巫教仪式相结合的方式进行，前半小时由地方委员会主持，后半小时由巫女主持。龙王祭前半段的祭祀过程跟堂山祭基本相同，只是主祭的3位献官穿得更隆重，是传统的官服。祭祀接近尾声的时候，巫女转到船头来祭船，最后把纸扎的船在船尾放下海，整场龙王祭结束。人们在欢天喜地的气氛里喝酒吃东西，农乐队奏起鼓乐，人们在传统的音乐声中翩翩起舞。考察队在矜持了一段时间后终于也被感动了，所有人都加入了唱歌跳舞的行列。端午祭也在这种热烈的气氛中落下了帷幕。

在三天的考察中，笔者感受到韩国人是一个快乐的民族，他们热情好客，有礼，热爱自己国家的传统文化。他们的端午祭与中国有一定的渊源关系，但流传到韩国以后有着属于本民族的历史和文化传统。正是基于传承和发扬民族文化的考虑，灵光郡法圣浦端午祭保存会数年来积极努力，致力让法圣浦端午祭走上申遗的道路。

二、法圣浦端午祭申遗过程

韩国重要非物质文化遗产的指定程序一般包括：第一，由地方自治团体长和文化财厅长负责提出申请。第二，以申请资料为基础，由该领域专家展开调查并提出意见。第三，文化财委员会考查该项指定是否妥当。第四，通过考查的项目将在官报公告30天以上，接受社会公议。第五，在公告期内没有异议者，由文化财委员会做出审议和议决。最后，在官报上告示，同时通报该地方自治团体及保有者。

法圣浦端午祭申遗是由灵光郡法圣浦端午祭保存会发起和组织的，这是一个自发组织的民间团体，由地方青年会、其他社会团体和乡政府组成。保存会在申遗工作中不仅积极配合专家学者的调研，还是整个端午祭活动的组织者。祝祭和庆典活动分别由地方委员会、巫女、右道农乐队主持。整个端午祭活动体现出明显的“民主导”特点。法圣浦传统的乱场本来就是基于海产品交易市场和西海岸漕运中心而形成的民间集会，一开始就具有商业祝典的文化品格。法圣浦端午祭的申遗对于推动地方经济发展有着积极的意义。端午祭的申遗不仅有利于地方非物质文化遗产的保护，还是发展地方文化产业一个很好的项目，这恐怕也是保存会努力申遗的原因之一。

在法圣浦端午祭申遗过程中，专家学者参与该项目的研究、发掘、考察、评审各个环节，起到了非常重要的作用。法圣浦端午祭申报之初，高丽大学民族文化研究院的几位教授长驻灵光郡调研，并在2007年出版《法圣浦端午祭》调研集，从历史渊源、地理环境、文化传统、地方特色、社会价值等各方面对法圣浦的端午祭进行了全面深入的挖掘。① 灵光郡法圣浦端午祭保存会以专家的调研报告为基础向文化财厅提出国家级非遗的申请。

提出申请以后，韩国民俗学会连续四年在法圣浦召开“法圣浦端午祭学术研讨会”，对这一项目进行多次深入的探讨。另外，国家委派国立民俗博物馆的一位专家片成喆研究员常驻法圣浦，对当地的历史、地理、人文环境和日常民俗进行考察。2010年该项目在文化财厅获得初步通过，6月15日第四届“法圣浦端午祭学术研讨会”在法圣浦召开，文化财委员与会进行评估。

根据韩国《文化财保护法》第8条第2款规定，“文化财委员会的委员在符合以

① 参见（韩）金冬秀、全庆淑、罗景洙、全庆旭、全庆叶《法圣浦端午祭》，首尔，月印出版社2007年。

下条件的人员中，由文化财厅厅长选出。1. 按照《高等教育法》，在设有文化财的保存、管理、利用等学科的大学里担任副教授以上职位或任职过的人。2. 从事于文化财的保存、管理及利用等业务超过10年的人。3. 从事于人类学、社会学、建筑、城市规划、旅游观光、环境保护、法律、宗教、传媒等领域的业务超过10年的人，具有丰富的文化财知识和经验的专家。”① 也就是说文化财委员主要由各领域的学者、专家组成，他们对项目以及持有者的评估、审议、指定有着决定性的影响。

在法圣浦端午祭中，地方民众积极参与，对法圣浦端午祭传统的恢复和传承给予了极大关注。我们在考察的三天里，看到农乐队还有70多岁的老奶奶，表演时很投入，不时主动走到我们跟前摆姿势让我们拍照。在观看男党寺表演时，不少观众因为受到感染不知不觉加入艺人的行列手舞足蹈起来，在被工作人员拉开后，一会儿又站起来，加入艺人的表演。后来，工作人员发现情况已经无法控制了，因为大伙干脆都跑到舞台前，跳起了传统舞蹈。又如龙王祭结束后，船上所有人都在鼓乐声中载歌载舞，连一直很严肃的主祭官也穿着笨重的祭服和巫女热情对舞，那种人神共乐的气氛真的很感人。

三、从法圣浦端午祭申遗看韩国非物质文化遗产的保护与开发

非物质文化遗产的保护是一项系统工程，申报固然重要，但是申报成功以后的维护、管理更是一件漫长的事情，需要形成一种长期的、常态的保护。在国内调查的时候，经常听到这样的说法：非遗问题没有关涉到经济民生，所以我们的领导不是很重视。或者有些地方把非遗作为旅游资源来看待，所谓“文化搭台，经济唱戏”，往往是地方政府在保护非物质文化遗产时采取的做法。因此，“重申报、重开发，轻保护、轻管理的现象比较普遍”②。申报以后如何开展有效的保护和合理利用，韩国也有值得我们学习的地方。

首先，韩国文化财的利用以维持原有状态为前提，开发态度谨慎。韩国《文化财保护法》第3条说：“文化财保存、管理以及利用，以维持原有状态为基本原则。”另外，《文化财产宪章》（1997年）进一步强调文化财的保护原则是：（1）文化财必须按其原有状态予以保存；（2）文化财与其周围的环境必须得到保护，不得进行盲目开发；（3）在任何情况下均不得破坏、盗取或非法买卖文化遗产，因为文化遗产无法以物质价值衡量；（4）必须通过家庭、学校及社会的教育，学习及广泛宣扬文化

① 详见韩国《文化财保护法》（法律第11228号，改定于2012年1月26日，2012年7月26日开始实行），倪彩霞、金起闾、李光爀译，中文译文见下编。

② 王文章、陈飞龙：《非物质文化遗产保护与国家文化发展战略》，《求是》2007年第17期，第48页。

遗产的价值；（5）凡韩国人均须致力保护、发展及传承国家文化。《宪章》首先强调的是文化遗产的"原形"保存，以及文化遗产所依存的生态环境的整体保护，接下来才是致力于文化遗产的传承和发展，也就是说利用和开发必须在实施了完全的保存和整体的保护以后才开展的，利用和开发不能改变文化遗产的"原有"形态。

所谓"原有"形态是指文化财经指定时所确认的传统形态，即韩国文化财专家普遍认同1910年日本占领朝鲜半岛以前的文化形态。韩国的文化财包括有形文化财、无形文化财、纪念物和民俗文化财。对于有形文化财、纪念物和民俗文化财中有形的部分来说，"原形"保存的原则无可置疑，但是无形文化财以及民俗文化财中"风俗、习惯"部分主要是通过人的知识技能和行为来传承的，在历史的洗礼后还继续存在于"当下"，其指定以后的发展形态该如何面对？2010年6月，在采访国立文化财研究所无形文化财研究室 Hwang Kyeong Soon 研究员的时候，她提到：无形文化财指定的时候有认定项目传承人，但是到了第二代经常出问题，无形文化财本来是"活着"的，却被迫成为"化石"。必须对指定后的发展形态作定期记录，后续的监督管理很重要。目前韩国"原形保护"的原则已经有所松动，但基本框架还是不变。

我国《非物质文化遗产法》（下称《遗产法》）于2011年2月25日获得全国人大常委会通过，并于2011年6月1日起施行。其中第3条说："国家对非物质文化遗产采取认定、记录、建档等措施予以保存，对体现中华民族优秀传统文化，具有历史、文学、艺术、科学价值的非物质文化遗产采取传承、传播等措施予以保护。"全国人大常委会法制工作委员会作出了法律释义，"本条明确了我国非物质文化遗产保护工作的基本原则，即对所有的非物质文化遗产均采取认定、记录、建档等措施予以保存，对其中体现中华民族优秀传统文化，具有历史、文学、艺术、科学价值的非物质文化遗产采取传承、传播等措施予以保护。"①《遗产法》规定非遗保护的第一步是保存，对非遗进行真实、系统和全面的记录。而保存工作的基本要求是保持非遗的"本真性"、"原真性"。"其在历史上原来是个什么样子，我们就按什么样子进行传承和传播，要尊重它的历史原貌，不能走样，更不能歪曲，否则就是对非物质文化遗产的一种破坏。"②

韩国方面因为严格恪守"原形"保护原则在第二代传承的时候容易产生问题，而我们则往往是因为没有正确处理好保存"历史原貌"与利用、开发的关系而导致"保护性"破坏 。《遗产法》第37条说："国家鼓励和支持发挥非物质文化遗产资源的特殊优势，在有效保护的基础上，合理利用非物质文化遗产代表性项目开发具有地

① 信春鹰：《中华人民共和国非物质文化遗产法释义》，法律出版社2011年，第9页。
② 信春鹰：《中华人民共和国非物质文化遗产法释义》，法律出版社2011年，第12页。

方、民族特色和市场潜力的文化产品和文化服务。”① 这一规定体现了原则性的保护行为，但在实际操作中，往往“有效保护”不够，“合理利用”过度，少数地区甚至进行“超负荷利用和破坏性开发”，“借继承创新之名随意篡改民俗艺术，损害了非物质文化遗产的原真性”。这种“由于认识不正确，或出于经济目的，以及历来存在的赶风头的倾向”，使得“在加强保护和开发利用的名义下进行的”破坏，“更具有危害性”。② 因此，如何处理好“原形保存”与“活态保护”的关系值得进一步深思。③

其次，学术力量提供必要的智力支持和有力监督。1962年韩国制定《文化财保护法》，六七十年代也正是韩国经济起飞的时期，可以说韩国的文化遗产保护制度是跟经济开发同步进行的。那么韩国的文化遗产保护与开发是怎样的一种关系呢？“在韩国，经济的发展曾意味着工业化和西方化。而文化保护所致力保存的传统文化，则被视为韩国传统文化的象征和保存民族认同感的一种方式。保护传统的目的在于抵御西化。一旦这种文化保护得以实施，经济发展便会呈现出另一种情形：让传统文化服务于整个国家经济。通过文化制作人、文化经纪人或文化决策者的劳作，使民俗表演的经济效益显现出来。这种力量至少可以提升旅游业利润或其他商业利益，有时还会扮演更为重要的经济角色。有时，国家领袖们也会因受到各种国外势力的左右而心灰意冷，这时，他们便会以坚守民族传统为理由，来支持民族主义者的建议，并身体力行，付诸实施。”④

据韩国学者的研究，非遗保护与经济开发也存在一定的矛盾。从初衷来看，保护文化遗产恰恰是为了抵御因为经济发展而引起的工业化和西方化倾向，两者一开始是站在对立面上的；从过程来看，文化遗产作为一种资源又往往被加以经济利用，成为文化产业的一个项目。为此，学者们一直站在民族文化守护者的立场奔走呼吁、恪尽己责，“面对这个问题，文化决策者、民俗学者、文化经纪人、商人、艺人以及文化制作人之间可谓‘剑拔弩张’，他们一直在为掌握民俗的决定权而使尽浑身解数”。在韩国调查的时候，学者们一再向笔者强调，他们不参与非遗的开发环节。但是他们

① 《中华人民共和国非物质文化遗产法》，中国法制出版社2011年。

② 王文章、陈飞龙：《非物质文化遗产保护与国家文化发展战略》，《求是》2007年第17期，第48～49页。

③ 王文章《非物质文化遗产概论》“抢救与保护非物质文化遗产的基本原则”一节提到“活态传承”的问题，具体表述为：“对非物质文化遗产客观地去看待它的变化，承认它的发展和流变，而不是人为地将其‘化石化’，这也是保护非物质文化遗产的整体性原则中所应含有的理念。所以，在传承中进行整体性的活态保护是保护非物质文化遗产最好的方式。”见王文章《非物质文化遗产概论》，文化艺术出版社2006年，第329页。

④ （韩）梁锺承著《韩国的文化保护政策：无形文化财及其持有者》序言，李斯颖译，苑利校，引自中国非物质文化遗产网，http://www.ihchina.cn/inc/detail.jsp?info_ id=118，或者：http://www.inchina.cn。

在申遗前期的调研、中期的考察、后期的审核以及项目申遗成功后严格的定期调查，给文化资源的开发利用提供了智力上坚实的支持和有力的监督。

以法圣浦端午祭的申遗来说，经过三年的调查、研究、审核，2010 年终于迎来了文化财厅的初步通过。但是接下来的事情一点也不让保存会轻松。端午祭一旦被指定为国家级无形文化财以后，其祝祭活动必须按照指定时的“原有”形态进行保存，所有资料送到国立文化财研究所的文化财产保存科学中心进行数字存档。此后该项目的现状、管理、修缮、传承、环境保护情况必须接受文化财厅的定期调查和重新调查，具体工作通常由文化财研究所专家承担。①

再次，非遗保护与文化产业开发密切结合，形成良性发展态势。到韩国去旅游，人们印象最深刻的恐怕是各色各样的民俗文化体验和庆典活动。首尔的德寿宫，从 1996 年起每天举行三次王宫守门将换岗仪式，高大英俊的宫廷侍卫、华丽的服饰和明晃晃的武器成为吸引游客眼球的第一道风景。国立民俗博物馆里，全面展示了韩国人的衣食住行和婚丧嫁娶等生活场景。在首尔博物馆，人们可以踩着立体的电子地图寻找首尔的每条大街小巷，可以动手搭建韩屋模型。如果想体验韩国传统文化，人们还可以到各种韩屋村、民俗村，住在传统的韩屋里亲身体验韩国传统的生活，做泡菜、看假面戏等。韩国各地一年四季都有庆典活动，像安东国际假面戏节、光州泡菜节、庆州韩国传统酒和饼糕节、江陵端午祭、南原春香祭……。如果没有时间去当地参加这些庆典，那么在首尔的重要无形文化财传授馆，可以看到各地的表演。

在法圣浦调查的三天，除了调查者、摄影爱好者，我们还看到了熙熙攘攘的观光客，人们在欣赏端午祭的各种祭祀和表演活动的同时，也可以一饱口福，品尝当地美食，临走前还不忘把这里的特产如黄鱼之类的买回去赠送给亲朋好友。法圣浦端午祭的申遗不仅传承了地方的传统文化，还有力地推动了地方的旅游经济，可谓一举多得。

1998 年韩国政府提出“文化立国”的战略口号，把文化产业作为 21 世纪发展国家经济的战略性支柱产业，非物质文化遗产为韩国文化产业提供了源源不断的资源。正如韩国国立文化财研究所官网上强调的，“在二十一世纪，文化已经成为国家竞争力的核心要素，而处于文化核心位置的正是文化遗产”。

韩国文化遗产保护有三个重要的机构：其一，主管行政机构文化财厅，是文化体育观光部外厅，其职责之一就是：“通过推广文化财的价值以建立旅游资源，加深大众对传统韩国文化的认识。”其二，由文化财厅设立、得到国库支援和管理的文化财

① 具体可以参见韩国《文化财保护法》第 44 条“定期的调查”和第 31 条“指定或认定的解除”相关内容。

保护财团，在资助文化遗产保存、保护的同时，多年来一直致力于向游客推广“传统仪式重现计划”，支持无形文化财在海内外和地方节庆的公开表演；创建和运营韩国之家、民俗剧场、重要无形文化财传授会馆、南山谷韩屋村等文化产业项目。其三，国立文化财研究所，这是韩国唯一一家文化财综合研究机构，成立于1969年。其前身为文化财管理局，也就是现在的文化财厅的文化财研究室，独立后成为专门的研究机构。目前共有来自考古学、美术史学、建筑史学、民俗学、保护科学等相关学科的350余名研究人员在这里供职，为文化遗产的保护、利用提供智力支持。从这三位一体的架构中，我们可以看到韩国文化遗产的开发拥有坚实的学术基础、充分的资金和有力的行政支撑，避免了很多弯路。

在我国，保护与开发同时进行，分别由不同的社会机构承担也不失为一个切实可行的思路。[①] 总之，中国非物质文化遗产资源丰富，如何处理好保护与开发的关系，未来有很多事情要做。

四、结论

“他山之石，可以攻玉”，韩国的非物质文化遗产保护工作走在我们前面，有很多经验值得我们借鉴。从法圣浦端午祭申遗来看，最为突出的是：民间组织作为非物质文化遗产的传承主体，在文化传承和申遗工作中发挥了主导作用。专家学者站在民族文化守护者的立场，在文化财项目的调研、审核、指定等工作环节中担任重要角色，在坚持文化遗产“原形保存”、“整体保护”方面发挥了学术堡垒和监督的作用。非物质文化遗产的利用和开发必须在真实、完整地保存传统文化形态的基础上进行，这需要建立长效的监督系统、完善的资金运营机制和有力的行政管理体系，避免一些急功近利的做法。

（倪彩霞）

① 苑利、顾军《非物质文化遗产的产业化开发与商业化经营》（《河南社会科学》2009年第4期，第21页）论及：“作为非物质文化遗产传承人，他们的任务就是将他们所传承的非物质文化遗产原汁原味地传承下去。如果需要开发，开发商则可以非物质文化遗产为素材，按着文化遗产产业化开发的要求，对其实施产业化开发。这种保护与开发同时并举、分别实施的做法，不但可以使身处原生状态的非物质文化遗产得到更为精心的保护，同时也为今后的产业化开发，预留出一个更为宽松的环境。……总之，分而治之，是化解非物质文化遗产保护与产业化开发这对矛盾的一个非常有效的手段。”

下编：中日韩“非遗”比较研究

中日韩祭孔礼仪之比较

距今2500多年前，孔子在集中华上古文化之大成的基础上，创立了儒家这一中国本土的思想学派。其后，儒学经历了数百年战乱和秦始皇时期的大规模镇压，以其实用的政治哲学和伦理体系，得到了汉代统治者的青睐。公元前134年，具有雄才大略的汉武帝刘彻（前156—前87）采用了董仲舒（前179—前104）的建议，一改汉初以黄老哲学为统治纲领的政治传统，力排众议，独尊儒术，使孔孟之学从此进入了中华帝国的最高意识形态。在此后的2000多年当中，历代君王无不崇孔尊孔。每当国家取得政治上的高度统一、社会经济急速发展、国力强盛的时代，如两汉、南北朝、隋唐和宋元明清时期，对于孔子的崇拜也会达到高潮。历史上一些著名的盛世之君如北魏孝文帝拓跋宏（467—499）、唐太宗李世民（599—649）、宋真宗赵恒（968—1022）、明太祖朱元璋（1328—1398）、清世祖顺治皇帝（1638—1661）和清高宗乾隆皇帝（1711—1799）等，都对孔庙及祭孔礼仪的发展作出过重大贡献。

随着中华文化的海外传播，儒学也被一些近邻国家所接受和吸纳。早在4世纪，儒学就已经开始进入朝鲜半岛和日本。10世纪，高丽王在京城建造了孔庙和国子监，并定期举行祭孔的释奠仪式。日本在奈良的平安时代（794—1192），国家已设有进行儒学教育的机构。在第五代将军德川纲吉（1648—1709）统治时期，又开始举行祭祀孔子的释奠典礼，并建造了专用于供奉孔子圣像的汤岛圣堂。虽然自近代以来，由于古老的东方文明遭到了来自西方文化的强烈冲击，中日韩三国都先后放弃了儒学在国家意识形态中的中心地位，但儒教作为一种思想理念却始终在政治和社会生活当中得到了保留，包括传统的祭孔礼仪也以不同的形式得到传承和发展。本文旨在梳理祭孔礼仪的形成历史以及在中日韩三国的传播情况，对比近代以来各国在传承相关礼仪方面所做的努力及其不同的实践模式，以探讨儒家祭祀文化在当代社会中的传承方式问题。

一、祭孔礼仪的历史形成

建于孔子故居的曲阜家庙是中国最早的孔子庙。因孔子生前官任大夫，死后不能享受专庙，其牌位应进入祖庙受祭。只有当孔子的孙子子思去世（前402年）之后，由于孔子功德高尚，他在家庙中的位置没有被毁而得到了保留，并且一直受到后人的祭拜，这样孔族的祖庙才逐渐演变成了一座孔子庙。孔氏嫡系子弟若有迁出，经朝廷许可，亦可在别处建立家庙，如东晋的建康丹阳宣尼庙、北朝后周在京师建立的孔氏家庙和南宋建于浙江衢州的孔氏南宗家庙。除此之外，在一些与孔子有关或他曾经活动过的地方，也有人为其建造纪念性的孔子庙。这类庙宇最早出现在东汉，在怀州的黄河之滨。北魏时期，孝文帝太和十三年在平城（今山西大同）建造了第一座京师国学孔子庙。到了东晋时期，朝廷又在太学修建了一座孔子庙。这些应该就是官学孔子庙（文庙）的前身了。①

官学孔子庙的祭祀，据考证，应源于周礼中的“尊君师”之礼。《荀子·礼论》曰：“礼有三本：天地者，生之本也；先祖者，类之本也；君师者，治之本也。……故礼，上事天，下事地，尊先祖而隆君师，是礼之三本也。”② 周代祭祀先师的礼仪，有特定的名称，即“释奠”和“释菜”。《礼记·文王世子》曰：“凡学，春官释奠于其先师，秋冬亦如之。”③《周礼·春官宗伯》则曰：“大胥掌学士之版，以待致诸子。春入学舍采，合舞；秋颁学，合声。以六乐之会正舞位，以序出入舞者。比乐官，展乐器。凡祭祀之用乐者，以鼓征学士，序宫中之事。”④ 这里的“舍采”就是“释菜”。“释奠”和“释菜”的区别，郑锷《周礼解义》的解释是：

> 礼有释奠有释菜，奠厚于释奠，奠薄于释菜。盖释奠有迎牲、有酌献、有授舞者器之礼，所以致恭于先圣；释菜则不舞、不授器、不杀牲，但以蘋蘩薀藻之类，告虔于先师而已。⑤

祭祀先师的周期，按照《礼记·月令》，应是在春秋两个仲月，也是官学开学的时间：“仲春之月，……。上丁，命乐正习舞，释菜。天子乃帅三公、九卿、诸侯、

---

① 参见孔祥林《孔子庙创建时间考》，《孔子研究》2007年第6期，第119～126页。

② 参见（清）王先谦撰《荀子集解》（下），中华书局1988年，第349页。

③ 参见（清）孙希旦撰《礼记集解》（中），中华书局1989年，第559页。

④ 参见（清）孙治让撰《周礼正义》，中华书局1987年，第1818页。

⑤ 据《钦定古今图书集成·经济汇编·礼仪典》第一百九十七卷“先圣先师祀典汇考”，转引自《中国历代礼仪典》（三），扬州：广陵书社2003年版，第1890页。

大夫，亲往视之。仲丁，又命乐正入学习舞。”①

虽然孔子从何时开始被尊称为“师”的问题，学术界还未得出最后的结论②，但我们从《后汉书·礼仪志》的以下记载中可以推论，至迟在东汉时期，孔子已和其他先圣先师一起，享受春秋释奠之礼了：

> 明帝永平二年三月，上始帅群臣躬养三老、五更于辟雍，行大射之礼。郡、县、道行乡饮酒于学校，皆祀圣师周公、孔子，牲以犬。于是七郊礼乐三雍之义备矣。③

到了隋唐时代，官庙的祭孔丁祭典礼最终成型。从孔子的封号来看，汉平帝封孔子为“褒成尼宣父”，北魏封的是“文圣尼父”，北周封他为“邹国公”，只有到了隋朝，才把国子寺每岁四仲丁所释奠的先圣先师的名号固定给了周公和孔子，当时的州郡学则以春秋仲月释奠他们。开皇元年（581），隋文帝封孔子为“先师尼父”，这是历史上第一次正式地封孔子为“先师”。但在隋朝的大多数官学里，还没有专门的孔子庙，而只有“周公孔子庙”，孔子以周公的配享身份出现。贞观年间，唐太宗又将孔子升格为“先圣”。④ 据《新唐书·礼乐志》：

> 贞观二年，左仆射房玄龄、博士朱子奢建言，周公尼父俱圣人，然释奠于学，以夫子也。大业以前，皆孔丘为先圣，颜回为先师。乃罢周公，升孔子为先圣，以颜回配。⑤

这样一来，孔子庙就取代了原来的“周公孔子庙”，而正式成为官学的一部分。贞观四年，太宗又诏州县学皆作孔子庙。由于隋唐时期又是科举制度肇始和趋于完备的时代，在各地官学享有专庙的孔子，也就成了天下读书人所崇拜之偶像和朝廷文官之祖。贞观二十一年，皇帝又诏以左丘明等22人配享，由此形成了日后孔子庙以先贤先哲配享的“从祀制”。唐代的祭期先是和隋朝一样，为四时致祭，后改为在春秋二仲月的上丁日行释奠礼。在祭祀仪式上，则继承和发展了北朝魏、齐等国以三献礼和乐舞来行释奠礼的传统，级别分为皇太子、中央官学和州县官学三个层次。皇太子

---

① 参见（清）孙希旦撰《礼记集解》（上），中华书局1989年，第428页。

② 参见李纪祥《孔子称“师”考》，《“世界的孔子：孔庙与祀典”国际学术研讨会论文集》，台北市孔庙管理委员会编印，2010年，第295～347页。

③（南朝宋）范晔《后汉书》，中华书局1965年，第3108页。

④ 到了明代，明世宗又一度恢复周公为先圣、孔子为先师的旧制，将孔子从“先圣”又贬回到“先师”。直到清代，才恢复了孔子的先圣称号，并且干脆把“至圣先师”合在了一起。

⑤ 参见（宋）宋祁、欧阳修等撰《新唐书·礼乐志》，中华书局1975年，第373页。

释奠礼最为隆重，分斋戒、陈设、出宫、馈享、讲学、还宫六个环节。国子释奠礼则少了出宫、还宫和讲学三项，只有斋戒、陈设、馈享三个环节。州县释奠礼与后者相同，但规格较小。其中的馈享一节，属于祭祀的主要部分，包括服祭服、入位次、乐舞、三献、享祭等内容，舞有文舞武舞，乐乃轩悬之乐。记载在《大唐开元礼》中的这一套礼仪非常完备，被研究者称为“集成之作”，“也是‘释奠礼’最终制度化后的文本体现，成为后代‘释奠礼’的蓝本”①。从唐代开元年间以后，官学孔子庙即文庙均以春秋二、八月的上丁日为祭祀日期。这一传统经过宋元明清等代，一直延续到了民国初年。“释奠礼”由此也被称作“丁祭礼”。

二、中国近现代的祭孔改革

1911 年，由孙中山领导的辛亥革命推翻了满清王朝，中国从此进入了全面追求现代化的新时代。民国成立后的第一任大总统袁世凯，曾试图保留包括祭孔礼仪在内的部分国家祀典。1913 年 6 月，他颁布了一道“尊孔祀孔令”，宣称孔子为“万世师表”，其学说如“日月之无伤，江河之不废”，“放之四海而皆准”。9 月 17 日，袁世凯政府的教育部电告各省，将旧历八月二十七日即后人推算的孔子生日定为“圣节”，各学校放假一日，师生在校内行礼。1914 年初，由政治会议议决，仍在春秋二仲月的上丁日，由大总统主持，在京师文庙举行“大祀”，其礼节、服制、祭品等与祭天一律。前朝敕封的“衍圣公”每年可得到银币 12000 元作为祭祀孔子的公费资助。同年 8 月，政事堂礼制厅拟定并颁布了《祀孔典礼》。9 月 28 日（恰逢仲秋月的上丁日），他亲临祭孔，行三跪九叩之礼。②

显然，袁世凯所追求的，是以制度化的国祀形式，来保留和继承祭孔礼仪。假如他当初的动机纯正，的确只是为了保存中华民族的优良文化传统，这或许不失为一种良策。然而，袁世凯之心并不在传统文化，而在于恢复他本人梦想中的帝制。这样一来，随着他的政治生涯的完结，就连他所推行的祭天、祀孔等礼仪，也统统被打上了“复辟”的记号，变得臭名昭著。不过在袁世凯复辟失败以后，北京的北洋政府也仍然照旧祭孔。每到春秋二仲月的上丁日，都会事先颁布“大总统令”，告知祭孔日期和出席官员的姓名等。各地的官学孔庙，也都按照前清惯例，照行春秋释奠礼。

1928 年，宁汉合流后的南京政府刚刚成立不久，大学院院长蔡元培就颁布了第 169 号训令，称：“为令遵事：查我国旧制，每届春秋上丁，例有祀孔之举。孔子生于周

① 盖金伟、孙钰华：《论“释奠礼”与唐代文化权威的构建》，《新疆大学学报》（哲学社会科学版）2007 年第 1 期，第 105 ～ 111 页。

② 参见侯宜杰《袁世凯一生》，河南人民出版社 1984 年，第 360 ～ 363 页。

代，布衣讲学，其人格学问，自为后世所推崇。惟因尊王忠君一点，历代专制帝王，资为师表，祀以太牢，用以牢笼士子，实与现代思想自由原则，及本党主义，大相悖谬。若不亟行废止，何足以昭示国民。为此令仰该厅、校、局长，转饬所属，着将春秋祀孔旧典，一律废止，勿违。此令！"[①] 训令发出之后，来自各界的反对信函便像雪片似的飞往南京行政院和大学院。据说当时还有儒士为表抗议而跳水自杀的。[②] 抵抗不仅来自文人学界，也来自军界。如国民革命军二十军第七师司令部就发给国民政府秘书处转大学院一份电文，曰："此讯传来，各界人士莫不惊讶惶骇，为人心人道忧，为党国前途惧。以为值此……、毁弃信义、废坠彝伦、丧亡廉耻时期，举凡旧有道德，盖已澌灭殆尽，不绝如缕，有心世道者，对于集大成师万世之孔子，宜如何尊崇如何倾仰，明其道以申其义，显其微而阐其幽，庶几足以拯浇漓扶正气，纳斯世于轨物，挽狂澜于既倒，本正源清，一任邪说横行，乃不致……"电文最后要求通令全国，取消大学院令，以后不许在孔庙驻兵，应"多印孔子像散发民间，俾便家置一幅，瞻仰虔拜，然后天心人心可冀挽回，名教大防可以不溃，一切革命障碍异端邪说可以不攻自破矣"。署名为"国民革命军第二十一军第七师师长蓝文彬、副师长饶国华、党代表梁俊、团长蓝开勋、传渊希、杨焕、参谋长刘纪民暨全体官兵同叩"。[③]

由此便出现了改变祭祀方式的种种提议。其中也有人建议仍行国祀，但将孔子和中华民国的创始人孙中山放在一起祭祀。[④] 迫于舆论压力，南京政府于 1929 年批准将每年夏历的八月二十七日定为"孔子诞辰纪念日"，各界可自行举行纪念演讲活动。1934 年，蒋介石出于内政的需要，提倡推崇中华民族的"固有道德"，并从江西南昌开始推行"新生活运动"。他所提倡的"四维"（礼义廉耻）、"八德"（忠孝仁爱信义和平），全都出自儒家的道德伦理思想。同年，国民党中央执行委员会将公历的 8 月 27 日定为"孔诞纪念日"，由政府出面主办纪念活动。于是，中断了数年的官祭又开始兴盛起来。与此同时，在东北的伪满洲国，溥仪也仍旧举行传统的国家祀孔典礼，以强调其政权的合法性，宣扬"王道政治"思想。[⑤] 事实上在许多日本占领

① 《为废止春秋祀孔旧典由》，《大学院公报》第一年第三期，22 页，1928 年 8 月。

② 据考证，他们是：浙江上虞人余伟臣，于 1938 年 9 月 13 日在孔庙中取孔子牌位，负之投海自尽；还有河北南宫人韩真英，"志在尊孔，现因废祀，气愤填胸，投井自尽"。以上引自徐国磊《1934 年南京国民政府纪念孔子诞辰活动的历史考察》，四川大学硕士论文，2007 年，第 17 页。

③ 引自国家第二历史档案馆存《各地组设尊崇孔孟团体及反对大学院废止祀孔训令》。存档编号：全宗号 1，宗卷号 1757，缩微胶卷号 16J ～ 2313。

④ 参见徐国磊《1934 年南京国民政府纪念孔子诞辰活动的历史考察》，四川大学硕士论文，2007 年，第 17 ～ 18 页。

⑤ 参见方艳华《试论伪满祀孔典礼的堕落与变异——兼论"王道政治"的历史命运》，《辽宁师范大学学报》（社会科学版）2007 年第 6 期，第 116 ～ 119 页。

区，如当时的台湾，祭孔都以官办的形式进行。据统计，从1931年到1935年，台北孔庙每年的祭孔典礼都由台北州知事担任主祭，其中4年都有日本总督来上香，一些分献官的职务也由日本人担任。日据时期的台湾对祭孔礼仪也做了一些改革，一些传统在部分地区如台南孔庙仍保留至今。① 包括1940年成立的汪伪政府，也多次在旧历的八月二十七日实行祭孔的官礼。不过所有这些仪式，都没有照搬古礼，而是在不同程度上对礼节进行了改良，比如用鲜花代替传统的祭品，行礼时用鞠躬代替跪拜和叩头，等等。

1939年，蒋介石政府又将教师节移到“孔诞纪念日”这一天。从此之后，纪念孔子就常常和庆祝教师节的活动合并在一起，召集大会表扬先进教师。这一传统在台湾仍维持至今，不过日期有所改变。1952年，蒋介石根据台湾当地的传统，把孔子的“生日”从公历的8月27日改至9月28日，因为这样更接近于旧历的八月二十七日。1968年，台湾推行“中华文化复兴运动”期间，有感于象征中华文化传统的祭孔大典各个方面都有较大失真的现状，蒋介石于2月22日手谕，应注重对孔庙雅乐、祭孔乐器、舞蹈、服装等的制作与研究，以恢复古有礼乐之基础。同年9月10日，由内政部、台湾省民政厅、教育厅、台北市民政局、教育局、孔德成奉祀官和专家庄本立、孔庙捐建人后裔辜伟甫等组成了一个“祭孔礼乐工作委员会”，由中山博物院院长蒋復璁任主任委员。②

从1968年至1970年，经过三年的礼乐改进，台湾地区的祭孔仪式，包括仪程、音乐、乐器、空间配置、舞蹈、服装等，基本都已恢复为明清时期释奠礼的样式。当然在每一次实际表演的过程中，也还会做出一些临时的调整。以笔者本人亲见的2010年台北孔庙春祭典礼为例，整个活动都由台北市政府赞助并出面组织，由副市长担任正献官，民政局局长担任正礼官，其余配位、哲位、东西庑先贤先儒分别由市府局处官员、孔庙管理委员会委员、外国使节和外侨学校校长担任分献官。被邀的观礼者有来自士农工商各界代表、观光业代表、绩优里长、学校代表、国际交换学生、外侨学校师生等。仪程包括宣布典礼开始、鸣鼓、执事者各司其事、正礼官就位、陪祭官就位、分献官就位、启扉、迎神、全体行三鞠躬礼、进馔、上香、朗诵经典、行初献礼、行初分献礼、恭读祝文、全体行三鞠躬礼、行亚献礼、行亚分献礼、行终献礼、行终分献礼、饮福受果、撤馔、送神、全体行三鞠躬礼、复位、合扉、撤班、礼

① 参见杜美芬《祀孔人文暨礼仪空间之研究——以台北孔庙为例》，中原大学硕士学位论文，2003年，第162～188页。

② 参见杜美芬《祀孔人文暨礼仪空间之研究——以台北孔庙为例》，中原大学硕士学位论文，2003年，第190～191页。

成。其中的礼乐生由南门国中音乐班学生、西松国小学的学生担任歌生，舞蹈的部分则由台北市博嘉国小的小学生们演出。①

三、当代大陆的地方公祭

中国大陆地区的孔庙祭孔活动，在1949年至1984年期间基本处于消停阶段。只在非常特殊的场合，才会偶尔上演祭孔乐舞。② 20世纪80年代，沉寂了多年的孔庙又开始引起世人的注意。曲阜当地政府为了吸引游客，于1984年策划并举行了一个"孔子诞辰故里游"的活动，时间定于旧历的八月二十七日。从表一中我们可以看出，"故里游"活动中的所谓祭孔，实际上只是一种古装表演，有时候根本就不在孔庙里举行，即便在孔庙之中，大成殿的门也都紧紧关闭，官员们一般不参加祭祀，只让演员扮演成古代的皇帝模样来担任主祭。参加观礼的海内外宾客往往会在表演结束之后，以私人身份来到大成殿前祭拜孔子。

表一　1984—1988年曲阜"孔子诞辰故里游"活动中的祭孔

年份	主办单位	时间	形　式
1984	中共曲阜县委员会、曲阜县人民政府	9月22日	在孔府表演古乐舞
1985	中共曲阜县委员会、曲阜县人民政府	10月11日	在孔庙佾台表演仿古祭孔乐舞
1986	中共曲阜市委、曲阜市人民政府	9月26日	在孔庙表演全套仿清祭孔仪式
1987	济宁市人民政府、曲阜市人民政府	10月19日	中外宾客在大成殿前举行祭拜活动
1988	曲阜市人民政府	10月7日	在孔庙表演全套仿清祭孔仪式

1989年，经中共山东省委、山东省人民政府和中央有关部门批准，"孔子诞辰故里游"正式更名为"中国曲阜国际孔子文化节"，同时把孔子的诞辰纪念日从旧历的八月二十七日调整为公历的9月28日，文化节的活动则从9月26日开始，一直延续到10月10日。举办文化节的目的，主要是为了促进当地的旅游和经贸业的发展。这一点明显地反映在文化节每年的主题上，如1991年的主题是"以文为媒，文经结合，文化搭台，经贸唱戏"，1994年的主题为"文化与经济联姻，传统文化为现代经济服务"，1996年的主题为"文化搭台，旅游牵动，经科贸唱戏"。只有到了1998年，才

① 参见《台北市孔庙2010"春祭"暨"世界的孔子：孔庙与祀典国际学术研讨会"成果特辑》，台北市孔庙管理委员会编印，2010年。

② 以曲阜孔庙为例，笔者了解到的共有两次：一次是在1951年刘少奇访问曲阜孔庙时，还有一次是1957年，中国舞蹈研究会主席吴晓邦一行前往曲阜拍摄《祭孔乐舞》的纪录片时。

第一次出现了“弘扬以孔子及儒家思想学说为主流的民族优秀文化”的口号。以后的主题逐渐政治化，并加入了一些统战的内容，如2006年的主题“同根一脉，两岸同祭”和2007年的“走近孔子，喜迎奥运，同根一脉，共建和谐”。

在这期间，祭孔的主体仍然以海内外游客和曲阜地方人士为主，除了文化节的开幕式之外，祭孔的佾台上很少出现官员的身影。直到2004年后，才开始由政府出面组织公祭大典，由市长亲读祭文。大成殿的门也从此打开，三牲和祭品不再摆在殿外，而被摆到殿内，牛羊猪的头也开始朝向孔子了。虽然祭品齐备，但仪式已十分简化，完全不行迎神、三献、撤馔、送神之礼，只由官员们上台鞠躬和敬献花篮。其间穿插由专业演员表演的《新编祭孔乐舞》。①

表二　1989—2008年中国曲阜国际孔子文化节期间的9.28祭孔

年份	主办单位	形　式
1989—1995	山东省人民政府、济宁市委和人民政府、曲阜市委和人民政府、国家旅游局等	1989年定孔子诞辰日为9月28日，9月26日至10月10日为孔子文化节，这期间是否在9月28日祭孔不详
1996	曲阜市人民政府	孔子后裔、海外及当地人士以“民间形式”（三牲、跪拜）祭孔
1997	中共济宁市委、济宁市人民政府、山东省旅游局	外国游客、孔子后裔等在孔庙依古礼祭孔
1998	曲阜市人民政府	外国游客在孔林祭拜孔子
1999	国家旅游局、山东省人民政府	各国各界代表在大成殿前祭孔
2000	曲阜市人民政府	9月28日是否祭孔不详
2001	国家旅游局、山东省人民政府	各国各界代表大成殿前祭孔
2002	国家旅游局、山东省人民政府	在孔庙表演大型仿清皇家祭孔大典、海内外各界人士祭孔
2003	国家旅游局、山东省人民政府	各国代表在大成殿前祭孔，韩国成均馆大学表演祭孔舞蹈

① 参济宁市孔子文化节办公室主编《东方文化盛典：1984年—2008年中国曲阜国际孔子文化节纪实》，齐鲁书社2009年。

续上表

年份	主办单位	形　式
2004	中共济宁市委、济宁市人民政府、中共曲阜市委、曲阜市人民政府	首次由政府在大成殿前举行公祭、市长恭读祭文
2005	联合国教科文组织、国家旅游局、中华民族文化促进会、国际儒联、华夏文化纽带工程组委会、山东省人民政府	在孔庙举行“祭孔大典”公祭孔子
2006	联合国教科文组织、国家旅游局、国家广电总局、国际儒联、中国孔子基金会、中华民族文化促进会、山东省人民政府	在孔庙举行“祭孔大典”公祭孔子
2007	山东省人民政府、文化部、教育部、国家旅游局、中华全国归国华侨联合会	在孔庙举行“祭孔大典”公祭孔子
2008	山东省人民政府、文化部、教育部、国家旅游局	在孔庙举行“祭孔大典”公祭孔子

今天大陆地区的所谓公祭，在很大程度上与上个世纪三四十年代的官祭形式颇有相似之处，其中特别是仪式本身大为简化，删除了一些带有宗教性质的内容。也许参与其中的政府官员们都希望通过这种方式，来解决祭孔行为所包含的原初信仰内涵与当代意识形态之间的矛盾。他们或许以为，只要不对着孔子的牌位下跪，不献爵献礼，而代之以鞠躬和献花篮，就可以说明自己不是在祭祀神明，而是在纪念一位伟大的哲学家、教育家和思想家了。然而不可思议的是，人们却非要坚持用“祭孔”这两个字眼，并且一定要在孔庙举行。如果只是一种纪念活动，放在礼堂或者体育中心岂不更加方便？在“祭祀”中既然不再进献祭品，却为何一定要在祭台上摆放完备的各色祭品和三牲？在这些矛盾现象的背后，是不是也隐藏着一种莫名的怀旧情结，希望能够恢复中华民族固有传统，用祖先遗留下的、古礼的方式来祭孔呢？近年来开始变得时尚的保护非物质文化遗产运动，恰好为实现这一情怀提供了可能。曲阜孔庙的“祭孔大典”于2006年被列入国家级非物质文化遗产名录，当事人终于可以堂而皇之地按照王朝时代的礼制规范去“祭祀”了。不过，不知是出于心虚，还是因为对古礼中的繁文缛节的不理解乃至厌烦心理，他们的尝试并不彻底，常给人以不伦不

类的感觉。[1] 想到民国时期的现代式官方祭孔，在几十年后又乖乖地回归到了古典，我们不禁要问：20 年后大陆地区的祭孔，还会是现在这个样子吗？大陆公祭会不会也像台湾地区的官祭那样，又逐渐地恢复到明清时期国家祀典的样式呢？

四、民间祭孔的尝试

既然国家祀典为之服务的封建王朝已经覆灭，那么，对于祀孔礼仪文化的传承，当然也可以以完全民间的方式来传承。与官祭相对应，所谓民祭，就是由民间组织出面筹划和主办的祭祀，但不排除这些组织有收到来自政府的财政或其他援助，也不排除有政府官员以个人身份参加典礼。事实上，在南京政府于 1928 年颁布废止祀孔令后，就曾出现过一种改官祀而为民祀的意见。时任北方国民革命军总司令的阎锡山在接受记者采访时就曾说道："春秋祀乃官祀，民国民为主，废止官祀，任人民自由祀，甚为适当。"当记者问他，尊王忠君，与党义背驰，安可任人民自由（祭）时，他的回答是："尊王忠君，是尊其统治权，非以尊王忠君为目的，正与今日倒军阀谋率统一尊主义忠党国之义相同，若认为方法为目的，则医国医人者皆罪人也。"[2] 阎锡山所谓的"人民自由祀"中的"人民"，指的也许并不是广大的普通老百姓，而是"孔教会"一类的民间性宗教组织，因为阎本人在民国初期一直是该组织及其山西分会"宗圣会"的有力支持者。

早在 1897 年，康有为就在广西开办"圣学会"，次年又上书"陈请废八股及开孔教会，以衍圣公为会长，听天下人入会，令天主、耶稣教各立会长与议定教律。凡有教案，归教会中按照议定之教律商办，国家不与闻"。[3] 辛亥革命之后，康有为推动陈焕章于 1912 年在上海正式成立了孔教会，他本人则在次年被选为会长。当时孔教会最重要的创举之一，就是设立了中国的"圣诞节"，即在旧历的八月二十七日纪念孔子诞辰的节日，又称"大成节"。然而，康、陈二人在致力于儒学的宗教化的同时，却仍梦想着恢复儒学在国家意识形态中的中心位置。所以他们不断地向议会提案，要求把孔教定为国教。后者则出于宗教平等的思想一再拒绝。从今天的角度来看，康陈的这一决策，事实上已决定了孔教运动最终失败的命运。因为将孔教定为国教的努力，与民国的政体不符，不可能取得成功；另一方面，却又使得孔教运动没能彻底地走上一条宗教化和民间化的道路，最终变成一种既有些像宗教却又不是宗教的

① 参见王霄冰《试论非物质文化遗产本真性的衡量标准——以祭孔大典为例》，《文化遗产》2010 年第 4 期，第 8～17 页。

② 引自《阎锡山对于废止祀孔之谈片》，《信义报》1928 年第 16 期（11），第 176 页。

③ 引自康有为自编年谱《我史》，康有为著：《康有为全集》（第五集），姜义华、张荣华校，中国人民大学出版社 2007 年，第 94 页。

东西。包括他们每年的“大成节”纪念活动，也设计成不中不西、不古不今、既非官祀也非民祭的样式。如山西“宗圣会”提出的“圣诞”庆祝建议办法中，就有“各学校各机关其他公私团体及商铺民家自当一体悬旗灯花庆祝”、“各学校应齐集本校礼堂唱歌行礼或开运动大会及提灯等会以振爱群爱国之精神”和“凡机关公私团体及各界人民应公派代表至该地方圣庙同时庆祝以资观感”等。[①]

“孔教会”的这套新创仪式，在当时并未能深入人心，也没能得到广泛的推行，这当然与当时的社会思潮和“孔教会”成员的结构等有关。[②] 特别是在 1929 年，当南京政府迫于舆论压力批准各界可在“孔诞纪念日”自行举行纪念演讲活动之后，本来这应该是发展民间祭孔的一个大好时机，但由于康有为已于 1927 年去世，陈焕章则于 1929 年迁往香港定居、在港创办孔教学院，曲阜的“衍圣公”孔德成又尚未成年，所以这一时期“孔教会”的祭孔活动总的来说比较凋零，未能形成任何声势。

其后，民间祭孔虽然以各种形式出现在大陆、台湾和海外华人社群当中[③]，但民祭似乎从来都只居于次要地位，是官祭的附属品。例如在 1984—2003 年期间，在曲阜孔庙举行的部分祭孔仪式，就带有民祭的特点。虽然“孔子诞辰故里游”和“孔子文化节”的主办者都是当地政府，但其中祭祀孔子的活动却多以海内外游客、孔子后裔和当地民众为主体，他们是这些活动的出资者、支持者和消费者。2004 年实行公祭之后，曲阜地区又出现了一种“家祭”，即由世界孔子后裔联谊会主办、由孔姓子弟参加的祭典。时间在每年的公祭大典之后，大约从上午 11 点开始，仍在大成殿的佾台，仍使用公祭的那套祭品，但由不同的人马，以传统释奠礼的套路祭祀孔子。担任八佾舞表演的舞生，不是专职的舞蹈演员，而是孔庙的青年工作人员。在一些外国研究者眼中，这就是民间祭孔或曰“草根”祭孔了。[④] 但这些学者或许有意无意地忽略了一个事实，那就是这样的“家祭”往往是依附于“公祭”而存在的，不仅发生的时间直接在“公祭”之后，而且借用的也是“公祭”的仪式空间。由于各地孔庙都是国家和地方的重点文物，“家祭”使用这些场所，都必须事先经过文物部门的批准，在人数上也会受到严格限制。更何况“家祭”的参加者也并非普通民众，而是孔氏家族中那些有经济实力和社会地位的特别是在政府中担任官职的孔姓子弟。

---

① 引自《宗圣会与海内商榷圣诞办法公谏》，《宗圣汇志》第 1 期第 10 卷（1914），“纪载”三一五页。

② 参见张颂之、杨春梅《民国孔教运动中的孔教新创仪式述论——以孔教会为中心》，《浙江工商大学学报》2009 年第 6 期，第 55～60 页。

③ 关于东南亚华人社区的民间祭孔，可参见李焯然《拜孔子、启智慧：新马地区的华人祭孔活动》，台北市孔庙管理委员会编印《“世界的孔子：孔庙与祀典”国际学术研讨会论文集》，2010 年，第 130～152 页。

④ Billioud, Sébastien & Thoraval, Joël: *Lijiao*: The return of ceremonies honouring Confucius in Mainland China, in: *china perspectives*, 2009. 4, pp. 82 - 100.

台湾地区虽然没有“家祭”，但也存在与官祭并行存在的民间祭祀①，而且公共的祭孔典礼也呈现出民间化的趋势。据台湾学者杜美芬考证，台湾祭孔民间化传统的形成，可上溯到日据时期：

在日人统治的五十年间，原只能由官方举祭的释奠丁祭，在人文主体发生重大的变化。初期（明治年间，约日人统治的前廿年），多由各地前清举贡生员主倡担任主要承祭工作，并推科举功名最高者为领袖，……

大正年以后，旧科举中人已年迈或已凋零，复因日统治者改以笼络的统治方式，此时祭孔改由年青一辈所组成的民间团体主倡，而且祀孔的活动也趋于活跃。文人的聚集与日人的结盟，开始以组织性质参与提倡祭孔，例如台北的大正协会（大正5至7年间，1916—1918）、彰化同志青年会（大正7年至昭和6年间，1918—1931）、嘉义协会（大正9年至昭和4年间，1920—1929）、桃园郡青年会等，均为日治大政期间，由日执政者所允许并参与设立的民间组织。②

台北孔庙的亲民性，也体现在祭祀空间的设置中。为了提高民众的参与度，方便普通市民观礼，孔庙甚至在建制上做了一些调整：日治时期兴建的台北孔庙，去掉了丹墀（佾台）周围的栏杆，使其成为开放的舞台；每次典礼前都将大成殿的门板全部拆除，打通殿内殿外的祭祀空间；1968年在佾台旁边增设乐生台，将原本在殿内演奏的乐生调到殿外，以增强观赏性，等等。③ 不仅如此，由于议会中经常出现反对政府正面和出资祭孔的声音，所以台北孔庙极力采取措施，以争取民众的支持。他们会在仪式之后设计一些活动，让所有观礼者都感兴趣并能参与，比如过去的“拔智慧毛”，就是拔取祭牛眼睛和耳朵周围以及眉心的牛毛，取的是“耳聪目明”之意。在笔者参与的2010年春祭典礼之后，则由第79代孔子嫡裔、奉祀官孔垂长为广大学子抽学运签，之后则由学子们自己或其家长各抽学运签。孔庙还将事先准备好的、用红纸包成的“智慧糕”和“智慧笔”等，赠送给前来观礼的群众。

五、韩国和日本的祭孔

我们再来看看韩国和日本的祭孔活动。二者的共通之处在于，仪式最早都从中国

① 参见 Philip Clart：Confucius and the Mediums：Is there a “Popular Confucianism”，in：*T'oung Pao* LXXXIX，2003，pp. 1－38。

② 引自杜美芬《台北孔庙建制与祀典沿革》，《第一届东亚地域孔庙与儒学研讨会论文集》，佛光大学历史学系编印，2003年，第107页。

③ 同上书，第116页。

传入，而且最初也都以官礼的形式举行。但在其后的传承中却形成了两种截然不同的传统。前者一直保持官礼的形式，使用雅乐和佾舞，努力追求传承的连续性。据考证，韩国设国学是在682年、新罗神文王统治时期。国学就相当于后来的国子监，是培养官员的所在。983年，即高丽成宗二年，有位名叫任成老的人从宋朝带回了一幅《文宣王庙图》、一卷《祭器图》和《七十二贤赞记》，献给国王。这便成了高丽孔庙的摹本。993年，成宗创立国子监。1020年，显宗以新罗国侍郎崔致远配享孔庙。1022年，又以新罗国翰林薛聪配享孔庙，追封弘儒侯。1129年，高丽仁宗幸临国学，释奠于孔子。1319年，以故中赞安裕从祀文宣王庙。1392年，朝鲜迁都城于汉城，新建孔庙与国学，并在韩国首都首尔保留至今，即今天的成均馆大学及其孔庙。1409年，太宗命成均馆典簿许稠釐正释奠仪，这套仪式也一直沿用至今，并被作为国家的"重要无形文化财"加以保护。①

成均馆孔庙的释奠礼，也在每年的春秋仲月上丁日举行。祭祀制度与明清两代的祀典略有不同，但概貌相似。二者都行三献礼，都有佾舞，祭器和祭品在内容和数量上都有一定之规，但具体到祭品的种类，则存在小小区别。如韩国祭孔不用整羊和整猪，而以"羊腥"和"豕腥"代替，还有韩国祭品中的盛四品，即"稻黍稷粱"，也是中国祭品中所没有的。② 每年两度的释奠大祭在韩国仍属官方行为，每次至少有部长以上级别的官员出席。韩国的成均馆大学有许多专门研究儒学、释奠礼仪、雅乐和佾舞的专家，舞蹈系也有专门修习佾舞的大学生和研究生。几年前他们还成立了一个"国际释奠学会"。据目击者报道，韩国的释奠仪式严格按照古礼举行，无怪乎韩国朱程学会会长赵骏河评论说："比较来看，韩国所举行的释奠祭礼更具儒家正统性。"③ 的确，在践行、推广宫廷雅乐和古典释奠礼仪方面，韩国走在了世界前面。

与此相反，日本的祭孔则已完全转化为民间行为。日本从中国引进儒学思想的时间比韩国更早，据说可上溯到3世纪。奈良的平安时代（794—1192），国家已设有"大学寮"和"国学"，通过儒学教育培养官僚。前者培养的是律令官员，后者则是地方官吏。平安时代末期，这一制度被废弃，此后儒学在很长一段时间内都没能进入政治领域。直到江户幕府时期（1603—1867），德川家康（1543—1616）首先成为一名热心儒学的政治家。他不仅聘请日本儒学学者讲授学问，出资赞助他们的私塾，而且出版这方面的书籍。但他最初所接触的，并非孔孟之学，而是朱子学。家康之后的

① 参见许捲洙《关于韩国之国学与孔庙之历史》，《第一届东亚地域孔庙与儒学研讨会论文集》，佛光大学历史学系编印，2003年，第145～154页。

② 参见金天浩《韩国宗庙大祭祭馔的特点和成均馆释奠祭比较》，《第三届世界儒学大会论文集》，第484～489页。

③ 种荷：《韩国与日本的祭孔活动》，《世界博览》2007年第7期，第33页。

几代将军也承续了这一传统。天和二年（1683），第五代将军德川纲吉（1648—1709）在各藩国建立布告牌，推出有关依据儒家伦理教化民众的政策，并修订了有关武士制度的规定，其中也充满了儒家的伦理色彩。贞享五年（1688）11月，纲吉第一次参加了为他教授儒学的学者林凤冈家的释奠典礼。为方便以后的祭孔，他于元禄三年（1690）令人在汤岛台建造幕府的孔子庙，于次年完成，将林家旧庙中的圣像迁入新庙，并任命林凤冈为大学头（祭酒）。大成殿的匾额由纲吉亲题。同年2月，在新建的大成殿内举行了释奠典礼。在新建的汤岛圣堂的仰高门内东舍，当时由儒生不定期开设公开讲义，不论官员还是百姓都可以来听。这一切都反映出纲吉本人谋求儒学国教化的意愿。①

但儒学的推广并未能阻止日本社会走向动乱。为了挽救幕府体制，幕府老中松平定信于天明七年（1787）至宽政五年（1793）间实行了幕政改革，史称“宽政改革”。其中的措施之一，就是于1790年颁布了《异学禁令》，宣布禁止“正学”朱子学之外的一切“异学”，由此确立朱子学的官学地位，而它的研究中心之一就是兼为孔庙的汤岛圣堂，和其中原由林家私塾改成的“昌平坂学问所”。据日本学者考证，日本的祀孔典礼最早是在培养律令官员的“大学寮”中举行。1690年汤岛圣堂建立后，每年都在此举行释奠仪式。在各藩的藩校，则举行“释菜”仪式。直到明治元年（1868），政府将昌平坂学问所改为大学校，三年后（1871）又废掉大学校，成立了文部省。至此，汤岛圣堂作为官学的历史才宣告结束，大成殿也变成了文部省博物馆的陈列场所。② 在这期间，释奠仪式想必也被中止了。

大约10年后，即1880年，一些有道之士出面募集会员，成立了宣扬儒学思想的“斯文学会”，当时便有1500多人报名，日本的宫内省为表彰其旨趣也赏赐了1000元经费。1906年，管理汤岛圣堂的东京高等师范学校的职员们立志恢复中止多年的释奠典礼，牵头创立了一个“孔子祭典会”，次年与新成立的财团法人斯文会合并。这一行动完全有赖于一位名叫涩泽荣一的贵族与实业家的支持。大正八年（1919），斯文会开始发行《斯文》杂志，并从大正九年开始，在每年4月的第四个星期日于汤岛圣堂举行释奠典礼，同时举办纪念讲演会，一直到今天都没有间断。③

今天位于东京文京区一丁目的汤岛圣堂的建筑，是在1935年恢复重建的，由文化保护委员会正式授予财团法人斯文会管理。1986—1993年间由文化厅拨款进行了

① 参见石川忠久《汤岛圣堂释奠——从江户时代到现代》，《第一届东亚地域孔庙与儒学研讨会论文集》，佛光大学历史学系编印，2003年，第63～68页。

② 同上。

③ 同上。

大规模的修理。圣堂内所藏孔子像，据说是明朝遗臣朱舜水从中国带入日本的。每年4月最后一个星期日举行的释奠礼，又称“孔子祭”。2013年，笔者受日本国立历史民俗博物馆松尾恒一教授之邀，有幸参加了祭典。当日仪式于上午10点整开始，由德川家族第18代宗主、德川纪念财团理事长、斯文会名誉会长德川恒孝先生担任主祭，附近的神田神社的神职人员任礼生，并在祭祀前进行“修祓”。祭祀程序如下：

—参会者、来宾、祭主祭官伶人着席
—修祓、奏乐启扉
—奠币、奠馔奏乐
—献茶
—主祭奉读祭文
—主祭、来宾和参会代表敬拜
—来宾（东京文京区区长）祝辞
—撤馔、奏乐、撤币、闭扉
—祭官伶人退席
—二松学舍大学名誉教授中田胜讲经（《论语·述而第七》）
—全体齐唱《孔子颂德之歌》
—斯文会石川理事长致谢
—主祭、来宾、参会者退席，在大成殿的庑享受松风花月流的煎茶

仪式结束后，11点半，东京大学大学院教授川原秀城在斯文会馆讲堂举行了题为“朝鲜思想大观”的演讲。在简要介绍了朝鲜儒学的发展历史之后，演讲者强调了研究朝鲜思想的重要意义，并反思了日本的汉文教育不够重视朝鲜汉文文献的现状。

日本的孔子祭完全由财团法人斯文会出资操办，文京区区长只作为来宾出席。尽管儒学在日本社会并不像佛教和神道那样普及，但在爱好汉语和汉文的群体中还是具有一定的影响力，由此也形成了支撑孔子祭的群众基础。在当日出席仪式的人员当中，就有不少平日在斯文会馆研修汉语、汉文、汉诗的爱好者，还有主要由老年人构成的“尚齿会”的成员，以及二松舍大学附属高等学校的学生。作为民间仪式的汤岛圣堂祭孔，一方面去除了古礼的一些繁文缛节，另一方面又增添了请神社的神职人员主持祭祀，和由松风花月流的家元（掌门人）给孔子献茶这些新的礼节，显见得在行事方式上更加灵活，也更加本土化。

六、结语

总结以上中日韩三国近代以来的实践，我们可以归纳出以下三种传承祭孔礼仪的模式：

一为韩国的国礼的模式，即在国家的直接支持之下，由原为国子监的成均馆大学，继续担当祀孔职能。在这里聚集了一批对古典的儒学、雅乐和佾舞都有深入研究的学者，由他们负责把传统的祀典传承下去。这种模式的优势在于可以保证传承的质量及其本真性。二是日本的完全民间化的模式，即由一个由社会精英组成的民间团体负责传承历史上的国家祀典。其特点在于它的人民性和灵活性，只要有热心，谁都可以参加，而且在祭祀方式上不必墨守成规。三是台湾地区的半官半民式的地方公祭模式，即由地方政府出资，组织专家开发古典礼仪及礼乐文化，同时发动社会各界和广大市民积极参与表演和观礼。中国大陆地区的公祭，目前也在朝着这一方向发展。它的长处是可以兼顾到保护传承与服务于当代社会这两个方面，适时调节祭典的官方性和民间性。当然，在具体实施中，当事人需要特别掌握一个适当的度。如果操作得当，也许会形成政府和民间的良性互动。相反，如果政府掌控过度，变成纯粹的官礼，就容易压抑民间力量的参与积极性。此外，担任“祭主”的地方政府，如果在活动过程中掺杂进过多的政治或经济目的，自然也会有碍观瞻，影响到祀典的氛围和文化传承的品质。

尽管有以上不同，中日韩三国在历史上都深受儒家哲学及其伦理道德的影响，在价值理念上还是体现出了许多共通之处。近现代以来，面对西方文化的强烈冲击，无论是在自我革命最为彻底的中国，在改革和守成互补的日本，还是在以传统为本、西学为用的韩国，儒家思想都始终在社会生活当中发挥着效力。一个多世纪以来，三个国家在处理本土文化与外来文化的关系时虽然选择不同，却可以说是殊途同归：不管他们在“西化”的道路上走得有多远，以儒学为基础的东亚价值观，都永远构成其民族性的一部分，并成为联结中日韩三国文化的一条重要文化纽带。

（王霄冰）

昆曲与“能”

——试论中日传统戏曲的舞台结构与表演形态

2001年，日本的“能”与中国的昆曲一起被认定为世界人类口述和非物质文化遗产。这两种东方的艺术，在戏剧形态上都具有悠久的历史性和高深的艺术性。

笔者几年来对于中日传统戏曲代表的昆曲（包括更古老的元杂剧）与“能”，从各种角度进行比较，并尝试与中日双方的传统戏曲专家们进行共同研究。在2006年举办了以“日本与中国的戏剧空间”为主题的研讨会[①]，在2007年出版了该研讨会的论文集。执笔者及论文题目如下：

小松谦[②]　《“能”是否受元杂剧的影响?》

山崎福之[③]　《“能”中的道具的表现力——与中国古典戏剧的比较研究》

赤松纪彦　《中国传统戏曲是如何表演的?》

野间正二[④]　《“能”与英国的戏剧》

并且在次年二月（**编按，指2009年**）预定再一次召开研讨会。本文拟从舞台结构的角度来分析“能”与昆曲这两种古老传统戏剧在表演形态上的几个特点，并提及在研讨会上以及论文集中已经被大家关注的问题。关于“能”的表演形态，并以小松谦、山崎福之、野间正二先生的论文中所阐明的几个观点为依据。

一、东方戏剧的舞台结构

如附图1、2、3、4所示，舞台的基本结构上，“能”与中国的传统戏曲有着极

---

① 京都府立大学主办。中方参加的是山西师范大学曹飞教授，发表题目是《中国神庙舞台的历史与结构》。

② 京都府立大学教授。中国戏曲、小说史专家。著有《中国古典演剧研究》、《中国历史小说研究》等。京都府立大学地域贡献型研究《日本与中国的古典戏剧比较研究》研究代表者。

③ 京都府立大学教授。日本古代文学专家。参与校注《万叶集》，著有中日比较文学论文数篇。

④ 京都府立大学教授。西方戏剧史专家。著有 *JAPANESE THEATER From the Origin to the Present*（英文）等。

为相似之处。基本结构是所谓“开敞式舞台”，并没有舞台装置，剧情都是以唱词、宾白及身段面向观众表演的。当然在中国传统戏曲中舞台结构更是种类繁多，在这方面已有很多的研究。举个典型的例子，像唱堂会那样的“氍毹”（一张地毯）就可以是一个戏剧舞台。然而其基本结构依然是开敞式舞台。这种舞台结构自然地造就了与西方戏剧完全不同的表现形式。

西方的近代写实主义戏剧是以镜框式舞台为表演前提的。[①] 整个舞台就是一个世界。舞台与观众之间存在着所谓“第四堵墙”。大幕拉开后，舞台上展现出来的是剧中人物的“人生”。观众与舞台完全被隔绝，仿佛是通过这“第四堵墙”中的表演来观看另一个世界似的。当然舞台上的人物也绝不会脱离舞台中的世界与观众对话。尤其是20世纪以后的现代戏剧，为突破这“第四堵墙”进行过各种尝试。

在“能”与昆曲等东方戏剧中，诸如演员离开戏中情景，直接向观众诉说的表演方法，并不少见。1930年梅兰芳在美国的演出可谓将中国传统戏曲的特征展现给西方的一件大事。当时其表演形式引起了高度瞩目。从以下记载中可见证：

> 美国戏剧评论家和研究者们，还惊讶地从中国京剧的演出中，发现了极其“现代”的戏剧手法。《洛杉矶审查报》一九三〇年五月一日发表了一篇题为《中国早在几百年前就已听见“旁白”》的文章，文章说：两年以前，即一九二八年，尤金·奥涅尔[②]在《奇妙的插曲》里运用了“旁白”这一新颖手法，在当代戏剧中掀起一阵争先仿效的时髦的狂热，中国伟大的演员梅兰芳解释道，这种阐明情节的手法，作为京剧的主要组成要素之一，早已存在几百年的历史了。[③]

东方戏剧中原本极为传统的表演方法，而在西方却被视为打破了戏剧的条框限制，是一种新的表演方法。

二、“能”是否受元杂剧影响而产生？——从舞台结构的角度上再论

那么，我们就以先前提到的小松谦先生的论文为依据，来分析一下这些表演方法之间到底有无影响关系。历来曾有“能”的表演形式源于元杂剧这一说法。在日本，

① 西方也曾有开敞式演出的戏剧，例如英国文艺复兴时期的戏剧。有趣的是，到20世纪又出现了这样的演出形式。

② Eugene Gladstone O'Neill（1888—1953），美国著名戏剧作家。《奇妙的插曲》，原名 *Strange Interlude*，1928年初演。

③ 刘彦君：《梅兰芳传》，石家庄：河北教育出版社1996年，第210页。

这一说法始于江户时代的学者荻生徂徕（1666—1728）、新井白石（1657—1725）。对这一说法持赞同态度还是持批判态度，至今众说纷纭，观点不一。

江户时代的思想家之一荻生徂徕在他的学术笔记《南留别志》中阐述了如下观点：

> 能は元の杂剧を拟してつくれるなり。元僧の来たり教えたるなるべし。こればかりの事も、此国の人みづからつくり出せるわざにてはあらじかし。（“能”是仿元杂剧而产生的，可能是随元代僧侣传入，并教授于我国。像这样的艺术也不是我们自己发明创作的。）

这一言论只不过表明了他对中国的崇拜程度，并非是经过考证而得出的结论。与此相比更值得引起重视的是新井白石的《俳优考》。此文中认为：“能”的起源是在镰仓时代末期，去中国的日本人观看了当时流行的元杂剧后，回到日本模仿其表演方式，把那时的“田乐”、“猿乐”改成了新的形式，这就是当时的“能”。并且列举了以下理由作为依据：

（1）都采取脚色制。

（2）戏剧的开场是从上场诗和自报家门开始。

（3）有宾白和唱词。

（4）演员都需剔去胡须与头发。

（5）以古老的故事为题材。

那么新井白石是如何得知元杂剧表演方式的呢？他的依据就是当时传入日本的《元曲选》。江户幕府所藏的书目《御文库目录》中还发现了正保三年（1646）收藏的《元人杂剧百种》（即《元曲选》）一书，由此而见此书在出版后不久就被带到了日本。此外，白石在《折薪记》中有关宝永三年（1706）的记事里也提及此书。笔者认为白石虽然能懂中国传统诗文，却未必能理解如元杂剧之类具有独特风格的作品。就是说，白石对唱词、宾白的内容本身并不是十分理解，而是仅凭其外观特征来寻找其与“能”的共同之处。

白石列举的共同点之中，在表现形式方面值得注意的是第二点。在此试举久负盛名的“能”作品《敦盛》为例。开场戏是从“次第”（相当于上场诗的念白）开始：

> 〈次第〉梦の世なれば惊きて、梦の世なれば惊きて、舍つるや现なるらん。（现世犹如梦，幡然猛醒何彷徨，现世犹如梦，幡然猛醒何彷徨，遁入佛门才是真。）

接下来是“通名”，相当于自报家门：

〈名ノリ〉これは武藏の国の住人、熊谷の次郎直实出家し、莲生と申す法师にて候。さても一ノ谷の合战において、敦盛を手にかけ申し、あまりに御いたはしく存じ、かやうの姿となりて候。またこのたび思ひ立ち一の谷に下り、敦盛の御菩提を吊ひ申さばやと存じ候。（我本是武藏国之人熊谷次郎直实也，现如今已是出家人莲生法师。且说此前一之谷之役时，只因亲手杀死敦盛，痛苦不堪，无所从，即投身佛门修行至今。此番痛下决心，前往一之谷吊唁敦盛之亡灵。）

确实像这种上场诗与自报家门的表演形式，在中国的传统戏曲中屡见不鲜。从元杂剧以来更是成为一种程式。但仅因形式相同就断言相互之间存在着影响关系，或许过于简单化了。笔者认为应该说这种表演形式与先前提到的舞台结构有着不可分割的关联更确切。在西方的舞台上，以帷幕的拉开宣告演出的开始。而与此不同的是在开敞式舞台上，则只能是由演员登场向观众说明戏剧的开始。由于不使用舞台装置及布景，只能靠上场诗、自报家门等方式，使观众了解登场人物在剧中扮演的角色及剧情发展。由此可以认为脚色制及“能”的面具，与中国的脸谱都具有同等效果。这些都在一定程度上有助于向观众体现登场人物的性格，助他们了解剧情。

就是说观众与舞台相互间不是被分割开来的两个空间。登场人物首先出现在观众面前，然后再逐渐将观众带入剧情的意境中去。这就是开敞式舞台戏剧表演的特征。

白石列举的有关“能”与元杂剧相同之处的要素，都无从证明如没有元杂剧影响就不可能产生“能”之说。应该说因其舞台风格具有共同的特点，而产生了具有相同效果的表演方式。如前所述，关于“‘能’是否受元杂剧影响而产生”这一问题，在赞成与反对的立场上，迄今为止已争议了近300年。但是注重舞台结构、演出形式及表演形态的研究、争议几乎没有。笔者认为重视这几点的研究是极有意义的。

三、“桥挂”（由后台通向舞台的桥式通路）与上、下场门

综上所述，可以说“能”与中国的传统戏曲在舞台结构上有着基本相同之处，因而产生了舞台表演上的相同之处。但是同时也存在着很大的不同点。关于这一点，野间正二在《“能”与英国戏剧》中，在比较“能”与欧洲舞台的同时，阐述了一些很有意义的问题。在此，笔者想将野间先生论述的“能”的舞台特色与中国的传统舞台进行一下比较。

众所周知，现在“能”在被称为“能乐堂”的专用剧场里上演。舞台有严格的规定。

“能”舞台具有下列特征：

（1）舞台为三间（约6米）的四方形，使用桧木制作。

（2）舞台四周有台柱。原本当然是为了支撑屋顶用的，但在现今的“能乐堂”里的舞台也是不可缺少的东西。

（3）设有“桥挂”（由后台通向舞台的桥式通路）。

以上的规定即使在“能乐堂”以外的场所上演也是必须遵守的。例如，在现代的剧场内演出时，还在原有的舞台上设置具有上述规定的特制舞台，这在海外演出时也完全一样。

与此相比，虽说基本结构同为开敞式舞台，可中国的传统戏曲现今通常是在规模很大的现代化剧场上演。即使在过去也有着各种各样形式的舞台。最具体的例子就是唱堂会时的演出舞台。先前业已提到过，昆曲全盛时期，即使是在培育出昆曲精彩表演的堂会中，哪怕是氍毹（一张地毯）也可成为一个舞台。这是当时最为普遍的演出形式。也正因为其不受舞台限制的表现方式，才使其直到现在还可以进行各种尝试。比如，江苏昆剧院的《1699·桃花扇》就是一个较为成功的例子。

就是说昆曲亦完全可以在“能”的舞台上演出。可是虽说舞台规模大小相近，比如说要在苏州的忠王府的古典戏台上表演“能”的话，是无论如何也做不到的。同样如果要在现代戏剧舞台上演出“能”的话，其舞台若是不作改动，也是不可能的。

在此笔者并无意说“能”是保守的。实际上，这与作为戏剧的“能”的特征有着很大的关系。在“能”的表演中，主角戴面具。如果看了“能”的面具就会发现，瞳孔部分开洞极小。就是说戴上面具后视野会受到很大局限，并且远近感觉也会受影响。因此，舞台上的表演也受到很大的约束。对于演员来说，舞台四角上的立柱，在表演中确认自己所处的位置时，具有极为重要的作用。也就是说不能因为遮掩观众视线，而将四角上的立柱拆除。并且，舞台的大小严格地规定为“三间四方”（四边为6米的正方形），实际上也与此有着很大的关系。

“能”舞台与中国的传统舞台在结构上最大的区别就是，在上、下场时使用的一条细长的叫做“桥挂”的通道。这通道的长度大约有舞台的两倍左右，为“能”带来了独特的表演方式。对其所发挥的功能，野间正二先生有非常精辟的论述。在此特引用如下：

> “桥挂”在“能”舞台上不可缺的最重要原因就是，主角大多不是活在现世的人物。因此有必要通过“桥挂”这条长长的通道登场。从视觉上使观众感受到主角是从另外一个遥远的世界中来的。

即亡灵变成人的样子，出现在人们面前。这是“能”作品的基本构造。而其具体的表现就是通过“桥挂”缓缓地出现在观众面前。并且下场时也同样要通过“桥挂”。刚才出现在观众面前的主人公，表演完毕后，再一次通过“桥挂”返回阴间。①

中国传统戏曲的登场人物，无论古人还是虚构人物，并不会直接给观众带来“他们都是亡灵的化身”这种感觉。当然也有所谓的“鬼戏”，可是跟“能”的概念不一样。“能”的主角是带上面具，这表明他是以亡灵的身份直接现身于舞台的。田仲一成先生的中国戏剧与日本的“能”一样起源于祭祀仪式这一观点被大家所认同②。可是中国的传统戏曲在现代剧场演出时，这种祭祀的色彩已经荡然无存了。与此相比，日本的“能”至今还仍然完整地保留着这种色彩。还有值得注意的是，中国的神庙舞台是面对正殿，坐南朝北，演的是酬神、娱神的戏。而日本的“能”舞台，原来是坐北朝南，就是说登场人物面对观众，是以高贵人物的亡灵甚至以神的身份在表演的。附图 6 所示的舞台是很明显的例子。而这一切可以说完全是得益于“桥挂”这一别具一格的舞台构造。

以上论述了主角登场时“桥挂”的作用。有时在剧中也有借助“桥挂”的表演。这种场合多数是将舞台与“桥挂”设想成不同的场景。比如《羽衣》中，舞台代表地面，而“桥挂”则代表天上。另在《大原御幸》中，舞台代表主角所在的建礼门院的草庵，“桥挂”则代表通往后山的小路。

于是有时“桥挂”的使用在剧中发挥着独特的作用。有名的《自然居士》就是一例。此作品情节分前后两部。前半场是在京都的云居寺自然居士（主角）讲经时，人贩子（配角）突然出现，将前来祭祀父母的少女强行带走。后半场是居士追赶人贩子，追到琵琶湖畔，在人贩子欲带少女乘船逃离时，将其截下并救出少女。

“桥挂”表演最有效果的是前半场与后半场的连接部分。一开始，居士在舞台上讲经，少女前来布施衣物。这时人贩子登场上前做拉扯少女的动作，后移至“配角座位”（舞台右角）入坐。在此舞台上是把“配角座位”设定在与自然居士讲经的不同场所。居士得知消息后紧追其后朝“桥挂”奔去。此间人贩子手持船篙起身，唱起船歌。此后舞台设定就转变为琵琶湖畔。居士在“桥挂”上回身发现小船，边呼喊边返回舞台。剧情如此发展下去，在主角奔向“桥挂”将观众的视线也引向“桥挂”的同时，舞台则在不知不觉中悄悄地变成了琵琶湖。当然，这一切并不是使用

① 在元代，把上、下场门叫作“鬼门道”，顾名思义，可能有同样含义。朱权《太和正音谱·词林须知》云：“构栏中戏房出入之所，谓之鬼门道。鬼者，言其所扮者皆是已往昔人，故出入谓之鬼门道也。愚俗无知，因置鼓于门，讹唤为鼓门道，于理无宜。亦曰古门道，非也。东坡诗曰，‘搬演古人事，出入鬼门道。’正谓此也。”

② 参看田仲一成《中国演剧史》，东京大学出版会 1998 年。《中国戏剧史》，北京广播学院出版社 2003 年。

背景、舞台道具来完成的，而是通过身段表情及宾白来表现的。

由于没有特殊装置，反而可以通过宾白、身段来自由地变换场景。这可谓开敞式舞台表演的一大特征。如上例所述，如果是中国的传统戏曲将如何表演呢？大概是人贩子先携少女从下场门退出舞台。然后得知真相的居士紧追其后下场。接下来，人贩子等再次从上场门登场。舞台变为琵琶湖畔，成了小船将离岸的场景。然后才是居士登场的表演形式。

从“能”的舞台结构上来说，基本上是只能通过“桥挂”才能上、下场。因此才使用了如上例所述的舞台的变换方式。通过主角的移动带动观众的视线转移，在同一平面内成功地表现出几个不同的场景。

四、代结语——张继青在“桥挂”上怎样演戏？

1998年在东京国立能乐堂，张继青主演的《痴梦》，及“狂言”与昆曲合演的《秋江》，就是在“能舞台”上演出的。这一出昆曲在“能”舞台上的演剧，给观众留下了深刻的印象。“狂言”与“能”一样是由“猿乐”发展而来，并且也是在“能”舞台上表演。但是与“能”最大的不同就是不使用“能”的面具，更多地继承并发展了“猿乐”的滑稽要素，是以宾白为主的戏剧。

张继青1987年也曾访问过日本，演出了《牡丹亭》、《朱买臣休妻》(《烂柯山》)，当时引起了极大的反响。据说她那时在参观“能乐堂”时，就产生了在“能”舞台上演出昆曲的愿望。另一方面，著名“狂言”演员野村万作在观看1956年梅兰芳主演的《秋江》时，也曾经产生了将其移植到“狂言”中来的想法。这一公演可谓实现了双方的共同愿望。当时演出时是如何利用“桥挂”的这一问题，恕稍后再叙。

> 《痴梦》：行至“桥挂”中间，就唱引子【胡捣练】“行路错，做人差，我被旁人作话靶。”然后行至舞台，接着念：“我崔氏……”的自报家门。
>
> 《秋江》：此作品是《玉簪记》中的一折，但剧本非同于一般的昆曲《秋江》，而是参考京剧剧本，以与“狂言”合作为前提而重新创作的。开场时，坐在船上的艄公已先进入舞台，陈妙常通过“桥挂”登场，唱出她一心惦念潘必正，不顾路途遥远追寻到此的心情。

《痴梦》中，走过“桥挂”的动作，象征着崔氏迄今为止的人生道路。【胡捣练】唱出了崔氏对与朱买臣离婚的悔意，及对误入歧途的人生感慨。另一方面在《秋江》中，“桥挂”又表现了追赶潘必正的漫长的旅途，张继青精湛的演技更使观众对此留下了极其深刻的印象。并且这一尝试的成功，也正由于昆曲在舞台方面没有条框限制、有着丰富多彩的表现形式才得以实现。

虽然“能”与中国的传统戏曲在舞台的基本结构方面形式相同，但在演技方面却有着令人寻味的不同之处。这是本文论述的要点。如前所述，与“能”相比，中国传统戏曲的表现方式比较自由多样。现今昆曲在大型剧场镜框式的舞台上的演出已成了十分普遍的事，而且取得了一定的成功。但是，笔者认为昆曲的最精彩、最细腻的表演，只有在小规模的开敞式舞台上才能更充分地发挥出来，因此继承这一传统是极为重要的。

附图 1　山西临汾魏村牛王庙戏台

附图 2　日本京都八坂神社“能”舞台

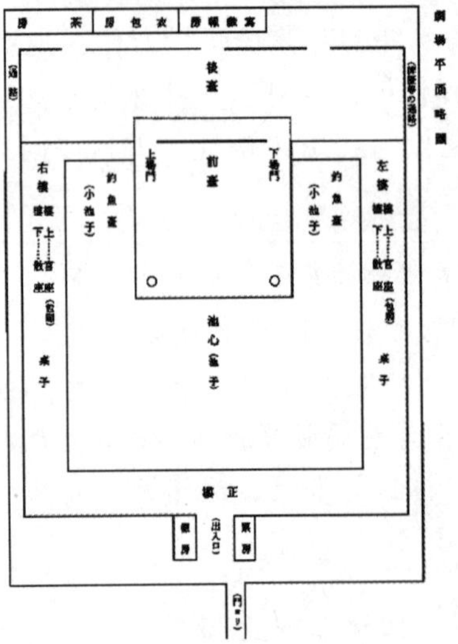

附图 3　民国初年戏园舞台结构图
引自青木正儿《中国近世戏曲史》（1930）

附图 4　“能”舞台结构图
引自横道万里雄《能与狂言》ⅳ.（1987）

附图 5　江户时代农村演能图　天保四年（1833）
引自若井三郎《佐渡能舞台》（1978）

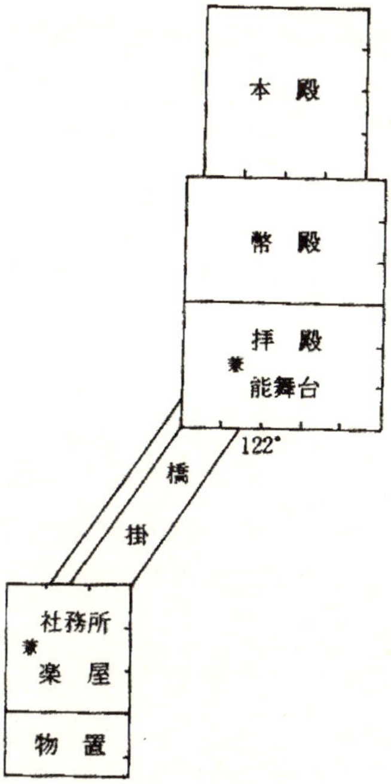

附图 6　佐渡赤井神社“能”舞台平面图
引自若井三郎《佐渡能舞台》（1978）

（赤松纪彦）

中日传统剧场转台研究

虽然早在公元前5世纪古希腊剧场已经有了简易的转台与车台，但因为只是从剧本提示中推导出来，而无实物、图像佐证，使后人无法窥其全貌①，同时，这种舞台装置也未被西方戏剧继承下来。因此，古代剧场真正的旋转舞台出现在18世纪中期的日本歌舞伎剧场。

歌舞伎是日本典型的民族表演艺术，起源于17世纪江户初期，与能乐、人形净琉璃并称日本三大国剧，也是世界非物质文化遗产。郡司正胜先生指出："歌舞伎是作为'能'的逆反者而诞生的。在'能'执著于王朝趣味，追求一种民众生活外的艺术境界，渐渐脱离庶民社会之际，一种舍弃先行'艺能'的文学趣味以及象征主义，伴随着新民众的勃兴，发自于肉体的'艺能'诞生了。这就是歌舞伎。"②目前在日本，歌舞伎比任何一种古典戏剧更受欢迎，近几年又产生了不少新的剧本和制作。歌舞伎与中国京剧素有"东方艺术传统的姊妹花"之称。

歌舞伎剧场通常叫"芝居小屋"，"芝居"在日文中指戏剧。"芝"是草地，"居"是存在的意思。这就是说，原来古代的演剧，并不是在舞台上，而是在草地上进行的。在江户时代（1603—1867），将剧场或表演曲艺、杂耍的场所叫小屋，因早期建筑简陋，故名。同时，把歌舞伎演员或者剧场人员称作"小屋者"，带有轻蔑的意思。歌舞伎最初借用"能"舞台演出，后来逐步发展、独立，完善设备，形成如同现代剧院的歌舞伎剧场。歌舞伎舞台面积较大，平面呈长方形，面阔多在10米以上，大者达20多米，进深也在10米左右，大者达30多米。另外，还有伸入观众席间的宽1米左右的"花道"，这是其他国家的戏剧舞台所没有的。花道最初产生于贞亨年间（1684—1687），原来是观众给演员献花时用的走道，故称花道，但后来它发

① 参见李道增《西方戏剧·剧场史》（上），清华大学出版社1999年，第35页。

② （日）郡司正胜著，李墨译注：《歌舞伎入门》，中国戏剧出版社2004年，第37页。

展成为一个特殊的表演区。演员有很多戏是在花道上就开始表演的。因这里与观众距离很近，便于和观众交流，常常可以取得很好的戏剧效果。除了当作走道使用以外，还经常把它当作山峦、河流等空间使用，成为一种特殊的舞台装置。

图1　金毘罗大芝居

据《歌舞伎事始》记载，正德、享保期（1711—1736）由江户剧作者中村传七发明了所谓的“盆回”，即在舞台上设置可以旋转的小台子，也叫“回道具”①，类似于古希腊舞台的转台。宝历八年（1758），大阪的歌舞伎艺术家并木正三发明了世界上第一个旋转舞台，就是将台板锯开，在台板下安装机关，使台板本身可以旋转的构造。每当剧情、场次变化，早已在背面布置好的道具、布景、演员就旋转过来，面向观众。这是日本演剧高度发展的一个标志。晚清诗人、外交家黄遵宪在出使日本时看到的歌舞伎转台表演为：“场之正面为台，场下施大转轮。转轮则前出下场，后出上场矣。场之阶下为桥（花道——引者注），亦有由阶下上场者。”② 这就是说，歌舞伎场次的转换不像中国戏曲，主要靠演员上下场来实现，而是靠旋转舞台，轮子一转，场次转换完成。江户（今东京）在宽正五年（1793）前后，从上方（京都、大阪一带）引进了旋转舞台技术。另外，天保年间（1830—1843），江户的“大道具方”十一代长谷川堪兵卫设计了所谓的“蛇目回”，也就是二重回，在原有的旋转舞台内另外设置一个小转台，内圈与外圈可以自由转动，在内外圈相反方向转动之际可以表现人物与场景、人物与人物的交错。以前转台直径是三间（约5.45米），至此，直径扩大到五间（约9.09米）。

金毘罗大芝居是日本现存比较典型的歌舞伎剧场，在香川县琴平町，原属金刀毘罗宫附属剧场，面北，朝向本殿。现存剧场已经迁到神社西面数百米处，所以剧场面东，对着神宫。大芝居始建于天保六年（1835），为日本现存最古老的寺社歌舞伎全盖式剧场，昭和四十五年（1970）被指定为国家级重要文化财。金毘罗大芝居占地面积3079平方米，建筑面积850平方米，保留了日本传统歌舞伎剧场的形式，观众席不设座椅，而是沿用坐席的样式。每格可坐二人，相邻两格之间的木条可以去掉，

① 参见《歌舞伎入门》，第三章第90页注230“回舞台”。

② 黄遵宪撰：《日本国志》卷三十六“礼俗志三·乐舞”，上海古籍出版社影印光绪羊城富文斋改刻本，2001年，第377页。

去掉后，两格可坐五人。整个剧场阔约 12 间（约 26 米），进深 19 间 1 尺（约 41 米），可以容纳观众 740 名；舞台对面及两侧有二层看楼。舞台面阔 6 间（约 13 米），进深约 4 间（约 9 米）；舞台上手处设乐床①，下层高 1.74 米，深 1.85 米，宽 1.21 米；对面下手处设“黑御帘”②，规模与乐床相似。回舞台直径 3 间 4 尺（约 7 米）；花道长 6 间 4 寸 5 分（约 13 米），宽 1.30 米；花道三七处设“鳖”③，面积 2.5×5 平方尺；在花道相对位置设有假花道，除了根据剧情的需要用做舞台的延伸部分之外，在这个剧场，其主要功能是观众入场和退场的通道。舞台下面是歌舞伎专用舞台必须有的“奈落”④，高 2.30 米，里面所有的旋转、升降设备均使用机械原理，靠人力在奈落里运转，运转时不会影响到戏剧演出。

图 2　金昆罗大芝居转台

图 3　金昆罗大芝居奈落

图 4　金昆罗大芝居花道

另一实例是下谷上农村歌舞伎舞台，属露天剧场，位于兵库县神户市北区山田町，是下谷上天彦根神社的附属建筑，始建于天保十一年（1840），为国家级重要有形民俗文化财。舞台在本殿之南，距本殿 7.9 米。

---

① 乐床，歌舞伎音乐伴奏者演奏的专用场所，主要是演奏者义太夫演奏三味线所用，所以又叫做太夫座。

② 黑御帘，歌舞伎特殊音效演奏者的专用场所。因为它位于“下手”处，又叫“下座”，这里演奏的音乐也叫“下座音乐”。

③ 鳖，歌舞伎舞台装置，一种升降台，多位于花道的三七处，用于幽灵、鬼怪等非现实人物出场、退场。因为其升降方式类似于鳖头的伸缩，故名。

④ 奈落，歌舞伎舞台下面的地下室，用来安置操纵舞台道具（回舞台、鳖等）的设备。

图 5　下谷上农村歌舞伎舞台

图 6　下谷上农村歌舞伎舞台转台

舞台顶部采用日本传统的“入母屋造茅葺平入”手法（单檐歇山顶），由于屋顶重量较轻，所以，整个舞台只用四根角柱承重。舞台面阔 12.12 米，进深 8.09 米，柱高 3.6 米，基高 0.86 米。回舞台直径 5.68 米。虽然旋转装置在舞台下面的奈落里，旋转所需动力同样是人力，但和金毘罗大芝居不同的是，它需要人在舞台上推动回舞台实现旋转。在这个回舞台周边等距离刻有一些凹洞，需要旋转的时候，相关人员就用事先准备好的竹竿插入凹洞，大家一起推动竹竿，使回舞台旋转。该舞台没有固定花道，但在舞台西北挖出一条纵向的壕沟，这条壕沟直通奈落西北面的出口，所以，它既是演员上场的通道，也是演出时临时搭建的花道下部。舞台下面的奈落同时兼作“乐屋”，层高 1.72 米。演员在此化妆准备，演出开始的时候，演员从奈落西北的出口出去，然后上花道。

图 7　《剧场训蒙图汇》之升降台
（早稻田大学演剧博物馆藏）

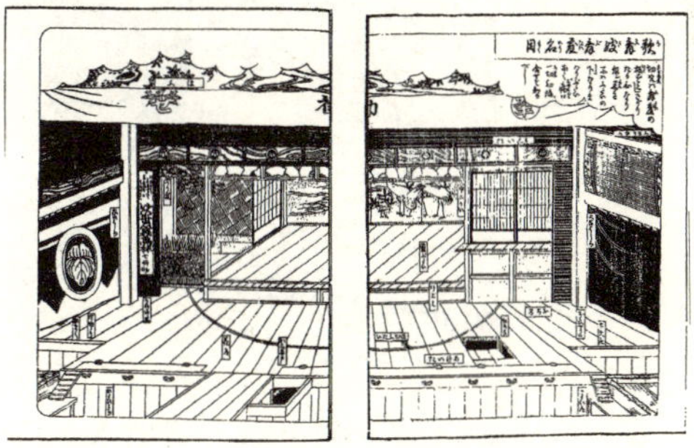

图 8　《剧场后台图汇》之转台
（早稻田大学演剧博馆藏）

虽然歌舞伎具有程式性，表演具有夸张性，但其本质是“以华丽所制造的喜悦”[①]。所以，需要布景和实物道具。诚如黄遵宪所言：“场中陈列之物一一皆惟妙惟肖。即山林楼阁，亦复架木插树，以疑似之。”[②] 同时，作为歌舞伎黄金时代的元禄歌舞伎时代[③]，歌舞伎具有相当的写实主义精神，由“原来的‘物真似’提高到了具有写实性的台词剧”[④]。而作为转台前身之盆回道具恰恰出现在这个时期，理由不言而喻。回舞台的发明者是为了表现同一时间发生在不同地点的事件，这也深刻影响了歌舞伎的内容、技巧以及导演程式。

岐阜・下呂市●白雲座　舞台下の奈落が楽屋。出番待ちの役者も手伝って回り舞台を廻す（11月）

图9　山口清文《日本地芝居写真纪行》，河出书房新社2006年，第68页

清元節(「三千歳」演奏=清元志寿太夫　清元栄三郎 他)

图10　织田纮二《歌舞伎入门》，淡交社1997年，第107页

---

① 《歌舞伎入门》，第16页。
② 黄遵宪撰：《日本国志》卷三十六“礼俗志三・乐舞”，第377页。
③ 大致指以元禄年代（1688—1703）为中心，包括以前5年、以后15年。参见《歌舞伎入门》第83页。
④ 《歌舞伎入门》，第43页。

18世纪，中国清宫大戏台也有了升降、地井装置以及移动推车“车台”。

清宫大戏楼原有5座，都是历史所无的巨构：圆明园同乐园清音阁、故宫寿安宫大戏楼、故宫宁寿宫畅音阁、承德避暑山庄清音阁、颐和园德和园大戏楼。其中圆明园戏楼建于雍正四年至乾隆二年（1726—1737）间①，故宫两座建于乾隆时，颐和园戏楼建于光绪十六年至二十年（1891—1894）。现仅存故宫畅音阁与颐和园德和园大戏楼两座。它们在建筑上基本相同，坐南朝北，由戏台和扮戏楼组成，戏台三层，歇山顶，总高度21米上下。扮戏楼两层，又分南北两部，均重檐歇山顶，以勾连搭相接。通面阔、进深各三间。下层名“寿台”，故宫畅音阁通面阔14.44米，通进深14.62米②，台基高1.2米，檐柱高4.55米（畅音阁三层总建筑面积685.94平方米）；德和园戏楼通面阔14.5米，通进深14.7米③，台基高1.26米，总面积达276平方米，檐柱高4.27米；圆明园同乐园清音阁通面阔14.43米，通进深14.43米，檐柱高4.39米④。中层“禄台”檐柱轴线内面积与寿台同，被金柱间屏风分为室内和室外两部分，北面室外部分为表演区，仅40平方米左右。上层“福台”擎檐轴线比寿台檐柱轴线内收约1米，金柱轴线面积为101平方米。

各层之间有天井相通。上层“福台”，前台是一个较小的表演区，中间台面有活动盖板。福台后台是设备层加操作层，它有天井并布满了滑轮，大绞车有9个工作位，井口一边一个，18人同时转动绞车，升降可以让演员乘云板上下。中层“禄台”用于表演的台面比一层小许多，台面几乎全部是活动盖板，演员可以从此进入夹层，再从夹层下到一层寿台。当然，前后台之间也有上下场门。禄台后台远大于前台，是升降云板通过时上下演员和装卸砌末的地方。下层“寿台”是主要表演区，在前台后部上下场门之间有一排高约2.2米、面阔与戏台同、深约4米的固定高台，叫“寿台明阁”，也叫“仙楼”，其正面有4座木楼梯与寿台台面相通。仙楼与后台由格子门隔开，并设上下场门。寿台的后台很宽敞，两边有直通二层禄台后台的大楼梯。寿台顶部设有7个天井，表演区中间有一个大方形天井，在其两侧各有一个长方形天

---

① 参见翟小菊《德和园戏台研究》，《中国紫禁城研究论文集》第二辑，故宫博物院紫禁城出版社2002年，第161～166页。或曰建于乾隆初年，参见刘敦桢《同治重修圆明园史料》，《刘敦桢文集》（一），中国建筑工业出版社1982年，第291页。

② 据清华大学建筑学院罗德胤博士测量，清华大学建筑学院博士论文《中国古戏台建筑研究》第117页，2003年。另《中国大百科全书·戏曲曲艺卷》（中国大百科全书出版社1983年，第28页）该词条言寿台约14米见方。

③ 有研究者据光绪十六年（1890）《德和园工程做法册》之记录，断定通面阔17米，通进深16米，檐柱高4.48米，中层宽12米，上层宽10.18米。参见翟小菊《德和园戏台研究》，《中国紫禁城研究论文集》第二辑。

④ 罗德胤据李建芸学士论文《同乐园复原设计研究》测算，《中国古戏台建筑研究》表5－1“大戏楼戏台部分主要尺寸列表”，第117～118页。

井，同时，四角各有一个天井。天井分两类：一类是供升降机械的通道，一类是演员上下通道。三层台中间天井垂直相通（二三层位于后台）。寿台下面有地井，有固定的楼梯通向后台台面。地井中间是一个大水井，两边有两排绞车。寿台活动台板和地下层的设置，可以增加演出的变化，用机械实现地下层到一层台面的升降，也可以任意设置演员上下的通道。水井可为水法砌末表演喷水提供水源。扮戏楼高度不及戏台，但占地面积却大于戏台。

图 11　故宫宁寿宫畅音阁大戏楼

图 12　颐和园德和园大戏楼

日本歌舞伎剧场在花道靠近舞台的地方设立小型升降台，宽 2.5 尺（约 0.76 米），长 5 尺（约 1.52 米）。也有剧场将其分割为两块，在操作之际便于一上一下的运作。升降台只能用于“忍者”（有飞檐走壁本领的奸细）、幽灵、鬼怪等非现实人物的出场与退场，因其形状如龟壳，所以被称为“鳖”。

虽然是特例，但在皇家的财力、物力支持下，清宫戏曲在戏台建筑、舞台技术、砌末布景等方面都有了空前的大发展。畅音阁大戏台的后台及地下层至今保留有不少大型砌末与装置，其中有一种大型移动平台，在长方形架子下有四个带有万向转轴的轮子，架上可立数人，经过装饰，可以作车，也可作船，由人推动在舞台上移动。对此种装置，俞健先生“暂且也称它为车台”，本文从之。①

这里既有显示皇家气派的因素，也有适应宏大戏曲演出场面的需求。清宫演出人员相当庞大，如乾隆四十一年（1776）至四十二年（1777），南府、景山三旗学艺人等就有 230 名，内府三旗学艺人等有 198 名，经过乾隆八旬万寿庆典，到太上皇时

① 参阅俞健《清宫大戏台与舞台技术》，《艺术科技》1999 年第 2 期，周华斌、朱联群主编《中国剧场史论》下卷收录。

期，外学伶人数量竟达700人左右。[1] 关于清宫大戏，资料保存较为完整，相关研究也比较充分。“大戏”由词臣编写，一般多为10本，每本24出，共240出的连台大戏。著名的有《升平宝筏》、《劝善金科》、《鼎峙春秋》、《忠义璇图》、《昭代箫韶》等。而大戏楼则可以说是专门为演出连台本大戏建造的。如《昭代箫韶》卷首“凡例”要求：“剧中有上帝、神祇、仙佛及人民鬼魅，其出入上下应分福台、禄台、寿台及仙楼、天井、地井。或当从某台某门出入者，今悉斟酌分别注明。”[2]《劝善金科》卷首“凡例”云：

> 从来演剧，唯有上下二场门，大概从上场门上，下场门下。然有应从上场门上者，亦有应从下场门上者，且有应从上场门上，而仍从上场门下者；有从下场门上，仍应从下场门下者，今悉为注明。若夫上帝神祇、释迦仙子，不便与凡尘同门出入，且有天堂必有地狱，有正路必有旁门，人鬼之辨亦应分晰，并注明每出中。[3]

通常神仙世界的场面铺排，以中层禄台为中心，即身份最高者居禄台，其余神祇分处福、禄、寿三台与仙楼，环绕于主神周围。当不同的主神出现时，各神所处的位置要根据情况进行调整。曾为清末宫官的曹心泉在回忆录中写到大戏台各种设备实用盛况：

> 宫中戏台，最大者三处，以热河行宫戏台为最大，其次为宁寿宫，其次为颐和园中之颐乐殿。内监称此三戏台为大爷、二爷、三爷。此三台之建筑，皆分三层，下有五口井，极为壮丽。有数本戏，非在此三戏台不能演奏者：一、《宝塔庄严》，内有一幕，从井中以铁轮绞起宝塔五座。二、《地涌金莲》，内有一幕，从井中绞上大金莲花五朵，至台上放开花瓣，内坐大佛五尊。三、《罗汉渡海》，有大砌末制成之鳌鱼，内可藏数十人，以机筒从井里吸水，由鳌鱼口中喷出。至今此巨鳌砌末，仍陈列于宁寿宫戏台上。四、《阐道除邪》，此端午应节戏也，亦从井中向台上吸水。五、《三变福禄寿》，此戏在台上分三层奏演。最初第一层为福，二层为禄，三层为寿。一变而禄居上层，寿居中层，福居下层。再变而寿居上层，福居中层，禄居下层。以上五剧，布景伟大，非此三台，不敷布置。

---

① 参见朱家溍、丁汝芹著《清代内廷演剧始末考》，北京：中国书店出版社2007年，第37～38页。

② 《昭代箫韶》卷首“凡例”，《古本戏曲丛刊》第九集之六，上海，商务印书馆影印本1964年，本卷页12。

③ 《劝善金科》卷首“凡例”，《古本戏曲丛刊》第九集之五，本卷页11。

他处戏台较小，不能演此大戏也。①

朝鲜燕行使朴趾源《燕岩集》中的资料，叙述乾隆四十五年（1780）高宗七旬万寿时，朴氏于热河行宫中亲览内廷承应戏的情形云：

> 八月十三日，乃皇帝万寿节，前三日后三日皆设戏。……台左右木、假山，高与阁齐，而琼树瑶林蒙络其上，剪彩为花，缀珠为果。②

从描述中我们可以看到，演出场面之宏大、人物之众多、装扮之繁丽、变幻之巧妙，达到了令人吃惊的地步。

写实砌末“车台”也常有运用，《鼎峙春秋》第八本第一出注明：“杂扮水云拥大船上。关公、周仓上船科。”③ “水云”在船周围，是“扮水卒、持水云旗”的简写。又如《劝善金科》第六本第一出之“聚宝盆、珊瑚树、招宝旛、牟尼珠”等宝物，莫不取实物道具登场。而为呈现地狱景象，铜蛇铁犬、衣服骷髅、铁床血缸、刀山剑树等，亦均是实物。

清宫剧场是在中国传统戏台基础上形成的，来源于神庙戏台，又借鉴了当时城市戏园剧场的构造，也是根据宫廷演剧以及显示皇家气派的需要创建的。无论从建筑造型还是实用功能上，都达到了中国传统戏台建筑艺术的顶峰。

我们知道，中国传统戏曲表演是写意性的、虚拟性的、程式化的。清宫大戏的演出应用了许多写实的手段、写实的砌末，同时受到西方文化影响，出现了参照西洋画画法，具有写实性的硬景、软景，运用了管风琴等，这是对传统戏曲表演的革新，不仅仅是夸耀皇家气势。虽然，由于人力、财力、物力以及技术上的限制，此探索不可能推广到广大城乡剧场，但这毕竟是我国戏曲史上的一大创举。

虽然中日文化交流一直未曾中断，但直到民国时期，旋转舞台才影响到中国剧场建设。据周贻白先生介绍：“至近年，海道交通日趋发达，舞台的建筑亦渐染外来风气。如转动的舞台，本为日本舞台的特色，民国初年，上海、汉口、长沙等较大商埠均有此种仿制的转动舞台，但行之不久，即归淘汰。”④ 在西方剧场史上，升降装置经常出现，古希腊剧场也有简易的转台与车台。目前，还不知道上述东方剧场的旋转舞台与升降装置是否受到西方剧场的影响，这个问题需要进一步研究。

---

① 曹心泉口述、邵茗生笔记：《前清内廷演戏回忆录》，《剧学月刊》第2卷第5期，1933年5月。

② 朴趾源：《热河日记》卷四“山庄杂记·戏本名目记”，上海书店出版社1997年，第250页。

③ 《鼎峙春秋》八本一出，《古本戏曲丛刊》第九集之三，本卷页1。

④ 周贻白：《中国剧场史》，《周贻白小说戏曲论集》，济南：齐鲁书社1986年，第481页。

后记：早稻田大学演剧博物馆博士生丁曼在其导师竹本馆长以及馆内埋忠美沙小姐帮助下为笔者提供了早稻田大学演剧博物馆所藏江户时期有关转台与升降台的绘画图片，特此致谢！

（车文明）

日本冲绳南方岛屿（八重山地区·西表岛）的种稻仪式与赛龙舟

——冲绳·中国的比较民俗

一、赛龙舟之琉球的传入与其在诸岛屿间的传播

在日本冲绳地方，赛龙舟（日文称“爬龙船”）作为民俗活动，广泛分布于以冲绳本岛为中心的北至九州附近的奄美地方，南至接近台湾的八重山地区。此活动于1400年左右由中国传入冲绳，关于其起源，在18世纪所编纂的琉球正史《球阳》[①]中有如下的记载：

“过去久米村、那霸、若狭町、垣花、泉崎、上泊、下泊地区，有几艘龙舟”。现在那霸、久米村和泊这三个村子里仅有三艘龙舟。四月二十八日到五月一日为止，唐荣的前江上就要举行赛龙舟。五月三日在西海上泛龙舟，五月四日在那霸港举行赛龙舟。

1.《中山世谱》里有如下的记载：每年五月举行的赛龙舟的起源是，曾有三十六个姓的闽人来到琉球国，在此造龙舟并于江上开始比赛。

2. 在民间有这样一种传说：很久以前有一个叫“长滨大夫”的人（这个姓氏没有流传下来），奉琉球王的命，入闽后赴南京。在那里学了赛龙舟，然后回到了琉球，五月初时造了龙舟进行比赛，以后赛龙舟成为了祈求天下太平的仪式活动。顺便提一下，这个大夫住在那霸的西村。现在这里被称为“长滨”就是源于以上的传说。长滨大夫所传的赛龙舟流传至今，即每年五月三日身着叫做“白帷子”的服装的人们，在西海举行的赛龙舟仪式。

3. 还有这样一种传说：琉球第二代南山王汪英紫的弟弟汪应祖赴南京之时，

① 球阳研究会：《球阳》，角川书店，1974年。

在江上观看了赛龙舟后深有感悟。汪应祖回到琉球后当上了第三代的南山王，建了丰见城，并仿效明朝造了龙舟在五月初泛于那霸江，其乐融融。村人们见之后也纷纷效仿，造了同样的船开始比赛。在五月四日，各村的龙舟都于城前江上进行比赛，船划到城下，南山王也因此观赏了比赛。

4. 现在每年端午的前一天（五月四日），那霸、久米村和泊村的三艘龙舟都必定要去丰见濑的伊毕（女巫师诺罗进行祈愿的圣地）。此时丰见城的女神官诺罗将供品毕恭毕敬地献给伊毕，并祈求"景福"（天下太平及国家与村民的平安）。这时，划船的舵手和村里人都向着丰见濑膜拜。琉球的赛龙舟就这样开始举行，并流传了好几代。其广为人知，甚至于没有必要为此做更详细的说明。

如今，冲绳本岛的大多数的赛龙舟仍然和当初从中国传入时一样，作为端午节的活动之一而举行（被称为"由卡努伊"，意为"四日"，代表"阴历五月四日"）。由上述记载可知，18世纪时的赛龙舟是于四月廿八日到五月四日这7天中在那霸港举行。

《球阳》中，关于赛龙舟从中国传入冲绳的起源有以下三种解释：

第一种引用了琉球王国的史书《中山世谱》（1701）中的记载。据其书所述，从中国福建来访的三十六姓的闽人（琉球国王察度时期的1392年，奉洪武帝之命从闽地〔今福建省〕所派来的多数学者及水手），在琉球的久米定居后开始举行赛龙舟。

第二种说法是，住在长浜的叫"长浜大夫"的人，从闽地赴南京的途中观看了赛龙舟，仿其造船，并作为五月里祈求天下太平的仪式而开始了赛龙舟活动。

第三种说法是，据说在大约1400年左右，由南山王（冲绳于1429年由中山的尚巴志王完成了三山统一，从而建立了琉球国。在此之前，北山、中山、南山的三个地区分别由各自的王所统领）汪应祖（1403 — 1413年在位）开始举行赛龙舟。汪应祖于明朝时赴南京途中，在江上观看了赛龙舟后深有感悟，回国后修建了丰见城并模仿明朝造了龙舟，在五月初泛舟那霸江上，其乐融融。村人看到后开始纷纷效仿，造了同样的船并举行赛龙舟。四日，各村的龙舟都在城前江上竞渡，南山王也观看了此次比赛。

在这第三种解释之后，书中还接着描述了那霸、久米、泊这3个村子的3艘龙舟竞渡时的场景。当3艘龙舟划向丰见濑的"伊毕"（女神官〔日语写作"巫女"〕祈愿的圣地）时，丰见城的巫女将供品献给"伊毕"，祈求"景福"（天下太平，国家和村民的平安），水手们和村里人都向着丰见濑膜拜。

"巫女"是分布于包括奄美和八重山地区的琉球各村落中，为农作物丰产及捕鱼丰收而祈愿的女神官。如今，冲绳的许多村子里称作"巫女"和"司"的女神官，仍然在名为“御嶽”的圣地进行祈祷活动。其起源可追溯到琉球时代的以“闻得大君”（负责琉球国国家祭祀活动的女神官）为最高阶层、有组织化的宗教职业者们。

巫女可以说是琉球地方特有的国家性民俗宗教职业者。由此而来，15世纪初由中国传来赛龙舟后，琉球的赛龙舟也可以说是迅速地作为琉球特有的祭神活动之一环节而开始举行。

二、八重山地区的种稻仪式与赛龙舟

琉球王国时代，端午活动的赛龙舟传入当时与中国贸易频繁的中心地那霸后，赛龙舟开始迅速地在琉球地方传播开，而其也因岛屿、地域的不同有了各自的发展与变化。琉球文化圈内，虽然冲绳本岛北方的奄美大岛也有划船比赛，可是8月上旬举行的比较多，这与从中国传来的赛龙舟不属于同一系列的活动。①

在冲绳本岛，在“由卡努伊”的这一天——意为“四日”，即端午期间五月四日，举行包括赛龙舟在内的仪式活动的地方占绝大多数。其中有像“系满龙舟”和“嘉手纳龙舟”等，为祈求捕鱼丰收与航海安全而举行的例子较多。此外也有把赛龙舟当作祭祀海神的活动而举行的（奥武岛海神祭、大宜见村盐屋的海神祭等）。

与此不同的是，距离冲绳本岛400～500公里的西南方，在离台湾较近的宫古岛、石垣岛、西表岛、黑岛、与那国岛等宫古·八重山地区，赛龙舟大多作为庆祝稻子等五谷丰收的丰年祭、节祭等祭祀活动中的一项举行。

根据笔者对黑岛丰年祭赛龙舟与西表岛祖纳干立节祭赛龙舟所做的实地考察可以得知，这两者共通的地方是：①“司”（意为女神官，音为“茨卡萨”）负责在御嶽举行的祭神活动的核心部分；②龙舟划向海面，由海的彼岸“尼拉伊卡纳伊”迎来弥勒世界的“世果报”（意为“稻子丰收、富足的幸福世界”）。赛龙舟是在这两个信仰背景下所举行的活动。

在此以西表岛为例，概述一下包括赛龙舟在内的仪式整体的概要。

10月末至11月初在冲绳八重山地方举行的“节”（祭祀活动），其意思就同日文字面一样代表了一年更替之时。阴历八月十五日之后的九月己亥日被看作吉日，“节”就从这一天开始，为期三天。

西表岛的节祭就是其中之一。节祭由第一天的“年世”（相当于日本本土的大年夜）、第二天的“乞世”（相当于本土的大年初一）和第三天的“祭祀水井仪式”三部分组成。其目的是从海的彼岸“尼拉伊卡纳伊”迎来弥勒世界的“世果报”，祈求

① 参见东海水产科学协会、海之博物馆《奄美大岛及诸岛·日本列岛沿海之“竞舟活动”的存在分布调查报告》，东海水产科学协会，2000年，http://nippon.zaidan.info/seikabutsu/2000/01091/contents/140.htm。

新一年的谷物丰收。

如今的冲绳给人们的印象主要是菠萝、芒果等热带水果的栽培，然而近代以来，占主要地位的农作物却是稻子。琉球王国时代曾指定稻米为必须上缴的人头税，稻子的耕种更是极其重要的生产活动。

种稻从民俗、信仰的角度上被重视的原因在于，同本土一样，种稻的开始是确认一年开始的重要指标。（尽管如此，在八重山的竹富岛、黑岛等地区，也仍有不少岛屿由于隆起珊瑚的原因种稻非常困难。）

特别是西表岛的祖纳，琉球王国设立的统治西表岛的据点——庆来庆田城——就建于此地。据记载至少在近世（16～18世纪），这里就举行过和种稻有关的收割节、感恩节、贺选种（选取用于播种的种子）、庆割头茬稻子等祭祀活动及仪式（1770年左右《庆来庆田城由来记》①）。这些民俗活动流传至今。

割头茬稻穗/贺选种

— 稻子结穗后，马上选甲丙日举行割头茬稻子的仪式。用手剥开稻壳取出的米粒，由茨卡萨（女神官）献给御嶽，也献给神灵。7岁以上60岁以下的村里人每人都拿五勺米粒交给茨卡萨。

— 割了头茬稻子后，村人们睡在田里的小屋，接下来每天都要割稻子。不分长幼，大家都一起努力割稻子，大约六七天到10天之间会将稻子割完。

— 割头茬稻子时最注重的是斋戒净身。用水沐浴全身，尤其要好好洗手。在外遇见熟人也不能打招呼。参拜西泊御嶽和前泊御嶽时，也必须严守净身的规矩。

— 过去没有日历，所以要根据各种草木的样子来划分春夏秋冬。选种子（选取要种的种子）要在8月秋分后的第61天进行。据说会给各个田里都派去种稻能手。

— 从（阴历）十月一日起至十五日之

图1　西表岛祖纳节祭赛龙舟
（松尾恒一摄于日本国立历史民俗博物馆2009.10.22）

① 石垣市总务部市史编辑室：《庆来庆田城由来记》，《石垣市史丛书》第1卷，1991年。

内选定播种的日子。有时会因年份不同而在二十五、六日时播种。选种子的日子要从戊己、甲乙和壬癸日中选定。女性在此期间纺布。

丰年祭

过去将割下的稻子堆在前泊御嶽和西泊御嶽，而且把准备好的7～8升神酒（供神的酒）也放在御嶽。这之后，村长和称为“世持”的村中长老们商量决定庆祝仪式的日子。女性们负责蔬菜，男性们负责鱼类等，一起准备仪式的食物。仪式举行三天。第一天，村长和村中长老们去拜见地方官员。据说村中不论长老还是家丁、男女老幼，大家都齐心协力，一起庆祝丰收。

第二次世界大战后，商品作物的栽培及畜牧业、观光业在生产中占据的比重较大，生产生活中种稻的比重逐渐减小。然而即便如此，如今仍继承了以下以种稻为主要祈愿内容的民俗活动。

- 1～2月　贺选种——播种、发芽的祈愿；
- 4月　世愿——结穗前在御嶽举行的收获祈愿；
- 6月　“西括玛瑶伊”（割头茬稻穗）——将割下的头茬稻穗献给神灵，唱《仲良田节》（歌名）来庆祝；
- 7月　丰年祭——感谢收获并祈愿；
- 10～11月　节祭——一年更替的仪式，祈求新一年的丰收。

下面通过祖纳的例子来看一下节祭的仪式活动。上午，戴着弥勒面具装扮成弥勒的人在沙滩上设好的位子上就座，这时龙舟开始比赛。其间有狮子舞和其他各种各样的舞蹈、棒术、滑稽剧等表演呈献给弥勒。

图2　弥勒（西表岛祖纳节祭）
（松尾恒一摄于日本国立历史民俗博物馆 2009.10.22）

弥勒领着手捧收获的稻子、谷子和芋头的排成队的少女从村内走进沙滩。从信仰方面来看，这意味着村人们相信从海的彼岸“尼拉伊卡纳伊”来访问村落的弥勒，会带来新一个丰裕之年，即弥勒世界的“世果报”。

赛龙舟也是为了迎接新一年的“世果报”而举行的仪式。两艘船划向海面，以先返回岸的一方为胜，“世果报”会乘上赢方的船并随之一起回来。赢方的船长会通过女神官“司”，在沙滩边上的前泊御嶽的参拜之处将比赛的结果汇报给神灵。

从稻子收获后至新一季播种，在这期间里所开始的稻子耕种被看作一年更替的标志。对具有这样代表意义的稻耕所怀有的信仰，和“尼拉伊卡纳伊”（龙宫）信仰——相信从海的彼岸而来的来访神与新年同时造访村落——所结合，以致赛龙舟在琉球式的信仰世界中，变化发展成为同最初传入冲绳本岛时所相异的、受到强烈地域信仰影响的形态。八重山地区的丰年祭和节祭时所举行的赛龙舟就具有这样的特性。

三、赛龙舟——琉球·中国的民俗比较

无论是冲绳本岛还是八重山，每个地方的赛龙舟都是以地域为单位而举行。但是只研究赛龙舟从中国传入后在各个地域的地域性变化或者是发展都是不够充分的。从东亚的角度上来分析赛龙舟的民俗文化特性时，将其与大和（本州～九州）及大陆、朝鲜半岛等地方进行比较研究都是非常必要的。

图3　左：台南运河的赛龙舟　右：从大天后宫请来的、运河边的妈祖祭坛（2010.06）

比方说八重山地区的赛龙舟，难道和距其100公里之内的台湾的赛龙舟之间没有任何关联性和共通性吗?

台湾的赛龙舟中，笔者实地考察的是台中鹿港和台南运河的两例（2010年），这两例都作为端午节时的活动而举行。

鹿港的赛龙舟在彭滨吉安水道举行。作为龙舟竞渡的前提而不可错过的仪式是：于龙山寺举行的龙王祭、请龙王、由祭祀官和祭祀相关人士所举行的三献仪式、作为供神而祭拜的龙头之开眼仪式等。端午节中，供奉妈祖的鹿港天后宫里参拜的人比肩接踵。由此可以看出，鹿港的赛龙舟是将仪式的重点放在了司水之神的龙身上。

在日本为了祈雨，有将龙神看作河川湖泊池塘等的水神来信奉的信仰。比如说以印度为起源的善女龙王，从古代起就有所记载（9世纪初于京都神泉苑，空海〔由中国将真言密教传入日本的真言宗祖师〕为祈雨施密教大法）。除此之外，在韩国也从

古代起将龙神作为水神来信奉。这种存在于日本列岛、朝鲜半岛的龙神信仰据研究考证均以中国为起源。[①] 而在如此悠久的历史环境、范围广大的地域环境及多样性的龙舟信仰环境下，对赛龙舟的性质做出定位，这将成为今后重要的研究课题。

据连横著《台南古迹志》记载，台南运河的赛龙舟起于1764年（清朝乾隆二十九年），是台湾赛龙舟的发祥之处，其具有较多的妈祖信仰因素。台南的大天后宫是台湾最古老的妈祖庙。最值得注目的是，在赛龙舟前最先要请妈祖，再设祭坛，进而举行祭祀仪式。

其后，要在正式比赛前请“水神”，再祭江。和龙舟有关的仪式是将龙舟迎进河里，举行龙（舟）的开眼仪式（“接龙船”、“开光点睛”）。

赛龙舟是使用龙船的活动，所以自然而然地，不但有和作为水神的龙相关的仪式，还有和船身有关的仪式。在台湾，除了端午的仪式活动以外，还有更加显著的以船身为主体所举行的民俗宗教活动。

图4　西港烧王船

（http://tour.tnc.gov.tw/jp/festival/index-1.php?m=99&m1=17&m2=57&id=2）

据说由福建地方传来的台南县西港乡庆安宫曾文溪流域举行的王船祭，就属于这一类型。此仪式要祭“王爷”，祈求除病消灾、航海安全、捕鱼丰收。在中国大陆本土，“王爷”被奉为司掌瘟疫的神，王船祭原本是将瘟神送回异界的仪式，其中在海边烧掉王船并将其送去天河的仪式（“游天河”）非常重要。关于此仪式信仰方面的诸问题，可以参考刘枝万等的研究[②]，在此将焦点放在关于船体的礼法上。

王船最终要被烧掉，所以每逢仪式时都要重新造。乩童所进行的对船骨即龙骨木材的选定、龙骨制作方面极其重视信仰上的因素、船前方两侧镶嵌的眼睛——称为“龙眼”，因将船身视为龙，故得此称呼——的开眼仪式（“崁巾及龙目”）、下水式的下碇仪式（“下碇暂泊”）等等，这些仪式和做法都遵循了从实际造木船到下

① 参见崔元硕《韩国水景观之传统象征及其知识体系·文化交涉带来的改变之诸相》，关西大学文化交涉学教育研究据点，2009年；李兴淑《有关韩国祭祀及巫俗信仰论文的报告——江陵端午祭与济州岛的诸神话》，明治大学日本古代研究所，《古代学研究所纪要》第7号，2008年。

② 参见刘枝万《中国道教的祭祀与信仰》，樱枫社1984年。

水所必需的礼法。①

每逢赛龙舟时船都要新造，所以造船仪式也自然地随之举行。在仪式中，对王爷及瘟神等诸神灵的礼法被有机地结合起来，构成了为期时间较长的仪式活动的框架，这一特性是笔者深表关注的地方。

图 5 志贺大学藏“那霸港屏风”

接下来要看的是冲绳地方的赛龙舟。在前述西表岛的仪式中可以看到有关船体的礼法。

冲绳地方的龙舟就像志贺大学所藏《那霸港屏风》里展现的一样，从中国刚传入时船上装饰有龙头。可是如今冲绳本岛、八重山地方的龙舟大部分都没有龙头（如那霸龙舟、丰见城龙舟一般带有龙头的船也有）。用于渔业以及搬运货物时所使用的称为“萨巴尼”的流线型船被当作龙舟使用，特别是用于赛龙舟的船，前方两侧画有眼睛的比较多。

西表岛祖纳·干立的龙舟也画有眼睛，特别是在祖纳节祭的“正日”（大年初一），要把船推向海边并对船身举行祭祀仪式。还要给船献上供品，净化船身，进行航海（赛龙舟）安全的祈愿，在此之前要把眼睛再度光彩鲜艳地勾画出来。祖纳·干立的龙舟现在用的是村落专用公民馆所属的“萨巴尼”，然而直至战后不久，龙舟使用的都是用于捕鱼的个人船只，当时是用粉笔画出与现在相同的花纹。给船勾画眼睛的做法是为给仪式用的龙舟所做的开眼礼法。

赛龙舟当天，弥勒登场。龙舟将“世果报”迎到“船元”（海滨的舞台），各种

① 参见刘还月《送王船大典》，《台湾民间信仰小百科〈醮事卷〉》辑四，《协和台湾丛刊》第44辑，台原出版社1994年。

各样的歌舞、滑稽剧、狮子舞等等的演出都呈献给弥勒。其中女性表演的“安嘎舞”（“安嘎”的意思是“年轻女性”）中的《船》，就伴有赞美船各个部位的歌。其内容如下：

一　船用橡木造　坚固又漂亮

二　船帆用松做　坚固又漂亮

三　（升帆用的）滑车槟榔造　坚固又漂亮

四　（扬帆用的）绳索用麻做　美丽又大方

五　灯心草来做帆　坚固又漂亮

六　（守护船的）鸟儿们歌唱到夜半

七　船要出港了　夜里把船开

橡树的船体、松树的梁、槟榔树的滑车、麻做的绳等等这些都被写进歌里，来赞美船的坚固和美丽。

在此值得注意的是，滑车和船帆、船帆柱都被描写进去。如今船都装有引擎，用帆的船已经很罕见了，有这样的描述就意味着这首歌是赞美捕鱼用的“萨巴尼”的。只限于这首歌的描述的话，可以说此船作为龙舟的用处并没有被重视。

在八重山，还有像石垣岛宫良的歌谣《池ぬぶしっジラバ》（《池边之歌》）一样，赞美用橡树、红楠木等所造船舶之宏伟与美观的歌谣也流传至今。①

除此之外，在奄美大岛，木船造好后举行下水式时，造船工人为了将船灵请入船中而给船念诵的咒语中，有叙述进山伐巨木修造精美船只的内容。②

综合上述事例可以看出，对龙舟举行祈愿仪式和开眼礼法、演唱赞美船身歌谣的西表岛祖纳的节祭，具有和台湾的王船祭所共通的要素，属于广义的仪式礼法，并可以看作带有民俗宗教色彩的活动。

另外，在中国大陆的龙舟制作中，也有将进山伐木看作重要礼法的事例。其后举行的赛龙舟也仍属于端午节的活动之一，贵州省苗族的例子就是其中之一。

用作龙舟的船是独木舟，树木的采伐工作是由船长和造船工人遵照仪式举行。巫师要诵经，祈祷树能变成龙。③ 山上伐木时的祈祷仪式是，在树下点上香、献上鱼。礼法所定的采伐方式是用斧头（不用锯子）。这样的方法不但用于造船，为建房子伐

---

① 参见松尾恒一《木灵·船灵信仰与手艺工人的咒法》，日本口承文艺学会系列《语言的世界》第3卷，三弥井书店2007年。

② 参见松尾恒一《奄美的木工·船木工的祭祀仪式和咒文——建筑与造船仪礼》特集《祭文与咒文的力量·自然与文化与语言》第1期，葫芦舍，2006年。

③ 参见中国民俗学会组织《赛龙舟》，中国社会出版社2010年。笔者亦于2011年6月台江县清水江举行赛龙舟时，在旧州村对其礼法做了实地调研。

木时也是同样的。

这样的例子在离八重山较近的台湾少数民族地区也能看到。居住在台湾台东县兰屿乡兰屿的达悟族（别名雅美族）人制作的拼板舟（达悟语叫做Chinurikuran，非独木舟）便是如此。拼板舟常用于出海捕捞飞鱼和鬼头刀鱼，用于下水式和祭祀仪式的是全长7米左右可供10人乘坐的船。日常捕鱼用的船叫“塔塔拉”（Tatara），只有3米左右可乘坐二三人。拼板舟是用20张龙眼树和面包树的木板用拼板方式制成的木船，装有龙骨，用桑木等树做成的木钉来连接并固定船身的各个部分。进山伐木的时候，要先在树前举行得到“树灵”允诺的祭祀仪式。①

图6　台湾达悟族的“塔塔拉”。日本冲绳海洋文化馆藏
（http://oki-park.jp/kaiyo/jp/explore/tatara-ship.html）

在前述的奄美大岛的下水式也曾提到过，造船工人遵循传统木造船的制作仪礼是由伐木开始。害怕神灵附在大树上，所以要在伐树前向树和山神祈祷并乞求原谅。在这种仪式性伐木时不能用锯子，必须用斧头。这样的礼法与为建房子而伐木时是一样的。②

顺便提一下，九州以西的本州、四国地域的山区也有同样的风俗。渔夫给山神供奉鱼的习俗在全国都有分布。

在此小论中，关于流传途径明确——从中国到冲绳——的赛龙舟，阐述了琉球文化圈的民俗与中国的民俗进行比较时通过哪个视角来分析是有效的。

中国南部的赛龙舟是为了祈求航海安全，其中妈祖信仰的色彩较为浓厚。而冲绳本岛的以中国为起源的赛龙舟同样祈求航海安全，但是不含有妈祖信仰成分。冲绳的赛龙舟所祈求的航海安全是向“海神”祈祷，更加接近于民俗信仰的例子也似乎

① 参见王炜昶《达悟（雅美）族Tao拼板雕舟航向何处？十人新船下水祭的文化观察》，《台湾原住民族——祭典的盛会》，南天书局2004年，国立台湾史前文化博物馆；林建亨《造大船——纪录片》（DVD），国立台湾史前博物馆2006年。

② 参见松尾恒一《奄美的木工・船木工的祭祀仪式和咒文——建筑与造船仪礼》。

较多。

本岛南方的西表岛、黑岛等八重山地区的赛龙舟作为与稻谷耕作相关的祭祀仪式（丰年祭·节祭等）而举行，并且与“来访神信仰”（相信从海的彼岸“尼拉伊卡纳伊”会有神灵来访的信仰）相结合，这也可以说是此地域赛龙舟的特点。有些论文将注目的焦点放在将海看作神灵居住的异界这一点上，从而将八重山的赛龙舟和台湾王船祭、日本本土的精灵船相比较。可是笔者认为关于八重山的事例，（比起中国而来的影响）更应该重视冲绳本岛而来的传播及其地域性发展等方面。

暂时将目光离开赛龙舟而只注视船体的话，对造船材料的树木以及对树灵的信仰，还有以这种信仰为基础形成的造船过程中的仪式礼法等，关于这些方面在中国和日本两国之间进行比较是有可行性的。除此之外，对于与造船工人（非农民）的职业性能相结合的含信仰成分的礼法、工具的仪式、巫术的用法等方面也有关注的必要。

附注：本文图片如无特别说明，均为作者所摄。

（松尾恒一著　王媛译）

中国讲唱与韩国板索利的比较研究

中国的讲唱文学，最初是由僧侣用佛教故事写成的，后来其叙述对象扩大到中国历史故事和传说中的人物，而记录这些讲唱的佛教变文即是讲唱文学的始祖。这种讲唱的题材很丰富，如佛经叙述、史事、杂事等，在文体上则是文言文和骈文或生动的白话文交替使用。虽然其文学价值不是很高，但是在形式和题材方面对后世的影响很大。一方面，变文对宋代话本小说以及鼓子词、陶真、小说（银字儿）产生很大的影响，尤其是变文的故事发展成为民间传说，又为小说的创作提供了素材。另一方面，元曲、元代词话、杂剧里的诸宫调等均受到了变文的影响。此外，明清流行的弹词、鼓词宝卷，清代的鼓词、弟子书、快书、道情等宋元明清的讲唱文学，多少都受到变文的影响，属于民间通俗作品的宝卷、弹词是在变文的影响下发展而成的俗文学。

关于中国的讲唱文学和韩国的板索利，曾有许多学者做过比较研究，并在韩国学术论坛上发表了不同的论点。

早在20世纪60年代，金学主发表《中国的讲唱文学和板索利》[①] 一文，引起了学界的关注。金学主在该文中指出，在诸多的讲唱文学中不难找出它们的共同点：一，一个人在众人面前边讲说边歌唱；二，讲唱的人自己用拍板、铁片或用弦乐器伴奏；三，故事内容各色各样，逐渐发展为篇幅长篇化、内容和情节复杂化；四，唱曲和对话中有浓厚的文学色彩。他在该文中还谈及从讲唱发展而来的明初“词话”和“陶真”。经对比研究，他发现“陶真”到了嘉靖年间（1522—1566）发展为“弹词”，“词话”系统的讲唱则发展为明清之际在北方流行的“鼓词”，两者在伴奏乐器上有所不同，即“弹词”用的是弦乐器，“鼓词”用的则是鼓；并认为韩国英祖时代（1724—1776）兴起的板索利受到了中国讲唱的两大主流“弹词”和“鼓词”的

① 金学主：《中国的讲唱文学和板索利》，《东亚文化》1966年第6期。

影响。

过了较长的一段时间，张筹根在1981年著《韩国的板索利和中国的讲唱文学》[①]，主要论述中国讲唱的起源，即讲唱是从唐代和尚讲经的变文发展而来的。变文影响了宋代鼓子词、话本、诸宫调、陶真以及元明清时代的宝卷、叙事道情、词话、唱本和弹词等讲唱文学。他以佛教小说板索利《沈清传》为例子，探索了讲唱与板索利的关联性。1982年，成贤子在他的《板索利和中国讲唱文学的对比研究》[②]一文里也提出了自己独特的观点。他审察比较板索利和中国讲唱文学的特性，先是找出两者之间的共同点，然后再对比表演形态和叙事结构，探求板索利与讲唱的不同。

细察成贤子的《板索利和中国讲唱文学的对比研究》，他在比较讲唱和板索利的相似性时，持着类似于金学主的观点，但在金氏观点的基础上，多了些对板索利和讲唱所产生的社会背景的研究，认为两者皆是以平民老百姓为主要对象的民众艺术。此外，他还探究了讲唱和板索利的差别所在，特别列出讲唱与板索利的相异之处，通过分析两者在表演形态和叙述结构上的不同来说明两者之间在艺术上的区别。先分析表演形态，板索利在描述方面比讲唱更为生动，更具流动性，具体表现在三个方面：一，讲唱中唱者和伴奏者是不分离的，在行动方面比不上板索利灵活，唱者和伴奏者分离的板索利可以用补助动作更为立体地表达故事情节。二，板索利的乐调根据其内容的不同运用不同的节拍，有高度的审美感，而讲唱用单一的乐调，与板索利比起来显得既平面又单调，结果导致表演特性的减少。三，讲唱的内容用“一朝一代故事，顷刻间提破”（见《都城纪胜》），与之相比，板索利插入了歌谣、才谈及华丽的修辞，更能实现文学的美感。总之，从表演形态来看，板索利更是一种完整的艺术形态，在感情的表现和描述方面都比讲唱更为活跃生动。再分析叙述结构。他总结出两者在形式上有四个方面的不同：一，板索利的“正话”部分很完整，可以说是一种很具有专业化音乐性的完整的艺术形态。而讲唱则像一篇论文一样，是“绪论—入话，本论—正话，结论—散场诗”的形态，其逻辑结构以叙事为主，以形式为主。二，板索利和讲唱，两者表面上讲和唱的交替方式是一样的，但实际上板索利是以唱为中心的艺术形态。而讲唱采用的则是以讲为主，以唱为补的形式。三，比起板索利来，讲唱弱化了唱的部分，缺少了剧情的描述，音乐性上的不足导致立体动感的缺乏。四，板索利未必有结后语，而讲唱必须有散场诗，这表明讲唱有着强烈的教化功能。从以佛家精神为基础的俗文化来讲，讲唱本身是不追求艺术魅力的，为平民百姓所容易理解，而主要以讲唱的方式传达佛经故事，以达到教化的主要目的。

---

① 张筹根：《韩国的板索利和中国的讲唱文学》，《京畿语文学》1981年第2期。

② 成贤子：《板索利和中国讲唱文学的对比研究》，《震坛学报》1982年第53期。

综述上文，成贤子的主要论点是：形式上相似的讲唱和板索利，在内容上截然不同。他的总结论即如其本人所言："从社会学的角度看，两者是同样基于民众的民众艺术，但是在表演形态上，板索利严格分离唱者和伴奏者，比起讲唱更为立体地向观众传达剧情；在叙述结构方面，板索利比讲唱更重视'唱'的部分，比讲唱更能表现出叙情和意义的传达，美学方面也更为突出。"他还通过形态和结构的比较，试图说明板索利在艺术上比讲唱更具有美感。

进入21世纪，在板索利和讲唱文学的比较研究领域里，发表论文数量最多、研究成果较卓著的是郑元祉，他于2002年写了《通过中国古代诗歌传统和说唱艺术样式看韩国板索利发生背景考察》① 一文。他持着板索利在古传承方法上不是以文字记录方式，而是以声音艺术方式传给弟子的观点，一方面从中国古代文学中声音文化传统的角度，列出中国历代说唱艺术的形式和特点，揣测讲唱人的原型；另一方面考察讲唱中作为伴奏乐器的"鼓"的作用，从而与韩国的板索利作对比，推论板索利的产生背景。郑元祉接着发表了《韩国板索利和中国演剧表演艺术的特性比较》。2009年以后，他又写了《以板索利"春香歌"察看中国文学的收容和变容》和《板索利文体的特性》两篇论文，主要从板索利"春香歌"文体特性的角度探究辞赋和板索利的相关性，将汉赋中的比物连类手法与板索利的事物排列方法作比较，解释设定剧情和转换情节的方法，并从文体特性的研究出发，说明中国古典文学带给板索利文体上的影响。

郑元祉在他的《韩国板索利和中国演剧的表演艺术特性比较》② 一文中，从不同于成贤子的角度对板索利和中国演剧艺术作了比较，即先把板索利和讲唱、元杂剧及明清小说比较，再和乱弹、京剧比较，最后是把板索利的音乐语法和傩戏比较，探究板式变化体的渊源。他认为板索利的唱者用边做动作边歌唱的方式讲述故事，从声音艺术的角度看，其最重要的因素是音乐性和抒情性的表达。当然，中国的讲唱和戏剧艺术一样是以音乐性和抒情性为重要因素的。从这一点出发，他尝试探究两者的渊源关系。他注意到，韩国18世纪出现的以板索利为中心的新的音乐语法与清代地方戏（乱弹）和京剧的音乐语法很相似。在以七言为主的齐言体基础上发展而成的板式变化体，和京剧的音乐语法有一定的关联性。板式变化体以七字句为文学构成单位，运用上下句反复咏唱的音乐结构，从而影响了新的戏曲形式。也就是说，板式变化体促使了地方戏和后来京剧诞生。从形式上看，诸宫调的演出方式最接近韩国的板索利。

① 郑元祉：《通过中国古代诗歌传统和说唱艺术样式看韩国板索利发生背景考察》，《板索利研究》2002年第14期。

② 郑元祉：《韩国板索利和中国演剧的表演艺术特性比较》，《中国人文科学》2002年第25期。

诸宫调是由不同的宫调种类构成的曲牌，适用于大型的说唱体系，其音乐规模宏大，音乐结构也比较复杂，适用于描述复杂多样的故事和人物的性格等。诸宫调也交替进行唱和白，由叙述者扮演登场人物来演出，与板索利在外在表现形式上相同。但在音乐语法上，板索利不同于套式体的诸宫调。从音乐语法的这一角度分析，板索利更接近于在板式变化体基础上发展而来的地方戏和京剧。两者的时代背景，板索利的时代状况和中国的音乐语法，几乎在同一时期发生了变化，因而我们可以从这个角度看两者之间的密切关系。再则，板索利的演剧唱法不同于已有的固定形式，而需要具备剧中人物各自不同的表现形式，要有多种多样的发声法，需要自由自在地变奏演唱不同的音乐格式。同一时期出现的地方戏和京剧，也和板索利一样，运用了板式变化体的戏曲样式。

在《韩国板索利和中国表演艺术的特性比较》一文里，郑元祉还注意到字面上“板索利”的“板”，读音为 Pan。在韩语中，“板”（Pan）可以解释为“现场”，如酒 Pan、乱场 Pan、游戏 Pan。这里的 Pan 字，都接在名词后面，指代某某现场，但板索利的“板”接在名词前面，显然所蕴含的是不同于“现场”的意思。他把板索利的“板”读为板式的“板”，即为板式变化体的声音艺术、板式节拍的声音艺术。这种韩国板式的音乐节拍，直接与中国板式变化体类的音乐进行对比，也不会存在脱离整体的音乐语法的缺憾。而孟繁树在他的《中国板式变化体戏曲研究》里描述板式音乐的特点时也说：“声音明朗，繁音促节。”①这与韩国的宋芳松在《韩国音乐通史》② 里说明的朝鲜后期的音乐特点是完全一致的。宋氏认为朝鲜后期的音乐节奏快，节拍开始多起来，逐渐演变成复杂的旋律。这表明，同一时期的不同国度在音乐方面都发生着极其相似的变化。

沿着前文所述郑元祉关于板式变化体的理论，我们不妨对板式变化体进行溯源。孟繁树在他的著作《中国板式变化体戏曲研究》里指出，傩戏、木偶戏和影戏是历史最悠久的板式变化体戏曲。他以叙事为主的讲唱本——贵州地方戏为例，认为齐言体板式变化体的雏形，就是元明时期通过七言为主的傩戏形式的唱腔发展而来的（比如傩戏代表性作品《刘文龙赶考》，不用曲牌，唱词连用七言句民谣形式），并由此推断傩戏是历史最悠久的一种齐言体艺术形式。自产生以来，板式变化体为后世中国戏曲带来了巨大的影响。如以梆子腔和皮黄腔为代表的板式变化体的出现，带给中国戏曲一大变革，在清代开启新的地方戏曲时代。在梆子腔的声腔系统上，秦腔的历史最悠久，一般认为秦腔是扩散到南北的各种梆子腔的鼻祖。清代严长明在《秦云

① 孟繁树：《中国板式变化体戏曲研究》，台北：文津出版社 1991 年，第 153 页。
② 宋芳松：《韩国音乐通史》，一潮阁 2001 年，第 371 页。

撷英小谱》中对秦腔的特点描绘道："若夫调中有句，句中有字，字中有音，音中有态……（中略）神明变化，妙处不传，则音而兼容。"① 这里所描述的"音中有态，音而兼容"好比板索利的声腔特点。秦腔属于梆子腔系统中板式变化体的声腔，音色很丰富，容易触发情绪，给人带来无穷的感动，而板索利追求声音的高低长短、舒缓顿挫，使用变化多样的节拍给观众带来回味无穷的魅力。秦腔和板索利的声色可以看作同一个脉络上的音乐语法。在以齐言体为基础的板式变化体出现以后，开始脱离音乐上的约束，而有了结构上的解放和变化，在唱、念、做、打等戏曲要素上开拓出无限发展的空间。既要适应变化多样的剧情，又要表现登场人物的真实感，为适应场面的转换、气氛和高潮，板式变化体的乐调必须要求自由自在的变奏。按照歌唱的内容，随着音乐的快慢，板式变化体节拍的特点使板索利可以适当地安排其不同的乐调和节拍。这样，不限于作品内容的长短、不拘泥于时间和空间的板式变化体最接近板索利的音乐语法。郑元祉正是根据上述得出结论：板索利和板式变化体的音乐语法极为相似，这绝不是偶然，在节拍、声色和音乐语法上都可以找出它们之间的渊源关系。

关于中国板式变化体和韩国板索利的渊源关系，除了上述几位学者的观点外，单从字面上也可稍作推测。根据中国典籍里的"打令"与板索利的"板"，可以推测韩国板索利与中国的讲唱及民间艺术之间或多或少有一定的直接或间接渊源。板索利有几种异称，其中"打令"尤其值得我们关注。"打令"②，是韩国民谣的一种歌唱方式。在中国的典籍里也可发现"打令"两个字，如南宋朱熹的《经世大训》里"唐人俗舞，谓之打令"；《太平广记》"乃云，二刺猬对打令，既合节奏，又中章程"。在这两个例子中，虽然"打令"的字面意义不是很明确，但可以揣摩出其在句中所指的是俗舞或其他类别舞蹈中的一种。除了上述的两个例子外，还可以找到关于"打令"的其他例子。范摅的《云溪友议》有言："二人又为新添声《杨柳枝》词，饮筵竞唱其词而打令也。"③。这里的"打令"不能确说仅仅是俗舞，还可能包含歌唱部分。追本溯源，打和令都与歌唱和跳舞有密切关系，所以这里的打令也应与歌唱和跳舞有一定的关系。尽管不能详细考证出其字义及来源，我们仍可大胆推测韩国常用的"打令"可能也是中国影响下的产物。

为了更全面地探究中国讲唱和韩国板索利的异同关系，除了在上述学者的研究成果中比较中国的讲唱和韩国板索利，及从字面上对两者关系进行推测外，我们还可以

① 转引自孟繁树《中国板式变化体戏曲研究》，台北：文津出版社 1991 年，第 138 页。
② 转引自金学主《中国讲唱文学和板索利》。
③ 转引自金学主《中国讲唱文学和板索利》。

从分析现存流行的中国讲唱文学入手，将各地现存的不同讲唱文学与板索利稍作对比。例如评书。评书是现存流行于华北、东北、西北一带的讲唱文学之一，也叫评话，作为一个独立的说书品种，大约形成于清代初期。评书的表演形式，早期为一人坐在桌子后面，以折扇和醒木（一种方寸大小，可敲击桌面的木块。常在开始表演或中间停歇的当口使用，提醒听众安静或吸引注意力，以加强表演效果，故名）为道具，身着传统长衫，说演讲评故事。发展至 20 世纪中叶，多为不用桌椅及折扇、醒木等道具，而是站立说演，衣着也不固定为长衫。评书的表演形式虽然是口头讲说，但其艺人来源却多为唱曲的转行。从表演形式着眼，我们可发现评书和板索利一样，都是一种口头的讲或唱的艺术形式，而在早期的评书中，用以敲击的醒木和板索利表演中的鼓虽为不同性质的道具，却有类似的作用，不同之处在于评书的讲说者同为敲击者，而板索利的唱者和击鼓者则为不同的人。再如大鼓书。大鼓书，原名“安徽大鼓”，由于庐江县内方言的关系，主要流行于中国北方诸省、市的广大城镇与乡村。从表演形式来看，演唱者一手敲鼓、一手夹板，配合唱腔、道白，节奏和谐，唱一段说一段，还伴有动作表情。各种大鼓多数由一人自击鼓、板，数人一致用三弦等乐器伴奏，也有仅用鼓、板的，大多取站唱形式。就此与板索利相比，大鼓书的演唱者是集唱说与配乐于一体的，异于板索利的唱者和击鼓者相分离的形式。不过两者在表演中都是讲与唱交替，并相对注重讲唱与节拍的相和，均具有艺术音乐的审美性。从表演中的讲唱交替来看，大鼓书早期曲目以中、长篇居多，有说有唱；后多偏重短篇，只唱不说。由此可以见出，大鼓书作为讲唱的一种，早期的表演因兼备唱说而明显异于板索利，后期的表演只唱不说则类似于板索利。还有评弹和河南坠子。作为苏州评话和弹词总称的评弹，是一种散韵文体结合，以叙事为主、代言为辅的苏州方言说唱艺术。而河南坠子的前身是流行于河南的道情和“颍歌柳”两种曲艺形式。从清代末叶开始，两个曲种的艺人逐渐合流，在音乐唱腔等方面互相吸收融合，特别是颍歌柳的伴奏乐器小鼓、三弦被改成坠胡以后，由于改弹拨乐器为弓弦乐器，伴奏旋律起了根本性的变化，促成唱腔音乐的重大变革，“溜腔”的使用促使新的唱腔和音乐结构出现。从唱本内容、伴奏乐器、音乐性等方面来看，这两种讲唱文学形式，也与板索利有一定的可比性。

综述前文，经学者们将近 50 年的努力，关于中国讲唱与韩国板索利的对比研究渐趋成熟，成果也可谓越来越丰富。从上世纪 60 年代金学主探究中国讲唱本身的共同之处，以及中国讲唱在发展的过程中渐渐对后起的韩国板索利产生影响开始，到成贤子发文《板索利和中国讲唱文学的对比研究》表明讲唱和板索利在表演艺术形式上的差别，再到本世纪郑元祉着眼于音乐特点的系列研究来探寻讲唱和板索利的渊源关系，总体呈现出学界对中国的讲唱和韩国的板索利之比较研究由表及里、由宏观到微观的深入发展态势。从讲唱内部特点的归结到就表演形态和叙事结构将讲唱和板索利进行对比，再到以音乐特点为切口对讲唱和板索利之关系的探微，中国讲唱和韩国板索利之渊源关系渐渐浮出水面，从而也可见出中国艺术对韩国艺术的影响，以及韩国艺术对中国艺术的经验借鉴。进一步可见，关于中国讲唱和韩国板索利的对比研究，无论是从一国的文化发展还是仅从文化审美来看，都是很有必要的。

（李光燐）

非物质文化遗产和徐福传说

——以传说之传承主体的多重性为中心

一、前　言

本文着眼于传说之传承主体的多重性，拟对中国国内目前全面展开的非物质文化遗产保护活动对地域传说产生的影响进行探讨。

兹以徐福传说为例。此传说在中国的原始版本是徐福为寻求长生不老的仙药，率领船队东渡日本、韩国。此传说流传到日本、韩国后，分别衍生出不同的后续故事，逐渐形成了具有当地特色的徐福传说。可见，这一所谓“地域传说”之“地域”并不局限在中国国内。这就需要我们围绕中日韩三国的传说进行综合分析。

笔者长期在日本就当地徐福传说进行多方研究，其间也曾在中国和韩国的传承地进行过访问考察。因为在笔者看来，徐福传说是一个全球性传说，相关研究不是局限在日本国内就可以顺利进行的。以下笔者将从目前为止所调查到的传说情况出发，对中国国内的非物质文化遗产保护活动进行一些思考。

二、徐福传说的现状

（一）徐福传说及其变迁

徐福传说的相关记录可以追溯到司马迁的《史记》。始皇帝本纪二十八年，秦始皇的最后遗愿就是能够长生不老。于是，公元前219年，方士徐福登上历史舞台，向始皇帝进言说要率领童男童女数千人和掌握先进工艺的技术人员，并且携带五谷的种子，乘船出东海寻求仙药，得到了秦始皇的同意。①

此后，徐福又向始皇帝报告说在寻找长生不老药的途中受到了巨鲨的阻碍，要求准备连弩扫清障碍。始皇帝三十七年，即公元前210年，徐福一行重新乘船出东海。

① 出自吉田贤抗《史记》1，《新释汉文体系》38，明治书院1973年，第336、355、361～363页。

其故事的结尾并非出现于《始皇帝本纪》中，而见载于《淮南衡山列传》第58篇中伍被的供述书。[①] 书中说徐福寻得平原广泽，并称王未归。具体地名未留记录。

自那以后，沿袭着《史记》中的记载，中国古代史籍杂著中关于徐福的记载一直未曾中断。关于徐福乘船出海一事，盛唐时期的李白曾在《古风五十九首（其三）》中以诗吟颂。[②] 其后的白乐天（即白居易）也曾在其诗《新乐府五十首之四·海漫漫·戒求仙也》中创作出徐福带领童男童女一行最终无处可去、老死船中的结尾。[③] 日本的贵族社会将中国文学视为一种修养进行积极的学习，并让其出现在自己的文学作品中。《源氏物语》[④]、《平氏物语》[⑤] 等日本的代表性古典作品中也可以窥视到徐福的影子。

自此，徐福传说随着时代的变迁，在中日韩三国不断衍化。在此过程中，传说里还出现了具体的地名信息。日本有关徐福东渡的记载，始于958年释义楚《义楚六贴》对日本僧人瑜伽大教弘顺大师赐紫宽辅之言的记录。而于805年以遣唐使身份前往大唐的空海，在即将离开大唐、返回日本的送别宴上收到了中国鸿渐所作离别赠诗《奉送日本国使空海上人橘秀才朝献后却还》。诗中引用徐福为例，说空海一旦回日本就会音信全无，为其归国感到惋惜。从此徐福东渡日本的传说开始出现在公共场合。

徐福的乘船出海以及后来到达日本，难道仅为后世想象？是否有据可依？事实上，这些问题都尚无定论。不过，徐福的传说并非只出现在上述私人场合，那么其事在其流传的历程中与日本发生关联，是否有其特殊意义？

1376年，日本人绝海中津渡海到达当时的明朝，得到了在英武楼拜见明太祖的机会。会谈之际提到熊野的徐福祠，绝海和明太祖以诗相对。在那个时代，熊野的徐福祠似乎为中日双方共同认可。虽说如此，当时只是身为留学僧的绝海为何能够被允许去拜见明太祖呢？据荫木英雄推测，明太祖当时苦于倭寇之患，感到外交陷于困境，想通过绝海打开外交局面，向当时在日本室町政权有发言权的嵯峨派寻求联系。[⑥]

这样一来徐福早在几百年前就已经登上了政治舞台。当然这不只是过去的事。在中日邦交正常化以后，在中日的外交活动中，被认为是传说中徐福所找到的长生不老

---

① 出自《史记列传》下，《国訳漢文大成》16，国民文库刊行会1922年，第106～107、326～327页。

② 出自《李白全诗集》上，《续国訳漢文大成》，日本图书中心1978年，第38～41页。

③ 出自《白乐天全诗集》1，《续国訳漢文大成》，日本图书中心1978年，第245～247页。

④ 出自《源氏物语》3，《日本古典文学全集》14，小学馆1972年，第159页。

⑤ 出自冨仓德次郎《平氏物語全注釈》中，角川书店1967年，第292～294页。

⑥ 出自荫木英雄《蕉坚稿全注》，清文堂1998年，共280页。

药——天台乌药就曾被作为礼物馈赠给中国领导人。[①] 可以说徐福超越时代在外交活动中发挥着作用，即使在当今社会仍然有广泛的影响。

徐福传说在日本和韩国各地都获得了具体的地名。徐福在各地拥有当地独特的传说故事的同时，作为带来先进技术的渡来人或者神灵也得到当地人的祭拜。例如在三重县熊野市波田须所传承的徐福传说是和徐福神社共同存在的。但是1907年祭神徐福之名被从三重县剥夺，徐福神社被当作一座神灵不详的神社和波田须神社合并了。据说这是因为在当时祭祀中国人是不被允许的。但是通过调查当时的资料得知，当地的人们无论如何都想把徐福神社保留在自己的土地上，从而策划了许多计划。但是这些计划都未能取得成功，在徐福神社被合并后，当地的青年团合力在原徐福神社的遗址上建起了一座徐福墓。将从遥远的海外渡海而来的徐福作为神灵而进行长期祭拜的人们当时的想法到底是怎样的呢？可能是希望自己的土地上有徐福一如既往的守护这样的信念让他们建造了徐福墓吧。这里可以看到和外交舞台完全不同的传承主体。

有关徐福的传说其实在很多的文字资料中都有所记载。目前为止已确认的徐福相关记录超过600条，现在还在不断增加。[②] 但是这并不意味着徐福传说只是被埋藏在文字资料中。徐福通过地域内外的多种多样、多层次的传承主体被不断记述着、叙说着，并以此实现了生命的不断延续。

（二）中日韩三国徐福传说的现状

在很长的一段时间内，徐福传说并没有被提高到学术研究的层面上来。2007年7月，笔者获得了在北京师范大学民俗典籍文字研究中心・文学院民俗学与社会发展研究所进行一场题为《全球化和无形文化遗产——徐福传说的东亚网络》的报告的机会。当时，时任研究所所长曾对笔者说，前任所长钟敬文先生在世时，曾有人想就徐福传说作相关报告，可是被以徐福传说缺乏学术性拒绝了。时过境迁，现在徐福传说成了学术研究。其实，同样的情况在日本也能看到。多次有人对笔者说过："徐福传说如此繁琐，你能一直研究下来，可真有耐心。"

徐福传说的繁琐是指围绕着它的多种多样、多层次的传承主体。现在徐福相关的传承地在中国有10多处，在日本有20多处，在韩国也有多处。中日韩三国徐福相关的组织有多少呢？包括处于活动停止以及已经解散的组织，中国有22个，日本有22个，韩国有5个，共计大约50个组织。此数目比传承地的数目还要多。

---

① 是国务院研究中心的张云方先生说的话。他实际参与了从日本运送天台乌药到中国的过程。

② 参见逵志保《徐福論—いまを生きる伝説—》，新典社2004年，共272页。在正文中设徐福文献一览，共计520条文献。可是出版后笔者又搜集到不少与徐福相关的新材料，现在总计超过600条。

下面对徐福的相关组织进行简单整理。在中国有总领各地徐福组织的中国徐福会①，正式成立是在1993年。但是徐福会成立前夕的1991年秋，在北京人民大会堂举行了筹备委员会会议。听说以这个筹备委员会会议的召开为契机，1991年春由知识分子阶层在日本成立的日本徐福会也受此影响。据现任中国徐福会会长、原国务院研究中心负责人张云方先生回忆说，当时自己也曾被人热心地劝说加入徐福会。劝说他的人正是当时的中日友好协会副会长，在中日邦交正常化过程中作出过巨大贡献的肖向前先生。中国徐福会首届会长是原印度大使李连庆先生，第2任是原大阪总领事刘智刚先生，历任皆为国家级别的外交专家。2010年末，中国徐福会进行了重大人事变动，但是这一倾向至今并未发生改变。现在中国徐福会在全国各地拥有14个分会，会员人数约10万人。

那么，韩国的情况又是怎样的呢？在韩国主要是将济州岛作为徐福传说的传承地，长期以来以研究会等形式进行研究。但是，近年来，庆尚南道开始将徐福传说作为新的观光资源引起人们注意。2010年，一个名为韩国徐福中央会的韩国全国性的徐福组织诞生了。就任的首届会长是中韩亲善协会会长、原首尔市市长、原国会议员李世基先生。另外，2011年9月30日，在庆尚南道发展研究院举办了徐福相关的国际会议，主题是观光。徐福传说成为庆尚南道的观光资源后，绝不只是局限在庆尚南道的徐福故事。会议就作为在中日韩三国交往过程中具有商品价值的徐福传说进行了讨论。

在日本，现在也在策划类似的国际性活动，中日韩电视连续剧就是其中之一。想要在中日韩三国之间联合组织一个活动的时候，充满着历史浪漫主义的徐福传说便是极好的素材了。但是在日本没有一个和徐福传说相关的总领性质的组织。实际上，迄今为止曾几度试图成立一个日本全国性的徐福组织，可最终都没有成功。为何在日本没能成立这样的组织呢？

笔者认为究其原因是日本国内各个传承地都在各个地域内独自运作，或者是古代史爱好者自己建立的组织，并认为其相关活动没有必要设立上层组织。但是这一倾向也在慢慢发生着变化。各个传承地如果只是在本地域范围内活动的话倒是没有什么问题，现在中日韩三国每年都会在国际会议的名义下举办多次徐福相关的大型活动。各个传承地的人们各自是否也应该参加类似的国际活动、如果自己要想举办类似活动各地是否会有人来参加、若是真的承办类似活动到时候应该如何应对别的研究会等问题层出不穷，但是日本国内尚没有能回答此类问题的组织。因此，现状是几乎都是笔者

① 除了中国徐福会以外，还有一个叫作中国国际徐福文化交流协会的组织。从现状来看，是以山东省龙口市的徐福研究会的上级组织的形式存在的，并不负责地域间的联系。

在担任类似的角色。

特别是2011年9月中国徐福会组织访日代表团，花了半个月参观考察了东京、横滨、富士吉田、熊野、新宫、佐贺、八女等徐福相关地区。笔者参与组织这次几乎纵贯日本的旅程，各传承地或组织的应对让笔者认识到各个地域传承的现状。

关于地域的传承主体，想在此再说一点。不仅是在日本，即使是在中国和韩国长期以来有着巨大影响的两位日本乡土史学家也于2011年先后辞世。他们是长期从事徐福研究的人。笔者收到讣告后马上通知了中日韩各地，不久唁电便纷至沓来，葬礼现场显得很庄重。这看起来好像是个人的事，其实这正说明了在中日韩三国之间围绕着徐福传说的传承主体之间保持着深厚的联系。虽说确实是信息传递的工具随着时代的发展发生了巨大的变化，但并不仅仅如此。拥有把各地的徐福传说推向高潮这一想法的多样的传承主体经过长期以来的密切合作，逐渐形成了能够对讣告做出迅速反应的关系，因此而形成的关系网已逐渐趋于成熟。这就是徐福圈内的现状。

三、非物质文化遗产和徐福传说

据中国徐福会会长张云方先生介绍说，徐福传说最初是2008年浙江省的慈溪和象山联名申报了中国非物质文化遗产名录并得到了认可。最近江苏省的连云港也进行了申报，并得到了认可。关于慈溪和象山两地笔者无法确认，而关于连云港以“徐福东渡传说”登录国家级非物质文化遗产名录一事已得到确认。

听说张云方先生在2010年和2011年的中国徐福会会长扩大会议上发言提出了今后中日韩三国联名申报世界非物质文化遗产名录的建议。不仅是在中国国内，上述的中国徐福会访日团也对此提案作了广泛的宣传。

围绕着非物质文化遗产，中国的这一意向可以说显示了徐福传说的现状。各地都在现有的社会关系中活动着，也出现了想对其进行统筹的倾向。笔者关注徐福传说长达25年之久，从这个角度看，“中日韩三国联名申报世界文化遗产”这一想法是基于现在围绕着传说的中日韩各地的关系发展已经基本成熟而出现的，这样就能够理解了。从传承主体的多重多样这一方面，即便仅仅依据笔者关注徐福传说的25年经验，也可以看出这一传说流变过程的历史本身。

至少在几年前“中日韩”这样的想法是不会出现的吧。今后具体动向还不清楚，但2012年是徐福东渡2222年的纪念年（据中国徐福会），已经决定在中国的象山举办徐福国际会议。届时会议开始日期将会配合当地的节庆日，预定安排相关节庆日的参观活动。

四、结 语

至此我们了解到，围绕着徐福的传说与信仰是由多重多样的传承主体一直支撑到现在的。现在看上去好像是相关活动非常盛行，回顾过去，其实以前传说就曾这样按照时代和地域的需求在政治领域发挥了重要作用。

这不只是徐福传说的问题。自然地去捕捉传说特性的话，就会发现不仅有“传说的管理者”，还有乡土史学家、学校教师、自治体职员、外交部相关人员等多重多样的传承主体。甚至就连笔者自己也归属其中，无法逃脱。

施爱东先生曾对非物质文化遗产做过如下表述：“对于地方政府来说，获得‘国家级’这样的文化招牌不仅仅局限于政绩，还与旅游观光业的开发产生联系，从而促进地方经济的活力。”虽说如此，同时还指出非物质文化遗产“只不过是虚有其表的文化荣誉而已”。另外还指出“研究人员只有和基层社会保持距离，站在旁观者的立场上才能不感情用事，避免以当事人的身份误入其中的危险，从而更真切地认识传统文化在民间是怎样被解释，利用，创造，传承下来的”，如果不这样的话，那么研究人员只不过是“特殊的当事人”而已。①

前提是中国国内现在所进行的非物质文化遗产保护活动需要怎样的民俗学学者？“并不是前往实地展开真正的学术研究”，此话不正说明了问题所在吗？笔者认为非物质文化遗产这一称号即使被说成“虚有其表”，不正是在取得了这一称号后才产生了新的调查研究的必要性和余地吗？

在自身将近25年的徐福研究中，笔者每一个行为几乎都已成为徐福研究历史的一部分，当然也感觉到自己已经无法做一个旁观者。借用刚才的话说，只不过是一个“特殊的当事人”。但是我们真的能成为旁观者吗？比起做一个旁观者，笔者经过深思熟虑，选择了向当事人反馈成果的这条路。

传说本来只是存在于详细传承下来的“传说管理者”中，这一点是明确的。当地的乡土史学家进行热心的研究，并将其融入学校教育之中，以各种各样的形式进行传承，今后也会继续下去吧。地方自治体的努力影响也很大，如果是国家的话将会更大。就像这样多重多样的传承主体正在创造着现在的传说。

今后将不得不面对的问题是当非物质文化遗产这一称号介入后，现在能看到传说的我们究竟知道些什么？难道我们现在不应该尽可能地努力将其传承过程中的创造和变化不断聚集在一起吗？关于这一点，非物质文化遗产保护活动能不对这一活动给予

---

① 参见施爱东《中国における非物質文化遺産保護運動の民俗学への負の影響》，《现代民俗学研究》第3号，2011年5月，现代民俗学会，第19～27页。

一臂之力吗?

传说在任何一个时代都在随着岁月的变迁而发生变化，现在也在不断的变化之中。那是因为有想要改变它的人存在。以横跨中日韩三国的徐福传说为例，我们可以看到作为非物质文化遗产进行保护时，传说具有多重多样的传承主体。他们的动向就是传说创作的过程。这不仅是中国国内，日本和韩国也关系其中，这一点不正是需要特别说明的传说的特征吗?

举个例子，在抗日战争中，河北省盐山县有一座与徐福相关的寺院石碑被日军用红布包裹运走的故事。江苏省连云港市也有徐福庙被日军破坏的说法。一直到今天这些故事的相关材料都没有被考证。像这样的一个又一个围绕着传说的现象，都应当马上得到调查和研究。如果非物质文化保护活动是以此为目的的话，笔者希望积极参与其中。

（逵 志保著　潘港译）

从中国的世界遗产政策看“和谐”在其文化外交中的影响

一、世界遗产作为政治：问题的提出

联合国教科文组织的事务局局长松浦晃一郎先生曾指出：世界遗产可以引爆观光业增加收益，并导致国家规模的经济增长，这一倾向在发展中国家尤为明显。① 自2004年以来恢复了GDP两位数增长，并被誉为“世界工厂”的中国，是仅次于意大利（41项）和西班牙（40项），拥有35项世界遗产的“世界遗产大国”（截至2007年10月）。除拥有北京的皇宫建筑群、皇家庭园和万里长城等景观外，中国还拥有像澳门历史景观等很多世界级的观光旅游场所。与自然环境相对应，这些文化遗产和遗迹大都具备了很容易转化成为旅游资源的属性。在考察世界遗产的相关问题时，这一视点及其重要性自然应该得到应有的重视。

不过，本文关注的并非世界遗产所能带来的经济效益，而是试图集中探讨其政治方面的意义，探讨中国的世界文化遗产政策与以“和谐”为关键词的中国内外政策之间的关联性。近年来，中国提出了“创建和谐社会”的政治目标，2005年，国家主席胡锦涛在联合国外交舞台即联合国大会发表讲演，提出了建设持久和平与共同繁荣的“和谐世界”这一外交方针。随之，一系列政策的出台表明，中国的内政和外交政策是同步进行的。那么，着眼于提高“软实力”、致力于振兴传统文化和展开文化外交的中国政府，究竟是如何把“和谐”理论注入其世界文化遗产政策中去的呢？

① 松蒲晃一郎《联合国教科文组织事务局长奋斗记》（讲谈社2004年，第205页）：“由于有以文化遗产和自然遗产为杠杆招徕游客的需要（中略），因此，登录世界文化遗产不仅能提高声望，实质上也有好处。”担任审查文化遗产责任的国际纪念物遗迹协会国内委员会理事、东京文化财研究所国际文化财保存修复协力中心企画情报研究室室长稻叶信子也表示担忧：“伴随着世界遗产广受欢迎的高涨情绪，若片面强调旅游方面，那名录就会变成受欢迎程度的排行榜了。作为旅游资源本无可厚非，但应该避免宾馆等大资本的流入导致对支撑着遗产的当地社区的破坏。”和歌山社会经济研究所，http://www.wsk.or.jp/work/d/tani/04.html，2005年6月22日。

显然，要检验"和谐"理论对其内政、外交的意义和影响，探讨原本作为国内政治目标而提出的"和谐社会"理论如何被引用到外交政策当中，其前提就是须将联合国教科文组织视为一个政治的空间。

然而，与一般地探讨联合国安理会和联合国大会所包含之政治性的理论研究相比较[①]，有关经济社会领域的联合国机构的实际状况，就连较为优秀的概论性著述也很少，更不用说聚焦于其历史、构成以及活动内容等方面的著作。以权力的空白为前提（或不设想相关的力学关系）的论述则更是稀少[②]。虽然在理念上应该排除政治性及其有关的偏见，在原理上有关其功能的概述也并不罕见。另一方面，诸如强化在政治和安全保障领域的功能，还有在经济社会领域里功能的进一步活性化等，这些"越境"的课题均需要拥有超国家主权的体系及其机制去对应。联合国教科文组织在这方面的目的也不例外，其论点也多是被归结为联合国改革这一涉及多国利益的总问题上。就此而论，涉及经济社会领域的联合国各机构，无非也是一种政治性的舞台。

在这个意义上，围绕着联合国教科文组织机构功能活性化的讨论，就很有典型的意义。参鉴美国（1984—2003）、英国（1985—1997）及新加坡（1985 至今）等国家曾先后以联合国教科文组织"过度政治化"、"亲苏反以"等为理由退出该机构的时代背景[③]，联合国教科文组织本身以及从该机构退出的行为自身，均无非是基于政治性的判断罢了。就笔者管见，特定研究者及有关人士围绕该机构之内（或本质的）

① 例如，波多野敬雄《日本，从联合国幻想中觉醒吧》，《诸君》2003 年 5 月号，文艺春秋社，2003 年 4 月，第 96 页；白石隆《联合国安理会危机的真相》，《中央公论》1428 号，中央公论新社，2003 年 5 月，第 34 页；最上敏树《联合国的再生：为阻止其和平解体，站在岔路口上思考世界和联合国》，《世界》，岩波书店，2004 年 2 期，第 86 页；古森义久《联合国幻想》，产经新闻社，2004 年，第 37 ～ 40 页及 154 ～ 160 页。

② 强调政治力学本来的外在性，认为"政治化"的原因是由于"东西方阵营的冷战构造"被带进了联合国的组织，如滝泽美佐子"第 8 章　社会・文化・教育领域"，横田洋三编著《新版国际机构论》，国际书院 2001 年，第 391 ～ 412 页。又：滝泽美佐子"第 8 章　社会・保健领域"以及阿曾村智子"第 9 章　学术・文化和教育"，横田洋三编著《新国际机构论》，国际书院 2005 年，第 387 ～ 430 页。

此外，明石康《联合国轨迹和展望》，岩波书店 2006 年，第 141 ～ 162 页；八森充译《联合国的基础知识》，世界动态社 2005 年，第 32 ～ 34 页和第 63 ～ 98 页，以及第 199 ～ 365 页等，都概述了在崇高的理念下，发挥联合国体系普遍性、公平性及其全球性存在的优越性，联合国组织所展开的诸多活动的内容等。

③ 美国国务院列举的退出理由是含意暧昧的"政治化"，其根据并不充足的证据，把批判的靶子确定为苏联和联合国教科文组织。最上敏树指出，"美国的批评主要是基于担心其主导权减弱的忧虑……"，见最上敏树《联合国教科文组织的危机和世界秩序》，东研出版社 1987 年，第 141 ～ 180 页。

政治性的先行研究，已经有一定的积累①。1987年，日本学者最上批评该机构“顺应主体的变化或政治化或非政治化”，在揭示其“相对性”及主观性的同时，还指出并分析了“该机构无论在哪个时代（中略），均有不少此类例证”这一政治化的“普遍性”问题。②

以上论述，不仅对联合国教科文组织而言，对于联合国很多其他机构也一样适用。但如果考虑到与经济社会领域尤其是与教育和文化等可以直接作用于思想形成的领域相关联，该机构的特殊性和政治性倒也不能与其他机构等量齐观。特别是联合国教科文组织的主要任务之一是认定和保护世界遗产，我们对其理念和实际运行均应有特别的关注。到目前为止，全球已经有超过850项文化遗产、自然环境遗产以及包括两者在内的混合项目被登记在世界遗产的名录之上，其原初的意义是要对“明显地具有普世性价值的文化遗产及自然遗产”予以“认定、保护、保存、整理”，“确保它们能传授给子孙后代”。由联合国教科文组织章程所揭示的世界遗产的此种理念，应该说在多国主义或多元主义政治的范畴，也已成为一项重要“遗产”了。

不断刺激着联合国教科文组织使之政治化的各缔约国，基于各自的政策理论，努力确保和扩大本国的利益，此种姿态是无论哪个以申请世界遗产登录为目标的国家均无例外的，甚至可以说此种倾向是更加明显了。本文将主要讨论作为政策设计的世界遗产，特别是围绕着文化遗产的登录，各申请国一方的政策理论和政策意义。从联合国教科文组织的世界遗产政策这一分析框架出发，既可以揭示出各国“国情”在其对外政策上的影响，同时，也可以揭示文化的政治影响力及其应用性。研究中国的世界遗产政策，反过来对于考察联合国这一全球机制的政治力学，进而考察各成员国之联合国外交的政治性，都具有重要的参考价值。

二、世界遗产的分类、登录程序及其基本理念

以“保护、保存具有明显的普世价值的遗迹和自然地域等，将其作为全人类共同拥有的世界遗产，并致力于确立国际协作和保护的体制”为目标，联合国教科文

① 佐藤幸男编著《联合国专门机构的“政治化”和第三世界的状态》，人间科学社1982年；最上敏树《联合国教科文组织的危机和世界秩序》，东研出版社1987年；Clere Wells，*United Nations*，*Unesco and the Politics of Knowledge*，Palgrave Macmillan，1987；河边一郎《联合国改革的意义》，《裁军问题资料》，宇都宫裁军问题研究室，1994年3月号；Sagarika Dutt，*The Politicization of the United Nations Specialized Agencies*：*A Case Study of UNESCO*，Edwin Mellen Press，1995；野口昇《联合国教科文组织50年发展与展望》，single cut公司，1996年；河边一郎《联合国教科文组织改革是什么》，《裁军问题资料》，宇都宫裁军问题研究室，2000年1月号；Sagarika Dutt，*UNESCO and a Just World Order*，Nova Science Pub. Inc.，2002；松浦晃一郎《联合国教科文组织事务局长奋斗记》，讲谈社2004年，等等。

② 参见最上敏树《联合国教科文组织的危机和世界秩序》，东研出版社1987年，第99～100页。

组织在1972年11月第17届总会上通过了《关于保护世界文化遗产及自然遗产的条约》（Convention for the Protection of the World Cultural and Natural Heritage，简称《世界遗产公约》）。该条约于1975年12月生效①，稍后又制定了《履行世界遗产条约的操作指南》（Operational Guidelines for Implementation of the World Heritage Convention），明确规定了遗产登录的程序手续、评价标准等具体的细则②。截至2007年10月，世界上先后有141个国家的851项遗产进入世界遗产名录，其中文化遗产660项，自然遗产166项，复合遗产25项。

世界遗产分为文化遗产、自然遗产和包含文化遗产与自然遗产两种属性的复合遗产。要登录世界遗产名录，必须符合表1所列各项条件中的至少一项③，与此同时，还必须确保通过采取法律法规等措施对其价值予以保护和保全，进而还应该满足具备详细的管理计划等诸多条件。至于登录程序，也必须经过世界遗产公约所规定的各项手续。基于世界遗产委员会④的要求，自然遗产由IUCN（国际自然保护联合会），文化遗产由ICOMOS（国际纪念物遗迹协会）分别对缔约国推荐的候补项目（每年申请登录世界遗产的项目总数不能超过2项，其中应该有1项是自然遗产）进行调查和评估。在一年一度的世界遗产委员会上，只集中讨论通过了上述审查和评估的候补项目，并根据前述诸多条件进行审议，并最终决定是否将候补项目列入世界遗产的名录当中。

根据1972年的《世界遗产公约》，对物质文化遗产和自然环境遗产已经确立了保护的体系，但对于非物质文化遗产和传统技能等的保护，此后并没有在多国之间确立起具有较强约束力的协议。于是，以通过“条约”这一法制体系来建立起对于人类口承文化及非物质文化遗产的国际性保护为目标，2003年10月，联合国教科文组

① 使文化遗产和自然遗产的保护一体化的意见，在1972年于斯德哥尔摩召开的“联合国人类环境会议”上取得了成果。当时，联合国教科文组织的专家们提出了关于文化遗产的国际保护条约草案，同时，IUCN的专家们也起草了关于自然环境保护条约的草案。承担将两份条约草案予以统合的责任，联合国教科文组织和联合国人类环境会议委员会经反复商议，最终确定了世界遗产条约的要点。在历来被认为是相互对立的“文化”和“自然”之间是有紧密联系的，它们都是全人类的共同财富，应该保护它们不受遭遇损伤、破坏的威胁，因此，有关机构应该积极协作展开调查与保护工作。由此形成的世界遗产国际公约，截至2007年9月，共有184个缔约国。日本是在1992年成为第125个缔约国的。

② Decision6 EXT. COM 5.1《履行世界遗产条约的操作指南》。

③ 《履行世界遗产条约的操作指南》第77节。在1977年第一届世界遗产委员会上首次提出以来，每隔几年就对操作方针有所改订，所有评价标准即便有所更新，但其文意却没有太大的变化。

④ 根据《世界遗产公约》，设立了保护世界文化遗产及自然遗产的政府间委员会。委员会由缔约国中选出的21个国家的代表组成，基本上每年召开一次会议，审议世界遗产名录的项目登录申请，制作濒危世界遗产名录，审查已经获准登录的世界遗产名录之项目的保存状况，此外，还对世界遗产基金的用途予以审核。委员国任期为6年，每两年改选其三分之一的代表名额。

织第32届总会制定了《关于非物质文化遗产保护的条约》（Convention for the Safeguarding of the Intangible Cultural Heritage，简称《非物质文化遗产国际公约》）①。尽管非物质文化遗产和传统技能，并没有因为该条约的界定而立刻就被接受认可而成为世界遗产的分类之一，但它将以下5个领域均规定为应被保护的对象：（一）口头传统及其表现（包括作为非物质文化遗产之传承手段的语言在内），（二）艺能，（三）社会的习惯、仪式及祭祀活动，（四）关于自然及万物的各类知识、习惯，（五）传统工艺技术。

2006年1月，由于缔约国发展壮大到30个国家，据该条约的相关规定，它于此后3个月后生效。截至2007年10月，包括已经批准、承认或者承诺在内，该条约已经得到86个国家的支持。联合国教科文组织展开的关于保护非物质文化遗产等的政策，把例如"保护传统文化与民间传承的宣言"和"正在消失着的世界少数语言地图"等项目，也都逐渐纳入其中。特别是该机构自2001年以来，每隔两年公布一次，业已公布了三批"人类口承文化及非物质文化遗产的杰作"（The Proclamation of Masterpieces of the Oral and Intangible Heritage of Humanity）名录，有关数据显示2001年有19项，2003年有28项，2005年有43项杰作先后有被宣告认定。认定"人类口承文化及非物质文化遗产的杰作"的标准是，（1）具有显著价值的非物质文化遗产；（2）在历史、艺术、民族学、语言或文学等任何一个方面具有显著价值，并表现为一般或传统的文化形式。作为对世界传统文化的表现形式和文化空间等予以保护的体制，非物质文化遗产国际公约的前言、第16条以及第31条等，均做了相应的规范。

上文主要叙述了世界遗产的分类、登录程序以及正在确立当中的非物质文化遗产的新的保护体系的有关状况。下面，本文将考察贯穿于此种法制化和制度化趋向当中的世界遗产的基本理念。无论文化还是自然，《世界遗产公约》对于世界遗产名录所要求的登录要点（第Ⅰ章），始终是坚持必须要"具备显著的普世价值"（outstanding universal value）②。进而还建立"濒危的世界遗产名录"，规定了缔约国出资旨在从事遗产保护活动的世界遗产基金等方面的义务（第Ⅱ～Ⅳ章）。特别重要的是，该公约极大地贯彻了联合国教科文组织宪章第一条所提倡的任务，亦即"要确切地保护、保存好作为全世界之遗产的图书、艺术作品以及历史和科学纪念物等，并建议各相关国家的人民参与必要的国际条约"，这一点也正是联合国教科文组织这一机构的使命。

在《非物质文化遗产国际公约》的前言里，明确指出了非物质文化遗产和物质

① MISC/2003/CLT/CH/14。
② 《履行世界遗产条约的操作指南》第49～53节。

文化遗产以及自然遗产之间深刻的相互依存关系，并提倡有关保护人类遗产的普遍思想，以及共同关注这一问题的重要性。与此同时，它还特别强调了有关人权的一些国际文件，诸如1948年制定的《世界人权宣言》、1966年制定的《关于经济、社会及文化权利的国际协约》、同年制定的《关于市民的以及政治权利的国际协约》等，并指出1989年《联合国教科文组织关于保护传统文化与民间传承的建议》、2001年通过的《关于文化多样性的世界宣言》以及2002年在第三次文化部长圆桌会议上通过的《伊斯坦布尔宣言》等，都不断地强调和推进文化的多样性，要求充分考虑到能够保证可持续发展的非物质文化遗产的重要性。就是说，保护某种文化，也就等于保护了生活在该文化圈当中人们的人权，这两者被认为在某种层面上是相通的，而这一视角也正与联合国教科文组织截至目前的各项活动宗旨相一致。

无论物质文化，还是非物质文化，确立旨在保护文化遗产的国际协作和援助体制，正是基于反映在上述联合国教科文组织的两项国际公约之内的基本理念。① 若不仅着眼于该机构的目的和任务，还从强调人类权利这一点上来看，显然，不能只有法律的整备和体制的建构，还应该把重点放在不断地充实软件方面。例如，联合国教科文组织宪章的前言开篇就写道："战争是在人的心中产生，因此，必须在人的心中铸就和平的堡垒"，这正是一个确凿的佐证。联合国教科文组织的目的，不外乎是联合国宪章所确认的，"对世界各国人民均无人种、性别、语言和宗教的歧视，为促进对于正义、法治、人权以及基本自由的普遍尊重，通过教育、科学及文化，推动各国人民之间的协力，进而对人类和平及安全作出贡献。"换言之，上述两个有关文化遗产保护的国际公约，正是对联合国教科文组织之存在价值以及对其本质理念的具体化。

所谓世界遗产，是"为了全人类而有必要将其作为全世界之遗产的一部分保存下来"，拥有"明显的普世价值"，并得到联合国教科文组织承认的多种项目。但另一方面，当我们留意世界文化遗产的部分评价标准（如第2、3、5条）时就会发现，在上述世界遗产理念里，还包含了与一般理解不尽相同的侧面。就是说，即便是只具有局部性价值的某些项目，它也有可能被认定为世界遗产，被登录在世界遗产名录当中，其价值的"普世性"其实是事后自动地被赋予的，而这一程序的合法性则主要是由反映了联合国教科文组织宪章之理念的世界遗产公约所保证的。从这一点，我们可以发现有关世界遗产的联合国教科文组织之理念的模棱两可；作为缔约国，也都是在接受了此种模棱两可之后，展开其世界文化遗产的政策的。于是，结果便是各缔约国所拥有的世界遗产项目的登录差距和登录项目的不均衡等，明显地形成了诸如此类

① 关于联合国教科文组织的理念，见朱利安·哈克斯鲁莱著、上田康一译，联合国教科文组织丛书刊行会《联合国教科文组织的目的和哲学》，日本教文社1947年。

的各种“政治化的遗产”，这些确实也都是难以否认的事实。①

出现此种“政治化的遗产”，有两个方面的原因。其一是由来于世界遗产的登录程序和确立该程序的国际公约等有关世界遗产的系统本身所存在的问题，其二便是各缔约国的政策巧妙地利用了前述的“模棱两可”所引起的问题。本文的探讨对象是这些缔约国中的一员，亦即中国的世界遗产政策。其对内的政策意图已有其他的论著讨论②，在此，本文将在下一节专门讨论其与对外政策意图相关的部分。众所周知，在中国政治的内政和外交之间始终有着密切的关联性，但有关贯穿于其内政和外交的“和谐”理念是如何被反映在中国的世界遗产政策当中的实证性研究尚没有看到。下文将对中国申请登录世界遗产的略历和梗概予以梳理，进而探讨在作为其联合国外交之一环的世界遗产政策中逐渐被注入“和谐”理念的经过以及影响。

三、中国的世界遗产概况和政策

与曾经退出联合国教科文组织的英美形成对比的是，中国在1985年11月批准加入了世界遗产公约，是第89个加入的缔约国。1987年，中国成功申请登录泰山、长城等6项世界文化遗产，截至目前，已经是位居世界第三位的拥有35项“世界遗产的大国”。按地理位置分析的话，仅北京市和四川省就有11项世界文化遗产；在展开西部大开发的西北、西南地区（包括四川省），拥有的世界遗产为全国总数的三分之一还强③。但另一方面，全国三分之一的省、市、自治区却没有一项世界文化遗产④。不难发现的偏重是，在已经登录成为世界遗产的项目中，大约83%属于文化遗产。从全球来看，在850项世界遗产当中，文化遗产和自然遗产之间的比例大约是4∶1，应该说是不均衡的⑤；但在中国，这一比例的不均衡甚至高达7∶1，而且丝毫也看不出此种偏重会有缩小的倾向。导致不均衡的原因主要是过热的登录申请，此

---

① 2004年在苏州召开的世界遗产委员会，承认了圣卢西亚苏弗里耶尔火山群的登录，但这是对咨询机构的否定性调查审议结果的颠覆。这是为纠正不均衡的状况，尚未有世界遗产登录的国家，在协议的过程中得到奖励的结果。七海由美子《世界遗产的代表性》，《外务省调查月报》，2006年/NO.1，外务省，第4页。

② 参照拙文《有关世界文化遗产的联合国教科文组织的理念与登录申请国的政策意图——以中国为例》，《青年研究者研究成果报告论集 NO.1》，爱知大学 ICCS，2006年，第1～6页。

③ 参考罗佳明《中国世界遗产管理体系研究》，上海：复旦大学出版社2004年，第148页，据最新数据重新算出。

④ 参见胡长书、张侃主编《中国世界遗产》，广州：华南理工大学出版社2004年，第20页。

⑤ 以文化遗产为管辖对象的ICOMOS，也从与环境保护问题的关联出发，反复讨论了如何克服差距的问题。第15届ICOMOS总会的决议指出，文化遗产的保护项目应该包括环境影响评估；该决议还提到了近年的自然灾害和人类诸活动的因果关系，强调了对这些问题的重视。作为总结，最终通过了《西安宣言》。

外，还存在完成登录之后的保护管理并不很认真（重申报、轻管理）的情形。[①]

近年来，我们能够看到中国政府对于自然遗产及其保护工作屡有论及，也采取了一些措施。2004年6月，国家主席胡锦涛给在苏州召开的第28届世界遗产委员会发来贺信，表达了“中国政府致力于保护世界遗产”和“促进人与自然和谐发展”的姿态[②]。过去中国曾有申请自然遗产而未能实现登录的事例，1987年中国在首次实现了世界遗产登录的同时，有关“蓟县中上元古界地质剖面的国家重点自然保护区”因没有达到评估标准的要求而未获登录。同样，在国别外交方面广为人知的“大熊猫生息地（卧龙、王朗、唐家河自然保护区）”，也因为管理计划的不周全，而分别于1986年和1990年两次遭遇延期审议。2000年，以卧龙地区为首，再次迈出实质性的申请步伐，并于2001年将“四川大熊猫保护区”合并列为候补地区，到2006年最终申请成功之时，已经跨越了长达整整20年之久的申请之路。[③]

2002年12月，《中国世界遗产的保护与管理跨世纪联合宣言》得以公布，其中指出《中华人民共和国文物保护法》（简称《文物保护法》）率先在国内相关法规中规定了保护世界遗产的内容[④]。该法于1982年生效，经2002年改定，乃是一部包括了对于文化遗产、历史建筑以及革命遗迹等文物保护单位进行认定、保护，对于违法者进行惩罚等内容的国内最高法规[⑤]。文物保护法第一章总则的第一条，对于其立法目的是这样写的：“为了加强对文物的保护，继承中华民族优秀的历史文化遗产，促进科学研究工作，进行爱国主义和革命传统教育，建设社会主义精神文明和物质文明，根据宪法，制定本法。”第二条则是与“具有历史、艺术、科学价值的古文化遗址、古墓葬、古建筑、石窟寺和石刻、壁画”相并列，把“与重大历史事件、革命运动或者著名人物有关的以及具有重要纪念意义、教育意义或者史料价值的近代现代重要史迹、实物、代表性建筑”等，也列入国家文物保护的对象。

上述两项条款，应该说如实地反映了中国对于文化遗产所持的态度。也就是说，

---

① 在1999年的第23届世界遗产委员会上，表决通过了“自2001年以后，各国每年只能推荐一件”，“每年登录的遗产总数在30件以下”之规定（WHC－99/CONF. 209/8）。在2004年第28届世界遗产委员会上，通过了“自2006年以后每年可推荐两件，但其中一件必须是自然遗产”的决议。

② 《人民日报》2004年6月29日。国务委员陈至立在开幕式上致辞说：“加强自然遗产保护已成为国际社会刻不容缓的任务。这是历史赋予我们的崇高责任，也是实现人类文明延续和可持续发展的必然要求。”《人民网》，2004年6月28日。此外，2006年2月23日，建设部首次发表了《中国国家自然遗产及国家自然文化复合遗产预备名单》，中国联合国教科文组织委员会“中国世界遗产网”，2006年8月10日。

③ 《人民日报》2006年7月13日，第11版。

④ 最新的关联法规，是在2006年11月文化部部务会上表决通过的《世界文化遗产保护管理办法》（中华人民共和国令第四十一号）。

⑤ 2002年10月，第九届全国人民代表大会常务委员会第13次会议表决通过。

以文物保护法为顶点的世界遗产关联法规，不仅是在世界遗产登录申请的机制里寄托了中国政府的一部分政治统治性的功能，而且还是将自古以来多种多样的所谓“中华民族”的文化习俗也一并归结为新中国政治统治的法律根据。对于中国政府而言，文化遗产的保护，不仅是要维系古代和现代中国之间的纽带，而且它还有助于在国民国家的体系之下致力于民族整合之行政功能的实现。

2003 年，包括中国在内的世界遗产委员会将朝鲜民主主义人民共和国申请登录的“高句丽古墓群”付诸延期审议；但 2004 年，作为个别项目却通过了由中国申请登录的“古代高句丽王国城市群与古墓群”。与此同时，“高句丽文化是中华文化的组成部分”这一说法被提出来并得到了广泛的宣传[①]。由此可见，联合国教科文组织是由各主权国家组成的联合国体系的一翼，中国政府通过使本国政策与教科文组织之理念的巧妙对接，其对多民族国家统治的正统性，也就被赋予了国际的合理性。

此外，把边境少数民族的有关项目登录为世界遗产的案例，还有 1994 年登录成功的“拉萨的布达拉宫历史遗产群”等。从中亦可看出，在将其还原为“中华民族的传统文化”同时，也具备了国际的合理性。以上两个案例均具有这一类共同特点。然而，近年来，联合国教科文组织也开始注重非物质文化遗产的保护，从这一趋势来看，则出现了新的不同动向。在过去三次对“人类口头和非物质文化遗产代表作”的认定中，获准的中国项目是昆曲（2001 年）、古琴（七弦琴）演奏技能（2003 年）、新疆维吾尔族的木卡姆艺术（2005 年）以及蒙古族传统的长调民谣（2005 年）等 4 项。值得注意的是，2005 年被认定的 2 项均为边疆少数民族的传统文化。大约与此种政策宗旨所发生的转变相同时，2004 年 9 月，中国政府提出了“和谐”的概念。同年 12 月，中国批准加入了联合国教科文组织的《非物质文化国际公约》，我们由此可以发现，中国政府摸索着试图将其与边疆少数民族的“和谐”也移植到作为其联合国外交之一翼的有关世界遗产的政策当中。

显而易见，中华民族的独特性以及局部性的价值，一方面是由于多民族国家难以避免的烦恼（政治统治的不安定性）。同时，在另一方面，它也包含着得以提出“和谐”理论的强韧的多样性。以国内的权力转让过程为背景，2005 年提出了“和谐世界”的概念，也顺利地使“古代高句丽王国城市群与古墓群”登录为世界遗产。此外，在 2006 年度的第 30 届世界遗产委员会上，中国成为唯一一个在文化遗产和自然遗产两个领域里均获准登录的国家。这是中国将其独特性或其局部性价值作为“人类显著的普世价值”，经过努力而得到世界遗产委员会支持的结果。为什么会有这样

① 见魏存成《第三章 文化遗产 第三节 古遗址》，胡长书、张侃主编《中国世界遗产》，华南理工大学出版社 2004 年，第 109 页；国家文物局网站“中国的世界遗产”（2005. 10. 12）等。

的可能呢？下文将围绕2004—2005年间中国内政和外交的“和谐”政策与理论，展开进一步的论述。

四、“和谐”在中国的世界遗产政策中的影响

20世纪90年代中期以来，围绕着中国军费呈两位数增长及其不透明性，导致国际上有了较为广泛的戒心。① 中国为缓和国际舆论而转变了对外政策。最具有代表性的观点，被认为是“和平崛起”与“和谐世界”概念的提出，前者最初是由郑必坚（中国改革开放论坛理事长、原中共中央党校常务副校长）创意构思的，并在2003年11月的博鳌亚洲论坛上第一次公开提出。2004年12月，温家宝在哈佛大学的讲话中和胡锦涛在毛泽东诞辰110周年纪念座谈会上的讲话，都异口同声地多次强调并正式采用了“和平崛起”的口号。此后，此说稍有消沉，直到2005年4月，郑必坚再次在博鳌亚洲论坛的年会上提到“和平崛起”构想，这期间的空白和艰难曲折，似乎显现出胡锦涛政权当时尚未如“磐石”一般坚固的实际情形。②

“和谐世界”的概念，是国家主席胡锦涛2005年在第60届联合国大会上提倡的外交方针。联合国大会是联合国外交的大舞台，并且也是各国政府领导人通过其一般演说或施政方针演说，向国际社会宣传其内政与外交观点、政治课题及政策意向的重要场合，对国际外交的影响甚大。尤其是在胡锦涛当选为党总书记、国家主席、党中央军事委员会主席以及国家中央军事委员会主席后，名符其实地“顺利完成了中央领导集体新旧交接”的背景下，从2005年3月起，由胡温体制提出前所未有的新的外交方针，也就意味着面向国际社会宣告了对江泽民路线的脱离。对外为了应对所谓“中国威胁论”而提出的“和平崛起”多少是有些被动，似乎也是为了适应外界的要求③，与之相比较，“和谐世界”的提出则具有浓厚的外向及能动性的色彩。对内早在2004年9月的“四中全会”上就已经提出了“和谐社会”的理念，“和谐世界”

---

① 例如，平松茂雄《军事大国化中国的威胁》，时事通信，1995年。在政界，麻生太郎外相（2005年12月22日记者会见）和前原诚司民主党代表（2005年12月8日，在美国战略国际问题研究所的演讲）都公然说到“中国威胁论”；此外，针对照屋宽德众院议员提出的《关于中国威胁论的质询意见书》（2006年1月23日），小泉纯一郎总理曾以“答辩书”来回应，显示近几年，这方面的争论很是活跃。

② 2002年11月中国共产党第十六届全国代表大会时，江泽民辞去党总书记的职务，胡锦涛当选。但中央领导集团顺利地完全实现新旧交替，则要到2005年3月，胡锦涛接替江泽民在第十届全国人民代表大会第三次会议中当选为国家中央军事委员会主席之时。两者的“双重权力构造”在形式上，这时才得以解除。参见小岛朋之《崛起的中国：日本如何应对中国》，芦书房2005年，第10～11页。

③ 这一时期，郑必坚多次向国际社会解说中国作为负责任大国的立场。Zheng Bijian，“Peacefully Rising” to Great-Power Status，*FOREIGN AFFAIRS Volume* 84 *No.* 5，SEPTEMBER/OCTOBER 2005，2005年，pp. 18 – 24。

则是在其延长线上自然发展出来的[①]，就此而论，它自然也就多少包含了一些内政方面的政策意图。

2003 年的 SARS（非典）危机和 2004 年禽流感疫情处置的不透明性导致中国面临的指责，多少也成为促使提出“和平崛起”之理念的因素。以此经验为伏笔，李智（2005）和李杰（2007）等人所探讨的以所谓“软实力”为中轴的外交理论，在近些年也得到了广泛的议论。[②] 北京大学哲学系郭建宁教授认为，贯穿于 5000 年中华文明史的“和”文化，对于当今社会的安定和提高民族凝聚力可以发挥作用，他强调应将“和谐”作为中国文化的价值目标，以传统的“和”文化为基调，古为今用地以“和谐”思想来增强政权的凝聚力，进而维持现行的政治体制。[③] 国务院文化部部长孙家正提出“中国特色的社会主义文化”，对于中国共产党和国家来说都是全局性的外交课题[④]。据此，文化部副部长孟晓驷认为，应该重视具有锦上添花和雪中送炭之效果的文化外交所内在的意义。[⑤] 于是，在文化部和外交部之间，也正在逐渐

---

① 江泽民在十六大最后的报告中首次提到“和谐”。之后，第一次完整地提出创建“和谐社会”，是 2004 年 9 月党的十六届四中全会所通过的《中共中央关于加强党的执政能力建设的决定》。

② 1990 年由约瑟夫·奈伊提出的所谓“软实力”概念，所包含有误读，却被广泛接受。为了整理近些年的“滥用”，他又有新作问世。Joseph S. Nye, Jr. *Bound to Lead: The Changing Nature of American Power*, Basic Books, 1990; Joseph S. Nye, Jr. *Soft Power: The Means to Success in World Politics*, Public Affairs, 2004a; Joseph S. Nye, Jr. *Power in the Global Information Age: From Realism to Globalization*, Routledge, 2004b.

伴随着美国反恐战争（侵占阿富汗和伊拉克战争）陷入泥潭，上述意见作为美国中东政策的要点亦即利用文化的思潮密不可分。此外，还请参考 Milton C. Commings, Jr. *Cultural Diplomacy and the American Government: A Survey*, Center for Arts and Culture, 2003 年；Craig Charney and Nicole Yakatan, *A New Beginning: Strategies for a More Fruitful Dialogue with the Muslim World*, Council on Foreign Relation, CSR No. 7, May 2005 年等。反映美国的此种时代潮流，在中国也尝试着将文化作为文化的工具。例如，李智《文化外交——一种传播学的解读》，北京大学出版社 2005 年；张玉国《国家利益与文化政策》，广东人民出版社 2005 年；刘杰主编《国际体系与中国的软实力》，时事出版社 2006 年；苏长和《中国的软权力——以国际制度与中国的关系为例》，《国际观察》2007 年第 2 期，第 27～35 页；陈玉刚《试论全球化背景下中国软实力的建构》，《国际观察》2007 年第 2 期，第 36～42 页以及第 59 页等等，不仅学术界有热烈的争论，外交部政研司副处长李杰发表的《软实力建设与中国的和平发展》，《国际问题研究》2007 年第 1 期，第 19～24 页等，实际工作者的参与，则使讨论进一步活跃起来。

③ 参见郭建宁《中国“和”文化与构建和谐社会》，《前线》2005 年第 2 期，中共北京市委，2005 年 2 月。

④ 参见孙家正《不断提高建设社会主义先进文化的能力》，《求是》2004 年第 24 期，中国共产党中央委员会，2004 年 12 月 16 日，第 5～8 页。

⑤ 参见孟晓驷《文化外交显魅力 锦上添花：文化外交的使命》，《人民日报》2005 年 11 月 11 日，第 7 版。

建立起一种有关文化外交的政策协调体制[①]。

"和谐世界"概念的流行，在2005年10月于华盛顿的肯尼迪艺术中心举办的"中国文化节"中达到了高潮。正如该中心的阿利西亚·阿格姆兹副理事长所评价的那样："是美国历史上最大的中国文化活动"，说明中国政府追求的文化外交确实收到了一定的成效。[②] 尤其是在2006年，设立"中国文化遗产日"，确定"全国重点文物保护单位"、"中国非物质文化遗产名录"以及公布"中国文化遗产标志"等，都进一步推进了对内对外的文化政策，其中也无不渗透着"和谐理论"的影响。[③] 反映了此种战略性选择的世界遗产政策，对内试图将国内诸民族统合成为"中华民族"，并使之成为既定的事实；对外则灵活地利用联合国教科文组织有关世界遗产之理念的"模棱两可"，这与以前主要是在由主权国家组成的联合国体系这一层面追求"中国"地位的做法多少有所不同。[④]

就是说，以2004—2005年为转折期，体现中国全党全民族之"共同愿望"的"和谐"理论[⑤]，并没有局限于中国的世界遗产政策，而是在联合国外交的所有领域向国际社会展现出容忍多样性以及融合性的大国姿态。进而，具有全方位基础的"和谐"理论，由于也具备了从内政政策转而适用于外交政策的柔韧性，因此，在"和谐世界"中"中华民族的传统文化"这一柔软的框架，很自然地就可以与世界遗产的代表性相接轨。以在中国共产党领导下，实现社会、经济、政治、文化"四位一体"的综合性协调发展为目标的"和谐"理论，至少在将"文化遗产"这一些具体的项目列入对象范畴的世界遗产政策当中，确实是取得了一定的成效。国家文物局

① 关于中国文化外交的要点，参照青山瑠妙《中国的公共外交：拂去负面形象，创出国家品牌》；川岛真编《中国的外交 自我认识与问题》，山川出版社2007年，第35～54页；王雪萍：《中国的文化外交——包括派遣留学生在内地人才交流战略》，川岛真编《中国的外交 自我认识与问题》，山川出版社2007年，第55～72页。

② 从中国方面看，19个活动项目共派遣了700名人员。《人民网日文版》2005年9月2日。作为主宾国，参加德国柏林的亚洲太平洋周（2001年），中俄合办文化节（2003—2004年），在英国举办中国文化年（2003—2004年）、中法文化节（2003—2005年），和爱尔兰共同主办文化节（2004年），在荷兰阿姆斯特丹音乐厅举办中国艺术节（2005年），作为主宾国参加在威尼斯的双年展（2005年），每年春节分别在伦敦、巴黎和哥本哈根召开的春节庆祝活动等等，文化部外联局蒲通副局长强调，通过这些文化交流活动，文化外交确实取得了很多成果。光明网，2006年4月2日。

③ 国发〔2006〕19号《国务院关于核定并公布第六批全国重点文物保护单位的通知》，2006年5月25日；《中国迎来首个文化遗产日》，《人民日报——海外版》2006年6月10日，第4版；《"中国非物质文化遗产"标识揭晓》，《人民日报——海外版》2006年6月9日，第一版。

④ 关于通过"和谐世界"建构国际和平的讨论，请参考王易、张林宏《和谐世界的构建：时代背景与战略选择》，《和平与发展》2007年2月，第27～30页。

⑤ 关于"和谐"理论的内容，依据于2004年9月召开的党的第十六届四中全会通过的《中共中央关于加强党的执政能力建设的决定》。

单霁翔局长在2006年12月举行的全国世界文化遗产工作会议上，发表了题为《加强世界遗产保护，造福人类和谐社会》的演讲，他指出：以科学发展观为基础的“和谐”理念，在保护和管理世界遗产的工作上乃是不可或缺的原则。①

2007—2009年，中国作为世界遗产委员会的一员，将进一步推动其世界遗产政策。伴随着北京奥运会的召开而重视国际协调，亦即作为“和谐世界”的一员，在摸索成为负责任大国的道路中，在可以预见的将来，应该不会有大的政策转变。不过，中国自己主张的“和谐世界”理论，对于其他各国来说，并不就是能够创建出“协调的世界”的处方笺，这一口号对于其他国家来说，也并不具有相同的意义。关于作为全球化舞台的联合国教科文组织的“政治化”，最上（1987）曾指出其“相对性”、主观性以及和“普世性”同一化的构图。只要中国的世界遗产政策尚作为其联合国教科文组织外交的一环，那么，中国根据“和谐”理论就可以获得相对的利益。但是，如果将其联合国政策及其全面外交均纳入讨论的话题，那我们尚无法期待，根据“和谐”理论，中国与其他国家之间能够共享绝对的共同利益这一结论会获得检验。

（加治宏基著　祁惠君译）

① 单霁翔局长2006年12月25日在全国文物局长会议上的报告《抓住机遇，开拓进取，推动文物事业与经济社会的和谐发展》，对此也有反复说明。

村田乌江与《支那剧和梅兰芳》[1]

引 言

今天京剧早已作为中华民族的传统艺术精粹享誉世界。特别是在海外，人们一听到京剧马上就会联想到中国。时至今日，京剧早已当之无愧地成为中国艺术文化的代表。回想京剧所走过的路，也有200多年的历史，但京剧直到20世纪20年代前后才开始正式走向海外，逐步受到海外的关注。东邻日本，就是最早介绍和接受京剧的国家。

早在19世纪末20世纪之初日本就开始有零星的关于京剧的介绍评论文章见诸书刊杂志。如久保田米斋的《旅顺的演剧》（《国民》1895年5月）、冈本正文的《中国的演剧》（《趣味》1907年）、坂本箕山的《中国的音乐和演剧》（《太阳》1907年10月）、松亭的《北京的芝居》（《燕尘》1908年7月）、宇野哲人的《关于中国的戏曲》（《汉学》第1卷第5号）等等。在这些简短的评介文章中，早期日本人对中国戏曲的评价一般较为负面，往往以一种明治维新后已经跨入“文明国家”行列的心态来看待中国文化。认为中国戏曲“幼稚至极、即使改良也犹如地基已经腐败的屋子难以革新”[2]，“幼稚而又不合道理”[3]，“中国伶人地位低下”[4]，“中国剧既没有能乐的典雅悠远之旨趣，也没有歌舞伎的写实入神之妙”[5] 等等。

---

① 本文曾以《村田乌江与〈中国剧和梅兰芳〉》为题发表于《文化遗产》2012年第1期。今在此基础上进一步修改、充实。另，日语“支那”一词是19世纪末到20世纪初日本对中国的旧称，多含有蔑视之意。“支那”这一称谓，今已经弃用。本文为保持作品原貌，书名仍然沿用旧称。

② （日）冈本正文《支那的演剧》，《趣味》第二卷第3号，1907年。本文所涉及日文著作原文除特别注明外，均由笔者自译。

③ （日）久保田米斋《旅顺的演剧》，《国民》1895年5月。

④ （日）松亭《北京的戏剧》，《燕尘》第7号，1908年。

⑤ （日）宇野哲人《浅谈支那的戏剧》，《汉学》第1卷第5号。

目前所见，日本国内比较完整、正面地介绍中国戏曲的专门性图书，可以说是村田乌江的《支那剧和梅兰芳》。同时此书也是日本最早正式介绍梅兰芳的著作。事实上，即使是中国国内，与昆曲相比，京剧为学人瞩目要相对滞后很多，其研究风气也是迟至上个世纪20年代后期才形成。1927年6月，欧阳予倩先生（1889—1962）在当时著名的新文艺杂志《小说月报》上发表论文《谈二黄戏》，其时国内关注京剧的学者寥寥无几。① 可见，日本报人村田乌江1919年出版发行的《支那剧和梅兰芳》无疑是海外最早期关注京剧的珍贵资料。著名中国戏曲史家青木正儿（1887—1964）在《梅郎与昆曲》一文中也提到了村田的这本小书，认为如果要了解梅兰芳的表演，阅读此书是个很好的帮助。② 另外，内藤湖南的学生，“京都学派”史学家那波利贞（1890—1970）也在《聆剧漫志》一文中认为村田的《支那剧与梅兰芳》一书已经很全面地向日本读者介绍了梅兰芳。③ 由此可知，该书得到当时研究中国学专家们的肯定。

一

村田乌江（？—1945），乌江是他的号，名为孜郎，又名乌江散人，九州佐贺县人氏。1911年毕业于日本人在华创办的东亚同文书院，是长期旅居中国的新闻工作者，1945年后客死上海。他先后出任大阪每日新闻社上海支局长、东京《日日新闻》东亚课长、《读卖新闻》东亚部长。④ 村田酷爱京剧，是一位在当时旅华日人圈子中的“京剧通”。著名作家芥川龙之介的《支那游记》（1925）中，随处可见他的身影。当时作为大阪每日新闻社在中国工作的记者，村田几乎全程陪同芥川游览中国各地。其中的《上海游记》一篇描述了村田对京剧的熟悉：“即使在戏园外面，只要一听到锣鼓点儿，他大抵都能猜出上演的是什么剧目。”文章又提到村田对京剧的痴迷程度“……这种喧闹劲儿才过瘾呢”。还说村田“兴致来时，突然站起身来，唱起了《武家坡》中的西皮调‘八月十五月光明’”⑤。民国时期由日本人主办，在华颇有影响的《顺天时报》文艺版专门报道当时梨园界的消息，吸引了许多读者。日本人过听花主笔的专栏“梨云录”其中一篇，就记载村田乌江收名伶刘永春之子刘小衡为

① 参见解玉峰《近代以来京剧研究中的几个问题》，《中国戏曲学院学报》2005年第1期，第14页。

② 详见（日）青木正儿《梅郎与昆曲》，大岛友直编《品梅记》，汇文堂书店1919年，第2页。

③ 详见（日）那波利贞《聆剧漫志》，大岛友直编《品梅记》，汇文堂书店1919年，第134页。

④ 关于村田孜郎的介绍，笔者参考了秦刚《芥川龙之介与西湖楼外楼》，《日本学论坛》2008年第2期，第40页；波多野真矢《民国初期北京的日本日本人京剧通》，《人文研纪要》第69号，2010年9月，第30页。

⑤ （日）芥川龙之介原著、秦刚译《中国游记》，中华书局2007年，第21、41页。

义子的事情。[1] 由这些事迹可知，村田虽是外国人，但对京剧不仅耳熟能详，而且和当时北京的梨园界有相当的交往。

村田的作品除了《支那剧和梅兰芳》外，还和波多野乾一、汉学家久保天随等共同编著了《大支那大系》第十二卷——“文学、演剧卷”（1930）。该书中收入村田所写《支那映画的过去与现在》，介绍了当时中国电影的现状。此外，出于新闻工作者的敏感，村田很早就对中国左翼政治运动有所关注了。据芥川龙之介《支那游记》（中华书局，2007）译者秦刚的调查，村田乌江著有《支那的左翼战线》、《北中国独立运动之真相》等书。另有多部介绍中国的著作，如《蒙古和新疆》、《中国女人论》、《宋美龄》等。[2] 村田还翻译过小说，曾经把巴金、郭沫若的多部小说译成日文。梅兰芳首次访日演出期间，更是担任了梅兰芳访日的全程向导。[3] 大文豪谷崎润一郎 1926 年来华之际，也正是通过村田孜郎的介绍访问了著名的内山书店。自然，村田也参加了由内山完造主持，中国方面包括田汉、郭沫若、欧阳予倩、谢六逸，日本方面的中国戏剧同好者等，众多中日文化界名人为欢迎谷崎到来而设的“见面会”。[4] 这次中日文化界聚首一堂的盛会，是中日文学交流史上的一段美谈。谷崎润一郎在《上海交游记》中详细地记录了整件事情的经过。[5] 可以推测，在民国时期，村田以报人的身份在中日文化交流活动中相当活跃。不过，关于村田孜郎对中国文化，尤其是对京剧艺术传播所作出的贡献，国内学者对他研究有限。[6]

二

1.《支那剧和梅兰芳》全书简介

村田的《支那剧和梅兰芳》可以说是日本最早介绍梅兰芳的著作。为了配合梅兰芳的公演，在梅兰芳公演前夕（1919 年 4 月 28 日）出版，5 月 1 日发行。辻听花以“听花散人”的笔名为此书写序，“支那俳优游历海外，古来绝无之事也……兰芳此次日本之行，实为东亚剧界破天荒的伟举。国内新闻界视兰芳为国际性的人物，绝非溢美之词。适逢此时，友人村田乌江君著梅兰芳一书，可谓良机尽握。况且君有一

① 《顺天时报》5523 号。又，笔者所查阅《顺天时报》来自日本东洋文库收藏的《顺天时报》微缩胶卷。

② 参见（日）波多野真矢《民国初期北京的日本人京剧通》，《人文研纪要》第 69 号，2010 年 9 月，第 30 页。

③ （日）吉田登志子《梅兰芳 1919 年、1924 年访日公演报告——纪念梅兰芳生忌 90 周年》，《日本演剧学会纪要》第二十四号 1986 年 1 期，第 75 页。原注称，村田当时为共同通讯社驻北京主任。

④ 详参（日）小谷一郎著、王建华译《20 世纪 20 年代日中近代文学交流与上海内山书店——以“支那戏剧研究会”及与田汉的关系为中心》，《内山完造纪念集》，上海文化出版社 2009 年，第 108 页。

⑤ 详见（日）谷崎润一郎《谷崎润一郎全集》第十卷，东京，中央公论社 1982 年，第 553 ～ 598 页。

⑥ 么书仪《晚清戏曲的变革》一书中对《支那剧和梅兰芳》有所介绍，但对著者村田孜郎则所言不多。

双慧眼、一枝灵笔，使兰芳形象跃然纸上不在话下，更把中国剧特色一一尽诉无遗。余坚信此书一出，一定使天下士女争相读之，洛阳一时纸贵无疑。”① 发行此书的目的再明确不过，就是为日本观众更好地认识中国京剧和梅兰芳提供方便。我们不妨把这本书看作是向日本观众介绍中国京剧和梅兰芳的专集。

这本小书在日本发行之前，国内其实也出版过多本梅兰芳专集。比如《梅兰芳》(劝业场缥缃馆1913年出版)。该书汇辑了谱仙、实甫等人为梅兰芳撰写的小传、诗文、剧目评论，以及梅兰芳在上海演出的消息、剧目表等。《梅陆集》（汪兰皋著，上海中华实业丛报社1914年9月出版）主要介绍梅兰芳的家世、生平、轶事，以及他当时演出《玉堂春》等剧目的时间、地点、表演盛况和舞台艺术特色等等。还有梅社编写的《梅兰芳》(中华书局1918年7月出版)。该书上篇介绍了梅兰芳的艺术成就及其代表剧目；下编介绍了梅兰芳的生活趣事，演出曲本和各家评梅、咏梅诗词，以及与同期名优的比较。可以猜想，对北京演剧文化极为熟悉的村田乌江应该在很大程度上阅读过以上种种的梅兰芳集。这些专集对村田的《支那剧与梅兰芳》也应该产生了很大的影响。

专集有以演员为对象的专集，也有专为某次公演为对象的专集。村田的《支那剧与梅兰芳》一书可谓两者兼之，很有些当时国内流行的“特刊”的味道。所谓特刊是“捧角”的产物。② 据日本学者松浦恒雄的研究，18世纪末徽班进京之际，将各种各样的戏剧文化带到了北京。其中一个就是“打茶围”的风俗。不久，品评年轻花旦并对其排顺定位的风气开始盛行，许多花谱也随之发行。花谱在民国以后，换了个方式被承继下来，成为仅限于对一个演员“捧角”的书，并开始被称为专集。清末民初，传统剧团的编成方法由脚色制过渡到名角挑班制，民国以后的特刊成为由很多作者详论一个演员的专集。③《支那剧与梅兰芳》具备了松浦恒雄所归纳的特刊的几个特征：

（1）都刊登演员的照片；

（2）都写有演员的传记；

（3）编者、执笔者形成了一个文人群体；

（4）记述有关演员和执笔者的戏外交流；

（5）重视执笔者用旧诗词表现等。

---

① （日）听花散人：《支那剧和梅兰芳·序》，东京，玄文社，大正八年（1919）。

② 参见（日）松浦恒雄《特刊在中国现代戏剧中的作用——以民国初年的特刊为中心》，《学术研究》，2010年第3期，第143～151页。

③ 参见（日）松浦恒雄《特刊在中国现代戏剧中的作用——以民国初年的特刊为中心》，第143～151页。

《支那剧与梅兰芳》全书用日文写成，内容分为九个部分：

梅兰芳小史：介绍了梅兰芳的生平与成名经过。

支那剧梗概：介绍京剧的沿革、声腔、脚色、剧的分类、脚本、新剧和背景。

支那剧的看法：结合中国戏剧的特色，对比日本的传统戏剧，讲解如何观赏中国戏剧。

剧中梅兰芳：通过《御碑亭》、《玉堂春》、《贵妃醉酒》、《虹霓关》、《游龙戏凤》、《黛玉葬花》、《嫦娥奔月》、《天女散花》、《晴雯撕扇》、《佳红拷期》、《春香闹学》、《游园惊梦》、《金山寺》、《尼姑思凡》共14个剧目介绍了梅兰芳的表演艺术特色。

梅郎评：登载了春柳旧主、谷崎润一郎、张谬子、美国公使和公使夫人、龙居枯山对梅兰芳的评论。

剧本简介：主要介绍了《黛玉葬花》、《天女散花》、《嫦娥奔月》、《游园惊梦》、《晴雯撕扇》、《尼姑思凡》、《御碑亭》、《佳红拷期》、《贵妃醉酒》、《春香闹学》、《女起解》、《玉堂春》、《武家坡》、《汾河湾》、《游龙戏凤》、《金山寺》、《虹霓关》、《奇双会》、《琴挑》、《木兰从军》、《宇宙疯》，共21个剧目的故事梗概。

梅郎杂话：介绍了一些关于梅兰芳的趣闻逸事。

名曲原本：中文的曲本原文。

咏梅集：众人所写赞美梅兰芳的诗词。

为本书写序、题字的人大多是当时力捧梅兰芳的中日名士，如冯耿光、罗瘿公、三水梁士诒、樊樊山、龙居赖三、大仓喜八郎和辻听花。正文前附有二十幅梅兰芳剧照，方便日本观众认识梅兰芳。

2. 村田乌江的京剧观

村田的《支那剧与梅兰芳》一书虽然篇幅不长，但其中谈到京剧的来源、京剧的音乐结构、中国戏曲的脚色行当划分、中国戏曲的艺术表演特征等问题，还着重向日本观众介绍梅兰芳京剧表演的艺术美。为了照顾日本观众的欣赏趣味，村田在评述中多处把京剧与日本的传统戏剧比较，增强读者的感性认识。

关于京剧的起源，村田首先简述了中国戏曲的发展以及有代表性的四大声腔。对照日本戏剧的角色详细说明了京剧角色行当的划分，戏曲的种类、演出和脚本、舞台背景以及晚近在京剧舞台上出现的时装新戏等多方面的内容。

他是这样介绍中国戏曲的种类的：

戏曲可以分为南曲和北曲。通常人们分为四大声腔：徽腔、秦腔、昆腔和弋腔。徽腔又称为“京调”，一般称“西皮二黄”。最早产生于湖北的黄陂，是现今南北最为兴盛的腔调。二黄圆润、西皮悲壮、有易水萧萧之音。此调的伴奏是鼓、板、大锣小锣、钹、胡琴、月琴、南弦子。

秦腔，俗称梆子腔，起源于山西，流行于山西陕西至满洲一带。其调子慷慨激越，有俗音，不如二黄文雅。中国人以之为郑卫之音，多有排斥。然而此调别有哀婉凄楚之音，缠绵难弃之处，晚近多由女演员演唱之，幸而保存此调。伴奏多为鼓、板、大锣小锣、钹、笛子、梆子、胡琴。

昆腔，江苏昆山所出，所谓南曲。适于低吟合唱，宛如春天之调，绝无俗音，极为优雅。此调一度衰微最近颇有复兴之势态。有鼓、板、大锣小锣、笛子、笙伴奏。

弋腔，出自江西弋阳。用鼓、板、大锣小锣伴奏，是颇为杀气腾腾的调子。和昆曲一起合称为“昆弋”，最近也稍微复兴。通常又称之为高腔。①

对于以上文字，今天看来没有超出人们对戏曲的一般认识，村田的评介没有太多的新意可言。但在20世纪10年代，从以上村田对中国戏曲的介绍来看，他对中国戏曲的认识是相当有专业水准的，何况他只是一个来自外邦、旅居中国的日本人。对于四大声腔起源问题，村田仅仅只是把当时国内人们对声腔研究通用的观点介绍给日本观众，但他能如此清晰地表述出来，足以证明村田对中国戏曲的深入了解。

村田认为中国戏曲是“唱”第一，“科白”第二。与日本戏剧相比，以“唱”为主的特点与能乐最接近，又或者与浪曲②相近。既然中国戏曲是以“唱”为主的，于是村田具体地阐明了对各个行当“唱”的要求：“中国戏曲的演唱一般不推崇干瘪平凡的嗓音，然而苍劲圆熟的声音却是受欢迎的。扮演忠臣贤相学者的发声要高亢清晰，扮演奸诈的角色要底气雄厚；扮演贞女贤妇的要清澈纯洁，扮演荡妇的要妖艳娇柔；扮演武将的则要声音嘹亮而带有些许硬音，演美男子或者儿童的发音要像旦角但声音稍硬为好。”③ 村田又强调中国戏曲大体上以“听”为主，故了解剧情对不懂语言的观众来说尤其重要。为了让日本观众更好地了解梅兰芳在日演出的剧目，村田在《支那剧和梅兰芳》一书中详细介绍梅兰芳在日本公演剧目的剧情和各个剧目的看点。可见，村田尽量从日本观众对京剧的接受角度来介绍京剧，其大力传播京剧的用心可见一斑。

其次，村田论及京剧少用道具、高度虚拟的特征。他说：

① （日）村田乌江：《支那剧与梅兰芳》，东京，玄文社，大正八年（1919），第11～12页。

② 日本大阪地区一种以三味弦伴奏，多以义理人情为主题的说唱文艺（笔者注）。

③ （日）村田乌江：《支那剧与梅兰芳》，第26、33页。

作为歌剧的中国戏曲一般不会像日本戏剧那样使用各种各样的道具。但是如何表现场面呢？除了用简单的椅子和高脚桌子外，都用手势动作等肢体动作表现。关于这点，是初次看中国剧的观众要最为注意的地方。例如，

手里持鞭就是表演骑马的姿态。

打开门闩又扣上的动作就表示开门关门。

出入门时抬起右脚一寸就表示跨过门栏的动作。

弯腰提裙在舞台上作横向跨小步状就是在表演上下梯子。

门外有人造访时不作开门的动作而在里侧应答一定是设想了门里门外。

夹在茶褐色的旗子中间从后作一推一前状是在表演坐车或坐轿子。

椅子和高脚桌子并列，作踩上状就是表演登山。

用茶色的长布缠头表示生病，暗示出远门时还可以用它来把女角的白色裙边绑至胸前的位置。

手拿波浪状的旗子表示在水中，同样，如果手拿绘有云彩的画表示身处仙境。

拿着桨摇来晃去肯定是在表演水上行驶。

点燃黄硝石粉，现出火球表示有法力的人会出现。

在头上覆盖红布表示死亡。（另外结婚的场面新娘也会盖红头巾，此二者不能混淆）

白色的纸束从肩膀长长地垂下表示死灵。

以上是中国戏曲中常常出现的虚拟表现手法，除此以外，半夜三更的场景或其他场面的变化都可以由乐器演奏来体现。①

村田详细地列举了京剧表演中常见的虚拟动作。首先，如果不是对京剧非常熟悉，是不可能描述得如此清晰的。其次，最重要的是，村田之所以把自己所见的中国戏曲中的虚拟性动作一一罗列出来，还在于村田把握住了中国戏曲“虚拟性”的特征。可以认为，由于具有和日本戏剧处处作比较的跨文化比较观念，村田自觉地认识到“虚拟性”是中国传统戏曲表演的一大特色。

村田也提到了京剧布景问题。关于这一点，一直以来人们争论不休又难以定论。在旧戏改良运动中所排演的新戏，很多都借鉴了西方的写实布景，认为采用西式背景是戏曲舞台的进步。当然也有人认为京剧不需要背景，这样才能更加显示出京剧的艺术特色。在19世纪末20世纪初日本的传统戏剧也经历了戏剧改良运动，有鉴于此，

① （日）村田乌江：《支那剧与梅兰芳》，第29～31页。

日本文艺界对中国的戏曲改良自然会格外关注。梅兰芳在日本公演期间，以中国学研究著称的“京都学派”的众多专家专程观看了梅的演出，后来还把众学者的评论汇集成《品梅记》一书出版。《品梅记》里署名落叶庵的作者就中国剧的背景发表了自己的感想：“梅在谈话里说，中国剧缺少布景是不足之处。我看了梅剧，觉得用不用布景是无所谓的。”① 铃木虎雄也在《品梅记》中写道：“梅兰芳临走时谈的舞台改良和服装都要采取与时代相适应等几项意见，对中国剧来说，我觉得是不重要的问题。”② 村田凭借其对京剧的熟悉，对比日本戏剧舞台改良的现状，对中国戏曲的“背景”问题没有轻易下定论，而是以一种进步的眼光来看待：

> 背景在从前是完全没有使用的，不过五、六年前自上海的剧场开始用简单的背景以来至今已有相当的进步。然而对比日本的情况，还是根本不可比拟的。上海初用背景之时，完全不顾及戏曲的内容。由于胡乱地用了西洋画作背景，三国志的人物在西洋画的背景下走来走去实在让人觉得不伦不类。后来经从日本留学归国的美术学校毕业生之手研究革新，现在舞台上看到的背景已经相当可以。最近，有部分剧场运用各种道具，研究如何全景立体画式地表现远近，还有光线的应用等等也有了很大的进步，但背景和剧中人物的色彩搭配似乎还不够调和。日本在这方面有很热心的研究者专门从事改良的工作，相信将来必然能得到长足的进步。③

3. 村田乌江评梅兰芳

村田对梅兰芳是不吝惜赞美之辞的，称他是“当时同科班的少年演员二百多人中容貌最为出众的”④，但又不是一味空洞地吹捧。村田反复强调梅兰芳的成功得益于对新剧的反复研究。“当其时如果平心而论，兰芳在艺术上还有大大研究的余地。故大力赏识他的冯耿光、李释戡、齐如山、许伯朋、舒石父、吴震修等诸名流组成梅兰芳后援会，并命名缀玉轩，专门从事研究指导工作。”⑤ 这里村田明确指出，梅的成功与幕后一班被称为“梅党”的文人学士的鼎力相助是分不开的。梅兰芳在上海丹桂园演出取得空前成功后并没有沾沾自喜，从上海回京城后在第一舞台、文明园、

① （日）落叶庵：《观赏梅兰芳》，大岛友直编《品梅记》，京都，汇文堂书店，大正八年（1919）9月，第104页。

② （日）豹轩陈人：《观梅杂记》，大岛友直编《品梅记》，京都，汇文堂书店，大正八年（1919）9月，第68页。

③ （日）村田乌江：《支那剧与梅兰芳》，第23～24页。

④ （日）村田乌江：《支那剧与梅兰芳》，第4页。

⑤ （日）村田乌江：《支那剧与梅兰芳》，第5页。

吉祥园登台，比以前更加热心研究新剧。村田又解释道："所谓新曲，不是指新戏剧，而是由作为梅兰芳指导者的李释戡、齐如山、吴震修等近代意义上的文学家所作新曲，如《嫦娥奔月》、《黛玉葬花》、《天女散花》等曲即是也。"① 要演唱这些词句甚为优雅的新编京剧曲子绝非易事。众所周知，京剧是"花雅之争"的结果，地方戏曲的集大成者，自形成之日起就充满"民间"的味道，而"现在梅所唱的新曲是在因循守旧惯了的中国戏曲里首次添加现代性的色彩，把中国的古老戏曲作为一种艺术向世人推介，由此他的名字也就传到了外国"②。村田反复强调梅兰芳的成功是研究新曲的结果，肯定梅兰芳在艺术上的不断创新，又指出这种创新意识使他获得更广阔的视野，最终能走向世界，得到外国友人的认同。当然这种认识今天已经得到大家的公认，但在20世纪初期，无论如何，这种认识还是具有相当的前瞻意识。

村田在向日本观众介绍、评论梅兰芳时，除了强调梅兰芳擅长研究新曲的特点外，还概括了梅兰芳艺术美之所在。村田认为："梅兰芳演唱的美不仅仅在于音域高声音亮，其中饱含一种妩媚之态是最有价值的。曲调抑扬顿挫，以致于在中国也以此为青衣的唱之标准。唱白词句明晰，莺声婉转，听之让人甚至怀疑这是否果真出自一个男儿身之口！"③ 村田这里所评论的，正是以后人们总结的"梅派"艺术所体现的整体美。村田又谈论了梅在戏中扮演的青衣，"与其说表现了一种华丽之美，倒不如说梅的表演更恰到好处地表演了一种寂静之美"④。村田还说："扮演青衣，端丽是第一条件。所谓妖艳、婀娜等等都是离青衣本质相去甚远的，梅决不会表演出来。然而梅所演的青衣，无论是演年轻小姑娘或者小丫鬟又或是侠妓，又兼具花旦的气质。"其实村田在这里想强调的是，梅对青衣行当既有对传统的继承，但又不仅仅停留在传统上，而是对"青衣"这个行当有了更进一步的发展，也就是后来人们所说旦行中的"花衫"。梅兰芳自己也曾说过，"花衫"这个名称是辛亥革命后才流行起来的，但戏曲班社角色分工里，并没有这个行当，它的含义就是青衣、花旦两门抱的意思⑤。

此外，村田还谈到了关于梅兰芳表演的"表情"。近年有学者就梅兰芳艺术的

---

① （日）村田乌江：《支那剧与梅兰芳》，第7页。

② （日）村田乌江：《支那剧与梅兰芳》，第7页。

③ （日）村田乌江：《支那剧与梅兰芳》，第40～41页。

④ （日）村田乌江：《支那剧与梅兰芳》，第38页。

⑤ 参见梅兰芳述，许姬传、许源来、朱家溍记《舞台生活四十年——梅兰芳回忆录》，团结出版社2006年，第533页。

“表情”问题发表了评论文章。[①] 殊不知，早在20世纪10年代就有村田乌江这个日本人谈论到梅兰芳表演艺术的“表情”问题。村田如是评论梅兰芳的表情：

支那剧以唱为主，科白为次，这和日本戏剧最重表情这点比较起来颇为让人感到无所适从。然而梅凭借其天赋的姿色巧妙地配以其自成一格的表情，即使是同一出戏，喜怒哀乐也会随着剧情自然流露。外国人虽然听不懂唱词，但只要用心注意看，从他的表情中似乎也明白了在唱什么。[②]

谈论到戏曲表演的“表情”，人们往往会引用齐如山看梅兰芳演《汾河湾》后，发觉梅在台上完全没有配合剧情做“表情”，就给梅兰芳写了一封长信，第二天梅再演时就按照齐如山的说法完全改了过来的一段故事，来说明梅兰芳的“表情”戏是通过齐如山等有西学背景的文人学习了西方戏剧的精髓。其实不然，“表情”不是西方独有的，东方戏剧早已有之。舞台艺术源于生活，又高于生活，是对生活的艺术提炼。在舞台上调动包括声音、说白、表情、动作身段等一切手段来表现、刻画人物，本来就是中国戏曲的应有之义。中国戏曲虽然重视特殊的技艺，重视程式化，但也并非没有表情或者排斥表情。同样，日本戏剧也就很看重演员的“腹艺”[③]，很重视对人物内心的表情刻画。或许，对于梅兰芳的“表情”问题，来自海外而又兼备跨文化比较意识的村田乌江的意见更为中肯吧。

结 语

用今天的研究眼光看，村田的这本小书并没有超出我们对京剧研究的一般常识。尤其如果从文献考据的学术研究方法来看，也离所谓戏曲研究相距甚远。但是，首先，这本《支那剧和梅兰芳》是用外语全面地向海外介绍梅兰芳的嚆矢，我们不能忘记这位日本人对外传播中国京剧的筚路蓝缕之功。事实上，村田乌江和辻听花、波多野乾一等日本人都曾经热心参与梅兰芳1919年和1924年的访日演出，村田更是亲自担任了梅兰芳首次赴日公演的全程向导，并配合梅兰芳在日的演出，适逢时机出版了《支那剧和梅兰芳》一书宣传造势[④]，对京剧的对外传播起到了很大的推动作用。

① 参见邹元江《梅兰芳的“表情”与“京剧精神”》，《文艺研究》2009年2期；《从梅兰芳对〈游园惊梦〉的解读看其对昆曲审美趣味的偏离》，《戏剧》2010年4期。

② （日）村田乌江：《支那剧与梅兰芳》，第40页。

③ “腹艺”源于日语“腹芸”。指舞台演员利用肢体、表情等表演手段，深入地刻画表现人物（笔者注）。

④ 1919年5月30日《顺天时报》（5525号）记述：“友人村田乌江顷著一书题曰梅兰芳与中国剧，篇幅虽不甚多，然兰芳之履历与中剧之梗概亦可一览无余矣。此次兰芳在东演剧台下欢迎，此书出版亦大与有力焉。”

其次，笔者以为村田可谓最早从剧场演出的角度来评论京剧的先驱。他所做的工作与19世纪末20世纪初中国戏曲以演员表演为中心的演出体系的形成相一致，真实地反映了京剧作为近代以降中国的代表性大众文化不断发展的面貌。

（李莉薇）

中日韩非物质文化遗产保护比较学术研讨会总结讨论实录

时间：2011 年 8 月 3 日上午 10：30 ～ 11：50
主持人：康保成

康保成：我们在两天的讨论当中逐渐形成一个共识，这个共识源于我们东亚三国在文化上“同”的方面。梁会锡老师提出来，东亚三国能不能搞一个共同申遗。乔晓光老师提出来，亚洲文化在世界上的地位，不靠武力，而是靠文化。三国在共同的经济文化发展当中，遇到很多相同问题，包括在“非遗”保护过程当中，遇到了很多相同的问题，比如，樱井老师和宫田老师不约而同提出“农村人口稀疏化”问题，这种现象在中韩同样存在，这影响到“非遗”的保护和传承，这是三国在“非遗”保护方面遇到的共同问题之一。

问题之二，中日韩三国的“非遗”保护都遇到了政府介入过多的问题。诚然，政府主导原则是一把双刃剑，会造成许多破坏性保护，这种情况在三国专家的发言中都有涉及。然而，在客观上，没有政府介入，“非遗”保护在资源上，无论是财政方面还是人力方面都很难保障。政府介入有积极的一面，比如王晓葵老师发表的题目，是我思考已久的问题。中国在近期特别注意保护传统节日，主要是农历的节日。如春节是农历正月初一，端午节五月初五，中秋节农历八月十五，等等。2011 年 2 月，《非遗法》索性把历法列入保护之列。这引起我的思考，我在日本呆的时间比较长，我发现日本人在处理旧历和新历关系时非常注意变通。例如盂兰盆节，在日本是仅次于新年的一个很隆重的节日，从中国传入时是农历七月十五，明治改历以后，从农历的七月十五改到阳历的八月十五。王晓葵老师在文章中已经指出当时也有很多人有不同程度的反应，但 100 年过去了，日本人民现在已经习惯了。明治改历，是行政影响民俗、影响社会生活的一个显例，是一个成功的显例。

中国的历法是阴阳合历，所以《非遗法》里面保护“历法”本身是否合适值得讨论。历法如何保护，保护“农历”？但清明节恰恰是与阳历四月五日挂钩的，中国二十四节气恰恰是与阳历挂钩的。所以，我觉得历法列入保护并没有一个明确的指向，也不知为何要保护，这是我的一个想法，不对的话请大家批判。

问题之三，没有东西是不可变的。我们三国的学者碰到的另一个问题，就是坚守与变通的关系。如果连历法都可以由政府的一纸命令在全国执行的话，我们的民俗、非物质文化遗产，就都是可变的，没有一成不变的“本真性”和“原生态”。由于全球化、城镇化的冲击，学者们特别强调保护“非遗”的“本真性”与“原生态”，这是可以理解的。但实际上，我们碰到的是处处在变。人们的生活在变，生态环境在变，“非遗”怎么可能一成不变？应当分析的是，“非遗”所出现的种种变化，是“保有人”自己要变，还是外部的力量促使他们变？这种变化是顺应生活变化的积极变化，还是违背了生活、人性的消极退化？

总而言之，中日韩三国在“非遗”保护方面遇到许多共同问题。基于乔晓光老师、梁会锡教授的建议，我们是否以此次会议的名义，做一个宣言和倡议？是否由乔晓光老师先起个草？“亚洲宣言”既可以做论文集总序，也可以单独发表。三国学者各自发挥自己的力量，在本国的媒体上宣传此次会议成果，宣传中日韩三国文化的共同点，强调我们走向和谐、团结而不是诉诸武力。下面先请乔晓光老师再谈谈他的设想。

乔晓光：谈以下几点请大家参考。

首先，有一个前提，为何叫“亚洲经验”？在近一两百年，亚洲开始受到西方文化的影响，围绕“非遗”启动，日本最先1950年，韩国1962年，就是说实际上日本在明治维新后社会转型上意识到文化保护，有文化先知。另外，日本在UNESCO的影响很大，如资金支持和本国官员担任中高级职务上。这样，国际的“非遗”保护受到日本、韩国的无形文化遗产保护的影响，UNESCO非遗保护启动与日韩经验有关系，这是一个理由。

另一个理由，在近几十年或近半个世纪，全球化发展很快。欧洲200年前已经完全工业化，亚洲地区的工业化发展，在近30年过程中，较为迅速的是中国。再往前数，是日本、韩国、新加坡。拉丁美洲地区近20年开始，非洲还没有开始。UNESCO启动非遗保护是针对全球化过程，因为不光是亚洲地区，欧盟也受到全球化影响，这与亚洲是有关系的。在这种情况下，如何保护“非遗”这些人类遗产？

所以，我们利用这次会议，这样一个平台，提出这样一个等式：三个国家（中日韩）+非遗保护的相关项目=亚洲经验。意为，通过更多不同文化背景的国家经验和智慧，这里主要指激活知识分子的智慧，与生活、地方政府、传承人互动，利用更多不同文化背景的经验和智性来共同处理亚洲问题，寻找更人性化、更智性的途径。

康保成：有学者提出，以三国都有的“非遗”项目，例如祭孔仪式，申报UNESCO“人类非遗代表作”名录，大家看是否可行？

在中国，已经进入“非遗”名录的项目有一个明显的现象，可以称为“贫富不均，两极分化”。日本1950年的《文化财保护法》提出无形文化遗产保护，韩国1962年1月份提出无形文化遗产保护问题。由于中国速度搞得很快，我国在2001年昆曲进入UNESCO“非遗”名录后才开始启动这项工作，而且刚开始的前三四年习惯使用“民族民间文化遗产”，正式使用“非遗”这一术语是2005年。“非遗热”出现在2005年—2009年之间。第一、二批国家级名录的公布情况是，昆曲、京剧等众所周知的大剧种和石家庄丝弦等大家不知道的民间小戏同时进入名录，并列排在一起。其实有些项目不需要保护也消亡不了，有的则只剩下一两个传承人，费了很大的劲也很难保护。这种情况在韩国是否存在？这个问题我想请教金容仪老师。

金容仪：韩国的情况与康老师所说的一样，也有大家不知道和广为人知的项目。我们可以从两方面考虑，有一些项目是不是全国人民都共同关心的？另外，保有者是不是希望人民有兴趣，或引发人们的兴趣？在这方面，文化厅专家和一般人的认识有所不同。

刚才所提到中日韩三国共同申请UNESCO“非遗”名录的提议，我认为这是一个很好的想法。但是启动之前要认真研究这一项目的历史，它在中国和向韩国、日本传播变异的历史。

此外，文化财等于是一个价值上的定义，即使原来是在小的地区或村或县（日本）或道（韩国）或省（中国），在这些区域流传的小项目，也需由国家和国民来保护，由国家和国民来维持它，也包括由国家掌控其变化。其前提就是不管它愿不愿意，都是由国家机构来保护，如祖先祭祀仪式，历史悠久，现在后代不想做了，比较麻烦，但国家认为其历史悠久，就指定为“文化财”，与保有者个人的意思完全违背。这个情况与康老师所说的中国的情况一模一样。

从这个角度来看，三国共同“申遗”，就应当有一个国民、政府间的充分沟通。中日韩国一起申报“非遗”名录，首先就是要寻找共同的基点，没有冲突、没有矛盾的项目。从这里起步，下面的路才会走得顺畅。

康保成：保护非遗，不是保护政府的遗产。但保有者往往认识不到其价值，认为不值得保护。我们戏剧史专业的博士生进行皮影戏调查时，就遭遇了百姓这样的看法。老百姓认为不值得保护，但学者煞有介事地提倡保护，这是需要解决的一个问题。中国2011年2月份通过了《非遗法》，我在这里向宫田先生提一个问题：在日本，进入了国家名录的项目会不会有错收的情况，日本有没有撤销或更正的机制？

宫田繁幸（王晓葵译）：我简单地回答，到目前为止，在法律上没有出现任何撤销的情况。原因是：1. 政府官员不愿意承认自己有错误；2. 如果发现指定的传承人不合适，但他会死的，死了就自然撤销了。我个人对过去的认定情况是抱有疑问的。文化财指定以后马上就受到严重质疑，这种情况虽然不多，但是有这样的情况，在"人间国宝"认定后，又发现有更合适的人选；对于民俗文化遗产的认定，某些地域的人，或周边的人会有意见，就是"我们也有这样的遗产，为什么我们没有被认定"？日本也出现过这样的争论。有一次，没有被认定的团体，后来被"追加认定"，如东北阿依努族的文化财曾有"追加认定"。

中日韩三国共同申请世界"非遗"名录，我个人完全赞同，但文化厅可能持保留态度。而且刚才提议的祭孔仪式，在日本已经基本消失了，对中韩两国合适的，也许对日本并不合适。所以，寻找三国都合适的项目非常不容易。

康保成：还有一个问题，是关于"非遗"学科化的问题。中国在"非遗"保护之后，出现了"文化遗产学"的说法。我曾和几位老师讨论过，这个学科是在历史学学科之下还是在社会学、艺术学或文学学科下？我们和重庆文理学院、中央美院等发起的"中国高校文化遗产学学科建设研讨会"也重点讨论这个问题。我们很想知道，在韩国、日本有没有提出这样的问题。或者说，在实践当中韩国、日本有没有文化遗产的相关课程进入大学？另外，韩国学者提出的"非遗"保护的意见和建议有没有被政府采纳？政府在对待学者的研究成果转化为保护政策持一种什么态度？

田耕旭（李光爀译）：在韩国，这一学科称为"文化遗产学"或者"遗产学"。韩国有的大学有"文化财学科"，在高丽大学、韩林大学、全南大学都有一些教授合作设立一个系统的课程。例如我们高丽大学，在"文化遗产学"下有民俗、考古、美术、博物、跨文化比较等研究方向。至于学者的建议，一般由民俗协会反映给文化厅。2005年，在文化厅的方案中，在职员和学者制定的团体项目保护规则中，规定每个项目只能有一名保有者（即传承人），但遭到了现有保有者的激烈反对。因此，这一规定一直没有施行。可见，除了政府和学者之外，政策制定还要征求保有者的意见。

吴秀卿：我来补充一下。国立的传统文化大学有一个文化遗产学学科，是2000年成立的。专业设置有文化财管理学科、传统景观建筑学科（Traditional Landscape Archifecture）、传统美术工艺学科、文化古迹学科、保存技术学科。学校网址是：

http://nucheng. nuch. ac. kr/nuch. html?NUCH = I0304，大家可以参考。

关一敏（王晓葵译）：我来谈谈日本的情况。

日本的文化财研究分两个学科，一个是博物馆学，另外一个是民俗学，但是人员编制非常少。博物馆馆员分为学艺员和研究员，但这两个学科都没有资格颁发“资格证书”，因而出现一些编制上的问题。但我认为今后成为独立学科的可能性并非没有。UNESCO 提出“非遗”保护，适逢日本正在进行学制改革，时机很好；但还有一个是毕业生去向问题，学生到哪里去？博物馆可以发证，但人类学等没有资格。学科建立的一大问题就是毕业生去向问题，在各个县市有很多博物馆和民俗资料馆，原来从事博物馆和文化人类学专业的毕业生已经在这里工作了，再成立“文化遗产学”学科，学生就职去向就发生重叠。中国的博物馆建设方兴未艾，应该是很有希望的。

关于学者与文化行政的关系。我参加过相关的审议会，但会上很难坚持自己的见解。在文化厅官员中也有出身于文化人类学、心理学等专业的专家，也就是说，官僚中有很多具有学术素养的人，我们只能期待这些人在文化财保护方面发挥学术的作用。

康保成：本次讨论非常圆满，日韩两国的专家所提供的情况有很好的参考价值。时间有限，下面请宋俊华教授主持闭幕式。

宋俊华：两天来，来自中日韩三国的专家学者们，就三国的非遗保护和高校学科建设做了很好的发言，下面请中山大学非遗中心副主任高小康教授进行总结发言。

高小康：刚才康老师谈的实际就是会议总结。我们这次会议真的很成功，真的很圆满。国际会议往往各说各的，最后不知所终。这次会议中日韩是真正在比较，在碰撞和交流，彼此发现了很多东亚三国共同的或相似的、可以互相发明的东西。会议的成果之一就是乔晓光老师提出的“亚洲经验”。举一个例子，申报的 UNESCO“非遗”代表作项目是中国第一，日本是第二，韩国是第三，这表明这三国有同样高的申报热情。同时，我们发现三国政府的介入程度都很高，而且在介入时都有利弊参半的效果。再比如包括老龄化问题、城镇化所造成的农村人口稀疏化对“非遗”传承的不利影响，保护与发展的辩证关系等等，这些都是中日韩三国共同面临的问题。我们有一个很好的开端，即“亚洲经验”的研讨开端。无论是单纯谈论各国，还是在比较，但都找到了一个共同的视角、共同参照的经验。我们希望这些经验在三国乃至世界的“非遗”保护中进一步得到借鉴与运用。

谢谢大家！

附：

中日韩非物质文化遗产保护比较学术研讨会会议综述

2011年8月2日至3日，由中山大学中国非物质文化遗产研究中心主办的“中日韩非物质文化遗产保护比较学术研讨会”在广州市白云山广州大厦召开。来自中国、韩国、日本的非物质文化遗产（以下简称“非遗”）相关研究领域以及民俗学、民间艺术、戏剧学、人类学的知名学者参加了会议。本次会议的主题是中日韩非遗保护比较，热门话题之一就是日韩两国的非遗保护实践和经验。作为世界上较早把非遗保护从立法层面固定下来的两个国家，保护实践已进行了约半个世纪。“他山之石，可以攻玉”，日韩两国已有的非遗保护实践和经验，对我国非遗保护有着积极的借鉴意义。

一、各国非遗保护立法制度、政策、经验

（一）日本

东京文化财研究所的宫田繁幸先生《关于日本无形文化遗产的保护》介绍了日本立法保护的三类无形文化遗产以及指定标准、行政程序、保护措施和传承者认定方式（个人认定、团体认定、综合认定），强调日本无形文化遗产保护政策是视不同对象而采取不同的保护措施；对无形文化遗产和文化遗产保存技术的保护措施主要是向认定的个人及团体提供经济补助，采取各种手段进行记录，而民俗文化遗产的行政资助对象主要是由地方民众组成的团体，包括向周边地区或更广泛地区的居民宣传无形民俗文化遗产价值的研究会、讲习会等普及启发工作团体。国家指定外的无形民俗文化遗产，甚至也可向国家提出资助申请。这是有别于无形文化遗产保护措施的一大特点。

九州大学学者关一敏，10年来一直参与日本福冈县民俗类的文化财保护审议工作。他的《“无形民俗文化财”的思想与现实——从日本福冈县民俗文化财的审议角

度来看》一文，在回顾日本《文化财保护法》出台背景、变迁、法律分类的基础上，重点介绍了与民俗文化财有关的立法条文的历年修正情况，民俗文化财的指定、认定、保护程序的实施过程。著者指出，虽然无形民俗文化财有采取原型保存措施的必要，如节日中的仪式，但这与民俗随时代和人的流动而发生变化的特点并不相符，无法通过保护仪式而达到保护民俗的目标。因此政府行政管辖下采取的保护措施主要是记录，但记录某一时期相对固定不变的范型又会产生新的问题，如“文化财通过某个人在某个时段的活动固定下来，也就变成了被给予评价的物品或行动而已了，一旦被冠以‘财’字，随之而来就是赋予价值评价、大搞评级活动，让人感到无所适从”。这抑或是文化遗产保护无法绕开的悖论。

爱知大学周星教授《文化遗产与“地域社会”》在解释“地域社会”这一概念的基础上，介绍日本各地方公共团体、文化遗产各方当事人积极参与遗产保护的经验。他指出在日本各地均活跃着一大批致力于保护、传习、开发和活用本地域内各种文化遗产的民间社团。这些地方性、民间性的文化遗产保护组织，在“地域社会”的文化传承中发挥着核心、骨干和凝聚的作用。如《文化财保护法》中“重要传统建筑物群保存地区”的制度正是在各地市民团体组织和发起的保护运动背景下促成的。这些保存地区通过居民的积极参与而成为富于历史个性魅力和生命活力的新社区。著者以“白川乡合掌造村落”、福岛县只见町的民具保存与活用运动、爱知县丰桥市的民间祭祀活动为例，说明文化遗产保护目标是实现遗产世代传承和增强遗产所在社区的活力。因此，必须使“地域社会”或文化遗产所属社区居民，包括文化遗产各相关当事人（传承人、所有人、保护团体等）能够广泛参与到保护的具体实践当中来。

九州大学在读博士生白松强《中日非物质文化遗产保护制度的比较研究》在回顾中国和日本非遗保护历程基础上，从传承人退出机制、重点保护代表性传承人、禁止境外组织和个人的非法调查、鼓励市场竞争方面对我国《非物质文化遗产法》的特点进行了总结，从日本首创非遗立法保护、人间国家传承体制、立法修改完善程度和遗产保护的全民共识化、常态化，以及遗产类型的系统完整性方面介绍了日本非遗保护的特点。

从上述研究者对日本非遗立法保护和实践经验的介绍中可以看到以下四点：

第一，日本《文化财保护法》立法保护的非遗类型划分依据主要是保护措施，有着较为全面的传承人认定制度。更为重要的是，在国家指定重要的文化遗产之前，首先要启动事先记录调查机制。宫田繁幸认为：“事前进行充分的调查是无形文化遗产的指定、选择、选定，以及保持者、保持团体等的认定的前提。”“这（事先调查）需要非常专业的知识经验，也要及时把握学术动向和相关研究成果。”

第二，日本《文化财保护法》的修正频率之高，体现了日本非遗保护灵活务实的一面。

第三，在国家设立的非遗名录体系方面，日本与我国存在的差别是：在日本，由地方行政机构指定的文化遗产成为国家指定的重要文化遗产后，地方行政机构的指定即会自动解除，这个过程中也会产生不同的问题。而在我国，地方政府一级的非遗名录中，是包括本地进入国家级名录的非遗项目的。

第四，日本非遗保护经验说明，任何非遗保护，都离不开地域社会民众在保护各个环节的参与和支持。

（二）韩国

全南大学学者金容仪《韩国重要非物质文化遗产的现状和课题》使我们了解到韩国的重要非遗被分为文艺类和技能类，文艺类有音乐、舞蹈、戏剧、游戏和仪式、武术；技艺类有工艺技术、饮食。著者分析了韩国文化遗产保护的三个核心特点，一是强调“原形主义”；二是重点保护主义，这也导致没有被指定的文化遗产受到忽略；三是国家主导的教育传授制度。针对韩国文化遗产保护法律在实施过程中产生的问题，著者援引了多位研究者针对具体问题提出的解决方案。从著者的介绍中，可以看到韩国传承人认定制度在认定非遗重要“保有者”（相当于我国的代表性传承人）的同时，还设有候补和助教制度，这已经是从制度层面确保非遗传承人的代际连续性。在研讨会发言中著者指出这些非遗保护和培训，都有一个传授、教育、管理和监督的环节，文化财委员会的人员构成会对非遗保护产生不同程度的影响。在非遗实际发展过程中，专家现场观察，文化财委员与展开具体传承传授的保有者经常发生冲突。

檀国大学学者许庚寅《韩国〈文化财保护法〉的架构探讨》一文，指出1962年出台的《韩国文化财保护法》目的在于通过对文化财的保护来传承民族文化，提升国民的文化素质，进而对全人类的文化发展有所贡献。著者举例指出当前法律实施过程中存在的问题，详细讨论了文化财保护中文化财厅的角色：附属其下的无形文化财科分为公演艺术、工艺技术、振兴业务、改善业务等四个部门；主要承担无形文化财和保有人的指定与废除的权利；对无形文化财的保有人、技艺传授过程、无形文化财的发扬与改善等工作进行有效监督。著者指出，在韩国，与其他遗产保护相比，非遗相对地更受政府的重视，而韩国第四代国玺的制作案例，显示出非遗保护考验着政府的管理制度和水准。

与上述学者相似，高丽大学学者田耕旭《韩国假面剧的传承和保护》以韩国假面剧的传承和保护为例，阐述了韩国非遗国家政策在实施过程中出现的问题，尤其是通过国家行政资助系统培养假面剧传承人反而出现的诸多不利传承的因素：因政府只承认少数保有者，导致传承权力集中在技艺保有者手上；许多制度外的技艺出色、资质优秀的传承者被排除在外；隶属于保有者的助教及其他传承人之间存在众多矛盾。这种由国家介入、对传承者实施资助的保护措施引发了传承者之间的利益冲突，削弱了非遗保护效果。针对这些问题，著者指出解决问题的方向，同时针对非遗保护中的“原型”主义，寻求原型与创新并存的保护举措。

广州中山大学倪彩霞老师的《从法圣浦端午祭申遗看韩国非物质文化遗产的保护》一文，考察了法圣浦端午祭仪式举行情景、申遗过程、国家文化财委员会委员的入选资格、韩国遗产保护的组织机构及承担的不同职能、非遗不同主体的作用和立场，阐述了韩国非遗保护过程中如何处理保护与开发二者的关系。著者同样也注意到韩国非遗保护对“原有”形态的重视以及由此导致的问题，进一步指出，这恰与中国非遗保护实践中追求创新、开发的倾向形成鲜明对照。

从中韩学者对韩国非遗保护的研究中，我们看到韩国非遗保护制度实施过程中产生的诸多问题：如保护非遗“原型”，凸显了继承与创新的矛盾，而由国家实施的传承者认定制度，导致了非遗传承成员间新的不公平现象出现。这对于刚刚正式实施《中华人民共和国非物质文化遗产法》的中国，有着重要的参考意义。

二、非遗保护基础理论研究

（一）非遗保护研究

四川大学徐新建教授《当代中国的遗产问题——从“革命”到“守成”的世纪转变》一文把遗产置入历史演变的脉络中来思考，分析我国近代自辛亥革命到“文革”和当代“申遗热”所体现的世纪转变及其社会影响和文化原因，认为当代展开的遗产保护是传统的重新回现，标明我国开始自上而下主动与世界连为一体，要求亿万国民尊重全球文化的多样性，参与人类的共同发展，而不是革命年代强调的大一统或意识形态的对立抗争。

中山大学宋俊华老师《文化生产与非物质文化遗产生产性保护》则针对当下非遗保护方式之一——生产性保护，对其理论依据、实践难题、基本原则进行了讨论，推进了我国非遗生产性保护的理论研究。著者指出非遗的生产性保护方式，是强调从非遗发生本质即生产中去探索保护方法，既强调继承性，又重视发展性；既强调外在保护，又重视自我发展；既强调精神性，又重视实践性、经济性，认为在具体的非遗生产性保护过程中，要坚持以人为本、保护为主、依法生产等原则，才有利于非遗的更好发展。

中山大学高小康教授《走向“后申遗时期”的传统文化保护》对我国已在进行的“申遗”保护工作进行了反思，认为以申遗为中心的时期是非遗保护的启蒙和普及时期，在申遗的轰动效应过后进入“后申遗”时期，意味着对前一阶段工作的反思，需要把非遗保护从重申遗转向重保护，重新认识生产性保护和文化生态保护等观念。特别是反思生产性保护中的传承者权益以及非遗衍生品的经营问题，从文化生态主体的视角反思和重新认识过去的文化生态保护观念与措施，从而推进传统文化保护的可持续发展。

华东师范大学陈勤建教授《让非物质文化遗产在民众生活中活态保护传承——再论现实生活与非物质文化遗产活态保护的关系》一文指出，非遗的本质在于它活态生存于现实生活中，保护非遗的目标是使今天民众的生活更加美好，在分享前人的经验中有更好的发展。因此，非遗的活态保护，是一种融入现实民众生活流中的传承和建构。著者以苏州市、上海市、四川北川县三地的非遗保护为例生动地说明了非遗如何立足于特定的生活场、生活流、生活相而得到传承和发扬。针对非遗活态生命力，著者指出：“相关法律保护，不管是知识产权法，还是保护文化空间的法律，或者是保护社区成员实践其遗产权利的相关法律，都只有在它们有助于确保非物质文化遗产生命力时，才可以算保护。即使是设备最好的档馆、最齐全的数据库、最炫目的网络互动平台或者最全面的知识产权立法，也只有在它们证实能促进遗产未来实践和传承时，方可称作保护。”

从上述我国学者对非遗保护的研究中可以看出，我国非遗保护从保护观念、意识到保护方式的实施，在立足我国自身国情基础上，追求与国际的衔接，正处于不断调整、反思之中。

（二）非遗学科化状况研究

重庆文理学院谭宏教授《非物质文化遗产教育传承：当代高校文化素质教育的新路径——以重庆文理学院为例》，从现实案例出发，指出教育是非遗保护的核心内容，而以文化为主体的素质教育把非遗纳入其中，对于培养受教育者的故乡之爱、文化多样性态度、实践与创新能力，都具有重要的意义。本着这些重要观点，著者指出重庆文理学院以非遗理论研究为基础，以课程建设为核心，以资源与机制建设为保障，在大学非遗教育方面取得了诸多成果。

重庆文理学院刘壮《非物质文化遗产学三问——关于非物质文化遗产学学科化的思考》在总结近年非遗研究的基础上，展开大胆设想，从非遗研究对象（是人还是物）、研究方法（田野调查）以及从知识生产角度讨论非遗学科的构建问题，指出根据 UNESCO 2003 年《保护非物质文化遗产公约》中以“群体、团体、个人”作为主体的限定，以及强调“自我认定”的非遗界定，明显彰显了以“人”为主体。加之动态传承的保护诉求，非遗保护从物转向了“人”的主体性。由此在讨论非遗研究对象时，人的文化权利、遗产与人的关系、田野调查在非遗保护中发挥了何种功能、在此基础上对遗产志的书写、参与非遗田野调查的研究者行为与保护之间的关系等一系列问题均被纳入探讨的范围。

在研讨会上，日韩学者也就本国的“非遗”学科现状进行了讨论。韩国学者田耕旭指出，在韩国正式大学中设有文化财学科，如高丽大学、韩林大学、全南大学都有教授设立的协助课程。就高丽大学而言，文化遗产学专业下有民俗、考古、美术、博物、文化学比较等方向。韩国学者吴秀卿提到韩国于2000年正式成立了专门的国立传统文化大学①，专业设置有文化财管理学科、传统景观建筑学科（Traditional Landscape Archifecture）、传统美术工艺学科、文化古迹学科、保存技术学科。日本学者关一敏则从学生就业角度讨论了非遗学科可以成立的可能性，他指出在日本有两个学科与文化遗产有关系，一个是博物馆学，一个是民俗学，但学生面临就业困难的问题。他认为成立非遗这样的学科，就业的去向很重要，假如中国未来会建立很多博物馆的话，成立此类学科培养人才是很有希望的。

三、非遗保护个案研究

（一）日本非遗个案

山口建治《乡傩传来和日本化——以镰仓市御灵神社的祭祀活动为例》探讨日本镰仓市御灵神社“御灵”祭祀举行过程，与中国南方的“送瘟船”祭祀相似。考证御灵思想的来源，得出结论：日本民间御灵会实际上就是大陆移民们所祭祀瘟神的“五灵”会祭祀，是中国民间傩仪传到日本后本土化的结果。

把遗产开发为观光资源，使其成为各地外来者参观和体验的目的地后，外来者对于地方遗产产生何种影响和压力，成为近年遗产研究的热点问题。九州大学学者饭岛秀治《在保护与观光之间——以宫崎县椎叶神乐事例为中心》对此进行了讨论。他从学者、行政、媒介、旅游公司、居民等不同主体的角度阐述了椎叶神乐成为国家指定的重要无形民俗文化财后所发生的变化，讨论“文化的客体化”对于椎叶神乐以及当地生活产生的影响，并重点讨论了学者在无形民俗文化遗产保护中所起的推动作用。这对于我们思考由非遗商业开发导致的传承主体“客体化”，成为外来者“凝视”的物化对象这一问题时，有着重要的启示。

名古屋大学学者樱井龙彦《人口稀疏化乡村的民俗文化传承危机及其对策——以爱知县“花祭”为例》以日本爱知县东北部山区传承的“花祭”为例，阐述日本社会因老龄化、村落人口减少，导致民俗文化后继无人而不断衰退，面临彻底消亡的危机。针对日本非遗这一共有的普遍性课题，著者提出相应的解决方案，包括调整举

① 学校网址：http://nucheng. nuch. ac. kr/nuch. html?NUCH = I0304。

办日期、缩短仪式内容、允许外来的新的传承人进入、学校教育包括在外地培养传承人才等措施。这些措施打破了民俗学关于民俗是根植于地方文化的观点，尤其是由非本地人承担“花祭”的传承活动时，造成祭祀活动人员构成的本质性变化，即祭祀活动从人和神的交流（神人合合）变成了人与人的交流（人人合合）。如何看待这些变化，樱井龙彦认为：“归根结底，还是取决于地域居民的人生态度。……这一问题不容外来者轻易置喙，要由和民俗在一起的人们来解决，解决的主体是他们，不是我们。”

神奈川大学的学者星野纮与樱井龙彦关注的话题相似，他在《关于日本人口过稀、少子老龄化社会村庄传统表演艺术的衰退以及相应措施》一文中从更宏观的角度阐述了日本村落因老龄化时代的到来导致传统表演艺术传承中断、消亡的情况。那么如何才能挽救村落传统表演艺术？著者观察到，有的传统表演艺术之所以能够保留下来，与迁入城镇中的村民及有血缘、地缘关系的亲属、人士的努力协助分不开。进一步地，著者看到日本行政方面正在实施“绿色旅游”、“定居自立圈共生”、“历史文化构想”等项目，尝试把景观良好的城市项目与一定地区的物质文化遗产、非遗等所有遗产统一进行保护振兴的一体化措施，与中国正在实施的“文化生态保护实验区”类似。研究农学的专家开始介入这些研究领域亦引起了著者的注意。

樱井龙彦和星野纮探讨日本老龄化社会对非遗传承带来的影响，即在非遗传承主体、空间丧失后，非遗传承应当如何进行。这种状况，在中日韩三国都不同程度地存在。王晓葵教授认为原本由村落居民传承的民俗转为由外来者传承时，是传承主体社会化的表现，这种民俗活动已成为社会公共行为。原本由村落传承的民俗活动，是伴随着信仰的生活的一部分，但由外来者进行传承时，缺少了信仰层面的心意传承。当对两者传承的结果进行比较时，可以发现“人人合合”的新形式取代了原有的“神人合合”，也即都市人传承原属村落传承的民俗时，满足了都市人的某些怀旧体验，这样，这些民俗活动也就因传承主体的变化而有了新的文化意义。

王晓葵教授《明治改历与近代时间秩序的重构》一文论述了日本明治时期通过行政手段废除中国阴历、改用西方公历的过程，这个过程使日本政治经济生活各方面都受到了影响。著者从明治改历的原因，公历在民间的普及、实施及反思等方面进行了论述，认为东亚社会近代时间的构建，和现代化进程密切相关。从废除旧历、改用阳历，到后来对旧历的重新评价，都是人们根据当下的价值对生活所作的判断。许多历史文献都是用旧历描述的，如果抛弃旧历，会割断当下与历史的关系。而旧历作为地方性知识，也是文化多样性的体现。

针对这一议题，中山大学康保成老师指出明治改历，是行政影响民俗、影响社会生活的一个成功显例，虽然在改历初期很多人有不同程度的反对，但 100 年过去了，日本民众现在已经习惯了，因此，需要仔细审视政府介入民俗产生的影响。中山大学刘晓春教授认为阴历是一种与历史文化认同相关的时间制度安排，而阳历则是现代国家公共管理的时间安排。现代以来，日本、中国等东方国家采用阳历，亦是把国家的公共生活纳入欧美主导下的社会文化体系之内。但我国近年把与阴历有关的传统节日设为国家公共假日，是民族文化认同在时间文化制度上的一种反映，产生了积极的影响。保护阴历制度对于保障文化延续是一个开始，那么，时间制度的重新安排对于传统文化有哪些影响，一些悠久历史文化基本上面临渐渐消失的处境是因为社会变化还是时间安排，有待进一步探讨。

（二）韩国非遗个案

汉阳大学的学者吴秀卿《韩中民俗祭典中的儒家祭礼——以法圣浦端午祭和天津皇会为例》详细考察了中国天津皇会和韩国法圣浦端午祭仪式，探讨儒家祭礼在民俗祭典中的渗透情况及其内涵，韩国法圣浦端午祭仪式是儒家祭礼和巫俗仪式结合在一起的，由此可以看出不同阶层信仰及意识形态的存在。而天津皇会的妈祖信仰则交织了包括儒家统治秩序在内的更为复杂的信仰系统。著者指出“以民间信仰为基础的民俗祭典受儒家祭礼，反映从国家到地域对统治秩序的肯定，增加其威严”。

全南大学学者梁会锡《汉族和少数民族的老鼠故事》一文在分析、比较和总结中国各民族与老鼠有关的民间故事，通过分析老鼠与猫、老鼠偷吃粮食、老鼠嫁女等情节类型，阐述不同民族是如何理解人与老鼠的关系，童话思维、现实生活以及佛教信仰又是如何渗透在老鼠故事中的。著者指出，民间故事与一般文学作品不同在于“在很长的时间内由广大民众创作而流传下来，……在时间和空间上，民间故事贯通着一个民族或一个国家，较完整地保留了其文化的深层底蕴”。

全南大学的另一位学者李珠鲁《梁祝故事在韩国》一文介绍了梁祝故事在“相识”、“求学”、“殉情”等主要情节上中韩两国存在的差别。在韩国，梁祝故事出现在祈祷灵魂的巫歌中，情节中出现了“指腹为婚”的婚约情节，却没有我国民众极为喜欢的“十八相送”情节，对其需要进一步深入研究。刘晓春教授就此指出在中国流传的生命复活故事原型在韩国得到了新的发展。

全北大学学者郑元祉《韩中非物质文化遗产唱乐（Pansori）和昆曲清唱的现状与课题——以全州大私习大会和苏州虎丘曲会为例》对比了中国苏州虎丘曲会和韩国 Pansori 全州大私习大会传承上的异同点，指出两国传统艺术在现代社会不同的传承基础，指出韩国全州大私习大会存在诸多弊端，而中国虎丘曲会以各地曲社爱好者为基础，虽有政府的支持，却是爱好传统艺术的昆曲曲友为增进自身曲艺而展开的活动，因此，以虎丘曲会为代表的民间昆曲清唱活动与传统艺术特性有着内在的连续性。著者也认为从昆曲音乐发展出的昆歌这一新形式对促进传统音乐艺术在普通民众中的传播有着积极作用，是值得韩国Pansori借鉴的，著者指出："如果单纯因为Pansori是传统艺术，而力主将其置于保护的首要地位，这肯定会受到部分人的非议。但是如果我们弄清楚为什么必须继承传统文化，并且弄清楚通过继承传统文化能够追求到什么，那么，我们就有理由对Pansori的重要性给予必要的重视。"进而对韩国Pansori大会从传统、教育、办会宗旨等方面提出了自己的建议。

（三）中国非遗案例

中山大学王霄冰教授《国祀、民祭与地方公祭——中、日、韩祭孔礼仪传承模式之比较》从纵向和横向两方面梳理了孔子祭祀仪式在中国大陆、台湾及韩国、日本的实践模式、历史发展、演变脉络，让我们看到了祭孔仪式背后所体现的时势国情及不同主体对待祭孔的观念心态，在此基础上思考当代国家祀典类遗产应该如何得到继承和发展。

北京大学博士后袁年兴《作为认知图式的非物质文化遗产——文化生态保护区的平遥经验》以进入世界文化遗产名录的平遥古城为案例，认为在空间再生产的过程中，平遥守住了文化空间体验和地方感。非遗主体的能动性发挥是平遥从"地方"走向世界的关键所在。

中央美术学院乔晓光教授《中国剪纸的新时代——现状、趋势及其问题》在回顾有关剪纸的重要研究成果基础上，指出我国剪纸正处在传承守护与发展创造共存并举的独特时期。一方面许多村寨的剪纸面临流变和濒危，一方面剪纸已经脱离民俗实用功能，发展为艺术类剪纸及衍生出许多剪纸风格的艺术品，从地域性风格中解放出来，向个体化语言风格发展，在当代社会生活正成为雅俗共赏的艺术传统。著者认为非遗价值观提升了社会对民间剪纸的认识和保护意识，提升了乡村剪花娘子群的社会影响力，但整个社会对农村妇女的真正尊重仍然不够。同时，成为非遗的剪纸不仅仅包含剪法和造型样式，剪纸还承载着中华民族古老本源的图形叙事象征传统，闪现着人性中感人的东西。对剪纸在文化、艺术、女性社会学、本体艺术思维和多民族活态文化空间、传承关系等方面的研究都有待填补。

参加此次研讨会的中日韩三国的专家学者有着不同的学科、国家背景，但探讨的都是大家关注的非遗个案和保护的热点问题，无论讨论议题还是学术观点都有一定的前瞻性。通过中日韩三国专家学者热烈而积极的讨论，我们能发现三国在非遗保护方面存在的共通点和差异性，为我国非遗保护研究提供有益的参照比较，有力推动中日韩三国非遗保护方面的比较研究，也推动与会的我国学者立足本国非遗保护实践，以更开阔的视野来研究我国的非遗保护。

附录：日、韩两国相关法规译介

日本《文化财保护法》

1950年5月30日第214号法令通过

最后修订2004年6月9日第84号法令通过

第一章　总则（第1条～第4条）

第1条（本法的立法目的）

为了加强对文化遗产的保存，充分发挥其文化价值作用，在有助于提升国民文化素质的同时，也促进世界文化的进步，特制定本法。

第2条（文化财的定义）

本法所指文化财为以下所列之物。

一　具有历史或艺术价值的诸如建筑、绘画、雕塑、工艺品、书法、典籍、古书等有形的文化衍生物（包括与这些物体成为一体而成就了其价值的土地和其他物体），能与此相媲美的考古资料及其他历史资料。（以下所说的“有形文化财”）

二　具有历史或艺术价值的诸如戏剧、音乐、工艺技术等无形的文化表现形式。（以下所说的“无形文化财”）

三　有关衣食住行、职业、信仰、年中节日等方面的风俗习惯、民俗艺能、民俗技术及用于这些方面的衣服、器具、房屋等对我们理解国民生活的发展历程所不可缺少的表现形式。（以下所说的“民俗文化财”）

四　具有历史或学术价值的诸如贝冢、古坟、都城遗址、城墙、旧宅等遗址；具有艺术或观赏价值的诸如庭院、桥梁、峡谷、海滨、秀山等名胜地及与之并列的具有学术价值的动物（也包括生息地、繁殖地及传播地）、植物（包括生长地）和矿物质（包括促生独特自然现象的土地）等。（以下所说的“纪念物”）

五　对理解我国人民生活、职业等所不可或缺的在一定地域所呈现的人们的生活、职业及由该地域的风土人情所形成的文化景观。（以下所说的“文化景观”）

六　与周围环境和谐统一，形成历史自然风景的，具有文化价值的传统建筑群。

（以下所说的“传统建筑群”）

2 本法规定（从第27条到第29条、第37条、第55条第1项第4号、第153条第1项第1号、第165条、第171条及附则第3条的规定除外）的“重要文化财”范畴中，包括国宝在内。

3 本法规定（第109条、第110条、第112条、第122条、第131条第1项第4号、第153条第1项第7号和第8号、第165条及第171条的规定除外）的“历史名胜天然纪念物”范畴中，包括特别历史名胜天然纪念物在内。

第3条（政府及地方公共团体的责任）

文化财对于正确理解我国的历史和文化可谓不可或缺，而且，基于其在今后文化的健康发展中所起的基础性作用，为了妥善保存、保护它们，政府及地方公共团体必须不遗余力地贯彻执行本法律。

第4条（国民、所有者等的觉悟）

对于政府及地方公共团体为了实现本法律目标而采取的措施，普通国民必须真诚协助。

2 文化财的所有者及其他关系者，要自觉认识到文化财是宝贵的国民财富，为了民众的公共利益在认真保存它们的同时，也要努力做到尽量将它们向公众展示，充分活用文化财的文化价值。

3 政府及地方公共团体，在执行本法律时必须尊重关系者的所有权及其财产权。

第二章（略）

第三章　有形文化财（第27条～第70条）

第一节　重要文化财（第27条～第56条）

第一款　指定（第27条～第29条）

第27条（指定）

文部科学大臣有权力在有形文化财当中指定某重要的文化财为重要文化财。

2 文部科学大臣有权力在重要的文化财当中，从世界文化的角度出发，将其独一无二的国民珍宝指定为国宝。

第28条（告示、通知及指定书的交付）

根据前条规定所产生的指定，在政府公报公示其内容的同时，还将其内容通知到国宝或者重要文化财的所有者。

2 根据前条规定所产生的指定，从载有前项规定的政府公报公示之日起即刻产生效力。但是，对于该国宝或者重要文化财的所有者而言，从载有同项规定的通知到达该所有者之时起才产生效力。

3 根据前条规定而产生了指定时，文部科学大臣必须向该国宝或者重要文化财的所有者颁发指定书。

4 指定书上应该记载的事项及其他关于指定书的必要事项，根据文部科学省的部令制定。

5 国宝或者重要文化财的所有者，在接受由第 3 项规定产生的国宝指定书的授予后，必须在 30 日之内将被指定为国宝的重要文化财的指定书归还给文部省科学大臣。

第 29 条（废除）

当国宝或者重要文化财丧失其作为国宝或者重要文化财的价值，及发生了其他特殊事由的情况下，文部科学大臣有权力废除对国宝或者重要文化财的指定。

2 根据前条规定所产生的指定废除，在政府公报公示其内容的同时，还将其内容通知到国宝或者重要文化财的所有者。

3 根据第 1 项（第 29 条）规定被指定废除时，同样适用于前条（第 28 条）第 2 项的规定。

4 国宝或者重要文化财的所有者在接到第 2 项的通知后，必须在 30 日之内将指定书归还给文部省科学大臣。

5 根据第 1 项的规定在国宝的指定被废除，但就该有形文化财不被废除重要文化财的指定时，文部科学大臣必须立即授予其所有者重要文化财的指定书。

第二款　管理（第 30 条～第 34 条）

第 30 条（管理方法的指示）

文化厅长官对于重要文化财的所有者，可以就重要文化财的管理方面给予必要的指示。

第 31 条（所有者的管理义务及管理责任者）

重要文化财的所有者，必须遵从与本部法律同效力的文部科学省的部令及文化厅长官的指示，妥善管理文化财。

2 重要文化财的所有者，在发生特别事情的时候，可以任命适当的人全权代替自己行使对该重要文化财的管理责任。（在下一节及第十二章中称为“管理责任者”）

3 根据前项规定选任管理责任者之后，重要文化财的所有者持记载有文部科学省部令决定事项的书面材料，和该管理责任者共同签名后 20 日之内向文化厅长官进行申报。在发生特别事情的时候，可以任命适当的人全权代替自己行使对该重要文化财的管理责任。解除免职管理责任者的时候也同样。

4 前条及第1项的规定同样适用于管理责任者。

第32条（所有者或管理责任者的改变）

重要文化财所有者改变的时候，新所有者必须在20日内持记载有文部科学省部令事项的书面材料，并添加由原所有者交付的指定书，向文化厅长官申报。

2 重要文化财的所有者，在改变了管理责任者时，应在20日内，持与该管理责任者共同签名的、记载有文部科学省部令决定事项的书面材料，向文化厅长官申报。这种情形不适用于前条第3项的规定。

3 重要文化财的所有者或管理责任者，在姓氏、名字或者住址改变的情况下，应持记载有文部科学省部令决定事项的书面材料，在20日内必须向文化厅长官提出申报。如果姓氏、名字或者住址的改变关系到重要文化财的所有者的，申报的时候，必须添附指定书。

第32条之二（管理团体的管理）

就重要文化财而言，如果其所有者不能判明，或者管理责任者的管理明显不能胜任，或者管理责任者的管理明显不适当，文化厅长官可以指定其认为合适的地方公共团体及其法人，对该重要文化财的保存实施必要的管理（在为保存该重要文化财而所必需的必要设施、设备及其他物品中，包括属于该重要文化财的所有者的全部或管理范畴中的管理）。

2 根据前项的规定进行指定时，文化厅长官事先必须征得该重要文化财的所有者（不能判明所有者的场合除外）、基于权利原因的占有者、基于权利原因指定的地方公共团体及其法人的同意。

3 因第1项之规定而产生的指定，其内容在采用政府公报公示时，同时通知前项规定的所有者、占有者、地方公共团体及其法人。

4 因第1项之规定而产生的指定，适用于第28条第2项的规定。

5 对于由第1项而产生的指定，地方公共团体及其法人（以下的章节及在第十二章中称作“管理团体”）在实施管理或因管理而采取必要措施时，重要文化财的所有者或者占有者，在没有正当理由的情况下，不得拒绝、妨碍或者逃避。

6 对于管理团体，同样适用于第30条及第31条第1项之规定。

第32条之三

根据前条第1项之规定的事由如果不复存在，或者有其他特殊事由，文化厅长官有权力解除对管理团体的指定。

2 对于因前项之规定而产生的解除，同样适用于前条第3项及第28条第2项之规定。

第 32 条之四

对于管理团体实施管理所需费用，除去本法律的特别规定之外，均由管理团体自行负担。

2 前项的规定并不妨碍管理团体和所有者通过协议，在所有者可以接受的经济限度内，令其担负用于管理的部分费用。

第 33 条（消失、毁坏等）

重要文化财的全部或者一部分消失、毁坏或者丢失、失盗，所有者（有管理责任者或管理团体的情况下，其管理责任者或管理团体）必须持记载有文部科学省部令决定事项的书面材料，从所知事实之日起 10 日内向文化厅长官申报。

第 34 条（场所的改变）

要改变重要文化财的所在场所时，重要文化财的所有者（有管理责任者或管理团体的情况下，其管理责任者或管理团体）必须持记载有文部科学省部令决定事项的书面材料，而且添加指定书，在要改变所在场所之日的 20 日之内向文化厅长官进行申报。但是，若此场所改变由文部科学省部令决定，则不需要申报；或者申报的时候不需要添附指定书；若改变后的场所由文部科学省部令指定，也可以在改变其处所位置之后再提交申报。

第三款　保护（第 34 条之二～第 47 条）

第 34 条之二（修缮）

重要文化财的修缮由其所有者负责实施。但是，在有管理团体的情况下，重要文化财的修缮由其管理团体负责实施。

第 34 条之三（管理团体的修缮）

管理团体在实施修缮时，就修缮方法、修缮日期问题，管理团体事先必须要征得该重要文化财的所有者（不能判明所有者的情况除外）及基于权利原因的占有者的意见。

2 管理团体实施修缮时，同样适用于第 32 条之二第 5 项及第 32 条之四的规定。

第 35 条（管理或者修缮的补助）

就重要文化财的管理或者修缮需要大额的经费，而重要文化财的所有者或者管理团体又不堪负担或有其他特别事由的情况下，政府为了筹措其经费的一部分，可以对重要文化财的所有者或者管理团体拨付补助金。

2 在拨付就前项所言的修缮资金时，作为补助的条件，文化厅长官可以就管理或者修缮等必要事项进行指示。

3 文化厅长官在认为必要的情况下，针对接受了第 1 项补助金拨付的重要文化财，可以指挥监督对其的管理或者修缮。

第36条（关于管理的命令或者劝告）

如果重要文化财的管理者存在不能胜任，或者因管理不当而使重要文化财存在消失、毁坏、失盗的潜在危险时，文化厅长官有权力命令或劝告所有者、管理责任者或者管理团体，就重要文化财的管理者的选任或改变、管理方法的改善、防火设施、保存设施的设置、管理的必要措施等进行改进。

2 针对基于前项规定的命令或劝告所采取的措施而产生的费用，如果有文部科学省部令的决定，其费用的全部或者一部分可由国库负担。

3 因前项规定而产生国库担负全部或一部分费用时，同样适用于前条第3项的规定。

第37条（关于修缮的命令或者劝告）

在国宝被毁坏的情况下，对其的保存若有必要时，文化厅长官有权力对所有者或者管理者，就文化财的修缮做出必要的命令或者劝告。

2 在国宝以外的重要文化财被毁坏的情况下，对其的保存若有必要时，文化厅长官有权力对所有者或者管理者，就文化财的修缮做出必要的命令或者劝告。

3 针对基于前两项规定的命令或劝告所采取的措施而产生的费用，如果有文部科学省部令的决定，其费用的全部或者一部分可由国库负担。

4 针对因前项规定而产生国库担负全部或一部分费用时，同样适用于第35条第3项的规定。

第38条（文化厅长官对国宝修缮等的施行）

当文化厅长官遇到下述任何情形时，均有权力就国宝亲自实施修缮，或者就国宝的消失、毁坏或者失盗等采取防止措施。

一　所有者、管理者或者管理团体不遵照前两条规定而发布命令的时候。

二　在国宝遭受毁坏，或者有消失、毁坏、失盗的危险时，认为让其所有者、管理者或者管理团体所采取的修缮，或者防止消失、毁坏、失盗等措施有不适当之处的时候。

2 基于前项规定而对文化财进行修缮或者要采取措施时，文化厅长官必须事先对所有者、管理责任者或者管理团体，下发记载有该国宝的名称、修缮、措施内容、开工日期及其他认为必要的事项的通知书，与此同时，也将此事书面通知基于权利原因的占有者。

第39条

根据前条第1项规定而实施修缮或是采取措施时，文化厅长官必须从文化厅的职员中，选定出可以担负该修缮工作或实施相关措施，可以胜任对该国宝的管理责任的人员。

2 根据前项规定而选定出的可以承担责任的人员，在该修缮工作或措施施行的时候，携带可以证明其身份的证件，在对方有要求的时候出示此证，并且充分尊重对方的正当意见。

3 针对因前条第 1 项规定而实施修缮或施行措施时，同样适用于第 32 条之二第 5 项的规定。

第 40 条

根据第 38 条第 1 项规定而实施修缮或是采取措施时所需费用由国库负担。

2 对于因第 38 条第 1 项规定而实施的修缮或是采取相关措施所需要的部分费用，文化厅长官有权力根据文部科学省部令的决定向所有者（若有管理团体时，其管理团体）进行征收。但在同条第 1 项第 2 号的情况下，当且仅当该修缮行为属于所有者、管理者或管理团体的应尽职责，或所有者、管理团体有能力担负此部分费用时，方可继续征收。

3 关于因前项规定而进行的征收，同样适用于《行政代执行法》（1948 年第 43 号法律通过）第 5 条及第 6 条的规定。

第 41 条

对于因第 38 条第 1 项之规定而实施的修缮或者措施所遭受到损失的人，国家会对其正常损失的部分给予补偿。

2 前项的补偿金额由文化厅长官决定。

3 对于不服由前项规定所支付的补偿金额的人，其有权利诉讼要求增加金额。但是，从接收到补偿决定通知之日起经过六个月的，则不在此范围内。

4 在前项的诉讼中，国家被视为被告。

第 42 条（与补助等有关的重要文化财在转让时的缴纳金）

国家就重要文化财的修缮，或为防止其消失、毁坏、失盗等所采取的措施（在以下条款中称作“修缮等”），依据第 35 条第 1 项之规定拨付补助金；或依据第 36 条第 2 项、.第 37 条第 3 项、第 41 条第 1 项之规定接受了费用的该重要文化财的所有者、继承人、接受遗嘱者、接受捐赠者（本条中以下称作“所有者”）（以下称“继承人”，包括接受遗嘱者和接受捐赠者），在与上述补助金或接受费用有关的修缮等实施后，而将该重要文化财有偿转让的情况下，从该补助金或接受费用金额（关于因第 40 条第 1 项之规定所产生的接受费用金额，根据同条第 2 项的规定，就是扣除掉从所有者征收的部分后的余额。在以下的条款中同样）的总数中扣除实施该修缮等后，所有者继续为该重要文化财的修缮等自付的费用金额（在以下本条中称作“缴纳金”），所得余额依据文部科学省部令的规定，必须如数上缴国库。

2 前项规定的“补助金或者担负金的金额”是指，由文化厅长官规定了利用补助金或担负金实施修缮的重要文化财耐用年数，用补助金或担负金的数额除以耐用年数，由此所得到的金额再与扣除从耐用年数也即实施修缮后到重要文化财转让时年数的剩余年数相乘（时间不满一年则不计算在内）所得的金额。

3 用补助金或担负金所实施的修缮完工之后，在不因该重要文化财所有者之责任而使其价值明显降低或者在该重要文化财转让给国家的情况下，文化厅长官有权力免除缴纳金额的全部或者一部分。

4 在文化厅长官指定的期限之前不能缴清缴纳金的情况下，依照国家滞纳处分条例的规定，可以对其进行征收。在此情况下，征收金的先得特权次序按照先国税、再地税的原则。

5 缴纳缴纳金者是继承人、接受遗嘱者或者是接受捐赠者的情况下，首先，将第1项规定的继承税额或者赠与税额和第二号规定的数额的差额相当的金额除以第三号规定的年数；其次，再将前者所得金额与第四号规定的年数相乘，最后从上述人员应该缴纳的缴纳金中扣除掉前两者相乘所得的金额。

一 就该重要文化财的取得占有为目的者所缴纳的，或者应该缴纳的继承税额或者赠与税额。

二 第一号所言“继承税额或赠与税额”的计算，基于该重要文化财或其他部分的征税价格。在该重要文化财被继承、遗赠或赠与前，如果曾在第1项的补助金或担负金补贴下实施修缮，那么此时该重要文化财的征税价格应为原征税价格扣除修缮所用金额。在此新征税价格基础上，再计算该重要文化财或其他部分应缴纳的继承税额或赠与税额。

三 由第2规定所涉及的该重要文化财或者其他部分，扣除掉从文化厅长官决定的耐用年数起到该重要文化财或者其他部分实施修缮后其被继承、遗赠或赠与时的年数后所剩余的年数（时间不满一年则不计算在内）。

四 关于由第2规定的该重要文化财或者其他部分的剩余耐用年数。

6 关于前项第二号中所举的第1项的补助金或者担负金的数额，同样适用于第2项的规定。在此情况下，同项中“转让时”须替换为“继承、遗赠或者赠与时”。

7 依据第1项之规定而缴纳缴纳金的人就同项之规定的涉及转让的《所得税法》（1965年第33号法律通过）中第33条第1项之规定的关于转让所得金额的计算，因第1项规定缴纳的金额视作同条第3项规定的资产转让所需费用。

第43条（现状改变等的限制）

可能改变或影响重要文化财保存现状的行为，必须得到文化厅长官的许可。除非该行为属于一般维护措施或意外灾害应急措施。具体影响轻微的行为、措施，亦不在此限。

2 前项补充说明中规定的维持措施的范围由文部科学省的部令决定。

3 文化厅长官在给予第 1 项的许可时，作为许可的条件，其有权力就同项现状的改变或者对可能影响保存的相关行为做出必要的指示。

4 对于接受第 1 项的许可而不遵照前项许可条件的人，文化厅长官有权叫停在原许可下进行的改变、影响重要文化财保存现状的行为，或者取消许可。

5 对于因第 1 项的许可不能接受，或者因第 3 项的许可条件的附带内容而遭受损失的人，国家会补偿其正当的损失。

6 前项的情况同样适用于第 41 条第 2 项到第 4 项的规定。

第 43 条之二（修缮的申报等）

将对重要文化财实施修缮前，所有者或管理团体必须在实施修缮之日前三十日内，依据文部科学省部令的决定向文化厅长官申报。但是符合前条第 1 项规定，或文部科学省部令决定的修缮，则不在此限。

2 就前项申报，若文化厅长官认为确有必要，有权就该重要文化财的修缮提出技术性指导和建议。

第 44 条之二（禁止输出）

禁止输出重要文化财。但是，文化厅长官因国际文化交流或其他事由，认为有其必要而特别许可的情况下，则不在此限。

第 45 条（保全环境）

文化厅长官因出于对重要文化财的保存而认为有其必要的情况下，有权力在一定的区域内限制某些行为，禁止设置某些措施，或者命令设置必要的设施。

2 对于因前项规定的处分而遭受到损失的人，国家会补偿其正当的损失。

3 在前项的情况下，同样也适用于从第 41 条第 2 项到第 4 项的规定。

第 46 条（对国家提交出售申请）

意图有偿转让重要文化财者必须持有记载了转让接受方、预售金额（预售金是非货币时，要以当时的汇率市价作为基准换算为货币形式。以下相同）及其他文部科学省部令决定事项的书面材料，首先向文化厅长官提出向国家出售该重要文化财的申请。

2 在前项的书面材料中，可以记载希望将该重要文化财转让给对方的原因。

3 如果对前项规定中的转让原因，文化厅长官酌情应允，则应在收到申请后三十日内向其下发不买入该重要文化财的主旨通知。

4 文化厅长官在收到依据第 1 项规定提交的出售申请后三十日内，如果下发了国家应该购买该重要文化财的通知时，且交付了依据第 1 项规定作成的申请书上记载的预售金额的话，那么就可以看做该买卖成立。

5 受第1项所规定的人，在前项期间（所指期间是指文化厅长官下发不许买入该重要文化财的通知时及其所包括的期间）内，不能转让该重要文化财。

第46条之二（对管理团体买入的补助）

如果国家认为作为管理团体的地方公共团体及其法人所管理的重要文化（只限于建造物和其土地上的固定物及与此一体的作为该重要文化财而被指定的土地）的买入对重要文化财的保存更有必要时，国家补助其购买所需经费的一部分。

2 在前项的情况下，同样适用于第35条第2项、第3项及第42条的规定。

第47条（管理、修缮的委托或技术指导）

重要文化财的所有者（在有管理团体的情况下，其管理团体）根据文化厅长官规定的条件，可以将重要文化财的管理（有管理团体的情况除外）或者修缮委托给文化厅长官。

2 文化厅长官认为对重要文化财的保存有其必要时，可以对所有者（在有管理团体的情况下，其管理团体）出示条件，劝告其委托文化厅长官来管理（有管理团体的情况除外）或修缮重要文化财。

3 文化厅长官就前两项的规定而接受管理或修缮的委托时，同样适用于第39条第1项及第2项的规定。

4 重要文化财的所有者、管理责任者或管理团体，依据文部科学省部令的规定，可以就重要文化财的管理或者修缮向文化厅长官寻求技术指导。

第四款 公开展示（第47条之二～第53条）

第47条之二（公开展示）

重要文化财的公开展示均由所有者实施。但是，在有管理团体的情况下，则由管理团体组织实施。

2 根据前项的规定，对于所有者或管理团体公开展示的重要文化财，所有者及管理团体以外的任何人，都不能妨碍本法律规定的其所举行的用于公开展示的行为。

3 管理团体在其管理的重要文化财公开展示的情况下，就该重要文化财可以征收参观费。

第48条（由文化厅长官举办公开展示）

文化厅长官对于重要文化财的所有者（在有管理团体的情况下，其管理团体），在为期一年的期限内，有权力劝告其参加由文化厅长官在国立博物馆（此处的博物馆是指由独立行政法人国立博物馆设置的博物馆。在以下条款中也与此相同）或其他设施举行的、供公开展示的、重要文化财的展出活动。

2 就重要文化财的管理或修缮，如果其费用的全部或者一部分由国库负担，又或者由国家对其拨付了补助金，那么对此重要文化财的所有者（在有管理团体的情况下，其管理团体），在为期一年的期限内，文化厅长官有权力劝告其参加由文化厅长官在国立博物馆或其他设施举行的重要文化财的公开展出活动。

3 文化厅长官就前项的情况下，如果认为有其必要，在为期一年的期限内，有权力更改展览的期限。但是，不得连续超过五年。

4 如果遇到第2项的命令或者前项更改的情况下，重要文化财的所有者或管理团体，必须遵照新的指示公开展示重要文化财。

5 在前4项规定的情况之外，如果重要文化财的所有者（在有管理团体的情况下，其管理团体）有意愿参加由文化厅长官在国立博物馆或其他设施举行的重要文化财的公开展出活动，文化厅长官在收到其申请并认为合适的情况下，可以承认重要文化财所有者的公开展示行为。

第49条

文化厅长官就前项的规定在重要文化财被公开展示之时，除去第185条规定的情况之外，必须从文化厅的职员中，选定能胜任重要文化财管理的人员。

第50条

因由第48条之规定而公开展示所需的费用，根据文部科学省部令规定的基准，其费用由国库负担。

2 政府对于由48条之规定而公开展示的所有者或管理团体，根据文部科学省部令规定的基准，准予支付待遇薪金。

第51条（由所有者等举办公开展示）

文化厅长官对于重要文化财所有者或者管理团体，有权力劝告其就重要文化财举办期限在三个月之内的公开展示活动。

2 文化厅长官对于就重要文化财的管理、修缮或者购买方面，其费用的全部或者一部分由国库负担，又或者拨付了补助金的重要文化财的所有者或管理团体，有权力命令其举办期限在三个月之内的公开展示活动。

3 前项的情况同样适用于第48条第4项的规定。

4 文化厅长官对于重要文化财的所有者或者管理团体，有权力对根据由前三项规定而举办的公开展示及与该公开展示有关的重要文化财的管理做出必要的指示。

5 重要文化财的所有者、管理责任者或者管理团体在不遵照前项指示的情况下，文化厅长官有权力命令其停止或者中止公开展示活动。

6 依据第2项及第3项之规定就公开展示所需的费用，依据文部科学省部令的决定，其全部或一部分可由国库负担。

7 在前项规定情况之外，重要文化财的所有者或者管理团体就其所有或管理的重要文化财因公开展示所需的费用，依据文部科学省部令的决定，其全部或一部分可由国库负担。

第 51 条之二

除因前条之规定而公开展示情况外，因供公众的参观需要而改变重要文化财的所在场所，而且依据第 34 条之规定而提出了申报的情况下，同样适用于前条第 4 项及第 5 项的规定。

第 52 条（损失的补偿）

因第 48 条、第 51 条第 1 项、第 2 项或者第 3 项之规定而举办的公开展示，或因公开展示之事的原因而导致该重要文化财的消失或毁坏，国家对于该重要文化财的所有者，将补偿由此所产生的合理损失。但是，对于因重要文化财的所有者、管理者或者管理团体自己的责任而导致重要文化财的消失或毁坏，则不在此限。

2 在前项之情况下，从第 41 条第 2 项到第 4 项的规定同样适用。

第 53 条（由所有者等之外者举办公开展示）

重要文化财的所有者及管理团体之外的社会人若想在其主办的展览会或其他活动上展出重要文化财供公众参观的情况下，必须征得文化厅长官的许可。但是，文化厅长官之外的国家机关或地方公共团体在事先已征得文化厅长官承认的博物馆或其他设施（在以下条款中称作“公开承认设施”）召开展览会或其他活动的情况下，又或者公开承认设施的设立者在本设施内召开展览会或其他活动的情况下，则不在此限。

2 在前项所言的例外的情况下，依据同项规定召开活动的主办者（文化厅长官除外），在供公众参观重要文化财的活动举办日期之最终日的次日起 20 天之内，持记载有文部科学省部令的决定事项的书面材料，向文化厅长官提出申报。

3 文化厅长官在给予第 1 项许可的情况下，作为其许可的条件，有权力就有关许可的公开展示及与该公开展示有关的重要文化财的管理做出必要的指示。

4 接受第 1 项的许可的社会人在不遵照前项的许可条件的情况下，文化厅长官有权力命令停止许可的公开展示，或者取消许可。

第五款　调查（第 54 条～第 55 条）

第 54 条（保存调查）

文化厅长官在其认为必要的情况下，有权力让重要文化财的所有者、管理责任者或者管理团体，就重要文化财的现状、管理、修缮或者保全环境的状况等提交报告。

第 55 条（保存调查）

就下面所列之任意情况，文化厅长官认为即使通过前条的报告也不能确定有关重要文化财的状况，而且，因确认而别无他法的情况下，有权力选定调查人员，让其就重要文化财的现状、管理、修缮或者保全环境的状况等进入重要文化财所置场所进行实地调查。

一　就关于重要文化财的现状改变或者其行为会给保存带来影响等方面有许可申请的时候。

二　就重要文化财被毁坏时，或其现状，又或者所在场所被改变的时候。

三　重要文化财有消失、毁坏，或者失盗可能的时候。

四　因特殊的情况而有必要对作为国宝或者重要文化财的价值重新鉴定审查的时候。

2 就前项的规定而需要深入现场调查的情况下，担负该任务的调查人员要随身携带证明其身份的证件，当相关关系者有其要求时，要向其证明自己的身份，并且必须充分尊重对方的正当意见。

3 对于因第 1 项规定所实施的调查而遭受损失的人，国家会补偿其正常的损失部分。

4 前项的情况下，同样适用于第 41 条第 2 项到第 4 项的规定。

第六款　杂则（第 56 条）

第 56 条（伴随所有者改变等权利义务的继承）

重要文化财在所有者改变的情况下，新所有者就该重要文化财，通过基于本法律所形成的文化厅长官的命令、劝告、指示及其他处分等来继承原所有者的权利义务。

2 就前项所言之情形，原所有者在提交该重要文化财的同时，也必须向新所有者提交重要文化财的指定书。

3 管理团体被指定，或者其指定被解除的情况下，同样适用于第 1 项的规定。但是，在管理团体被指定的情况下，本该专属于所有者的权利义务却不在此限。

第二节　重要文化财的注册（第 57 条～第 69 条）

第 57 条（有形文化财的注册）

文部科学大臣在重要文化财以外的有形文化财（由地方公共团体实施的依据第 182 条第 2 项之规定产生的指定不包括在内）当中，鉴于其作为文化财的价值，有权力将因保存及利用而有必要采用特别对待的有形文化财注册到有形文化财注册库中。

2 文部科学大臣通过前项之规定而要为其注册的情况下，事先要征询涉及的地方公共团体的意见。

3 文化财注册库的明则细项及其他关于文化财注册库的必要事项，均由文部科学省部令规定。

第 58 条（告示、通知及注册证的给发）

据前条第 1 项之规定而注册的情况下，在及时将其主旨通过政府公报公示的同时，也将通知该被注册的有形文化财（以下称作“注册有形文化财”）的所有者。

2 依据前项第 1 项之规定所产生的注册，从基于前项规定作成的公报公布之日起即产生法定效力。但是，对该被注册的有形文化财的所有者来说，则从依据同项规定所作成的通知到达该所有者之时起产生法定效力。

3 依据第 1 项之规定而被注册的情况下，文部科学大臣必须向该被注册的有形文化财的所有者给发注册证。

4 注册证上的明则细项及其他关于注册证的必要事项，均由文部科学省部令规定。

第 59 条（注册有形文化财的注销）

文部科学大臣就被注册的有形文化财，当其依据第 27 条第 1 项之规定而被指定为重要文化财时，其原先注册同时被注销。

2 文部科学大臣就被注册的有形文化财，当其依据第 182 条第 2 项之规定而被地方公共团体实施指定时，其原先注册同时被注销。但是，就该被注册的有形文化财，当其因保存及利用而有采取措施之必要，且其所有者也同意的情况下，则不在此限。

3 就被注册的有形文化财，当其已丧失了因保存及利用而采取措施或有其他特殊事由的情况下，文部科学大臣有权力注销该有形文化财。

4 就某一有形文化财依据前三项之规定而被注销的情况下，在及时将其主旨通过政府公报公示的同时，也将通知该被注册有形文化财的所有者。

5 因第 1 项到第 3 项之规定而被注销的情况下，同样适用于前条第 2 项的规定。

6 在接收到第 4 项的通知的情况下，所有者必须在 30 日内将注册证返还给文部科学大臣。

第 60 条（注册有形文化财的管理）

被注册的有形文化财的所有者，遵守本法律及基于本法律所作成的文部科学省的部令，必须对注册的有形文化财实施管理。

2 被注册的有形文化财的所有者，在有特别情形的情况下，其有权力选任能胜任该注册有形文化财管理责任的人选（以下条款中称作“管理责任者”），由适合者专门替代自己。

3 就被注册的有形文化财，文化厅长官有权力在其所有者判别不明，或者收到了与其关联的地方公共团体所申报的——所有者或管理责任者的管理举步维艰，或其管理明显存有漏洞——等情况下，征询与其关联的地方公共团体的意见，指定合适的地方公共团体及其法人作为为保存该注册有形文化财而实施必要管理（在为保存该注册有形文化财而所需的必要设施、设备及其他物品中，包括属于该注册有形文化财的所有者的全部或管理范畴中的管理）的团体（以下条款中称作“管理团体”）。

4 对于被注册的有形文化财的管理，同样适用于第 31 条第 3 项、第 32 条、第 32

条之二的第 2 项到第 5 项、第 32 条之三及第 32 条之四的规定。

5 对于注册有形文化财的管理责任者及管理团体，同样适用于第 1 项的规定。

第 61 条（注册有形文化财的消失、毁坏等）

就注册有形文化财的全部或者一部分消失、毁坏，或丢失、失盗的情况下，所有者（有管理责任者或者管理团体的情况下，其管理责任者或者管理团体）必须持记载有文部科学省部令决定事项的书面材料，在得知事实之日起 10 日内将此事申报文化厅长官。

第 62 条（注册有形文化财处所的改变）

在要改变注册有形文化财的处所的情况下，注册有形文化财的所有者（有管理责任者或者管理团体的情况下，其管理责任者或者管理团体）必须持记载有文部科学省部令决定事项的书面材料，在要改变其处所之日的前 20 日之内，添附注册证，申报给文化厅长官。但是，由文部科学省部令决定改变的情况下，则不需要申报；或者申报的时候不需要添附注册证；又或者是由文部科学省部令所决定的处所的情况下，也可以在改变其处所位置之后再提交申报。

第 63 条（注册有形文化财的修缮）

注册有形文化财的修缮由其所有者负责实施。但是，在有管理团体的情况下，注册有形文化财的修缮由其管理团体负责实施。

2 管理团体在实施修缮的情况下，同样适用于第 32 条之二的第 5 项、第 32 条之四及第 34 条之三的第 1 项之规定。

第 64 条（注册有形文化财现状改变的申报等）

就注册有形文化财要改变其现状者，在要改变其现状之日前的 30 日之内，依据文部科学省部令的规定，必须向文化厅长官就其主旨进行申报。但是，因维持措施或意外灾难之原因而采取必要的应急措施的情况下，又或者在执行基于其他法令之规定所产生的要求改变现状的命令措施的情况下，则不在此限。

2 前项所言的例外之规定的维持措施的范围，由文部科学省部令规定。

3 如果就被注册的有形文化财在保存上有其必要的时候，文化厅长官有权力就有关第 1 项申报的注册有形文化财的现状改变等进行必要的指导、建议或者劝告。

第 65 条（注册有形文化财输出的申报）

就被注册的有形文化财要向外输出者，在要输出之日的前 30 日之内，依据文部科学省部令的决定，必须向文化厅长官就其主旨进行申报。

2 如果就被注册的有形文化财在保存上有其必要的时候，文化厅长官有权力就有关前项申报的注册有形文化财的输出等进行必要的指导、建议或者劝告。

第66条（关于注册有形文化财管理或修缮的技术指导）

注册有形文化财的所有者、管理责任者或管理团体，依据文部科学省部令的决定，有权力就有关注册有形文化财的管理或修缮向文化厅长官寻求技术方面的指导。

第67条（注册有形文化财的公开展示）

注册有形文化财的公开展示由其所有者负责实施。但是，在有管理团体的情况下，注册有形文化财的公开展示由其管理团体负责实施。

2 根据前项的规定，注册有形文化财的所有者（有管理团体的情况下，其管理团体）及管理团体以外的任何人，征得所有者的同意，不能妨碍注册文化财用于公开展示。

3 在由管理团体实施的注册有形文化财的公开展示的情况下，同样适用于第47条之二第3项的规定。

4 如果就被注册的有形文化财在保存上有其必要的时候，文化厅长官有权力对注册有形文化财的所有者或管理团体，就注册有形文化财的公开展示及与该公开展示有关的注册有形文化财的管理等进行必要的指导或建议。

第68条（有关注册有形文化财现状等的报告）

文化厅长官在其认为必要的情况下，有权力让注册文化财的所有者、管理责任者或者管理团体，就注册文化财的现状、管理或者修缮的情况等提交报告。

第69条（伴随所有者改变时注册证的转交）

注册有形文化财的所有者在改变的情况下，原所有者在转交该注册有形文化财的同时，也必须向新所有者转交注册证。

第三节　重要文化财及注册有形文化财以外的有形文化财（第70条）

第70条（技术指导）

重要文化财及注册有形文化财以外的有形文化财的所有者，依据文部科学省部令的规定，可以就有形文化财的管理或者修缮向文化厅长官寻求技术指导。

第四章　无形文化财（第71条～第77条）

第71条（重要无形文化财的指定等）

文部科学大臣有权力在无形文化财当中指定某重要的文化财为重要无形文化财。

2 文部科学大臣就前项之规定在实施指定时，必须认定该重要无形文化财的持有者或者持有团体（此指在由无形文化财持有者为主组成的团体中有固定数量的代表者。以下相同）。

3 依据第 1 项之规定所产生的指定，在政府公报公示其内容的同时，还要通知作为该重要无形文化财的持有者或持有团体将要被认定的无形文化财（有持有团体的情况下，其代表者）。

4 文部科学大臣即便在实施第 1 项规定所产生的指定后，当认为作为该重要无形文化财的持有者或持有团体还有其足以值得认定的无形文化财时，其无形文化财作为持有者或持有团体所有可以被追加认定。

5 依据前项之规定被追加认定时，同样适用于第 3 项的规定。

第 72 条（重要无形文化财指定等的解除）

当重要无形文化财失去其作为重要无形文化财的价值或有其他特殊事由的情况下，文部科学大臣有权力解除重要无形文化财的指定。

2 当认为持有者因心身障碍而不再适合作为持有者的情况下，或当认为持有团体因其成员的变动而不再适合作为持有团体的情况下，又或有其他特殊事由的情况下，文部科学大臣有权力解除对持有者或持有团体的认定。

3 当因第 1 项之规定指定被解除或因前项之规定认定被解除时，在政府公报公示其内容的同时，还要通知该重要无形文化财的持有者或持有团体的代表者。

4 持有者死亡，或者持有团体解散的情况下（包括消亡的情况，在本条及以下条款中相同），该持有者或持有团体的认定被视作解除；持有者全部死亡，或者持有团体全部解散的情况下，重要无形文化财的指定被视作解除。此种情况下，文部科学大臣必须将此主旨内容通过政府公报进行告示。

第 73 条（持有者氏名的改变等）

持有者改变氏名或者住所，或者死亡的情况下，又或者有文部科学省部令决定的事由时，持有者或其继承人持记载有文部科学省部令决定事项的书面材料，在其事由发生之日（如果是持有者死亡的情况下，继承人得知其事实之日）起 20 日之内，必须向文化厅长官进行申报。如果持有团体改变名称、办公地点或代表者，或者发生组织成员调动，又或者解散的情况下，其代表者（持有团体解散的情况下，其代表者）与本项上述持有者同样作为。

第 74 条（重要无形文化财的保存）

如果有人能对重要无形文化财的保存躬身亲行，譬如作成记录、培养继承者及采取其他为保存所采取的适当措施的话，在文化厅长官认为因重要无形文化财的保存而有其必要的情况下，国家对持有者、持有团体或者地方公共团体及其他为重要无形文化财的保存而认为适当的人员，可以补助就其保存所需经费的一部分。

2 依据前项之规定而需拨付补助金的情况下，同样适用于第 35 条第 2 项及第 3

项的规定。

第 75 条（重要无形文化财的公开展示）

文化厅长官有权力对重要无形文化财的持有者或持有团体就重要无形文化财的公开展示进行劝告，亦有权力对重要无形文化财的记录的所有者就其记录的公开展示进行劝告。

2 重要无形文化财的持有者或者持有团体在公开展示重要无形文化财的情况下，同样适用于第 51 条第 7 项的规定。

3 重要无形文化财的记录的所有者在公开展示其记录的情况下，国家可以就其公开展示所需的经费的一部分进行补助。

第 76 条（关于重要无形文化财保存的建议或劝告）

文化厅长官对于重要无形文化财的持有者、持有团体或者地方公共团体及其他与其保存相关的人员，有权力为重要无形文化财的保存而提出必要的建议或劝告。

第 77 条（重要无形文化财以外的无形文化财的记录的作成等）

文化厅长官就选择的重要无形文化财以外的特别有必要保存的无形文化财，如果有人员能就其无形文化财躬身亲行，譬如作成记录、保存，或能公开展示的话，国家对合适的人员，就该无形文化财的公开展示或其作成记录、保存又或公开展示所需经费的一部分进行补助。

2 依据前项之规定而需拨付补助金的情况下，同样适用于第 35 条第 2 项及第 3 项的规定。

第五章　民俗文化财（第 78 条～第 91 条）

第 78 条（重要有形民俗文化财及重要无形民俗文化财的指定）

文部科学大臣有权力在有形的民俗文化财当中指定某重要的有形民俗文化财为重要有形民俗文化财，在无形的民俗文化财当中指定某重要的无形民俗文化财为重要无形民俗文化财。

2 依据前项之规定在对重要有形民俗文化财指定的情况下，同样适用于第 28 条第 1 项到第 4 项的规定。

3 依据第 1 项之规定所产生的重要无形民俗文化财的指定，其主旨内容要通过政府公报进行告示。

第 79 条（重要有形民俗文化财及重要无形民俗文化财指定的解除）

当重要有形民俗文化财或重要无形民俗文化财失去其作为重要有形民俗文化财或重要无形民俗文化财的价值或有其他特殊事由的情况下，文部科学大臣有权力解除重要有形民俗文化财或重要无形民俗文化财的指定。

2 依据前项之规定解除重要有形民俗文化财的指定的情况下，同样适用于第 29 条第 2 项到第 4 项的规定。

3 依据第 1 项之规定解除重要无形民俗文化财的指定时，其主旨内容要通过政府公报进行告示。

第 80 条（重要有形民俗文化财的管理）

对重要有形民俗文化财的管理，同样适用于第 30 条到第 34 条的规定。

第 81 条（重要有形民俗文化财的保护）

对于要改变重要有形民俗文化财的现状，或要实施对其保存产生影响的行为时，其实施者必须在要改变现状，或要实施对其保存产生影响的行为之日的前 20 日之内，依据文部科学省部令的决定，向文化厅长官进行主旨申报。但是，上述行为由文部科学省部令决定的情况下，则不在此限。

2 就重要有形民俗文化财若认为有保护之必要的情况下，文化厅长官有权力就前项申报的关于改变重要有形民俗文化财的现状，或实施对其保存产生影响的行为等必要事项进行指示。

第 82 条

对于要将重要有形民俗文化财输出的社会人，其必须征得文化厅长官的许可。

第 83 条

对于重要有形民俗文化财的保护，同样适用于第 34 条之二到第 36 条、第 37 条第 2 项到第 4 项、第 42 条、第 46 条及第 47 条的规定。

第 84 条（重要有形民俗文化财的公开展示）

重要有形民俗文化财的所有者及管理团体（此处所指是指接受在 80 条适用的因第 32 条之二第 1 项的规定所产生指定的地方公共团体及其法人。在本章节及第十二章节中相同）以外的人员，在其主办的展览会或其他活动上以公众的参观为目的而展示其重要有形民俗文化财时，须持记载有文部科学省部令决定事项的书面材料，在拟定展览日之前 30 日内，向文化厅长官进行申报。但是，文化厅长官以外的国家机关或地方公共团体，在事先已从文化厅长官处得到事前申报免除许可的博物馆及其他设施（在以下条款中称作“公开展示事前申报免除设施”）召开展览会或其他活动，又或者公开展示事前申报免除设施的设立者在本设施内召开展览会或其他活动的情况下，在向公众展示重要有形民俗文化财活动最终日的次日起 20 日之内，向文化厅长官提出申报即可。

2 前项文本中涉及申报的公开展示，同样适用于第 51 条第 4 项及第 5 项的规定。

第 85 条

有关重要有形民俗文化财的公开展示同样适用于第 47 条之二到第 52 条的规定。

第 86 条（伴随为保存重要有形民俗文化财所实施的调查及所有者改变等的权利义务的继承）

为保存重要有形民俗文化财而实施的调查，同样适用于第 54 条的规定；重要有形民俗文化财的所有者改变，或者重要有形民俗文化财的管理团体被指定，又或者其指定被解除的情况下，同样适用于第 56 条的规定。

第 87 条（重要无形民俗文化财的保存）

文化厅长官在认为因重要无形民俗文化财的保存而有其必要的情况下，如果有人员能就重要无形民俗文化财躬身亲行，作成记录及采取其他为保存所用的适当措施的话，国家对地方公共团体及其他为重要无形民俗文化财的保存而认为适当的人员，可以补助就其保存所需经费的一部分。

2 依据前项之规定而需拨付补助金的情况下，同样适用于第 35 条第 2 项及第 3 项的规定。

第 88 条（重要无形民俗文化财记录的公开展示）

文化厅长官对于重要无形民俗文化财记录的所有者，有权力劝告其就记录内容进行公开展示。

2 重要无形民俗文化财的记录的所有者在公开展示其记录的情况下，同样适用于第 75 条第 3 项的规定。

第 89 条（关于重要无形民俗文化财保存的建议或劝告）

文化厅长官对于地方公共团体或其他涉及重要无形民俗文化财的保存而认为适合的人员，有权力就重要无形民俗文化财的保存向其进行必要的建议或者劝告。

第 90 条（注册有形民俗文化财）

文部科学大臣在重要有形民俗文化财以外的有形的民俗文化财（由地方公共团体实施的依据第 182 条第 2 项之规定产生的指定不包括在内）当中，鉴于其作为文化财的价值，有权力将因保存及利用而有必要采用特别对待的有形民俗文化财注册到有形民俗文化财注册库中。

2 就前项之规定而需注册时，同样适用于第 57 条第 2 项及第 3 项的规定。

3 关于因前两项之规定而被注册的有形的民俗文化财（以下称作“注册有形民俗文化财”），同样适用于第三章第二节（第 57 条的规定除外）的规定。在此情况下，第 64 条第 1 项及第 65 条第 1 项中“30 日之前”须替换为“20 日之前”；第 64 条第 1 项所言例外中的“因维持措施或非常灾难之原因而采取必要的应急措施，又或者在执行基于其他法令之规定所产生的要求改变现状的命令措施时”须替换为“文部科学省部令决定的情况下”。

第 91 条（重要无形民俗文化财以外的无形的民俗文化财的记录之作成等）

重要无形民俗文化财以外的无形的民俗文化财，同样适用于第 77 条的规定。

第六章　埋藏文化财（第 92 条～第 108 条）

第 92 条（因调查而进行发掘的申报、指示及命令）

就被埋藏在地下的文化财（以下称作“埋藏文化财”），因调查之需要而要对土地进行发掘，其相关人员须持记载有文部科学省决定事项的书面材料，在拟定发掘之日前的 30 日之内向文化厅长官进行申报。但是，此决定由文部科学省部令下达的情况下，则不在此限。

2 当认为埋藏文化财有特别需要保护的必要时，文化厅长官有权力对就前项申报的与发掘有关的必要事项及报告书的提出进行指示，也有权力对禁止发掘、停止发掘或中止发掘等下达命令。

第 93 条（因调查而进行发掘的申报、指示及命令）

因土木工程及其他对埋藏文化财调查以外之原因，而需对贝冢、古坟等众所周知的作为有埋藏文化财的土地（以下称作“周知的埋藏文化财隐藏地”）进行发掘的情况下，同样适用于第 1 项的规定。在此情况下，同项中的的“30 日之前”须替换为“60 日之前”。

2 对适用前项的与前条第 1 项的申报有关的发掘，当认为埋藏文化财有特别需要保护的必要时，文化厅长官有权力在该发掘前，对相关记录工作、发掘调查及其他必要事项进行指示。

第 94 条（关于国家机关等实施发掘的特例）

国家机关、地方公共团体又或国家、地方公共团体的法人等行政法令所规定者（在以下该条及第 97 条统称为“国家机关等”），因前条第 1 项规定的目的要对众所周知的隐藏有埋藏文化财之土地进行发掘时，如果不适用于同条的规定，该国家机关等在策划筹定与该发掘有关的工程计划时，事先必须将此主旨内容上报文化厅长官。

2 文化厅长官在收到前项的申报时，如果认为其埋藏文化财有保护上的必要，那么对于该国家机关等，就该工程计划的策定筹划及其实施，文化厅长官有权力向其下达进行协商的必要的主旨通知。

3 接收到前项通知的国家机关等，就该工程计划的策定筹划及其实施，必须与文化厅长官进行有效协商。

4 除去前两项的情况外，文化厅长官在收到第 1 项的申报的情况下，就该工程计划的策定筹划及其实施，有权力对其在埋藏文化财保护上进行必要的劝告。

5 在前各项的情况下，当该国家机关等是各省厅的省厅部厅长［此处所指的各省厅部厅长是依据《国有财产法》（1948 年第 73 号法律通过）第 4 条第 2 项之规定。以下相同］时，规定这些规定的通知、协商或劝告，均被视作经文部科学大臣通过后所实施的。

第 95 条（埋藏文化财的全民告知）

国家及地方公共团体，就众所周知的埋藏文化财隐藏地，必须做好相关资料的配备，全力采取其他推广普及的必要措施。

2 国家对于就前项地方公共团体所实施的措施，可以对其进行指导、建议及其他认为有其必要的捐助。

第 96 条（有关发现遗址的申报、停止命令等）

土地的所有者或占有者因出土文化财的出土而发现有贝冢、居住遗址、古坟等时，依据第 92 条第 1 项规定所实施的调查除外，均须持记载有文部科学省部令规定事项的书面材料，在不改变其现状的情况下，迅速向文化厅长官呈报其主旨内容。但是，因意外灾害而需采取必要的应急措施时，在有限的限度内可允许其对现状的改变。

2 就前项的呈报，当认为该遗址非常重要，有必要为其保护实施必要的调查时，文化厅长官有权力对其土地的所有者或占有者，规定期限及区域，停止或禁止其改变现状的行为。但是，时间的期限不能超过三个月。

3 文化厅长官在下达前项的命令时，事先必须征询与此相关的地方公共团体的意见。

4 第 2 项的命令须在第 1 项申报收到之日算起一个月之内。

5 就第 2 项的情况，当遇到同项的期限内调查没有结束，而有必要实施继续调查的情况下，文化厅长官有权力对与该命令有关的区域的全部或一部分，延长其期限（仅限一次）。但是，该命令的时限，和同项的期限合计在内决不能超过六个月。

6 计算第 2 项及前项的期限时，从收到第 1 项的申报之日起到下达第 2 项的命令之日，其期限也视作包括之中。

7 文化厅长官即便就第 1 项之申报不作答复的情况下，也有权力就第 2 项及第 5 项之规定而执行措施。

8 文化厅长官除去执行第 2 项的措施外，即便就第 1 项之申报不作答复的情况下，也有权力就该遗址在保护上进行必要的指示。因前项之规定而须执行第 2 项的措施除外，即便就第 1 项之申报不作答复的情况下，也视作同样。

9 对于因第 2 项之命令而遭受损失者，国家可以就其正常损失的部分进行补偿。

10 前项之情况，同样适用于第 41 条第 2 项到第 4 项的规定。

第 97 条（关于国家机关等发现遗址的特例）

国家机关等在发现前条第 1 项之规定的埋藏文化财时，如果不适用于同条的规定，那么除去依据第 92 条第 1 项或第 99 条第 1 项之规定所实施的调查而发现外，其余均须在不改变其现状的情况下，迅速向文化厅长官呈报其主旨内容。但是，因非常灾害而需采取必要的应急措施时，在有限的限度内，不妨碍其对现状的改变。

2 文化厅长官在收到前项的申报时，当认为与该申报有关的遗址非常重要且为保护其而要实施必要的调查时，对于其国家机关等，文化厅长官有权力就其调查、保存等下达以协商为主旨的通知。

3 接收到前项通知的国家机关等，必须与文化厅长官进行有效协商。

4 文化厅长官除去前两项的情况外，在收到第 1 项的呈报时，有权力就该遗址在保护上进行必要的劝告。

5 就前面各项之情况，同样适用于第 94 条第 5 项的规定。

第 98 条（由文化厅长官所施行的发掘）

对于历史或学术上价值特别高，且因调查技术困难之原因而由国家来实施调查的埋藏文化财，文化厅长官有权力对其土地施行发掘。

2 因前项之规定而要对埋藏文化财施行发掘时，文化厅长官须事先对该土地的所有者及基于权利原因的占有者，交付记载有发掘目的、方法、动工时间等必要事项的行政命令书。

3 就第 1 项的情况，同样适用于第 39 条（包括在同条第 3 项适用的第 32 条之二第 5 项的规定）及第 41 条的规定。

第 99 条（由地方公共团体施行的发掘）

除文化厅长官因前条第 1 项之规定而施行的发掘行动外，地方公共团体在调查埋藏文化财的基础上，必要时有权力对可能隐藏有埋藏文化财的土地施行发掘。

2 因前项之规定而要对埋藏文化财施行发掘时，如果其施行发掘的土地属于国有或国家机关占有的情况下，教育委员会事先须就其发掘的目的、方法、动工时间等必要事项，同相关的各省厅之部厅长及其他国家机关进行协商。

3 就第 1 项的发掘，地方公共团体可以向企业家寻求协助。

4 文化厅长官对于地方公共团体，就第 1 项的发掘可以给予必要的指导及建议。

5 国家对于地方公共团体，就第 1 项之发掘而需要的经费可以补助其中的一部分。

第 100 条（返还或通知等）

依据第 98 条第 1 项之规定在发掘时如果发现了文化财，在该文化财的所有者能判明的情况下，文化厅长官应将该文化财返还其所有者；在该文化财的所有者不能判明的情况下，文化厅长官可以不遵守《遗失物法》(1899 年第 87 号法律通过）第 30 条中适用于本法第 1 条第 1 项的规定，将此主旨内容通知警察署长即可。

2 通过前条第 1 项之规定所进行发掘的都道府县，或因《地方自治法》(1947 年第 67 号法律通过）第 252 条之十九的第 1 项所确定的直辖市，又或《地方自治法》第 252 条之二十二的第 1 项所确定的卫星城市（以下称作“直辖市等”）的教育委员会在发现文化财的情况下，该教育委员会同样适用于前项的规定。

3 在接收到第 1 项（包括在前项适用的情况）的通知时，依据《遗失物法》在第 30 条适用于本法第 1 条第 2 项之规定，警察署长须立即就该文化财实施公告。

第 101 条（上缴）

依据《遗失物法》第 30 条中适用于本法第 1 条第 1 项的规定，作为埋藏物被发掘出土后当认定其为文化财时，警察署长须立即将其上缴主管该物品发掘土地的都道府县的教育委员会（当该土地是存在于直辖市等区域情况下，须上缴该直辖市等的教育委员会。以下条款中相同）。但是，在文化财所有者判明的情况下，则不在此限。

第 102 条（鉴定）

就依据前条之规定所上缴的物品，都道府县的教育委员会必须就该物品是否为文化财进行鉴定。

2 都道府县的教育委员会就前项鉴定的结果，当认定该物品为文化财时，须将此主旨内容通知警察署长；当认定该物品不是文化财时，须将此物品返还警察署长。

第 103 条（交还）

就第 100 条第 1 项之规定的文化财的所有者，或同条第 2 项又或前条第 2 项之规定的文化财的所有者，当有向警察署长请求归还其文化财时，文化厅长官或都道府县又或直辖市等的教育委员会必须将此文化财交还给该警察署长。

第 104 条（归属于国库及补偿金）

就第 100 条第 1 项规定的文化财或第 102 条第 2 项规定的文化财（只限于国家机关或独立行政法人国立博物馆，又或独立行政法人文化财研究所因对埋藏文化财的调查所实施土地发掘时发现的物品)，当其所有者判明不定的情况下，其所有权归属于国家。在此情况下，文化厅长官应将此主旨内容通知发现该文化财的土地的所有者，并向其支付相当于文化财价格二分之一数额的补偿金。

2 前项之情况，同样适用于第 41 条第 2 项到第 4 项的规定。

第 105 条（归属于都道府县及补偿金）

就第 100 条第 1 项规定的文化财或第 102 条第 2 项规定的文化财（前条第 1 项规

定的情形除外），当其所有者判明不定的情况下，其所有权归属于管辖该文化财被发现之土地的都道府县。在此情况下，该都道府县的教育委员会应将此主旨内容通知发现该文化财的土地的所有者，并向其支付相当于文化财价格数额的补偿金。

2 当前项所规定的发现者和土地所有者不相同时，就前项所提及的补偿金，分别折半支付。

3 就第 1 项所提及的补偿金的数额，由该都道府县的教育委员会决定。

4 关于就前项规定的补偿金的数额，同样适用于第 41 条第 3 项的规定。

5 因在前项适用的第 41 条第 3 项之规定而发生诉讼时，都道府县被视作被告。

第 106 条（转让等）

对于依据第 104 条第 1 项之规定归属于国家的文化财，除去因保存之原因或从其用途来看确实有必要需国家保有外，对于该被发现文化财的土地的所有者，只要所有者能支付同条规定的其应该得到的补偿金的数额相当的金额，政府可以将此文化财对其转让。

2 就前项之情况，与转让的文化财价格相当的金额，可以从第 104 条规定的补偿金的数额中扣除。

3 对于依据第 104 条第 1 项之规定归属于国家的文化财而言，除去因保存之原因或从其用途来看确实有必要需国家保有外，对于独立行政法人国立博物馆，或独立行政法人文化财研究所，又或管辖该文化财被发现土地的地方公共团体，基于其申请，在向其转让该文化财时，政府可以接受与市价相比偏低的等价报酬。

第 107 条

对于依据第 105 条第 1 项之规定归属于该都道府县的文化财，除去因保存之原因或从其用途来看确实有必要需该都道府县保有外，对于该文化财的发现者或被发现文化财的土地的所有者，只要所有者能支付同条规定的其应该得到的补偿金的数额相当的金额，都道府县的教育委员会可以将此文化财对其转让。

2 就前项之情况，与转让的文化财价格相当的金额，可以从第 105 条规定的补偿金的数额中扣除。

第 108 条（《遗失物法》的适用）

关于埋藏文化财，本法律特别规定的情况除外，均视作适用于《遗失物法》第 13 条的规定。

第七章　史迹名胜天然纪念物（第 109 条～第 133 条）

第 109 条（指定）

文部科学大臣有权力在纪念物当中，选择其中重要者，将其指定为史迹、名胜或天然纪念物（以下统称为“史迹名胜天然纪念物”）。

2 文部科学大臣有权力在由前项规定所指定的史迹名胜天然纪念物当中，选定其中重要者，将其指定为特别史迹、特别名胜或特别天然纪念物（以下统称为“特别史迹名胜天然纪念物”）。

3 就前两项之规定所产生的指定，其主旨内容在通过政府公报告示的同时，还将通知该特别史迹名胜天然纪念物或史迹名胜天然纪念物的所有者及基于权利原因的占有者。

4 依据前项规定而应该通知的人员，在数量过多且分别通知比较困难的情况下，文部科学大臣有权力将应该通知的内容事项，告知该特别史迹名胜天然纪念物或史迹名胜天然纪念物所在地的市（包括特别区，以下相同）县镇村的事务所，又或在这些单位设立的通知栏进行宣示，从而替代同项规定的通知。在此情况下，从其内容宣示之日起经过两周时间，就视作前项规定的通知已送达到各相关人员那里。

5 由第 1 项或第 2 项规定所产生的指定，在由第 3 项规定产生的政府公报的告示之日起即刻产生效力。但是，对于该特别史迹名胜天然纪念物或史迹名胜天然纪念物的所有者或基于权利原因的占有者，依据第 3 项规定所下发的通知送达时，又或依据前项规定产生的通知视作送达时起即刻产生效力。

6 文部科学大臣在对由第 1 项之规定所产生的名胜或天然纪念物进行指定时，如果与其指定相关的纪念物从自然环境保护的角度看有较高价值时，文部科学大臣必须同环境大臣进行协商。

第 110 条（临时指定）

依据前条第 1 项之规定，在指定前当认为有其紧急的必要时，都道府县的教育委员会有权力对史迹名胜天然纪念物实施临时指定。

2 依据前项规定在实施临时指定之后，都道府县的教育委员会必须立即将其主旨内容上报文部科学大臣。

3 依据第 1 项规定所产生的临时指定，同样适用于前条第 3 项到第 5 项的规定。

第 111 条（对所有权等的尊重及和其他公益关系的协调）

文部科学大臣或都道府县的教育委员会，就依据第 109 条第 1 项或第 2 项之规定实施指定，又或依据前条第 1 项之规定实施临时指定时，特别是在尊重各关系者的所有权、矿业权及其他财产权的同时，还必须留意其同国土的开发及其他公益关系的协调。

2 文部科学大臣或文化厅长官，就与名胜或天然纪念物有关的自然环境的保护及强化认为有其必要的情况下，对于环境大臣，其有权力申述意见。在此情况下，文化厅长官陈述意见时，将被视作通过文部科学大臣而进行的。

3 环境大臣从保护自然环境的立场出发，当认为对价值高的名胜或天然纪念物有其必要进行保存及利用时，其有权力对文部科学大臣或通过文部科学大臣对文化厅长官进行意见陈述。

第 112 条（解除）

当特别史迹名胜天然纪念物或史迹名胜天然纪念物丧失其价值及有其他特殊事由的情况下，文部科学大臣或都道府县的教育委员会，有权力解除其指定或临时指定。

2 就依据第 110 条第 1 项之规定而被临时指定的史迹名胜纪念物，当其依据第 109 条第 1 项之规定被指定时，或从临时指定之日起两年内因同项之规定而没有被指定时，其临时指定均失去其效力。

3 当认为依据第 110 条第 1 项之规定所产生的临时指定不适当时，文部科学大臣有权力解除其临时指定。

4 对因第 1 项或前项之规定所产生的指定或临时指定解除时，同样适用于第 109 条第 3 项到第 5 项的规定。

第 113 条（由管理团体实施的管理及复原）

当史迹名胜天然纪念物没有所有者，或所有者判明不定的情况下；或当其所有者以及依据第 119 条第 2 项之规定被选任的能尽管理之责的责任者的管理明显存在困难或不适合继续管理的情况下，文化厅长官有权力指定合适的地方公共团体及其法人，让其就该史迹名胜天然纪念物的保存实施必要的管理及复原（在为保存该史迹名胜天然纪念物所必需的设施、设备及其他物件中，包括属于该史迹名胜天然纪念物的所有者的全部或管理范畴中的管理及复原）。

2 就前项之规定而需要指定时，文化厅长官须事先征得要指定的地方公共团体及其法人的同意。

3 就第 1 项之规定所产生的指定，其主旨内容在政府公报宣示的同时，也将通知该史迹名胜天然纪念物的所有者及基于权力原因的占有者和即将指定的地方公共团体及其法人。

4 依据第 1 项之规定所产生的指定，同样适用于第 109 条第 4 项及第 5 项的规定。

第 114 条

就前条第 1 项之规定所产生的事由消失时，或有其他特殊事由的情况下，文化厅长官有权力解除对管理团体的指定。

2 因前项之规定而需解除时，同样适用于前条第 3 项及第 109 条第 4 项和第 5 项的规定。

第 115 条

因第 113 条第 1 项之规定而接受指定的地方公共团体及其法人（以下本章及第十二章中称作“管理团体”），依据文部科学省部令规定的基准，在史迹名胜天然纪念物的管理方面，必须设置必要的标识、说明板、边界标、栅栏及其他设施。

2 就史迹名胜天然纪念物的指定区域内的土地，当土地所在位置、土地编号、土地名目或土地面积发生变动时，管理团体依据文部科学省部令的规定，必须向文化厅长官申报其主旨内容。

3 在实施复原的情况下，管理团体须事先就其复原的方法及时间等，听取该史迹名胜天然纪念物的所有者（所有者判明不定的情况除外）及基于权利原因的占有者的意见。

4 史迹名胜天然纪念物的所有者或占有者，若没有正当的理由，不得拒绝、妨碍或逃避管理团体实施的管理、复原，或因复原所实施的必要措施。

第 116 条

对于管理团体实施的管理及复原所需要的费用，除去本法律特别规定的情况外，其费用均由管理团体负担。

2 就管理团体实施管理或复原所需费用，前项的规定并不妨碍管理团体和所有者之间通过协商，在所有者可以接受的范围内，由其担负所需费用的一部分。

3 管理团体有权力就其管理的史迹名胜天然纪念物征收参观费。

第 117 条

对于因管理团体实施的管理或复原而遭受损失者，该管理团体必须向其补偿正常产生的损失部分。

2 就前项的补偿数额，由管理团体（管理团体是地方公共团体时，由该地方公共团体的教育委员会）决定。

3 就前项规定所产生的补偿金额，同样适用于第 41 条第 3 项的规定。

4 因在前项适用的第 41 条第 3 项之规定而发生诉讼时，管理团体被视为被告。

第 118 条

管理团体实施管理时，同样适用于第 30 条、第 31 条第 1 项及第 33 条的规定；管理团体实施管理及复原时，同样适用于第 35 条及第 47 条的规定；管理团体被指定或其指定被解除时，同样适用于第 56 条第 3 项的规定。

第 119 条（由所有者实施的管理及复原）

除有管理团体的情况外，史迹名胜天然纪念物的所有者被视作该史迹名胜天然纪念物的管理及复原的责任者。

2 依据前项之规定而承担史迹名胜天然纪念物管理责任的所有者，在有特别事由时，可以选任能胜任该史迹名胜天然纪念物管理的责任者（在以下本章级第十二章中称作“管理责任者”）作为合适的人选专门替代自己行使责任。在此情况下，同样适用于第 31 条第 3 项的规定。

第 120 条

所有者实施管理时，同样适用于第 30 条、第 31 条第 1 项、第 32 条、第 33 条、第 115 条第 1 项及第 2 项（关于同条第 2 项，有管理责任者的情况除外）的规定；所有者实施管理及复原时，同样适用于第 35 条及第 47 条的规定；所有者改变后权利义务的继承，同样适用于第 56 条第 1 项的规定；管理责任者实施管理时，同样适用于第 30 条、第 31 条第 1 项、第 32 条第 3 项、第 33 条、第 47 条第 4 项及第 115 条第 2 项的规定。

第 121 条

当认为因管理不善而使史迹名胜天然纪念物有消失、毁坏、衰亡或失盗危险时，文化厅长官对于管理团体、所有者或管理责任者，有权力就管理方法的改善、保存设施的设置及其他有关管理的必要措施下达命令或进行劝告。

2 就前项的情况，同样适用于第 36 条第 2 项及第 3 项的规定。

第 122 条（有关复原的命令或劝告）

就特别史迹名胜天然纪念物在遭受毁坏或衰亡的情况下，当认为其保存有其必要时，对于管理团体或所有者，文化厅长官有权力就特别史迹名胜天然纪念物的复原下达必要的命令或劝告。

2 就特别史迹名胜天然纪念物以外的史迹名胜天然纪念物在遭受毁坏或衰亡的情况下，当认为其保存有其必要时，对于管理团体或所有者，文化厅长官有权力就其史迹名胜天然纪念物的复原进行必要的劝告。

3 就前两项的情况，同样适用于第 37 条第 3 项及第 4 项的规定。

第 123 条（由文化厅长官主持的对特别史迹名胜天然纪念物复原等的施行）

当文化厅长官遇到下面所言者之任何情形时，均有权力就特别史迹名胜天然纪念物亲自实施复原，或者就特别史迹名胜天然纪念物的消失、毁坏、衰亡或者失盗等采取防止措施。

一 管理团体、所有者或管理责任者不遵照依据前两条规定而发布的命令的时候。

二　在特别史迹名胜天然纪念物遭受毁坏或衰亡时，又或特别史迹名胜天然纪念物有消失、毁坏、衰亡或失盗危险时，认为管理团体、所有者或管理责任者就复原或消失、毁坏、衰亡或失盗危险等采取的防止措施不适当的时候。

2 就前项的情况，同样适用于第 38 条第 2 项及第 39 条到第 41 条的规定。

第 124 条（与补助等有关的史迹名胜天然纪念物转让时的缴纳金）

就国家在采取复原或采取防止消失、毁坏、衰亡或失盗危险等措施，适用于第 118 条及第 120 条，依据第 35 条第 1 项之规定而拨付补助金；或适用于第 121 条第 2 项、第 36 条第 2 项、第 122 条第 3 项、第 37 条第 3 项或前条第 2 项，依据第 40 条第 1 项之规定而接受费用的史迹名胜天然纪念物，同样适用于第 42 条的规定。

第 125 条（对改变现状的限制及恢复原状的命令）

要改变史迹名胜天然纪念物的现状，或实施对其保存能产生影响的行为时，必须得到文化厅长官的许可。但是，就改变现状因维持措施或意外灾难而须采取必要的紧急措施的情况下，且对保存产生影响的行为轻微时，则不在此限。

2 就前项所规定的维持措施的范围，由文部科学省部令规定。

3 就第 1 项之规定给予许可的情况下，同样适用于第 43 条第 3 项的规定；就第 1 项之规定接受许可的情况下，同样适用于同条第 4 项的规定。

4 就第 1 项之规定而实施处分时，同样适用于第 111 条第 1 项的规定。

5 对于因不能接受第 1 项的许可，或让其附加在第 3 项适用的第 43 条第 3 项的许可条件而遭受损失的人，国家会对其正常损失的部分给予补偿。

6 就前项的情况，同样适用于第 41 条第 2 项到第 4 项的规定。

7 对于不接受第 1 项规定的许可，或不服从在第 3 项适用的由第 43 条第 3 项规定的许可条件，擅自改变史迹名胜天然纪念物的现状，或实施对其保存有影响行为的人，文化厅长官有权力命令其恢复原状。在此情况下，文化厅长官可以就恢复原状进行必要的指示。

第 126 条（相关行政厅签发的通知）

依据前条第 1 项规定，有被视作必须接受许可的行为，就实施其行为时，依据其他法令，因许可、认可及其他处分被视作必须接受行政命令规定的情况下，在该法令中拥有该处分权限的行政厅或接受其委任的人员，在实施该处分时，依据行政命令的规定，对于文化厅长官（依据第 184 条第 1 项之规定，在都道府县或市教育委员会实施前条第 1 项规定的许可的情况下，该都道府县或市教育委员会），要通知其主旨内容。

第 127 条（复原的申报等）

在需要对史迹名胜天然纪念物实施复原时，管理团体或所有者，在复原工程动工之日前的30日之内，依据文部科学省部令的规定，必须向文化厅长官申报其主旨内容。但是，依据第125条第1项规定而必须接受许可的情况下或有其他文部科学省部令规定的情况下，则不在此限。

2 当认为史迹名胜天然纪念物在保护上有其必要的情况下，文化厅长官有权力就与前项申报有关的史迹名胜天然纪念物在复原方面给予技术指导和建议。

第128条（保全环境）

文化厅长官因出于对史迹名胜天然纪念物的保存而认为有其必要的情况下，有权力规定一定区域并限制或禁止一些行为，又或有权力下达命令增设必要的设施。

2 对于因前项规定的处分而遭受损失的人，国家会补偿其正当的损失。

3 对于违反第1项规定的限制或禁止的人员，同样适用于第125条第7项的规定；就前项的情况，同样适用于第41条第2项到第4项的规定。

第129条（对由管理团体实施购买的补助）

属于管理团体的地方公共团体及其法人，就与史迹名胜天然纪念物的指定有关的土地或建筑物及其他土地上的附着物，当其认为为保存与自己管理有关的史迹名胜天然纪念物而有必要购买的情况下，国家可以补助其就购买时所需经费的一部分。

2 就前项的情况，同样适用于第35条第2项、第3项和第42条的规定。

第130条（为保存所实施的调查）

文化厅长官在认为有其必要的情况下，有权力就史迹名胜天然纪念物的现状或管理、复原及保全环境的情况等事宜，要求管理团体、所有者或管理责任者提交报告。

第131条

当根据前条所言报告不能确认关于史迹名胜天然纪念物的状况，且确认无其他办法时，文化厅长官就下述任一情形，有权力安排调查人员，让其进入史迹名胜天然纪念物的所在地或相邻地段，就其现状、管理、复原或保全环境的状况等实施实地调查、土地发掘、清除障碍物及其他相关必要措施。但是，对于该土地的所有者、占有者及其他相关关系者而言，对于能给其带来明显损害可能的措施，决不允许调查人员实施。

一　收到有关要对史迹名胜天然纪念物的现状实施改变或准许对其保存能产生影响的行为实施的申请的时候。

二　史迹名胜天然纪念物正在遭受毁坏或衰亡的时候。

三　史迹名胜天然纪念物有消失、毁坏、衰亡或失盗危险的可能的时候。

四　因特别事由有必要重新对作为特别史迹名胜天然纪念物或史迹名胜天然纪念物的价值进行调查的时候。

2 对于因前项规定的调查或措施而遭受损失的人，国家会对其正常损失的部分给予补偿。

3 就因第 1 项规定而进入所在地、实施调查时，同样适用于第 55 条第 2 项的规定；就前项的情况下，同样适用于第 41 条第 2 项到第 4 项的规定。

第 132 条（注册纪念物）

文部科学大臣在史迹名胜天然纪念物（依据第 110 条第 1 项之规定，由都道府县的教育委员会所实施的临时指定物也包括在内）以外的纪念物（由地方公共团体实施的依据第 182 条第 2 项之规定产生的指定不包括在内）当中，鉴于其作为文化财的价值，有权力将那些在保存和利用方面需要特别对待的史迹名胜天然纪念物注册到文化财注册库中。

2 依据前项规定注册的情况下，同样适用于第 57 条第 2 项及第 3 项、第 109 条第 3 项到第 5 项、第 111 条第 1 项的规定。

第 133 条

就依据前条规定而注册的纪念物（以下称作“注册纪念物”），同样适用于第 59 条第 1 项到第 5 项、第 64 条、第 68 条、第 111 条第 2 项及第 3 项、第 113 条到第 120 条的规定。在此情况下，第 59 条第 1 项中的“当其依据第 27 条第 1 项之规定而被指定为重要文化财时”须替换为“当其依据第 109 条第 1 项之规定而被指定为史迹名胜天然纪念物时（依据第 110 条第 1 项之规定，由都道府县的教育委员会所实施的临时指定物也包括在内）”；同条第 4 项中的“通知所有者”须替换为“通知所有者及基于权利原因的占有者。但是，应该通知的人员如果明显多数且分别通知比较困难的情况下，文部科学大臣有权力将应该通知的内容事项，告知该特别史迹名胜天然纪念物或史迹名胜天然纪念物所在地的市县镇村的事务所，又或以这些单位设立的通知栏进行宣示，从而替代同项规定的通知。在此情况下，从其内容宣示之日起经过两周时间，就视作前项规定的通知已送达到各相关人员那里”；同条第 5 项中的“被注销的情况下，同样适用于前条第 2 项的规定”须替换为“被注销的情况下，从依据前项规定的政府公报告示之日起即刻产生效力。但是，对于该注册纪念物的所有者或基于权利原因的占有者而言，前项规定的通知到达时或根据同项规定其通知被视作到达时起即刻产生效力”；第 113 条第 1 项中的“当明显认为不适合的情况下”须替换为“当收到相关地方公共团体申报内容为明显不适合的情况下，听取相关地方公共团体的意见”；第 118 条及第 120 条中的“第 30 条、第 31 条第 1 项”须替换为“第 31 条第 1 项”，“适用”须替换为“适用。在此情况下，第 31 条第 1 项中的‘……和遵照基于这些而下发的文部科学省部令及文化厅长官的指示’须替换为‘……及遵照基于这些内容的文部科学省的部令’”；第 118 条中的“第 35 条及第 47 条的规定，管理团体被指定、或其指定被解除时，第 56 条第 3 项”须替换为“第 47 条第 4 项”；

第120条中的“第35条及第47条的规定，所有者改变后权利义务的继承，第56条第1项”须替换为“第47条第4项”。

第八章　重要文化景观（第134条～第141条）

第134条（重要文化景观的选定）

文部科学大臣基于都道府县或县镇村的申报，就该都道府县或县镇村规定的，依据《景观法》（2004年第110号法律通过）第8条第2项第1号规定的景观计划区域，或同法第61条第1项规定的景观地区内的某种文化景观，参照文部科学省部令规定的基准，在该都道府县或县镇村为其保存而采取必要措施的景观中，有权力选定其中重要者为重要文化景观。

2 依据前项规定需要选定的情况下，同样适用于第109条第3项到第5项的规定。在此情况下，同条第3项中的“基于权利原因的占有者”须替换为“基于权利原因的占有者及依据第134条第1项之规定而提出申报的都道府县或县镇村”。

第135条（对重要文化景观选定的解除）

当重要文化景观丧失其价值的情况下或有其他特殊事由时，文部科学大臣有权力解除其选定。

2 就前项的情况，同样适用于第2项的规定。

第136条（消失或毁坏）

当重要文化景观的全部或一部分消失或毁坏的情况下，所有者或基于权利原因的占有者（在以下本章中称作“所有者等”），须持记载有文部科学省部令规定事项的书面材料，在得知其事实之日起10之内向文化厅长官进行申报。但是，在文部科学省部令规定的作为对重要文化景观的保存不会产生明显威胁的情况下，则不在此限。

第137条（有关管理的劝告或命令）

当认为因管理不善而有可能使重要文化景观面临消失或毁坏的可能时，对于所有者等，文化厅长官有权力就管理方法的改善及其他管理事项，劝告其采取必要的措施。

2 接受了前项规定的劝告的所有者等，在无正当理由却拒不执行与劝告有关的措施时，文化厅长官在认为有其必要的情况下，对于该所有者等，有权力下达命令，令其执行与劝告有关的措施。

3 文化厅长官在要下达第1项规定的劝告或前项规定的命令的情况下，事先需要听取与该重要文化景观有关的、依据第134条第1项规定实施申报的都道府县或县镇村的意见。

4 就第 1 项及第 2 项的情况下，同样适用于第 36 条第 2 项及第 3 项的规定。

第 138 条（与接受费用有关的重要文化景观在转让时的缴纳金）

国家为防止消失或毁坏所采取的措施，对于在前条第 4 项适用的，第 36 条第 2 项规定的接受了费用的重要文化景观，同样适用于第 42 条的规定。

第 139 条（改变现状等的申报等）

要改变重要文化景观现状，或要实施对其保存能产生影响行为的人员，依据文部科学省部令的规定，在要改变其现状或要实施对其保存能产生影响行为之日前的 30 日之内，必须向文化厅长官就其主旨进行申报。但是，当改变现状——因维持措施或非常灾难之原因而需采取必要的应急措施的情况下，又或者在执行基于其他法令之规定所产生的要求改变现状的命令措施的情况下，或要实施对其保存能产生影响的行为是轻微的情况下，则不在此限。

2 就前项所规定的维持措施的范围，由文部科学省部令规定。

3 当认为有必要保存某重要文化景观时，文化厅长官有权力就与第 1 项申报有关的、改变重要文化景观现状或实施对其保存能产生影响的行为进行必要的指导、建议或劝告。

第 140 条（现状等的报告）

文化厅长官在其认为必要的情况下，有权力让所有者，就重要文化景观的现状、管理、复原状况等提交报告。

第 141 条（和其他公益关系的协调等）

文部科学大臣就依据第 134 条第 1 项的规定实施选定的情况下，特别是在尊重各关系者的所有权、矿业权及其他财产权的同时，还必须留意其同国土的开发及其他公益关系的协调、其同农林牧畜渔产业及其他在该地域的产业关系的和谐。

2 文化厅长官在进行第 137 条第 1 项规定的劝告时，或在下达同条第 2 项规定的命令时，或在进行第 139 条第 3 项规定的劝告时，鉴于重要文化景观的特性，从其同国土的开发及其他公益关系的协调出发，从其同农林牧畜渔产业及其他在该地域的产业关系的和谐出发，依据行政命令的规定，事先须同相关各省厅的部厅长进行协商。

3 为保存重要文化景观而认为有其必要的情况下，对于各都道府县或县镇村所实施的管理、修缮、修整或复原等措施，国家可以对其所需经费的一部分进行补助。

第九章　传统的建筑物群保存地区（第 142 条～第 146 条）

第 142 条（传统的建筑物群保存地区）

在本章“传统的建筑物群保存地区”是指为了保存传统的建筑物群及与此成为

一体所形成价值的环境，通过下面第143条第1项或第2项之规定，县镇村所规定的地区。

第143条（对传统的建筑物群保存地区的决定及其保护）

依据《都市规划法》（1968年第100号法律通过）第5条或第5条之二的规定，在被规定的都市规划区域或准都市规划区域内，县镇村有权力将传统的建筑物保存地区评定为都市规划。在此情况下，县镇村在条例方面，为保存该地区，依据行政命令规定的基准，在制定有关改变必要现状的限制外，也需制定因保存所要实施的必要措施。

2 在被规定的都市规划区域或准都市规划区域之外的区域，依据条例的规定，县镇村有权力评定传统的建筑物保存地区。在此情况下，同样适用于前项后段的规定。

3 当与第1项传统的建筑物群保存地区有关的、依据《都市规划法》第19条第3项或第5项之规定收到同意或意见申报时，都道府县的知事事先必须听取该都道府县的教育委员会的意见。

4 县镇村就传统的建筑物群保存地区，在评定、取消、制定条例或修订、废除的情况下，必须向文化厅长官报告其主旨内容。

5 文化厅长官或都道府县的教育委员会，对于县镇村，有权力就传统的建筑物群保存地区的保存，进行必要的指导或建议。

第144条（重要传统的建筑物群保存地区的选定）

基于县镇村的申报，就传统的建筑物群保存地区的全部区域或一部分区域，对我国而言其价值特别高的部分，文部科学大臣有权力将其选定为重要传统的建筑物群保存地区。

2 依据前项规定所产生的选定，在用政府公报告示其主旨内容的同时，还需通知与该申报有关的县镇村。

第145条（选定的解除）

当重要传统的建筑物群保存地区丧失掉其作为重要传统的建筑物群保存地区的价值，及发生了其他特殊事由的情况下，文部科学大臣有权力解除对其的选定。

2 在前项的情况下，同样适用于前条第2项的规定。

第146条（有关管理等的补助）

对于县镇村因传统的建筑物群保存地区的保存之原因，为保存在该地区的建筑物及与传统的建筑物群成为一体所形成价值的环境而所实施的管理、修缮、修整或复原等措施，国家可以对其所需经费的一部分进行补助。

第十章　文化财的保存技术的保护（第147条～第152条）

第147条（选定保存技术的选定等）

在保存文化财不能欠缺的传统技术或技能中，对于其关键必要部分，文部科学大臣有权力选定其为选定保存技术。

2 文部科学大臣就前项之规定而进行选定时，必须认定选定保存技术的持有者或持有团体（在以保存选定保存技术为主要目的团体（包括财团）中，则指所规定的代表者或管理人。以下相同）。

3 就与某一选定保存技术有关的前项的认定，持有者和持有团体可以同时兼任。

4 由第1项之规定所产生的选定及前两项之规定所产生的认定，同样适用于第71条第3项到第5项的规定。

第148条（选定等的解除）

当认为与选定保存技术有关的所采取的保存措施没有其必要的情况下，或有其他特殊事由发生的情况下，文部科学大臣有权力解除其选定。

2 当认为持有者因身心障碍不适合再作为持有者的情况下，或认为持有团体不适合再作为持有团体的情况下，又或有其他特殊事由发生的情况下，文部科学大臣有权力解除对持有者或持有团体的认定。

3 就前两项的情况下，同样适用于第72条第3项的规定。

4 就前条第2项之认定，被作为仅有的持有者全部死亡时；或就同项之认定，被作为仅有的持有团体全部解散时（包括消失时。在以下本项中相同）；或就同项之认定，兼有持有者、持有团体身份的持有者全部死亡且持有团体全部解散时；选定保存技术的选定，就视作被解除。在此情况下，文部科学大臣必须将其主旨内容通过政府公报进行告示。

第149条（持有者的姓名改变等）

持有者及持有团体，同样适用于第73条的规定。在此情况下，同条后段中的“代表者”须替换为“代表者或管理人”。

第150条（选定保存技术的保存）

文化厅长官就选定保存技术的保存当认为其有必要的情况下，有权力就选定保存技术亲自作成记录，或就传承者的培养及其他因选定保存技术的保存而采取必要的适当措施。

第151条（选定保存技术记录的公开展示）

就选定保存技术记录的所有者，同样适用于第88条的规定。

第 152 条（与选定保存技术的保存有关的援助）

对于选定保存技术的持有者或持有团体，或地方公共团体及其他因保存而认为合适的人员，国家可以对其进行指导、建议及其他必要援助。

第十一章　向文化审议会所作的咨询（第 153 条）

第 153 条

文部科学大臣就下列所举事项，事先须向文化审议会进行咨询。

一　国宝或重要文化财的指定及其指定的解除。

二　注册有形文化财的注册及其注册的注销（依据第 59 条第 1 项或第 2 项之规定所实施的注册注销除外）。

三　重要无形文化财的指定及其指定的解除。

四　重要无形文化财的持有者或持有团体的认定及其认定的解除。

五　重要有形民俗文化财或重要无形民俗文化财的指定及其指定的解除。

六　注册有形文化财的注册及其注册的注销（在第 90 条第 3 项适用的，依据第 59 条第 1 项或第 2 项之规定所实施的注册注销除外）。

七　特别史迹名胜天然纪念物或史迹名胜天然纪念物的指定及其指定的解除。

八　临时史迹名胜天然纪念物的解除。

九　注册纪念物的注册及其注册的注销（在第 133 条适用的，依据第 59 条第 1 项或第 2 项之规定所实施的注册注销除外）。

十　重要文化景观的选定及其选定的解除。

十一　重要传统的建筑物群保存地区的选定及其选定的解除。

十二　选定保存技术的选定及其选定的解除。

十三　选定保存技术的持有者或持有团体的认定及其认定的解除。

2 文化厅长官就下列所举事项，事先须向文化审议会进行咨询。

一　与重要文化财的管理或国宝的修缮有关的命令。

二　由文化厅长官所施行的对国宝的修缮，或就防止国宝消失、毁坏、失盗所施行的措施。

三　改变重要文化财的现状或许可能对重要文化财的保存产生影响的行为。

四　为保全重要文化财的环境而所下达的限制、禁止或添置必要设施的命令。

五　国家对重要文化财的购买。

六　在重要无形文化财以外的无形文化财中，文化厅长官对应该作成记录的无形文化财或就作成记录等应该补助的无形文化财的选择。

七　有关重要有形民俗文化财管理的命令。

八　重要有形民俗文化财的购买。

九　在重要无形民俗文化财以外的无形民俗文化财中，文化厅长官对应该作成记录的无形民俗文化财或就作成记录等应该补助的无形民俗文化财的选择。

十　与改变遗址的现状行为有关的停止命令或禁止命令期限的延长。

十一　文化厅长官对因调查埋藏文化财而所施行的发掘。

十二　与史迹名胜天然纪念物的管理或特别史迹名胜天然纪念物的复原有关的命令。

十三　由文化厅长官所施行的对特别史迹名胜天然纪念物的复原，或就防止其消失、毁坏、失盗所施行的措施。

十四　改变史迹名胜天然纪念物的现状或许可能对史迹名胜天然纪念物的保存产生影响的行为。

十五　为保全史迹名胜天然纪念物的环境而所下达的限制、禁止或添置必要设施的命令。

十六　不接受改变史迹名胜天然纪念物的现状；或不接受对其保存产生影响之行为的许可；又或在不遵照其许可的条件下；又或为保全史迹名胜天然纪念物的环境而违反了限制、禁止情况下所下达的恢复原状的命令。

十七　与重要文化景观管理有关的命令。

十八　第184条第1项的行政命令（只限于与同项第二号例举事务有关的）的指定或修订、废除的拟定。

第十二章　补充规则（第154条～第192条）

第一节　听证、意见的听取及不服申诉（第154条～第161条）

第154条（听证的特例）

文化厅长官（依据第184条第1项之规定，在都道府县或市的教育委员会行使属于文化厅长官的权限的情况下，该都道府县或市的教育委员会。在后项及后条中与此相同）在将要实施下述处分时，不管依照《行政程序法》（1993年第88号法律通过）第30条第1项规定的如何根据意见陈述的程序进行分类，都必须举行听证会。

一　在依据第45条第1项或第128条第1项之规定中，对于特定者所实施的限制、禁止或命令。

二　依据第51条第5项［包括在第51条之二（包括在第85条中适用的情况）、

第 84 条第 2 项及第 85 条中适用的情况］之规定所产生的公开的中止命令。

三　依据第 92 条第 2 项之规定所产生的禁止发掘或中止命令。

四　依据第 96 条第 2 项所规定的，因同项调查之原因所实施的命令停止、命令禁止或因同条第 4 项之规定所实施的对这些命令期限的延长。

五　依据第 125 条第 7 项之规定所实施的命令恢复原状。

2 文化厅长官就前项的听证，或依据第 43 条第 4 项、第 53 条第 4 项之规定要实施与取消许可有关的听证时，在该听证召开日期的前 10 日之内，依据《行政程序法》第 15 条第 1 项之规定下发通知，且必须就该处理内容、该听证的日期及场所等进行公示。

3 在前项的听证期限内的审议，都必须公开举行。

第 155 条（意见的听取）

就文化厅长官要实施下面所列举的措施的情况下，可以要求各关系者和其代理人出面，通过公开的方式必须举行意见听取。

一　依据第 38 条第 1 项或第 123 条第 1 项之规定实施修缮、复原或施行措施。

二　依据第 55 条第 1 项或第 131 条第 1 项之规定实施实地调查或因调查所施行的必要措施。

三　依据第 97 条第 1 项之规定实行发掘。

2 就前项的意见听取文化厅长官在将要举行的情况下，在举行日期前的 10 日内，就将要施行的同项各号所列举的措施的理由、措施内容、该意见的听取时间及场所等向各关系者进行通告，而且必须就该措施内容、该意见听取的日期及场所等进行公示。

3 在第 1 项的意见听取中，该关系者或其代理人，有权利为自己或本人陈述意见、阐述说明，且提出证据。

4 当各关系者或其代理人在无正当理由而不回应第 1 项的意见听取的情况下，文化厅长官有权力在不举行该意见听取的情况下直接采取同项各号所列举的措施。

第 156 条（关于不服申诉程序的意见听取）

与下面所列举的处理有关的对于要求审查或异议申诉的裁决或决定（驳回的裁决和决定除外），从受理要求审查或异议申诉之日起 30 日之内，要求异议申诉人、要求审查人、参加人及这些人的代理人出面，必须通过公开的意见听取后才能施行。

一　依据第 43 条第 1 项或第 125 条第 1 项之规定实施改变现状，准许或不准许对其保存能产生影响的行为。

二　依据第 113 条第 1 项（包括在第 133 条中适用的情况）之规定所实施的管理团体的指定。

2 要举行前项的意见听取的人员，就该意见听取的日期和场所在举行日的前10日内通知异议申诉人、要求审查人及参加人，而且，就案件的主要内容及该意见听取的日期、场所等必须进行公示。

第157条（参加）

要求审查人、申诉异议人、参加人及代理人之外的人员，因与该处理有利害关系，欲参加前条第1项的意见听取且想陈述意见时，须持记载有文部科学省部令规定事项的书面材料，就其主旨内容向举行该意见听取者提出申报，且必须接受其许可。

第158条（证据的出示等）

在第156条第1项的意见听取中，对于要求审查人、申诉异议人、参加人及因前条规定参加意见听取者或上述这些参加者的代理人，就该案件，必须给予他们出示证据且阐述意见的机会。

第159条（裁决或决定前的协商等）

就与矿业或采石业调整有关的案件，当有涉及此案的要求审议或申诉异议需要裁决或决定时（驳回的裁决或决定除外），事先须和公害调整委员会协商后才能实施。

2 与此有关的各行政机关之长，有权力就要求审查或申诉异议有关的案件进行意见陈述。

第160条（程序）

就从第156条到前条和《不服行政审查法》（1962年第160号法律通过）规定之外的有关要求审查或申诉异议的程序，均由文部科学省部令规定。

第161条（申诉不服和诉讼的关系）

就第156条第1项各号所列举的取消处理的诉讼，如果对于就与该处理有关的要求审查或申诉异议没有经过裁决或决定的情况下，则不能提起诉讼。

第二节　与国家有关的特例（第162条～第181条）

第162条（与国家有关的特例）

对于国家或国家机关，在适用本法律之规定的情况下，就本节有特别规定时，优先遵照本节规定。

第163条（就重要文化财等与国家有关的特例）

就重要文化财、重要有形民俗文化财、史迹名胜天然纪念物或重要文化景观等依据《国有财产法》之规定属于国家的情况下，由文部科学大臣实施对其的管理。但是，当这些文化财由文部科学大臣以外的人员管理、依据同法第3条第2项之规定属于行政财产，或因特别需要应该由文部科学大臣以外的人员实施管理的情况下，其到底是由各相关的省厅之长管理还是由文部科学大臣管理，由文部科学大臣、各相关的省厅之长及财务大臣协商决定。

第 164 条

依据前条的规定，重要文化财、重要有形民俗文化财、史迹天然纪念物或重要文化景观因由文部科学大臣实施管理，在所属不同的会计间施行管辖转换或所属替换时，可以不遵照《国有财产法》第 15 条的规定，可以作为无偿来处理。

第 165 条

对属于国有的有形文化财或有形民俗文化财，在其被指定为国宝、重要文化财或重要有形民俗文化财时，依据第 28 条第 1 项或第 3 项（包括在第 78 条第 2 项中适用的情况）之规定，对其所有者寄发的通知或颁发的指定书，视作对管理该有形文化财或有形民俗文化财的各省厅之长有效。在此情况下，接受了国宝指定书的各省厅之长，必须立即将指定为国宝的重要文化财的指定书返还给文部科学大臣。

2 属于国有的国宝、重要文化财或重要有形民俗文化财的指定被解除的情况下，依据第 29 条第 2 项或第 5 项（包括在第 79 条第 2 项中适用的情况）之规定，对其所有者寄发的通知或颁发的指定书，视作对管理该国宝、重要文化财或重要有形民俗文化财的各省厅之长有效。在此情况下，该各省厅之长须立即将指定书返还给文部科学大臣。

3 属于国家所有或占有的东西被指定为特别史迹名胜天然纪念物或史迹名胜天然纪念物，又或被临时指定，又或其指定、临时指定被解除的情况下，依据第 109 条第 3 项（包括在第 110 条第 3 项及第 112 条第 4 项中适用的情况）之规定，对其所有者寄发的通知，视作对管理该指定、临时指定，解除指定、解除临时指定的各省厅之长有效。

4 属于国家所有或占有的东西被选定为重要文化景观，又或解除其选定的情况下，在第 134 条第 2 项中适用的，依据第 109 条第 3 项（包括在第 135 条第 2 项中适用的情况）之规定，对其所有者寄发的通知，视作对管理该重要文化景观的各省厅之长有效。

第 166 条

管理重要文化财、重要有形民俗文化财、史迹名胜天然纪念物或重要文化景观的各省厅之长，遵照本法律及基于本法所下发的文部科学省的部令及文化厅长官的劝告，必须对重要文化财、重要有形民俗文化财、史迹名胜天然纪念物或重要文化景观实施管理。

第 167 条

就下面所列举之情况，相关各省厅之长须通过文部科学大臣通知文化厅长官。

一　取得了重要文化财、重要有形民俗文化财或史迹名胜天然纪念物的情况下。

二　接受了重要文化财、重要有形民俗文化财或史迹名胜天然纪念物的管辖转换，或所属替换了的情况下。

三　属于其主管的重要文化财、重要有形民俗文化财、史迹名胜天然纪念物或重要文化景观的全部或一部分消失、毁坏、衰亡，又或丢失、被盗的情况下。

四　要改变其所主管的重要文化财或重要有形民俗文化财的所在场所的情况下。

五　要对其所主管的重要文化财或史迹名胜天然纪念物实施修缮或复原的情况下（下条第1项第一号所规定的必须征得文化厅长官同意及其他文部科学省部令规定的除外）。

六　要对其所主管的重要有形民俗文化财或重要文化景观实施现状改变，又或要实施对其保存能产生影响的行为的情况下。

七　就其所主管的史迹名胜天然纪念物所指定区域内的土地，当其土地所在位置、土地编号、土地名目或土地面积发生了变动的情况下。

2 与前项第一号及第二号所述情况有关的通知，同样适用于第32条第1项（包括在第80条及第120条中适用的情况）的规定；与前项第三号所述情况有关的通知，同样适用于第33条（包括在第80条及第120条中适用的情况）及第136条的规定；与前项第四号所述情况有关的通知，同样适用于第34条（包括在第80条中适用的情况）的规定；与前项第五号所述情况有关的通知，同样适用于第43条之二及第127条第1项的规定；与前项第六号所述情况有关的通知，同样适用于第81条第1项及第139条第1项的规定；与前项第七号所述情况有关的通知，同样适用于第115条第2项的规定。

3 对于与第1项第五号或第六号的通知有关的事项，文化厅长官有权力进行必要的劝告。

第168条

就下面所列举之情况，相关各省厅之长事先必须通过文部科学大臣征得文化厅长官的同意。

一　要对重要有形民俗文化财或史迹名胜天然纪念物实施现状改变，又或要实施对其保存能产生影响的行为的情况下。

二　要输出其所主管的重要文化财或重要有形民俗文化财的情况下。

三　用其所主管的重要文化财、重要有形民俗文化财或史迹名胜天然纪念物进行质押贷款、交换、出售、转让及其他处理的情况下。

2 各省厅之长以外的国家机关，在要对重要有形民俗文化财或史迹名胜天然纪念物实施现状改变，又或要实施对其保存能产生影响的行为的情况下，事先必须征得文化厅长官的同意。

3 就第1项第一号及前项之情况，同样适用于第43条第1项之补充部分及同条第2项的规定、第125条第1项之补充部分及同条第2项的规定。

4 就第1项第1号或第2项的规定措施，文化厅长官在给予同意的情况下，作为其条件，有权力就其措施进行必要的劝告。

5 相关各省厅之长及其他国家机关，必须充分尊重文化厅长官依据前项规定所提出的劝告。

第169条

文化厅长官当认为有其必要的情况下，有权力通过文部科学大臣对各省厅之长，就下面所列举之事项进行必要的劝告。

一　就其所主管的重要文化财、重要有形民俗文化财或史迹名胜天然纪念物的管理方法。

二　对其所主管的重要文化财、重要有形民俗文化财、史迹名胜天然纪念物或重要文化景观实施修缮或复原，又或采取防止其消失、毁坏、衰亡或失盗等措施。

三　为保全重要文化财或史迹名胜天然纪念物的环境所添置的必要设施。

四　对其所主管的重要文化财或重要有形民俗文化财进行无费展览或收费开放。

2 就前项之规定，同样适用于前条第5项之规定。

3 基于文化厅长官依据第1项规定所提出的劝告而所施行的同项第二号规定的修缮、复原或措施，又或就同项第三号规定的因增添设施所需分担的经费，均由文部科学大臣和各省厅之长协商决定。

第170条

文化厅长官有权力就下面所列之任意情况，对属于国有的国宝或特别史迹名胜天然纪念物，亲自实施修缮、复原，或就防止其消失、毁坏、衰亡或失盗而采取必要措施。在此情况下，当该文化财属于文化科学大臣以外的各省厅之长主管的情况下，文化厅长官事先须就修缮、复原或采取措施的内容、动工时间及其他必要事项，通过文部科学大臣和管理该文化财的各省厅之长进行协商；当该文化财属于文部科学大臣所主管的情况下，除去文部科学大臣规定的情况外，必须要接受其承认。

一　相关各省厅之长就依据前条第1项第二号之规定所实施的修缮、复原或采取的措施，不接受文化厅长官的劝告的情况下。

二　在国宝或特别史迹名胜天然纪念物遭受毁损、衰亡的情况下，又或其有消失、毁坏、衰亡、失盗的可能的情况下，让相关各省厅之长实施的修缮、复原或采取的措施认为有其不适当的情况下。

第171条

当国有物被指定为国宝、重要文化财、重要有形民俗文化财、特别史迹名胜天然纪念物或史迹名胜天然纪念物，或被选定为重要文化景观，又或为对属于国家所有的国宝、重要文化财、重要有形民俗文化财、特别史迹名胜天然纪念物、史迹名胜天然纪念物、重要文化景观等状况进行确认而认为有其必要的情况下，文部科学大臣有权力让相关各省厅之长因调查原因而提交必要的报告，又或除去与重要有形民俗文化财和重要文化景观有关的情况外，文部科学大臣有权力安排调查者让其实施实地调查。

第 172 条

当认为属于国有的重要文化财、重要有形民俗文化财或史迹名胜天然纪念物为保存而特别有其必要的情况下，文化厅长官有权力指定合适的地方公共团体及其法人，让其为保存该文化财而实施必要的管理（在为保存该文化财而所必需的必要设施、设备及其他物品中，包括国有的或属于管理范畴中的管理）。

2 当要实施前项之规定的指定时，文化厅长官事先在通过文部科学大臣征得管理该文化财的各省厅之长的同意的同时，还须得到将被指定的地方公共团体及其法人的同意。

3 就依据第 1 项之规定而产生的指定，同样适用于第 32 条之二第 3 项及第 4 项的规定。

4 因第 1 项规定的管理而产生的收益，应视为该地方公共团体及其法人的收入。

5 地方公共团体及其法人在依照第 1 项之规定实施管理时，当涉及重要文化财或重要有形民俗文化财的管理时，同样适用于第 30 条、第 31 条第 1 项、第 32 条之四第 1 项、第 33 条、第 34 条、第 35 条、第 36 条、第 47 条之二第 3 项、第 54 条的规定；当涉及史迹名胜天然纪念物的管理时，同样适用于第 30 条、第 31 条第 1 项、第 33 条、第 35 条、第 115 条第 1 项及第 2 项、第 121 条、第 130 条的规定。

第 173 条

依据前条第 1 项之规定产生的指定被解除时，同样适用于第 32 条之三的规定。

第 174 条

当认为因对重要文化财、重要有形民俗文化财或史迹名胜天然纪念物的保护而有其特别必要的情况下，对于接受了依据第 172 条第 1 项之规定所产生的指定的地方公共团体及其法人，文化厅长官有权力促使其对该文化财实施修缮或复原。

2 依据前项之规定而实施修缮或复原的情况下，同样适用于第 172 条第 2 项的规定。

3 地方公共团体及其法人在依据第 1 项之规定实施修缮或复原的情况下，当涉及重要文化财或重要有形民俗文化财时，同样适用于第 32 条之四第 1 项、第 35 条的规定；当涉及史迹名胜天然纪念物时，同样适用于第 35 条、第 116 条第 1 项、第 117 条的规定。

第 175 条

对于接受了依据第 172 条第 1 项之规定所产生的指定的地方公共团体，在其管理的属于国有的重要文化财、重要有形民俗文化财或史迹名胜天然纪念物中，在因其管理之需而必要的限度内，可以无偿使用与其指定有关的土地及建筑物。

2《国有财产法》第 22 条第 2 项及第 3 项之规定，适用于依据前项之规定而让其使用土地及建筑物的情况下。

第 176 条

就依据第 98 条第 1 项之规定要施行发掘的情况下，如果要施行发掘的土地属于国有或国家机关占有，文化厅长官事先须就发掘的目的、方法、动工日期及其他认为必要的事项，通过文部科学大臣和相关各省厅之长进行协商。但是，当该省厅之长是文部科学大臣的情况下，视作已经接受其准许。

第 177 条

依据第 104 条第 1 项之规定，属于国家的文化财，原则上由文化厅长官实施管理。但是，就其保存或从其效用来看让其他机关管理更为适当的情况下，文化厅长官必须将其转交给该机关管理。

第 178 条（就注册有形文化财等的与国家有关的特例）

就属于国有的有形文化财或有形民俗文化财，在依据第 57 条第 1 项或第 90 条第 1 项之规定而被注册的情况下，依据第 58 条第 1 项或第 3 项（包括在第 90 条第 3 项中适用这些规定的情况）之规定，对其所有者寄发的通知或注册证的颁发，视作对管理该注册有形文化财或注册有形民俗文化财的各省厅之长有效。

2 就属于国家所有的注册有形文化财或注册有形民俗文化财，当其依据第 59 条第 1 项到第 3 项（包括在第 90 条第 3 项中适用这些规定的情况）之规定而被实施注册注销的情况下，依据第 59 条第 4 项（包括在第 90 条第 3 项中适用的情况）之规定，对其所有者寄发的通知，视作对管理该注册有形文化财或注册有形民俗文化财的各省厅之长有效。在此情况下，该各省厅之长须立即将注册证返还给文部科学大臣。

3 就属于国家所有或国家占有的纪念物，当其依据第 132 条第 1 项之规定而被注册，又或依据在第 133 条中适用的第 59 条第 1 项到第 3 项之规定而被注销其注册的情况下，在第 132 条第 2 项中适用的，在第 109 条第 3 项或第 133 条中替换适用的，依据第 59 条第 4 项之规定，对其所有者或占有者寄发的通知，视作对管理该注册纪念物的各省厅之长有效。

第 179 条

就下面所列举之情况，相关各省厅之长须通过文部科学大臣通知文化厅长官。

一　取得了注册有形文化财、注册有形民俗文化财或注册纪念物的情况下。

二　接受了注册有形文化财、注册有形民俗文化财或注册纪念物的管辖转换，或所属替换了的情况下。

三　属于其主管的注册有形文化财、注册有形民俗文化财或注册纪念物的全部或一部分消失、毁坏、衰亡，又或丢失、被盗的情况下。

四　要改变其所主管的注册有形文化财或注册有形民俗文化财的所在场所的情况下。

五　要改变注册有形文化财、注册有形民俗文化财或注册纪念物的现状的情况下。

六　要输出其所主管的重要文化财或重要有形民俗文化财的情况下。

七　就其所主管的注册纪念物所在的土地，当其土地所在位置、土地编号、土地名目或土地面积发生了变动的情况下。

2 各省厅之长以外的国家机关在要改变注册有形文化财、注册有形民俗文化财或注册纪念物现状的情况下，必须事先通知文化厅长官。

3 与第 1 项第一号及第二号列举情形有关的通知，同样适用于第 32 条第 1 项的规定；与第 1 项第三号列举情形有关的通知，同样适用于第 33 条或第 61 条（包括在第 90 条第 3 项中适用的情况）的规定；与第 1 项第四号列举情形有关的通知，同样适用于第 62 条（包括在第 90 条第 3 项中适用的情况）的规定；与第 1 项第五号及前项规定情形有关的通知，同样适用于第 64 条第 1 项（包括在第 90 条第 3 项及第 133 条中适用的情况）的规定；与第 1 项第六号列举情形有关的通知，同样适用于第 65 条第 1 项（包括在第 90 条第 3 项中适用的情况）的规定；与第 1 项第七号列举情形有关的通知，同样适用于第 115 条第 2 项的规定。

4 依据第 1 项第五号及第 2 项之规定而要改变现状时，同样适用于第 64 条第 1 项之补充部分及第 2 项的规定。

5 当认为注册有形文化财、注册有形民俗文化财或注册纪念物在其保护上有其必要的情况下，就依据第 1 项第五号或第 2 项之规定所实施的改变现状，文化厅长官有权力通过文部科学大臣对相关各省厅之长或各省厅之长以外的国家机关陈述意见。

第 180 条

对于属于国家所有的注册有形文化财、注册有形民俗文化财或注册纪念物，当认为有确认其状况的必要时，对于各相关省厅之长，文化科学大臣有权力要求其各提交因调查所需的必要报告。

第 181 条

就属于国家所有的注册有形文化财或注册有形民俗文化财，不适用于从第 60 条第 3 项到第 5 项、第 63 条第 2 项及第 67 条第 3 项（包括在第 90 条第 3 项中适用这些规定的情况）的规定。

2 就属于国家所有的注册纪念物，不适用于在第 133 条中适用的，从第 113 条到第 118 条的规定。

第三节　地方公共团体及教育委员会（第 182 条～第 192 条）

第 182 条（地方公共团体的事务）

地方公共团体可以就文化财的管理、修缮、复原、公开展示及其他因保存及利用所需经费给予补助。

2 地方公共团体可依据条例的规定，就该区域内存在的重要文化财、重要无形文化财、重要有形民俗文化财、重要无形民俗文化财及史迹名胜天然纪念物以外的文化财，指定其为重要的文化财，并有权力就其的保存和利用而采取必要的措施。

3 就前项所规定的条例的制定、修订或废除，又或实施同项所规定的对文化财的指定或解除时，教育委员会须依据文部科学省部令的规定，将其主旨内容报告给文化厅长官。

第 183 条（对于地方债务的关照）

对于地方公共团体因文化财的保存及利用之目的而需要安排的事业性经费，也即其所产生的地方债务，在政策法令允许的范围内，只要其资金原因及该地方公共团体的财政状况准许，均可给予适当的关照。

第 184 条（都道府县或市教育委员会处理的事务）

对于下面所列举的属于文化厅长官权限的事务的全部或其一部分，依据行政法令的规定，都道府县或市教育委员会亦可有权力实施。

一　依据第 35 条第 3 项［包括在第 36 条第 3 项（包括在第 83 条、第 121 条第 2 项（包括在第 172 条第 5 项中适用的情况）及第 172 条第 5 项中适用的情况］、第 37 条第 4 项（包括在第 83 条及第 122 条第 3 项中适用的情况）、第 46 条之二第 2 项、第 74 条第 2 项、第 77 条第 2 项（包括在第 91 条中适用的情况）、第 83 条、第 87 条第 2 项、第 118 条、第 120 条、第 129 条第 2 项、第 172 条第 5 项及第 174 条第 3 项中适用的情况）之规定所实施的指挥和监督。

二　准许、取消或下达停止依据第 43 条或第 125 条之规定所实施的改变现状或施行对保存能产生影响的行为的命令（重大的改变现状或对保存产生重大影响的行为的准许及其取消则不包括在内）。

三　停止依据第 51 条第 5 项［包括在第 51 条之二（包括在第 85 条中适用的情况）、第 84 条第 2 项及 85 条中适用的情况］之规定所施行的公开展示的命令。

四　准许、取消或下达停止依据第 53 条第 1 项、第 3 项及第 4 项所施行的公开展示的命令。

五　依据第 54 条（包括在第 86 条及第 172 条第 5 项中适用的情况）、第 55 条、第 130 条（包括在第 172 条第 5 项中适用的情况）或第 131 条之规定所实施的调查或因调查之需要而施行的必要措施。

六　受理依据第 92 条第 1 项（包括在第 93 条第 1 项中适用的情况）之规定所提交的申报；依据第 92 条第 2 项之规定所下达的指示及命令；依据第 93 条第 2 项之规定所下达的指示；受理依据第 94 条第 1 项之规定所提交的通知；依据同条第 2 项之规定所下发的通知；依据同条第 3 项之规定所产生的协议；依据同条第 4 项之规定所下发的劝告；受理依据第 96 条第 1 项之规定所提交的申报；依据同条第 2 项或第 7 项之规定所下达的命令；依据同条第 3 项之规定所施行的意见的听取；依据同条第 5 项或第 7 项之规定所实施的时间延长；依据同条第 8 项之规定所下发的指示；受理依据第 97 条第 1 项之规定所提交的通知；依据同条第 2 项之规定所下发的通知；依据同条第 3 项之规定所产生的协议及依据同条第 4 项之规定所下发的劝告。

2 就都道府县或市教育委员会通过前项规定而施行的同项第五号所列举的，因第 55 条或第 131 条之规定而施行的实地调查或因调查而施行的必要措施，依据《不服行政审查法》的规定，不能提起不服申诉。

3 都道府县或市教育委员会依据第 1 项之规定，在同项第六号所列举的事务中，当在执行从第 94 条第 1 项到第 4 项或从第 97 条第 1 项到第 4 项之规定时，不适用于第 94 条第 5 项或第 97 条第 5 项的规定。

4 都道府县或市教育委员会对通过第 1 项规定施行的下面各号所列举的事务（该事务只限于依据《地方自治法》第 2 条第 8 项之规定的自治事务的情况）而遭受损失的人员，不管是否合乎该各号所定之规，该都道府县或市教育委员会均应补偿其正常遭受损失的部分。

一　第 1 项第二号所列举的依据第 43 条或第 125 条之规定所实施的改变现状或准许对保存能产生影响的行为，第 43 条第 5 项或第 125 条第 5 项。

二　第 1 项第五号所列举的依据第 55 条或第 131 条之规定所实施的调查或因调查而施行的必要措施，第 55 条第 3 项或第 131 条第 2 项。

三　第 1 项第六号所列举的依据第 96 条第 2 项之规定所下达的命令，同条第 9 项。

5 前项的补偿数额由该都道府县或市教育委员会决定。

6 就因前项之规定而补偿的金额，同样适用于第 41 条第 3 项的规定。

7 在前项中适用的依据第 41 条第 3 项之规定而产生的诉讼中，都道府县或市将被视为被告。

8 就都道府县或市教育委员会因第 1 项之规定施行的处理及在其他相当于公权力行使的行为中，依据《地方自治法》第 2 条第 9 项第一号规定的与第一号法定信托事务有关的要求审查项目，视作对文化厅长官有效。

第 185 条（对于被展列的重要文化财等的管理）

根据行政法令中的规定，对于依据第 48 条之规定被展列的重要文化财或重要有形民俗文化财的管理事务的全部或一部分，文化厅长官有权力让都道府县或指定都市等的教育委员会来实施。

2 都道府县或指定都市等的教育委员会在依据前项之规定而实施同项的管理事务时，其必须在职员当中，选定能胜任该重要文化财或重要有形民俗文化财的管理责任的人员。

第 186 条（对施行修缮等的委托）

对于依据第 38 条第 1 项或第 170 条之规定所实施的国宝修缮或因防止其消失、毁坏或失盗而实施的措施；依据第 98 条第 1 项之规定所实施的发掘；又或依据第 170 条之规定对特别史迹名胜天然纪念物的复原或防止其消失、毁坏、衰亡或失盗而实施的措施，当文化厅长官认为有其必要的情况下，可以将其全部或一部分委托于都道府县的教育委员会。

2 基于都道府县的教育委员会依据前项之规定所产生的委托，在依据第 38 条第 1 项之规定实施修缮或施行措施的全部或一部分时，同样适用于第 39 条的规定；在依据第 98 条第 1 项之规定实施发掘的全部或一部分时，同样适用于在同条第 3 项中适用的第 39 条的规定；在依据第 123 条第 1 项之规定实施复原或施行措施的全部或一部分时，同样适用于在同条第 2 项中适用的第 39 条的规定。

第 187 条（对与重要文化财等的管理等有关的接受委托或技术指导）

都道府县的教育委员会应所有者（有管理团体时，其管理团体）或管理责任者的请求，可以就重要文化财、重要有形民俗文化财或史迹天然纪念物的管理（有管理团体的情况除外）、修缮或复原等接受委托，或实施技术指导。

2 都道府县的教育委员会在接受依据前项之规定实施管理、修缮或复原的委托的情况下，同样适用于第 39 条第 1 项及第 2 项的规定。

第 188 条（文件等的通过途径）

依据本法律之规定就有关文化财方面的，应该向文部科学大臣或文化厅长官提交的申报书及其他文件及物证的提交等，均视作应通过都道府县的教育委员会。

2 都道府县的教育委员会在接受了前项规定的文件及物证后，在齐备意见后须将这些一起送至文部科学大臣或文化厅长官。

3 依据本法律之规定就有关文化财方面的，文部科学大臣或文化厅长官所下发的命令、劝告、指示及其他处理的告知，均视作应通过都道府县的教育委员会。但是，特殊紧急的时候，则不在此限内。

第 189 条（对文部科学大臣或文化厅长官的意见呈报）

都道府县及市镇村的教育委员会，对于该都道府县或市镇村区域内存在的文化财的保存及利用，有权力对文部科学大臣或文化厅长官进行意见呈报。

第 190 条（地方文化财保护审议会）

都道府县及市镇村的教育委员会，依据条例的规定，有权力设置地方文化财保护审议会。

2 地方文化财保护审议会要及时应对都道府县或市镇村的教育委员会的咨询，对与文化财的保存及利用等有关的重要事项进行调查审议，并就与此有关的这些事项向该都道府县或市镇村的教育委员会提出建议。

3 有关地方文化财保护审议会的组织及运营的必要事项，可用条例来规定。

第 191 条（文化财保护指导委员）

都道府县的教育委员会有权力设立文化财保护指导委员。

2 文化财保护指导委员就文化财可以随时实施巡视，对于所有者及其他关系者，在给予文化财保护方面的指导和建议的同时，对于该区域的居民，可向其就文化财的保护理念实施普及活动。

3 文化财保护指导委员为受聘定期出勤。

第 192 条（事务的区分）

在第 110 条第 1 项及第 2 项、第 112 条第 1 项、第 110 条第 3 项、第 112 条第 4 项中适用的，依据第 109 条第 3 项及第 4 项之规定被视作都道府县处理的事务，依据《地方自治法》第 2 条第 9 项第一号规定，可视为第一号法定接受委托事务。

第十三章　罚则（第 193 条~第 203 条）

第 193 条

对于违反第 44 条之规定，没接受文化厅长官许准而将重要文化财输出的人员，将处以五年以下有期徒刑或监禁，或处以百万円以下的罚金。

第 194 条

对于违反第 82 条之规定，没接受文化厅长官许准而将重要有形民俗文化财输出的人员，将处以三年以下有期徒刑或监禁，或处以五十万円以下的罚金。

第 195 条

对于损坏、毁弃又或藏匿重要文化财的人员，将处以五年以下有期徒刑或监禁，或处以三十万円以下的罚金。

2 当前项之规定的人员就是该重要文化财的所有者的情况下，将处以两年以下有期徒刑或监禁，或处以二十万円以下的罚金或罚款。

第 196 条

对于改变史迹名胜天然纪念物的现状，又或实施对其保存能产生影响的行为而致使史迹名胜天然纪念物消失、毁坏又或衰亡的人员，将处以五年以下有期徒刑或监禁，或处以三十万円以下的罚金。

2 当前项之规定的人员就是该史迹名胜天然纪念物的所有者的情况下，将处以两年以下有期徒刑或监禁，或处以二十万円以下的罚金或罚款。

第 197 条

对于符合下面各号所言之人员，均处以二十万円以下的罚金。

一　违反第 43 条或第 125 条之规定，没有接受许准，又或不服从其许准的条件，改变重要文化财或史迹名胜天然纪念物的现状，又或实施对其保存能产生影响的行为，又或不遵从对改变现状或对其保存能产生影响的行为的停止命令的人员。

二　违反第 96 条第 2 项之规定，对停止或禁止改变现状那样的行为命令而不遵从的人员。

第 198 条

对于符合下面各号所言之人员，均处以十万円以下的罚金。

一　在第 39 条第 3 项（包括在第 186 条第 2 项中适用的情况）中适用的，违反第 32 条之二第 5 项之规定，对拒绝、妨碍国宝修缮或防止其消失、毁坏或失盗措施实施的人员。

二　在第 98 条第 3 项（包括在第 186 条第 2 项中适用的情况）中适用的，在第 39 条第 3 项中适用的，违反第 32 条之二第 5 项之规定，对拒绝、妨碍施行发掘的人员。

三　在第 123 条第 2 项（包括在第 186 条第 2 项中适用的情况）中适用的，在第 39 条第 3 项中适用的，违反第 32 条之二第 5 项之规定，对特别史迹名胜天然纪念物的复原或防止其消失、毁坏、衰亡或失盗的施行措施拒绝、妨碍的人员。

第 199 条

法人的代表者、法人、代理人、使用人及其他从业者就其法人、人的业务、财产的管理而实施了从第 193 条到前条的违反行为的情况下，除了惩罚其行为者之外，对于其法人或人，还将处以本条各相应的罚金之刑法。

第 200 条

依据第 39 条第 1 项［包括在第 47 条第 3 项（包括在第 83 条中适用的情况）、第

123条第2项、第186条第2项或第187条第2项中适用的情况]、第49条（包括在第85条中适用的情况）或第185条第2项之规定，对重要文化财、重要有形民俗文化财或史迹名胜天然纪念物的管理、修缮或复原持有施行责任的人员因自己的怠慢或重大过失从而造成与管理、修缮或复原有关的重要文化财、重要有形民俗文化财或史迹名胜天然纪念物消失、毁坏、衰亡或失盗的，将处以三十万円以下的过失罚款。

第201条

对于符合下面各号所言之人员，均处以三十万円以下的过失罚金。

一　没有正当的理由，对依据第36条第1项（包括在第83条及第172条第5项中适用的情况）或第37条第1项之规定产生的，有关重要文化财或重要有形民俗文化财的管理或国宝的修缮的命令拒不遵从的人员。

二　在没有正当的理由，对依据第121条第1项（包括在第172条第5项中适用的情况）或第122条第1项之规定产生的，有关史迹名胜天然纪念物的管理或特别史迹名胜天然纪念物的复原的命令拒不遵从的人员。

三　没有正当的理由，对依据第37条第2项之规定产生的，由文化厅长官下发的与重要文化景观的劝告有关的实施措施命令拒不遵从的人员。

第202条

对于符合下面各号所言之人员，均处以十万円以下的过失罚金。

一　没有正当的理由，却违反依据第45条第1项之规定产生的限制、禁止或添置设施的命令的人员。

二　违反第46条（包括在83条中适用的情况）之规定，不向文化厅长官提交对国家出售的申报，又或提交了申报后在第46条第5项（包括在83条中适用的情况）规定的时间内，将重要文化财或重要有形民俗文化财转让给国外者，又或依据第46条第1项（包括在83条中适用的情况）之规定就出售的申报，申述了虚假事实的人员。

三　违反第48条第4项［包括在第51条第3项（包括在85条中适用的情况）及第85条中适用的情况］之规定，不进行免费展览或收费开放；又或违反第51条第5项［包括在第51条之二（包括在85条中适用的情况）、第84条第2项及第85条中适用的情况］、第84条第2项之规定，不遵从停止或中止收费开放之命令的人员。

四　违反第53条第1项、第3项及第4项之规定，没有接受准许；又或不遵从其准许的条件，对重要文化财实施收费开放；又或不遵从停止收费开放之命令的人员。

五　违反第54条（包括在86条及第172条第5项中适用的情况）、第55条、第68条（包括在90条第3项及第133条中适用的情况）、第130条（包括在172条第5

项中适用的情况)、第 131 条及第 140 条之规定，拒不向上级报告；或提供了虚假的报告；又或拒绝、妨碍或逃避就该公务员的实地调查或因调查之需而实施必要措施的人员。

六　违反第 92 条第 2 项之规定，拒不遵从禁止发掘、停止或中止的命令的人员。

七　没有正当的理由，却违反依据第 128 条第 1 项之规定产生的限制、禁止或添置设施之命令的人员。

第 203 条

对于符合下面各号所言之人员，均处以五万円以下的过失罚金。

一　违反第 28 条第 5 项、第 29 条第 4 项（包括在 79 条第 2 项中适用的情况）、第 56 条第 2 项（包括在 86 条中适用的情况）、第 59 条第 6 项或第 69 条（包括在 90 条第 3 项中适用这些规定的情况）之规定，拒不向文部科学大臣返还重要文化财或重要有形民俗文化财的指定书、注册有形文化财或注册有形民俗文化财的注册证，又或拒不向新的所有者移交的人员。

二　违反第 31 条第 3 项［包括在 64 条第 4 项（包括在 90 条第 3 项中适用的情况)、第 80 条及第 119 条第 2 项（包括在 133 条第 2 项中适用的情况）中适用的情况］、第 32 条［包括在 64 条第 4 项（包括在 90 条第 3 项中适用的情况)、第 80 条及 120 条（包括在 133 条中适用的情况）中适用的情况］、第 33 条［包括在 80 条、第 118 条、第 120 条（包括在 133 条中适用这些规定的情况）及第 172 条第 5 项中适用的情况］、第 34 条（包括在 80 条及第 172 条第 5 项中适用的情况)、第 43 条之二第 1 项、第 61 条或第 62 条（包括在 90 条第 3 项中适用这些规定的情况)、第 64 条第 1 项（包括在 90 条及第 133 条中适用的情况)、第 65 条第 1 项（包括在 90 条第 3 项中适用这些规定的情况)、第 73 条、第 81 条第 1 项、第 84 条第 1 项本文、第 92 条第 1 项、第 96 条第 1 项、第 110 附则第 5 条第 2 项（包括在 120 条、第 133 条及第 172 条第 5 项中适用的情况)、第 127 条第 1 项、第 136 条又或第 139 条第 1 项之规定，拒不提交申请，又或提交了虚假申请内容的人员。

三　违反第 32 条之二第 5 项［包括在 34 条之三第 2 项（包括在 83 条中适用的情况)、第 64 条第 4 项及第 63 条第 2 项（包括在 90 条第 3 项中适用这些规定的情况）及第 80 条中适用的情况］或第 45 条第 4 项之规定，拒绝、妨碍又或逃避管理、修缮、复原又或因管理、修缮、复原之原因而采取必要措施的人员。

（白松强 译）

（**附注**：原文网址详见：http：//law. e－gov. go. jp/htmldata/S25/S25ho214. html）

韩国《文化财保护法》

第一章　总则

第一条　目的

制定本法的目的是，通过文化财的保护，传承民族文化，以提高国民文化水平，为人类文化的发展作出贡献。

第二条　定义

（一）本法所谓的“文化财”，是指由人为或自然形成的，在历史、艺术、学术或景观等方面具有很高价值的，国家、民族以至世界的遗产。内容包括以下类型：

1. 有形文化财：建筑物、典籍、笔记、古籍、绘画、雕刻、工艺品等具有很高的历史、艺术、学术价值的有形文化财产，以及符合上述条件的考古资料。

2. 无形文化财：戏剧、音乐、舞蹈、游戏、仪式、工艺技术等具有很高的历史、艺术、学术价值的无形文化财产。

3. 纪念物：包括此下各类事物。

（1）寺院、古墓、贝冢、城址、宫殿、窑地、包含遗物的遗址等具有很高的历史、艺术、学术价值的史迹地，以及具有纪念性的设施。

（2）具有很高的历史、艺术、学术价值的名胜。

（3）作为动物（包括栖息地、繁殖地、舶来地）、植物（包括自生地）的地形地貌、矿产洞窟，生物学上的生成物以及其他具有很高的历史、艺术、学术价值的自然现象。

4. 民俗文化财：在了解国民生活的发展方面不可或缺的，关于衣食住、职业、信仰、年节活动等方面的风俗、习惯，以及在这方面使用的服饰、器具、房屋等。

（二）本法所谓的“指定文化财”，包括以下内容：

1. 国家指定文化财：根据从第二十三条到二十六条的规定，文化财厅长指定的文化财。

2. 市、道指定文化财：根据第七十条第（一）款的规定，特别市市长、广域市市长、道知事或特别自治道知事（以下称为市、道知事）指定的文化财。

3. 文化财资料：据以上第 1 项、第 2 项未被指定的文化财中，据第七十条第（二）款由市、道知事指定的文化财。

（三）本法所谓的“登录文化财”，不是指定文化财，而是文化财中根据第五十三条登录的文化财。

（四）本法所谓的“保护区域”，指固定在地面上的有形物或一定的地域被指定为文化财时，该指定文化财所占面积以外的区域，是为保护指定文化财而被指定的区域。

（五）本法所谓的“保护物”，指为了保护文化财而指定的建筑物或实施物。

（六）本法所谓的“历史文化环境”，指作为文化财周围的自然景观或者具有历史、文化价值的空间，是值得与文化财一同被保护的周围环境。

（七）本法所谓的“建设施工”，指根据总统令进行的土木施工、建筑施工、造景施工或者伴随土地或海底的原型变化的施工。

（八）本法所谓的“国外所在文化财”，指从韩国出口不在韩国境内的文化财。

第三条 文化财保护基本原则

文化财保存、管理以及利用，以维持原状为基本原则。

第四条 国家、地方自治团体等的责任

（一）国家为了文化财的保存、管理以及利用，制定、推进全面的政策。

（二）地方自治团体考虑国家的政策和地区的特色，以及为了文化财的保存、管理以及利用，制定、推进地方性的政策。

（三）国家和地方自治团体计划、实施各项开发事业的时候，努力避免破坏文化财或文化财的保护物、保护区域以及历史文化环境。

（四）为了文化财的保存、管理，国民积极地协助国家和地方自治团体的政策。

第五条 与其他法律的关系

（一）有关文化财的保存、管理以及利用，除了其他特别规定的情况以外，一律遵守本法。

（二）有关指定文化财（按照第三十二条，包括临时指定文化财）的修理、实测、设计、监理和埋藏文化财的维护、调查的法律有单独的规定。

第二章　文化财保护政策的制定及推进

第六条　文化财基本计划的制定

（一）通过与市、道知事协议，为了文化财的保存、管理以及利用，文化财厅长每五年制定包括以下方面内容的全面基本计划（以下称为文化财基本计划）：

1. 文化财保存的基本方向及目标。
2. 以往文化财基本计划的分析及评价。
3. 文化财的修补、岁修以及复原。
4. 文化财的历史文化环境的保护。
5. 文化财的安全管理。
6. 文化财记录的情报化。
7. 用于文化财保存的资金筹措。
8. 其他文化财的保存、管理以及利用时需要开展的项目。

（二）文化财厅长制定文化财基本计划时，根据总统令听取文化财所有人、管理人或管理团队以及有关专家的意见。

（三）文化财厅长制定文化财基本计划后，通知市、道知事，向各级政府告示上述计划。

（四）文化财厅长在制定文化财基本计划时，根据需要请求市、道知事提供其管辖区域的文化财资料。

第七条　文化财基本计划的实施

（一）文化财厅长以及市、道知事制定有关文化财基本计划的年度实施计划。

（二）按照第（一）款，市、道知事制定或施行完毕年度实施计划时，将结果提交给文化财厅长。

（三）文化财厅长以及市、道知事制定了年度实施计划后，将之公布。

（四）有关第（二）款的年度实施计划、施行报告的提交对象、日期以及次序，以及有关第（三）款的公布方法，由总统令予以确定。

第八条　文化财委员会的设置

（一）为了调查、审议有关文化财保存、管理及利用的各项事务，在文化财厅内设置文化财委员会。

1. 文化财基本计划的制定以及推行。
2. 国家指定文化财的指定以及解除。
3. 国家指定文化财的保护物或保护区域的指定以及解除。

4. 重要无形文化财的持有者、名誉持有者或持有团体的认定以及解除。

5. 国家指定文化财现状变更的许可。

6. 国家指定文化财搬出国外的许可。

7. 国家指定文化财的历史文化环境保护的审议。

8. 文化财登录以及登录撤销的审议。

9. 埋藏文化财的发掘及评价。

10. 国家指定文化财的保存、管理及利用方面重要项目的审议。

11. 文化财厅长其他有关文化财的保存、管理及利用方面项目的审议。

（二）文化财委员会的委员在符合以下条件的人员中，由文化财厅厅长选出。

1. 按照《高等教育法》，在设有文化财的保存、管理、利用等学科的大学里担任副教授以上职位或任职过的人。

2. 从事于文化财的保存、管理及利用等业务超过十年的人。

3. 从事于人类学、社会学、建筑、城市规划、旅游观光、环境保护、法律、宗教、传媒等领域的业务超过十年的人，具有丰富的文化财知识和经验的专家。

（三）为了便于第（一）款各项事情根据文化财分类进行调查和审议，在文化财委员会中设置分科委员会。

（四）根据第（三）款的分科委员会为了开展调查、审议工作，可以跟其他分科委员会一起组成“协同分科委员会”。

（五）文化财委员会、分科委员会及协同分科委员会应通过速记、录音、录像等方式制作会议记录。记录包括以下内容：

1. 开会时间、地点。

2. 参加委员。

3. 审议内容、议决事项。

（六）根据第（五）款做出的会议记录应公开，但如果影响到特定人的财产上的利益或侵害其隐私时，根据总统令，有关委员会的决议可以不公开。

（七）文化财委员会、分科委员会及协同分科委员会的组织以及管理，根据总统令予以确定。

（八）根据文化财厅长或分科委员的决定，文化财委员会可以任命有关文化财资料搜集、调查及研究等业务的非常勤专员。

（九）文化财委员会委员及其专员的人数与任期、专员资格等事项，由总统令予以确定。

第九条　韩国保护文化财财团的设置

（一）为了弘扬传统文化，保存、保护、普及和宣传文化财，文化财厅设立韩国文化财保护财团（此下称为“保护财团”）。

（二）保护财团属于法人所有。

（三）在保护财团内设有高级职员和一般职员。

（四）有关保护财团的法律，除了本法所规定的内容以外，准用《民法》里有关保护财团的规定。

（五）国库支援管理保护财团所需经费。

（六）为了开展保护财团的业务，国家或地方自治团体可以无偿使用国有财产或公有财产。

第三章　文化财保护的基础

第十条　文化财的基础调查

（一）为了预防文化财的消失，国家及地方自治团体调查现存文化财的现状、管理实况后要进行记录。

（二）为了第（一）款的调查，文化财厅长及地方自治团体长根据需要亲自进行调查，或要求文化财的持有者、管理者、有关调查发掘的团体提交有关资料。

（三）文化财厅长及地方自治团体长对于非指定文化财的调查，应取得文化财持有者或管理者的许可。

（四）文化财调查的具体次序和方法，由总统令予以确定。

第十一条　促进文化财的情报化

（一）文化财厅长有效利用第十条的调查资料和其他文化财的保存、管理资料，构筑文化财情报体系，以便于人们获得文化财的信息。

（二）为了构筑文化财情报体系，文化财厅长有权向中央行政机关长及地方自治团体长等要求提交需要的资料。

（三）文化财情报体系的构筑范围、运用次序以及其他内容，由总统令予以确定。

第十二条　建筑施工时文化财的保护

为了保护由于建设施工而可能受破坏、损失或被淹没的文化财，建设施工者需要根据文化财厅长令采取必要的保护措施。该保护措施所需经费由建设施工者负担。

第十三条　历史文化环境保护区域的保护

（一）市、道知事协同文化财厅长，为了指定文化财（除了动产文化财和无形文化财，以下如同此款）的历史文化环境的保护，应指定历史文化环境的保护区域。

（二）负责认可、许可建设施工的行政机关，对将施工建设项目的周围环境（已被指定保护区域时，指保护区域的环境），在该施工得到认可、许可之前，应审议其是否影响对指定文化财的保护。

（三）考虑到周边环境在文化财保护中具有历史、艺术、学术、景观的价值，历史文化环境保护区域定为该文化财周围500米以内的范围。在指定文化财500米以外的建设施工，由于文化财的特性与立地条件等原因，如果该施工确实被认为对文化财产生不良影响时，保存范围可超过该文化财周围500米。

（四）为了历史文化环境的保护，文化财厅长或市、道知事指定文化财以后，从指定日起6个月以内，对保护区域内可能对指定文化财的保护产生影响的具体行为准则进行告示。

（五）根据第（四）款告示的具体行为准则进行的建设施工，从略第（二）款的审核。

第十四条　预防火灾及灾难等

（一）文化财厅长或市、道知事为预防火灾、灾难以及失窃，制定必要的措施并予以执行。

（二）文化财厅长或市、道知事根据文化财的特性备案火灾预防指南，指定文化财所有者、管理者或管理团体有责任执行。

（三）该指南至少每年一次进行定期检查和补充，为预防火灾所包括的事项及备案指南的文化财范围，由总统令予以确定。

（四）指定文化财所有者、管理者以及管理团体为预防火灾及救火，根据《关于消防设施的安装、保修以及安全管理的法律》安装消防设施与防止灾难的必要设施，并根据文化体育观光部令所定的基准，为防止指定文化财的失窃，安装防盗装置。

（五）以下所列设施或区域的所有者、管理者及管理团体，对该设施及区域指定禁烟区或分别指定禁烟区和吸烟区，并设置告知禁烟或吸烟区域的标志。

1. 指定文化财中的木材建筑物（除居住用的建筑）。

2. 保护区域内设置的木材建筑物（除居住用的建筑）。

3. 指定文化财（包括保护物和保护区域及保管设施）以外，根据文化体育观光部令或市、道条例所规定的火灾危险地区。

（六）据第（五）款设置禁烟区和吸烟区的标志，以及吸烟区的设施标准和设置方法，根据文化体育观光部令或市、道的条例。

（七）根据第（五）款所规定的禁烟区内，任何人不准吸烟。

（八）国家或地方自治团体在预算范围内，对该设施的设置或保修管理者，补助其全部费用或部分费用。补助包括以下内容：

1. 根据第（四）款安装的消防设施、防止灾难的设施以及防盗装置。

2. 根据第（五）款设置的禁烟区和吸烟区的标志，以及吸烟区设施的装置。

第十五条　支援保护文化财的活动等

为了文化财的保护、保存、普及、宣扬，文化财厅长在需要的情况下支援、培养有关团体。

第十六条　文化财专门人才的培养

（一）文化财厅长应培养文化财的保护、管理、维护等方面的专家。

（二）为了第（一）款的培养专家，文化财厅长设立奖学金。

（三）获得第（二）款规定奖学金的人，文化财厅长为了确认他的教育或研究情况，在必要的时候，命其提交成绩单或研究报告。

（四）获得或获得过奖学金的人，根据文化体育观光部令停止修学或研究时，应立即向文化财厅长报告。

（五）根据文化体育观光部令停止修学或研究的项目，文化财厅长停止有关专门人才的奖学金或要求其返还奖学金。

（六）根据从第（一）款到第（五）款的规定获得奖学金的人，申请奖学金、返还奖学金或停止奖学金等项目，将根据文化体育观光部令予以确定。

第十七条　促进文化财的国际交流

（一）通过有关文化财的国际机构以及其他协力国家，积极促进文化财的情报、技术和人力交流，开展共同调查和研究等。

（二）为了促进根据第（一）款的文化财分野的协力政策，文化财厅长在预算范围内，支援所需费用的全部或一部分。

第十七条之二　联合国教科文组织亚太无形文化遗产国际情报交流中心的设置

（一）为了鼓励联合国教科文组织（以下称“联科组”）《无形文化遗产保护公约》的履行，为了支援亚太地区无形文化遗产的保护活动，在文化财厅的组织下设立亚太无形文化遗产国际情报交流中心。

（二）亚太无形文化遗产国际情报交流中心是一个法人组织。

（三）亚太无形文化遗产国际情报交流中心根据制定的条款，留置需要的委员和职员。

（四）关于亚太无形文化遗产国际情报交流中心的事务，除本法规定以外，遵守《民法》关于财团法人的规定。

（五）亚太无形文化遗产国际情报交流中心运营所需要的经费，由国库支援。

（六）国家及地方自治团体为了执行亚太无形文化遗产国际情报交流中心的固有业务，在需要时可以无偿使用国有财产或公共财产并可以获得收益。

第十八条　南北韩之间的文化财交流协力

（一）国家要努力增进南北韩之间文化财分野的互相交流以及协力。

（二）为了增进南北韩之间文化财分野的互相交流以及协力发展，文化财厅长应调查、研究北韩文化财的有关政策、制度以及现况等。

（三）根据第（一）款和第（二）款的交流协力事业，由总统令决定开展调查研究工作，可以请求有关团体的协助以及申请全部或部分经费支援。

第十九条　世界遗产等的登录及保护

（一）根据《世界文化遗产和自然遗产保护协议》、《非物质文化遗产保护协议》或联合国教育科学文化组织的目录，文化财厅长以国内优秀的文化财向联合国教科文组织申请登录世界遗产、人类非物质文化遗产或世界记录遗产。其具体审议过程由文化财厅长按照联合国教科文组织的有关规定来进行。

（二）经过联合国教科文组织认定的世界遗产、人类非物质文化遗产或世界记录遗产等文化财（以下称为“世界遗产等”），文化财厅长积极努力对其进行保存和向国外宣扬。

（三）关于世界遗产等，国家和地方自治团体从登录日期始应该跟国家指定文化财一样进行管理和支援。按照总统令，文化财厅长命令可能影响到世界遗产及其历史文化环境的任何一个人，对他在世界遗产及其历史文化环境中的影响采取必要的保护措施。

第二十条　国外文化财的保护

（一）为了保存人类文化遗产，促进各国之间的友谊，韩国加入有关保护文化财的国际条约（以下简称“条约”），根据该条约被指定的文化财称为“国外文化财”，根据该条约及本法规定应该进行保护。

（二）准备进入或已经进入韩国的国外文化财如果是非法出口的，文化财厅长在有合理理由时可以把它留置。

（三）根据第（二）款，留置国外文化财时，文化财厅长在博物馆进行保管和管理。

（四）根据第（三）款保管的国外文化财，如果是从搬出国正式搬出的，毫不迟延归还给所有者或占有者。如果确认哪个文化财是非法搬出的，即便搬出国不提出索还也应当归还。

（五）如果文化财厅长证明进入韩国的国外文化财是从搬出国非法搬出的，按照条约要求返还时，或者根据条约履行义务时，必须在有关机构的协助下按照条约采取必要的措施，以便文化财的归还。

第二十一条　紧急情况下文化财的保护

（一）在战争、事变，紧急情况下，文化财厅长根据文化财保护的需要，命令文化财的所有者、保有者、占有者、管理者或管理团体，对国有文化财、国家指定文化财和根据第三十二条临时指定文化财进行移动、埋藏到安全区域，或者采取其他必要措施。

（二）在战争、事变，紧急情况下，文化财厅长根据文化财保护的需要，不受第三十九条的约束，把文化财转移到国外。但这种情况要提前通过国务会议的审议。

（三）对于根据第（一）款的规定采取措施或履行命令时蒙受损失的人，根据第四十六条规定予以补偿，但因战争、祸乱等不可抗力造成的情况除外。

第二十二条　请求支援

为了第二十一条第（一）款的措施，文化财厅长或被责令的公务员在需要的情况下，向有关机构负责人请求支援。

第四章　国家指定文化财

第一节　指　定

第二十三条　宝物及国宝的指定

（一）通过文化财委员会的审议，文化财厅长把重要的有形文化财制定为宝物。

（二）在与第（一）款宝物相等的文化财中，从人类文化的角度来看，具有很大价值的、前例稀少的，通过文化财产委员会的审议指定为国宝。

（三）第（一）款和第（二）款的宝物及国宝的指定标准和次序等，根据总统令予以确定。

第二十四条　重要无形文化财的指定

（一）通过文化财委员会的审议，文化财厅长把重要的无形文化财指定为重要无形文化财。

（二）文化财产厅长根据第（一）款的规定指定重要无形文化财产时，指定重要无形文化财产的保有者（包括保有团体，以下同此）。

（三）文化财产厅长根据第（二）款的规定认定了保有者以外，如果有其他符合资格的重要无形文化财产的保有者，予以追加认定。

（四）文化财产厅长根据第（二）款和第（三）款规定认定的重要无形文化财产保有者难以进行第四十一条第（二）款的功能或艺能传授时，通过文化财委员会的审议，对其认定为该文化财的名誉保有者。在此情况下，当重要无形文化财产保有者成为名誉保有者时，其重要无形文化财产保有者的认定当即解除。

（五）有关第（一）款的重要无形文化财的指定基准和程序等事项，以及从第（二）款到第（四）款规定的无形文化财保有者、名誉保有者的认定基准和程序，由总统令予以确定。

第二十五条　史迹、名胜、天然纪念物的指定

（一）通过文化财委员会的审议，文化财厅长把重要的纪念物指定为史迹、名胜、天然纪念物。

（二）第（一）款的规定由总统令来决定。

第二十六条　重要民俗文化财的指定

（一）通过文化财委员会的审议，文化财厅长把重要的民俗文化财指定为重要民俗文化财。

（二）第（一）款的规定由总统令来决定。

第二十七条　保护物或保护区域的指定

（一）根据第二十三条、第二十五条及第二十六条的规定，文化财厅长根据保护文化财的需要，指定保护物或保护区域。

（二）由于人工或自然条件的变化，文化财厅长在需要调整的情况下，根据第（一）款有关规定调整指定的保护物或保护区域。

（三）根据第（一）款及第（二）款规定的保护物或保护区域，在文化财厅长指定或调整以后，每过10年应该对其适应性进行一次检讨。如果在特殊情况下不能如期进行检讨，可推迟到经总统令规定的期限内。检讨内容包括：

1. 文化财的保存价值。
2. 保护物或保护区域的指定是否影响到财产权行使。
3. 保护物或保护区域的周边环境。

（四）从第（一）款到第（三）款的规定由总统令予以确定。

第二十八条　指定或确认的告示及通知

（一）文化财厅长根据第二十三条到第二十七条指定国家指定文化财（包括保护物或保护区域）或认定重要无形文化财的保有者或名誉保有者时，由官方发表公告，并应立即通知有关文化财的所有者、保有者或名誉保有者。

（二）在第（一）款的情况下，如果文化财的所有者不明确，必须通知该文化财的管理者。

第二十九条　指定书或承认书的交付

（一）文化财厅长根据第二十三条或第二十六条规定指定国宝、宝物或重要民俗文化财时，应向该文化财所有者交付指定书。

（二）文化财厅长根据第二十四条第（二）款到第（四）款规定认定重要非物质文化财的保有者或名誉保有者时，应向该文化财保有者或名誉保有者交付承认书。

第三十条 指定或认定的生效时期

经第二十三条至第二十七条的规定指定或认定，文化财的所有者、持有者、荣誉持有者、占有者、管理者从接到指定或认定通知之日起，其他人从官方发布公告之日起生效。

第三十一条 指定或认定的解除

（一）根据第二十三条、第二十五条或第二十六条的规定，当被指定的文化财失去了国家指定文化财的价值，或者通过价值评价后需要取消指定时，文化财厅长在通过文化财委员会审议后可以解除其指定。

（二）重要无形文化财的保有者符合下列情况时，文化财厅长在通过文化财委员会审议后可以解除其认定：

1. 身体或精神上出现障碍，不再适合作为重要无形文化财的保有者。

2. 因为传统文化的表演、展览、审查等原因，受到法律的惩罚。

3. 出国移民或取得外国国籍。

4. 其他根据总统令规定的情况。

（三）当重要无形文化财的保有者或荣誉保有者中有人死亡时，其认定即被解除。当重要无形文化财的保有者或荣誉保有者全部死亡时，通过文化财委员会的审议后，可以解除该文化财的指定。

（四）文化财厅长根据第二十七条第（三）款的规定对文化财进行检讨后，当保护物或保护区域的指定不再合适或发生其他特殊事由时，应该解除该保护物或保护区域的指定或作出调整。当国家指定文化财的指定被解除时，应该解除对该文化财的保护物或保护区域的指定。

（五）根据第（一）款到第（四）款，关于解除文化财指定或认定的告示及通知、生效的时期，应该遵守第二十八条及第三十条的有关规定。

（六）国宝、宝物或重要民俗文化财的所有者收到根据第（五）款和第二十八条的规定作出的解除通知后，必须在30天内把文化财指定书交还给文化财厅长。

（七）重要无形文化财的保有者收到根据第（五）款和第二十八条的规定作出的解除通知后，必须在30天内把文化财指定书交还给文化财厅长。但重要无形文化财的保有者中有人死亡时，不在此限。

第三十二条 临时指定

（一）文化财厅长根据第二十三条、第二十五条或第二十六条，认为指定文化财具有相应价值，在其指定前，为了保存原型，在紧急情况下，未及文化财委员会审议通过，可以对该文化财作为重要文化财进行临时指定。

（二）根据第（一）款的规定，临时指定在通知临时被指定的文化财（以下简称“临时指定文化财”）的所有者、占有者或管理员时立时生效。

（三）根据第（一）款规定进行的临时指定，从临时指定生效的当天起，六个月之内如果没有遵守第二十三条、第二十五条或第二十六条的规定，应该解除。

（四）根据第（一）款的临时指定的通知和临时指定书的交付，遵守第二十八条和第二十九条第（一）款的有关规定，但无需进行第二十八条第（一）款规定的政府公告。

第二节　管理及保护

第三十三条　所有人的管理原则

（一）国家指定文化财的所有者应该管理、保护文化财。

（二）国家指定文化财的所有者在认为需要管理员的情况下，可以选拔文化财的管理员。

第三十四条　管理团体实施的管理

（一）文化财厅长认为国家指定文化财的所有者不分明，或所有者、管理者实施的管理不恰当时，可以指定地方自治团体、合适的法人或团体对该文化财实施管理。在这种情况下，属于国有的国家指定文化财，实施管理的团体为管辖特别自治道或市、郡、区（指自治区，以下如此）。属于两个以上的市、郡、区所有的文化财，实施管理的团体为管辖特别市、广域市、道（指自治道，以下如此）。

（二）被指定的管理团体征得文化财厅长的同意后，可以委托合适的法人或团体开展文化财管理业务。

（三）文化财厅长根据第（一）款的规定指定管理团体时，应该听取文化财所有者、地方自治团体、法人或团体的意见。

（四）文化财厅长根据第（一）款的规定指定管理团体时，应该发布政府告示，并向国家指定文化财的所有者、管理者、管理团体发出通知。

（五）任何人不能在无正当理由的情况下妨碍根据第（一）款规定指定的管理团体的管理行为。

（六）管理团体管理国家指定文化财所需要的经费，只要本法没有特殊规定，由该管理团体承担。当该管理团体没有能力承担时，国家或地方自治团体可以承担。

（七）根据第（一）款规定指定管理团体的生效时期遵守第三十条规定。

第三十五条　允许项目

（一）如果要对国家指定文化财（不包括重要无形文化财，以下如此）采取以下行为，按照总统令的规定，必须取得文化财厅长的允许。要变更允许项目的内容亦应如此。

1. 根据文化体育观光部令，变更国家指定文化财（包括保护物、保护区域与天然纪念物）中非生命现象（包括制作标本或天然纪念物）的行为。

2. 根据文化体育观光部令，影响到国家制定文化财（不包括属于动产的文化财）保存的行为。

3. 会影响到国家指定文化财保存的拓印、影印或摄影行为。

4. 在名胜、天然纪念物的指定区域或临时保护区域内将动物、植物、矿物捕获、开采、搬出的行为。

（二）国家指定文化财和市、道指定文化财的历史文化环境保护区域重复时，根据第（一）款第（二）款的规定必须得到文化财厅长和市、道知事的许可。

（三）根据第（一）款、第（二）款规定的由文化体育观光部下令采取的会影响到国家指定文化财保存的行为，文化财厅长可以委任市、道知事对其中轻微项目的允许申请作出批示。

第三十六条　允许的标准

按照第三十五条第（一）款的规定文化财厅长接受允许申请时，申请的项目只有达到以下各项标准，才能被允许。

（一）不会影响到文化财的保存、管理。

（二）不会毁损文化财的历史文化环境。

（三）合于文化财基本计划和第七条规定的实施计划。

第三十七条　允许项目的取消

（一）根据第三十五条第（一）款、第（三）款，第三十九条第（一）款、第（二）款的规定取得允许的人，发生以下情况时，文化财厅长可以取消允许：

1. 违反允许项目或允许条件。

2. 用骗术、不正当的方法来取得允许。

3. 允许项目无法实施或不利于公众利益。

（二）根据第三十五条第（一）款来取得允许的人不申报并超过允许期间时，其允许看作被取消。

第三十八条　天然纪念物动物的治疗等

（一）当天然纪念物动物遭难时，为了搬运、药物注射、手术、饲养以及野外适应训练等（以下称“治疗”）问题，可以在市、道知事指定的动物治疗所进行治疗。

（二）市、道知事指定第（一）款的动物治疗所时，在对文化财有专门知识或者参与天然纪念物的保护活动以及有野生动物治疗经验的机构中指定，被选机构必须符合以下各项条件，指定程序及所需事项根据地方自治团体的条例确定。

1. 根据《兽医师法》，具备兽医师许可证的人开设的动物医院。

2. 在地方团体畜产机构的职员中，根据《兽医师法》具备兽医师许可证的人。

3. 在管理团体或动物保护团体会员中，根据《兽医师法》具备兽医师许可证的人。

（三）在天然纪念物动物需要紧急保护的情况下，文化财厅长可以不拘第三十五条第（一）款的规定，使之先治疗后报告结果。

（四）国家或地方自治团体在预算范围内，可支援在动物治疗所接受治疗的天然纪念物动物的治疗费用。此时有关动物治疗的经费业务，可委托给文化体育观光部令指定的有关天然纪念物的治疗和保护团体，治疗经费的使用程序及必要事项根据文化体育观光部令确定。

（五）动物治疗所发生以下各项情况时，市、道知事可以免除其指定。

1. 通过虚假或其他不正当的方法取得指定时。

2. 未符合第（二）款所规定的条件时。

3. 故意或重大过失导致治疗中的天然纪念物动物的死亡或残疾时。

4. 虚假报告或未报告根据第 3 项的治疗结果时。

5. 虚假报销根据第 4 项的治疗经费时。

6. 违反根据第四十二条第（一）款所规定的文化财厅长或地方自治团体长的命令时。

（六）市、道知事根据第（二）款及第（五）款指定或取消动物治疗所时，应向文化财厅长报告。

第三十九条　出口等的禁止

（一）国宝、宝物、天然纪念物或重要民俗文化财禁止出口搬运到国外。但是国外展览等为了国际文化交流目的而搬出，自搬出日起两年以内搬入为条件，得到文化财厅长的许可，不在此限。

（二）根据第（一）款规定得到搬出许可者，需要申请延长搬出时间，文化财厅长确定为了当初搬出目的或文化财的安全需要延长时，在两年的时间范围内可以允许其延长申请。

（三）属于以下各项情况时，经文化财厅长许可，可以不拘第（一）款予以出口。

1. 根据第三十五条第（一）款第 1 项，获准制作天然纪念物的标本。

2. 在特定设施中因研究或观览目的而培植的天然纪念物。

第四十条　申告的项目

（一）国家指定文化财（包括保护物和保护区域，以下同此）的所有者、保有者、管理者或管理团体，发生有关该文化财的以下各项情况时，根据总统令规定，应向文化财厅长报告其案情和事实。其中第1项情况由所有者与管理者，第2项情况由新、旧所有者共同申告。

1. 选任或免职管理者时。

2. 变更国家指定文化财所有者时。

3. 变更所有者、保有者或管理者的姓名或地址时。

4. 变更国家指定文化财所在地的地名、地区编码、土地种类、面积时。

5. 变更保管场所时。

6. 国家指定文化财的全部或部分消失、流失、失窃或损坏时。

7. 根据第三十五条第（一）款第1项，获准许可（包括变更许可），着手进行该文化财的现状变更或完成时。

8. 根据第三十五条第（一）款第4项或第三十九条第（一）款，经许可搬出的文化财返回时。

9. 指定动植物的种为天然纪念物时，此前所有的标本。

（二）在历史文化环境保护区域进行建设施工的工程者，根据第三十五条第（一）款第2项应获准在该区域内施工的许可，并在该施工的开始和完成时，根据总统令规定，向文化财厅长报告其事实和案情。

第四十一条　重要无形文化财的保护、扶持

（一）为了继承、发展传统文化，国家应该保护、扶持重要无形文化财。

（二）为了传承、保存重要无形文化财，重要无形文化财的保有者必须实施保有技能、艺能的传授教育。如果有总统令的特别规定则例外。

（三）根据第（二）款规定的传授教育所需经费，可在预算范围内由国家或地方自治团体负担，以传授教育为目的的建筑可免费使用国家的公众财产。

（四）文化财厅长可以给接受传授教育的人士提供奖学金。

（五）文化财厅长可以给重要无形文化财的荣誉保有者提供特殊支援金。

（六）根据第（二）款、第（四）款、第（五）款规定实施的传授教育、提供奖学金及特殊支援金，由总统令予以确定。

第四十二条　行政命令

（一）为了国家指定文化财及其历史文化环境保存区域的管理、保护，文化财厅长或地方自治团体长在必要时，可以发布以下命令：

1. 在国家指定文化财的管理情况不适当，认为有必要时，可以对该文化财的所有者、管理者或管理团体的行为加以禁止或限制。

2. 为了国家指定文化财的所有者、管理者或管理团体的维修，需要设置必要的设施或排除障碍物。

3. 对国家指定文化财的所有者、管理者或管理团体采取必要的紧急措施。

4. 向根据第三十五条第（一）款有关规定没有得到允许就变更国家指定文化财的现状，或影响到文化财保存的行为人，责令其停止行动或恢复原形。

（二）文化财厅长或地方自治团体长认为国家指定文化财的所有者、保有者、管理者或管理团体没有履行根据第（一）款第1项至第3项的规定发布的命令，或者采取的措施不恰当，可以转由国家直接采取第（一）款第1项至第3项的各项措施。

（三）根据第（一）款第4项规定接到命令而不履行的人，文化财厅长或地方自治团体长根据《行政执行法》的规定责令其执行，并可以向其处以罚款。

（四）地方自治团体长根据第（一）款的规定发布命令时，应该先向文化财厅长报告。

第四十三条　记录、保存

（一）文化财厅长、特别自治道知事、市长、郡首、区政府长、管理团体长应该对国家指定文化财的保存、管理及改变项目进行记录、存档。

（二）为了国家指定文化财的保存、管理，文化财厅长有权决定在必要时让文化财专家或研究机构记录国家指定文化财。

第四十四条　定期的调查

（一）文化财厅长应该对国家指定文化财的现状、管理、修缮、传承、环境保护情况进行定期调查。

（二）文化财厅长进行了第（一）款规定的调查后，认为有必要时，可以让有关公务员对该项国家指定文化财进行重新调查。

（三）根据第（一）款、第（二）款规定开展调查时，应该提前通知文化财的所有者、保有者、管理者及管理团体。在紧急情况下，可以等调查后再通知他们。

（四）根据第（一）款、第（二）款的规定，有关公务员开展调查时，在必要的情况下，可以向文化财的所有者、保有者、管理者及管理团体要求提交有关文化财公开、现状的材料，发掘文化财的所在地等信息。在不毁损文化财的前提下，可以进行测量、发掘、拆除障碍物及其他必要的行为。但日出之前和日落之后的行动，应该先取得所有者、保有者、管理者及管理团体的同意。

（五）根据第（四）款规定进行调查的公务员应该携带表示权限的证件，并向有关人员出示。

（六）文化财厅长可以根据总统令的规定，委任地方自治团体，委托专门机构或团体施行第（一）款、第（二）款规定的定期调查、重新调查的全部或部分工作。

（七）文化财厅长根据第（一）款、第（二）款规定开展定期调查、重新调查的结果报告，应该反映国家指定文化财管理上的以下内容：

1. 文化财的指定及解除。

2. 保护物或保护区域的指定及解除。

3. 重要无形文化财保有者的承认及解除。

4. 文化财的修缮及复原。

5. 为保存文化财而明令禁止的行为或设施的设置、拆除及移动。

6. 其他管理上必要的项目。

第四十五条　根据职权实施调查

（一）文化财厅长认为必要时，可以让有关公务员就国家指定文化财的现状、管理、修缮、传承以及其他环境保护等情况开展调查。

（二）按照第（一）款规定开展调查，关于发布调查通知、要求协助调查、调查的行为及活动范围、携带及出示调查证等事项，遵守第四十四条第（三）款到第（五）款的规定。

第四十六条　损失的补偿

国家应该对以下遭受损失的情况进行相应赔偿：

（一）根据第四十二条第（一）款第1项至第3项的规定履行命令时，蒙受损失的人。

（二）根据第四十二条第（二）款的规定采取措施时，蒙受损失的人。

（三）根据第四十四条第（四）款的规定开展调查时，蒙受损失的人。

第四十七条　有关临时指定文化财的允许项目等的准用

关于临时指定文化财的管理和保护，准用第三十五条第（一）款，第三十七条，第三十九条，第四十条第（一）款（仅限同款第2项至第4项以及第6项至第8项），第四十二条第（一）款第1项、第3项及第四十六条。

第三节　公开及门票

第四十八条　国家指定文化财的公开等

（一）除了根据第（二）款规定限制文化财的公开以外，没有特殊的理由，国家指定文化财（不包括重要无形文化财，在本条皆如此）都应该公开。

（二）为了国家指定文化财的保存，防止毁损，文化财厅长在必要时可以限制文化财的公开。在这种情况下，文化财厅长应该倾听文化财所有者的意见（有指定的管理团体时，也应该知会）。

（三）根据第（二）款规定，文化财厅长限制国家指定文化财的公开时，应该根据文化体育观光部令对该文化财的所在、限制公开的期限及区域等进行公告，并通知该文化财的所有者、管理者、管理团体，以及管辖市、道的知事、市长、郡首、区政府长。

（四）根据第（二）款规定，文化财厅长在限制公开的理由不存在时，应该解除对该文化财的限制措施。在这种情况下，文化财厅长应该根据文化体育观光部令进行公告，并通知该文化财的所有者、管理者、管理团体，以及管辖市、道的知事、市长、郡首、区政府长。

（五）根据第（二）款、第（三）款规定，需要进入限制公开的地方时，必须有明确的理由并征得文化财厅长的允许。

第四十九条　门票的征收

（一）国家指定文化财公开时，其所有者或保有者可以征收门票。在指定了管理团体的情况下，管理团体作为征收权者。

（二）根据第（一）款规定征收的门票金额由国家指定文化财的所有者、保有者或管理团体来定。

第五十条　重要无形文化财保有者技能、艺能的公开

（一）除了有总统令规定的特殊理由外，重要无形文化财的保有者应该每年一次以上公开他的技能、艺能。

（二）根据第（一）款规定公开重要无形文化财技能、艺能的方法，由总统令予以确定。

（三）在预算的范围内，国家及地方自治团体可以支援根据第（一）款规定公开费用的全部或部分。

第四节　补助金及经费的支援

第五十一条　补助金

（一）国家可以支援此下经费的全部或部分：

1. 管理团体根据第三十四条第（一）款规定管理文化财时所需要的经费。

2. 根据第四十二条第（一）款第 1 项至第 3 项采取措施时所需要的经费。

3. 除了第 1 项、第 2 项的情况以外，为了国家指定文化财的管理、保护、修缮、活用、记录所需要的经费。

4. 保护、扶持重要无形文化财所需要的经费。

（二）按照第（一）款规定进行支援时，文化财厅长可以监督文化财的修缮。

（三）根据第（一）款第 2 项至第 4 项规定的经费支援是通过市、道知事交付

的，并在他的指示下进行管理、使用。但文化财厅长认为必要时可以直接交付给所有者、保有者、管理者、管理团体，并在他的指示下进行管理、使用。

第五十二条　地方自治团体的经费负担

地方自治团体对其管辖区域内且不属于其所有或管理的国家指定文化财，可以负担或支援该文化财管理、保护、修缮、活用等工作所需要的费用。

第五章　登录文化财

第五十三条　文化财的登录

（一）通过文化财委员会的审议，文化财厅长可以登录不属于指定文化财但为了保存及活用需要采取特别措施的文化财。

（二）登录文化财的登录标准、顺序，登录的项目，由文化体育观光部令予以确定。

第五十四条　登录文化财的管理

（一）登录文化财的所有者、管理者应该努力保存登录文化财的原形。

（二）登录文化财的所有权不明确，或者其所有者、管理者不能实施有效管理时，文化财厅长可以在合适的地方自治团体、法人及团体中指定登录文化财的管理者，让其进行管理。

（三）根据文化体育观光部令，登录文化财的所有者、管理者，或者根据第（二）款规定指定的管理团体可以向文化财厅长要求管理及修缮登录文化财所需要的技术支援。

第五十五条　登录文化财的申告项目

登录文化财的所有者或管理者以及管理团体，发生有关该文化财的以下各项情况时，根据总统令规定，应向文化财厅长报告其事实和案情。其中第1项情况由所有者和管理者，第2项情况由新、旧所有者共同申告。

1. 选任或免职管理者时。

2. 变更所有者时。

3. 变更所有者或管理者的地址时。

4. 变更所在地的地名、地区编码、土地种类、面积时。

5. 变更保管场所时。

6. 全部或部分消失、流失、失窃或损坏时。

7. 根据第五十六条第（二）款获准许可（包括变更许可），着手进行该文化财的现状变更或完成时。

8. 适用第五十九条第（二）款准用情况、根据第三十九条第（一）款规定获得许可搬出的文化财返回时。

第五十六条　登录文化财的现状变更

（一）关于登录文化财，将实行以下各项情况时，在变更日的30日之前，必须向特别自治道知事、市长、郡守或区厅长申告。

1. 根据文化观光部令，变更该文化财（动产文化财除外）外观的行为。

2. 该文化财（动产文化财除外）向别处转移或拆迁行为。

3. 属于动产文化财的修补或保养行为。

（二）登录文化财现状变更属于以下各项情况时，不拘第（一）款，根据总统令规定，要获得文化财厅长的许可。

1. 根据第五十七条规定，在建筑面积比或容积率方面适用特例的登录文化财。

2. 适用第五十九条第（二）款准用情况、根据第五十一条获得国家补助的登录文化财。

3. 所有者为国家或地方自治团体的登录文化财。

（三）根据第（一）款接到申告的特别自治道知事、市长、郡守或区厅长，应通过市、道知事（除特别自治道知事）向文化财厅长报告其实情。

（四）为了保护登录文化财，文化财厅长在需要时对于第（一）款的情况应给予指导、指点或劝告。

第五十七条　有关登录文化财的建筑面积比和容积率的特例

登录文化财在建筑所在地的建筑面积比和容积率，不拘《国土规划与利用条例》自第七十七条至七十九条的规定，根据总统令规定，可以在150%的比例内缓和适用。

第五十八条　登录的解除

（一）文化财厅长根据文化财委员会的审议，认为登录文化财无需保存或活用，或者有特别理由需要撤销时，可以撤销该文化财的登录。

（二）登录文化财转为指定文化财时，自动丧失其登录的效力。

（三）登录文化财的所有者收到登录撤销的通知，自收到通知日起30天以内，向文化财厅长返还其登录证。

第五十九条　准用的规定

（一）关于登录文化财的登录、登录撤销的告知及通知、登录证的交付、登录及登录撤销的生效日期，准用第二十八条至第三十条的规定。此时，“国家指定文化财”视同为“登录文化财”，“指定”视同为“登录”，“文化财指定书”视同为“登录证”。

（二）关于登录文化财所有者的原则、管理团体的管理，登录文化财的取消出口许可及禁止出口，登录文化财的制定和保存，根据职权对登录文化财的现状调查，国家补助，地方自治团体的经费负担，所有者变更时权利、义务的衔接，准用自第三十三条，第三十四条第（二）款至第（七）款，第三十七条，第三十九条，第四十三条，第四十五条，第五十一条第（一）款的第1项和第3项、第（二）款及第（三）款，第五十二条以及第八十一条。此时，“国家指定文化财”视同为“登录文化财”，“管理团体”视同为“登录文化财管理团体”。

第六章　一般动产文化财

第六十条　一般动产文化财的出口禁止

（一）根据本法未指定或未登录的文化财中，属于动产文化财（此下称“一般动产文化财”）的准用第三十九条第（一）款和第（二）款规定。但是该动产文化财为了国际文化交流目的，取得文化财厅长许可的国外展览，属于以下各项情况之一的，不在此限。

1. 根据《博物馆及美术馆振兴法》设立的博物馆等机构，向国外博物馆等机构搬出一般动产文化财的即日起十年以内返回时。

2. 外国政府认定的博物馆或有关文化财团体，为了该国博物馆展览的目的，在国内购买或得到赠送后搬出时。

（二）根据第（一）款得到许可者，发生第三十七条第（一）款任何一项情况时，文化财厅长可取消其许可。

（三）根据第（一）款第2项，有关一般动产文化财的出口货搬运事宜，根据文化体育观光部令确定。

（四）根据第（一）款得到许可者，搬出该一般动产文化财以后，该文化财返回时，应向文化财厅长申告。

（五）可能被误认为是一般动产文化财的动产，向国外出口或搬出时，需要提前向文化财厅长确认。

（六）根据第（一）款及第（五）款规定，一般动产文化财的范围和确认等事项，根据总统令予以确认。

第六十一条　对于一般动产文化财的调查

（一）文化财厅长在认为有必要时，可以让所属公务员对于国家机关或地方自治团体所持有的一般动产文化财的现况、管理、维修以及除此以外的保存情况进行调查。在此情况下，相关国家机关或地方自治团体的负责人应当对调查给予协助。

（二）文化财厅长认为根据第（一）款规定的调查结果表明该文化财的保存、管理不恰当时，可以要求相关机构的负责人提交相关文化财产的保存、管理方案。

（三）根据第（二）款的规定，接到文化财厅长要求的国家机关或地方自治团体的负责人在准备相关文化财产保存、管理方案的同时，应当遵照总统令向文化财厅长报告。

（四）文化财产厅长根据第（一）款规定进行调查时，对于调查通知、协助调查的要求，以及除此以外调查所需事项，应遵循第四十四条第（三）款的有关规定。

第七章　有关国有文化财的特例

第六十二条　管理厅和统管厅

（一）根据《国有财产法》第八条和《管理物品法》第七条，属于国有的文化财（以下称为“国有文化财”）都归文化财厅长管理、统管。但是，如果国有文化财是属于中央官署长（根据《国家财政法》，中央行政机构长官）管理的行政财产时，或者中央官署长应该对该国有文化财进行管理时，通过有关机构长官以及企划财政部长官的协议，由文化财厅长组织管理厅。

（二）文化财厅长根据第（一）款规定组织管理厅时，应该听取文化财委员会的意见。

（三）除了第（一）款规定的国有文化财以外，文化财厅长可以委任地方自治团体对其他国有文化财实施管理，或者委托非营利法人、不是法人的非营利团体其他国有文化财实施管理。在这样的情况下，管理国有文化财所发生的收益归于被委任、被委托的人。

第六十三条　会计之间的无偿管理转换

文化财厅长为了管理国有文化财，对不同所属的会计进行管理转换，可以不拘《国有财产法》第十七条规定而无偿转换。

第六十四条　次序及方法的特例

（一）根据第六十二条第（一）款规定，文化财厅长对另定属于管理厅的国有文化财转为指定或临时指定文化财或解除国家指定文化财时，对该文化财所有者或占有者的通知，应告知该文化财原属的管理厅。

（二）根据第六十二条第（一）款规定，关于另定管理厅的国有文化财，适用第四十条、第四十二条、第四十五条及第四十九条时，该文化财所有者指其所属的管理厅。

第六十五条　处理的限制

根据六十二条第（一）款规定，管理厅对所属国家指定文化财的处理，除第三十五条第（一）款各项所规定的行为以外，应提前得到文化财厅长的同意。

第六十六条　转让及设定私权的禁止

国有文化财（包括其宅地），在没有特别法律规定的情况下，不可转让或设定私权。但是在具备确实不影响其管理和保护、限于公共所用、为公益事业所需等条件时，可以不限使用。

第八章　国外所在的文化财

第六十七条　国外所在文化财的保护

（一）国家应致力于国外所在文化财的保护、收回以及活用，确保其必要的组织机构和经费预算。

第六十八条　国外所在文化财的调查、研究

（一）关于国外所在文化财的现况、保存管理的实态、搬出的来龙去脉，文化财厅长可以调查、研究。

（二）为了第（一）款规定的调查、研究，文化财厅长可以请求博物馆、韩国国际交流财团、国史编纂委员会、各大学等有关机构提交资料及提供情报。被请求的机构应予协助。

第六十九条　国外所在文化财的保护及收回活动的支援

为了国外所在文化财的保护及收回，文化财厅长可以根据需要支援、培养有关机构或团体。

第六十九条之二　国外所在文化财收回及活用咨询委员会的设立

（一）为了应对关于文化财厅长对国外所在文化财的收回及活用政策，文化财厅属下设立国外所在文化财收回及活用咨询委员会（以下称“咨询委员会”）。

（二）委员会的咨询，包括此下各项事务：

1. 制定国外所在文化财收回及活用的基本计划。

2. 制定国外所在文化财收回及活用的重要政策。

3. 此外文化财厅长提出审议的事项。

（三）除此以外关于咨询委员会的运营及咨询委员的资格等必要事项，根据总统令确定。

第六十九之三　国外所在文化财财团的设立

（一）为了有关国外所在文化财的现况及归还情况等的调查和研究、国外所在文化财的收回及活用的各种策略、研究政策等的执行，文化财厅属下设立国外所在文化财财团（以下称“国外文化财财团”）。

（二）国外文化财财团性质为法人。

（三）国外文化财财团根据组织细则规定，可以聘用需要人员。

（四）关于国外文化财财团，除了本法规定以外，准用《民法》有关规定。

（五）国外文化财财团的设立和运营所需经费，国家在预算范围内或根据《文化财保护基金法》在文化财保护基金中，补助或负担全部经费。

（六）国外文化财财团为了实现其目的，执行此下各项事业：

1. 对于国外所在文化财的现况、归还情况的调查、研究。

2. 关于国外所在文化财的收回及保护、活用的研究。

3. 对于国外所在文化财的取得及保存、管理。

4. 对于国外所在文化财收回及活用团体的支援、交流及增强国际协同。

5. 有关国外所在文化财的收回及活用的宣传、教育、出版及普及。

6. 支援外国博物馆内韩国馆的运营。

7. 负责韩国学艺师的派遣及教育培训。

8. 支援国外所在文化财的保存处理及宣传。

9. 为了完成国外文化财财团设立目的的收益工作。该收益工作应先获得文化财厅长的认可。

10. 此外，为达成国外文化财财团的设立目的所需要的工作。

（七）国外文化财财团可以通过文化财厅长，向有关行政机关负责人、国外文化财收回及活用法人或团体的负责人，索要工作上所需的资料。

第九章　市、道指定的文化财

第七十条　市、道指定文化财的指定等

（一）市、道知事认为其管辖区域内的文化财中，不属于国家指定文化财而具有保存价值的，可以指定为市、道指定文化财。但属于无形文化财的，应该事先与文化财厅长达成协议，可以指定为市、道指定文化财的，其保有者是否可以认定为无形文化财的保有者。

（二）根据第（一）款规定没有指定的文化财中，市、道知事认为在保存乡土文化方面有必要的，可以指定为文化财资料。

（三）通过文化财委员会的审议，文化财厅长认为有必要的文化财，可以建议市、道知事指定其为市、道指定文化财或文化财资料，予以保存。在这种情况下，除

有特殊理由外，市、道知事应该遵守文化财的指定次序，并向文化财厅长报告结果。

（四）根据第（一）款至第（三）款的规定指定市、道指定文化财和文化财资料时，在“指定”前面应该显示有关市、道或自治道的名称。

（五）市、道指定文化财和文化财资料的指定及解除手续、管理、保护、扶持、公开等事项，由有关地方自治团队发布的条例予以确定。

（六）在北韩地区传承的无形文化财中，文化财厅长、根据《关于以北五道的特别措施法》第五条规定被任命的道知事，或者根据《关于以北五道的特别措施法》第七条的规定被任命的以北五道委员会委员长认为有保存价值的，劝告管辖该文化财传承地区的市、道知事指定为市、道指定文化财。

第七十一条　市、道文化财委员会的设置

（一）为了调查、审议在市、道知事管辖区域的文化财的保存、管理、活用等项目，在市、道设置文化财委员会（以下简称“市、道文化财委员会”）。

（二）关于市、道文化财委员会的组织、运作由相关条例确定，包括此下内容：

1. 关于文化财的保存、管理、活用的调查、审议。

2. 关于委员的委任的解除。

3. 关于分科委员会的设置和运作。

4. 关于专门委员会的委任和运作。

（三）市、道知事向文化财厅长申请管辖区域内的文化财指定为国家指定文化财或解除其指定前，应该通过市、道文化财委员会的审议。

第七十二条　担负经费

（一）根据第七十条第（一）款和第（二）款的规定，被指定的市、道指定文化财或文化财资料属于国有或公共财产时，保存所需经费由国家或有关地方自治团体担负。

（二）对于不属于国有或公共财产的市、道指定文化财或文化财资料，国家或有关地方自治团体可以全部或一部分提供其保存、管理、修缮、活用、记录所需经费，以及市、道指定无形文化财的保护、扶持所需经费。

第七十三条　报告等

（一）发生以下情况时，市、道知事必须根据总统令规定向文化财厅长提交报告：

1. 指定或解除市、道指定文化财及文化财资料。

2. 变更市、道指定文化财或文化财资料的所在地或保存地区。

3. 市、道指定文化财或文化财资料的全部或一部分遭到灭失、有失、失盗、毁损。

（二）如果文化财厅长认为根据第（一）款第 1 项和第 2 项规定采取的行为不正当时，可以下令采取必要的措施。

第七十四条　准用规定

（一）关于市、道指定文化财或文化财资料的出口或搬出，遵守第三十九条第（一）款和第（二）款的规定。

（二）关于市、道指定文化财或文化财资料的指定或解除指定及管理等，遵守第二十七条、第三十一条第（一）款和第（四）款、第三十二条至第三十四条、第三十五条第（一）款、第三十六条、第三十七条、第四十条、第四十一条第（三）款、第四十二条至第四十五条、第四十八条至第五十条的规定。这时候，“文化财厅长”视同“市、道知事”，“总统令”视同“市、道条例”，“国家”视同地方自治团体。

第十章　文化财买卖业等

第七十五条　买卖等等营业的许可（包括买卖、营业的许可）

（一）以动产有形文化财或有形民俗文化财的买卖或交换为职业者（包括受委托买卖或交换的从业者），根据总统令规定，从特别自治道知事、市长、郡守或区厅长获取文化财买卖业的许可。

（二）根据第（一）款规定得到许可者（以下称“文化财买卖业者”），根据总统令规定，向特别自治道知事、市长、郡守或区厅长申告文化财的保存状况、买卖或交换情况。

（三）根据第（二）款规定接到申告的特别自治道知事、市长、郡守或区厅长，根据总统令规定，定期向文化财厅长报告。

第七十六条　资格条件

（一）根据第七十五条第（一）款规定取得文化财买卖业许可者，应具备以下各项条件之一。

1. 在国家、地方自治团体、博物馆或美术馆办理过两年以上文化财业务的人。

2. 在专科以上的大学（包括研究所）攻读历史、考古、人类学、美术史学、民俗学、书志学、传统工艺学或文化财管理学等专业课程一年以上的人。

3. 为文化财买卖业者所雇佣、办理过三年以上文化财业务的人。

（二）根据第（一）款规定有关博物馆、美术馆、攻读课程等的需要细则，根据文化体育观光部令确定。

第七十七条　被取消资格的原因（不能成为文化财买卖业者的原因）

属于以下各项情况之一者，不能成为文化财买卖业者。

1. 无民事行为能力人或限制民事行为能力人。

2. 违反本法与《刑法》第三百四十七条或第三百六十二条，被判监禁以上徒刑，其徒刑终结或不再执行的确定日起，未过三年者。

3. 根据第八十条规定被取消许可日起，未过三年者。

第七十八条　遵守事项

从事文化财买卖业者，根据文化体育观光部令规定，应在账本上记录关于买卖、交换等内容，并拍摄实物后将照片贴在账本上，使之确认该文化财为何物。

第七十九条　停业报告的义务（买卖业者要停业的话，应该作报告）

根据第七十五条第（一）款规定获得许可者，如果文化财买卖业停业，根据文化体育观光部令规定，在停业三个月以内向特别自治道知事、市长、郡守或区厅长提交停业报告。

第八十条　许可的取消等等

（一）从事文化财买卖业者，发生以下各项情况之一时，特别自治道知事、市长、郡守或区厅长可取消其许可，或命令其在一年内停止部分或全部营业。如果发生第1项至第3项的情况，应取消其许可。

1. 通过虚假或其他不正当的方法获得许可时。

2. 违反第九十条、第九十二条以及《关于埋藏文化财的保护及调查的法律》第三十一条，受到罚款以上的处罚时。

3. 停业期间强行营业时。

4. 违反第七十八条规定的遵守事项时。

（二）根据第（一）款做出行政处罚的细则，根据文化体育观光部令确定。

第十一章　补则

第八十一条　权利、义务的继承

（一）变更国家指定文化财（包含保护物、保护区域和临时指定文化财）所有者时，新的所有者遵守本法以及文化财厅长根据本法发布的命令和指示，以及承担法律、法规所规定的权利和义务。

（二）根据第三十四条指定管理团体或解除其指定时，对于管理团体和所有者准用第（一）款，但专属所有者的权利和义务则不在此限。

第八十二条　权限的委任、委托

根据本法的文化财厅长的权限，由总统令确定，可以给市长、郡守、区厅长委任其部分权限，或者委托给为了文化财的保护、保存、普及或活用等目的而设立的机构、法人以及团体等。

第八十三条　土地的收容或使用

（一）文化财厅长或地方自治团体长为了文化财的保存和管理，根据《关于为公共事业取得及补偿土地等法律》，在需要时可以征用指定文化财保护区内的土地、建筑、木材、竹子及其他的工作物。

（二）根据本法第二十三条、第二十五条至二十七条以及第七十条的指定，视同根据《关于为公共事业取得及补偿土地等法律》第二十条及第二十二条的事业认可及事业认定的通告。此时，该法第二十三条的事业认可有效期，则不适用于本法。

第八十四条　国、公有财产的使用等

（一）国家和地方自治团体为了文化财的保存、管理、活用或传承的需要，不拘《国有财产法》或《公共所有财产及物品管理法》，可以通过自由合同做出贷出、使用、使之收益、卖出的决定。

（二）关于第（一）款规定的国有或公有财产的贷出、使用、收益、卖出等的内容及条件，根据《国有财产法》或《共有财产及物品管理法》的规定。

第八十五条　文化财防灾节

（一）为了在火灾等灾害中安全保存文化财，为了提高国民对文化财的安全管理意识，每年二月十日定为文化财防灾节。

（二）国家及地方自治团体秉持文化财防灾节的宗旨，举行对于文化财的安全检验、防灾训练等活动。

（三）文化财厅长或市、道知事可以另行规定关于文化财防灾日活动所需要的各项事宜。

第八十六条　褒奖金

（一）文化财厅长违犯了从第九十条到第九十二条和《有关埋藏文化财产保护及调查的法律》第三十一条的规定，在其违犯未遂被宽限起诉或者确定有罪判决的情况下，应对向侦查机关举报者或对举报有贡献者在预算范围内支付褒奖金。

（二）侦查机关的范围、举报的处理、褒奖金的支付基准等必须由总统令予以确定。

第八十七条　与其他法律的关系

（一）文化财厅长根据《自然公园法》，在总统令所确定的面积以上的公园区域内，做出以下各项决定时，应与该公园管理厅协议。

1. 根据第二十五条指定一定地区的遗址、名胜古迹、天然纪念物时。

2. 根据第二十七条指定保护区域时。

3. 根据第三十五条第（一）款准许或变更许可时。

（二）根据第三十五条第（一）款［包括根据第七十四条第（二）款的准用］得到许可时，视同以下的各项内容。

1. 根据《自然公园法》第二十三条，在公园区域内的行为许可。

2. 根据《关于城市公园及绿地等法律》第二十四条、第二十七条及第三十八条，在城市公园、城市自然公园区域内绿地的占用及使用许可。

（三）根据自第二十三条至第二十五条或第七十条第（一）款，指定为国家指定文化财或市、道指定文化财，以及保护物或保护区域时，告示地区属于根据《有关国土计划及利用的法律》第六条第1项的城市地区时，根据该法第三十七条第（一）款第6项规定，视同指定或告示的保存地区。

（四）属于此下各项情况下的文化财买卖等交易行为，不适用《民法》第二百四十九条关于善意取得的规定。但是受让人从拍卖机构或文化财买卖业者善意购买该文化财时，受害者或遗失者向受让人赔偿所付出的代价后，可申诉返还。

1. 文化财厅长或市、道知事指定的文化财。

2. 已公告为失窃物或遗失物的事实。

3. 人为损毁文化财的可知出处的重要部分。

（五）根据第（四）款第2项，公告所需要的事项，根据文化体育观光部令确定。

第八十八条　听证

文化财厅长，市、道知事、市长、郡守或区厅长，在做以下各项处分时，应先予以听证。

1. 根据第三十五条第（一）款、第三十九条、第五十六条第（二）款或第六十条第（一）款的规定，获取许可者违反其许可内容或许可条件时的取消许可。

2. 根据第三十八条第（五）款，取消动物治疗所的指定。

3. 根据第八十条，文化财买卖业者的许可取消或停止营业。

第八十九条　关于公务员犯规的议题

属于以下各项情况者，适用《刑法》自第一百二十九条至一百三十二条的规定时，视同公务员。

1. 根据第八条第（一）款，调查、审议文化财保存、管理的文化财委员会委员［包括根据第七十一条第（一）款规定的市、道文化财委员会的委员］。

2. 根据第三十八条第（四）款，受委托履行天然纪念物动物的治疗经费拨款业务者。

3. 根据第四十四条第（六）款，受委托履行文化财调查者。

4. 根据第八十二条，从事受文化财厅长权限委托事务者。

第十二章　犯规

第九十条　无许可出口等的罪

（一）违反本法第三十九条第（一）款［包含根据第五十九条第（二）款和第七十四条第（一）款规定的准用情况］，向国外出口或搬出指定文化财或临时指定文化财者，或根据第三十九条第（一）项、第（二）款［包含第五十条第（二）款和第七十四条第（一）款规定的准用情况］，在期限内没有返还所搬出的文化财者，判五年以上有期徒刑，并没收其文化财。

（二）违反第六十条第（一）款，向国外出口或搬出文化财或所搬出文化财没有返还者，判三年以上有期徒刑，并没收其文化财。

（三）违反第（一）款或第（二）款，得知向国外出口或搬出的案情，予以中介、转让或受让该文化财者，判三年以上有期徒刑，并没收其文化财。

第九十一条　虚假指定等诱导罪

以虚假或其他不正当的方法，使之指定为指定文化财或临时指定文化财者，判五年以上有期徒刑。

第九十二条　损坏或隐匿等的罪

（一）以损坏、窃取、隐藏或其他方法，危害国家指定文化财的效用者，判三年以上有期徒刑。

（二）属于以下各项情况之一者，判两年以上有期徒刑。

1. 除第（一）款规定以外的，以损坏、窃取、隐藏或其他方法，危害指定文化财或临时指定文化财（建筑物除外）的效用者。

2. 得知属于一般动产文化财，而以损坏、窃取、隐藏或其他方法危害一般动产文化财的效用者。

（三）属于以下各项情况之一者，判两年以上有期徒刑或两千万以上、一亿五千万以下韩元罚款。

1. 根据第三十五条第（一）款第1项，未经变更现状许可或变更许可，制作天然纪念物的标本者。

2. 得知违反第（一）款、第（二）款或本款第1项规定，而取得、转让、受让或搬运该文化财者。

3. 为根据第2项的行为提供中介者。

（四）在第（一）款和第（二）款的隐藏行为之前，他人根据同款进行以损坏、窃取、隐藏以及其他方法危害指定文化财、临时指定文化财或一般动产文化财效用的行为，而隐藏该文化财者，无论他人的行为是否受到刑罚，处以同款规定的刑罚。

（五）属于自第（一）款至第（四）款的情况，应没收该文化财，如无法没收时，追缴其文化财的鉴定价格。但是根据第（四）款规定的隐藏行为，以善意取得该文化财时，不在此限。

第九十三条　加重罪

（一）以团体、众人威胁或携带危险物品的方式触犯第九十条至九十二条的规定，加重原属各条所定刑罚的二分之一。

（二）由于触犯第（一）款规定，对保护、管理指定文化财或临时指定文化财的人产生伤害时，处以五年以上有期徒刑。致死时则判死刑或无期徒刑或五年以上有期徒刑。

第九十四条　《刑法》的准用

对于以下各项的建造物实施火烧、溢水或破坏的犯罪者，与《刑法》第一百六十五条、第一百七十八条、第三百六十七条规定相同，准用此条规定处罚，并加重原属各条所定刑法的二分之一。

1. 指定文化财或临时指定文化财的建造物。

2. 为保护指定文化财或临时指定文化财建造的建造物。

第九十五条　史迹等的溢水罪

以溢水侵害文化财厅长所指定或临时指定的遗址、名胜古迹、天然纪念物以及保护区域者，处以两年以上十年以下有期徒刑。

第九十六条　其他的溢水罪

以溢水侵害第九十五条规定以外的指定文化财、临时指定文化财以及其保护区域者，处以十年以下有期徒刑或一亿韩元以下罚款。

第九十七条　未遂犯等

（一）触犯自第九十条至第九十二条、第九十三条第（一）款、第九十五条及第九十六条的未遂犯，亦处以同样刑罚。

（二）预谋触犯自第九十条至九十二条、第九十三条第（一）款、第九十五条及第九十六条者，处以两年以下有期徒刑或两千万韩元以下罚款。

第九十八条　过失犯

（一）因过失而触犯第九十五条或第九十六条者，处以一千万韩元罚款。

（二）因业务上的过失或重大过失触犯第九十五条或第九十六条者，处以三年以下监禁或三千万韩元以下罚款。

第九十九条　无许可行为等的罪

（一）属于以下各项情况者，处以五年以下有期徒刑或五千万韩元以下罚款。

1. 违反第三十五条第（一）款第1项或第2项（包含第四十七条和第七十四条的准用情况），变更指定文化财、临时指定文化财的现状（包括保护物、保护区域内死亡天然纪念物）以及对其保存有影响行为者。

2. 违反第十五条第（一）款第1项［包含第七十四条第（二）款的准用情况］，未经许可在名胜古迹、被指定的天然纪念物、临时指定区域或保护区域，进行捕获、开采并从其区域搬出者。

3. 违反第七十五条第（一）款，未经许可进行营业者。

（二）属于以下各项情况者，处以两年以下有期徒刑或两千万韩元以下罚款。

1. 根据第（一）款各项情况，该文化财为本人所有者。

2. 违反第五十六条第（二）款，未经许可或变更许可，进行变更登录文化财现状者。

第一百条　违反行政命令等的罪

属于以下各项情况者，处以三年以下有期徒刑或三千万韩元以下罚款，属第2项情况时，则没收其物品。

1. 无正当理由违反第二十一条第（一）项或第四十二条第（一）款规定者。

2. 在指定或临时指定的天然纪念物（包含市、道指定文化财中的纪念物）栖息地、繁殖地、舶来地等地，引进或散发对其生长有害物质者。

第一百零一条　妨碍管理行为等的罪

属于以下各项情况者，处以两年以下有期徒刑或两千万韩元以下罚款。

1. 无正当理由不执行第十二条的指示。

2. 违反第三十四条第（五）款［包括第七十四条第（二）款的准用情况］，妨害管理团体的管理工作；或其他无正当理由，妨害指定文化财或临时文化财管理人员的管理工作。

3. 未经许可，触犯第三十五条第（一）款第3项［包括第七十四条第（二）款的准用情况］规定的事项。

4. 拒绝协助或妨害第四十四条第（四）款［包括第四十五条第（二）款和七十四条第（二）款的准用情况］所需工作者。

5. 对指定文化财或临时文化财有着管理、保存责任者中，因重大过失而损毁、灭失该文化财者。

6. 提出虚假申告或报告者。

7. 在指定文化财区域内，故意损毁、移动、除去有关标记而使之无法区别保护区域界限者。

8. 违反文化财厅长根据第四十条第（二）款的限制公开令，随意公开文化财者，或根据同条第（五）款，未经许可而随意出入者［包括第七十四条（二）款的准用情况］。

第一百零二条　双罚规定

作为法人代表、个人代理人、使用人或其他服务员，在有关法人或个人的业务中触犯自第九十四条至九十六条或自第九十八条至第一百零一条的规定，除了处罚该行为者以外，对其法人或个人处以同条规定的罚款，如无罚款条文，则处以三亿韩元以下的罚款。但是法人或个人为了防止其违法行为，已经采取措施对有关业务进行监督和注意，则不在此限。

第一百零三条　罚项

（一）属于以下各项情况者，处以五百万韩元以下的罚款。

1. 没有根据第四十条第（一）款第6项或第九号［包括第七十四条第（二）项的准用情况］的规定进行申报者。

2. 没有根据第五十五条第（六）款规定进行申报者。

3. 没有根据第五十六条第（一）款规定进行申报者。

4. 不履行第七十八条规定者。

5. 没有根据第七十九条规定进行停业申报者。

（二）根据第四十条第（一）款第5项［包括第七十四条第（二）款准用情况］规定，向不申报者处以四百万韩元以下的罚款。

（三）根据第四十条第（一）款第7项或第四十条第（二）项［包括第七十四条第（二）款准用情况］规定，向不申报者处以三百万韩元以下的罚款。

（四）属于以下各项情况者，处以二百万韩元以下的罚款：

1. 没有根据自第四十条第（一）款第1项至第4项或至第8项［包括第七十四条第（二）款准用情况］规定进行申报者。

2. 没有根据第五十五条第（一）款至第（五）款、第（七）款至第（八）款规定进行申报者。

3. 没有根据第六十条第（四）款规定进行申报者。

（五）违反第十四条第（七）款在禁烟区域吸烟者，处以十万韩元以下罚款。

第一百零四条　过怠金的课赋、征收

据第一百零三条的疏忽罚款，根据总统令确定，由文化财厅长，市、道知事或市长、郡守、区厅长课赋、征收。

附　　则

第一条　执行日

此法公布后，经过六个月开始实行，附则第二条则于公布日起实行。

第二条　成立准备

（一）文化财厅长为了处理有关国外文化财财团事务，公布此法的三十天以内，组织国外所在文化财财团成立委员会（此下称“成立委员会”）

（二）成立委员会由七名以内文化财厅长委托的委员构成，委员长为文化财厅次长。

（三）成立委员会制定国外文化财财团的条款，署名后向文化财厅长取得认可。

（四）成立委员会在本法实行之前，要完成国外文化财团体的成立登记。

（五）成立委员会选出国外文化财财团董事长的同时，向董事长交卸其任务。

（六）成立委员会在结束根据第（五）款的事务后，视同解散，成立委员会委员亦如此。

（法律第11228号，全部改定于2012年1月26日，2012年7月26日开始实行）

（倪彩霞、金起闾、李光爀　译）

（**附注：**原文网址详见：http://www.law.go.kr/IsInfoP.do?IsiSeq = 122422&efYd =20120727#0000）